현대정보경제학

김진옥 지음

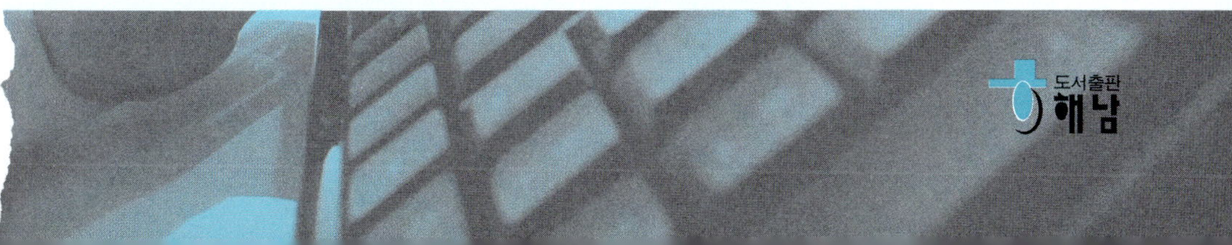

도서출판 해남

현대정보경제학

초판1쇄 인쇄 2015년 3월 24일
초판1쇄 발행 2015년 3월 31일

저 자 김진옥
발행인 노현철
발행처 도서출판 해남

출판등록 1995. 5. 10 제 1-1885호
주 소 서울특별시 서대문구 충정로 38-12(충정로 3가) 우리타워 6F
전 화 739-4822 팩스 720-4823
이 메 일 haenamin30@naver.com
홈페이지 www.hpub.co.kr

ISBN 978-89-6238-085-9 93320

머리말

"경제학은 사회가 가치 있는 재화들을 생산하기 위하여 희소한 자원들을 어떻게 활용하고 생산된 재화들을 상이한 사람들 간에 어떻게 배분할 것인가에 관하여 연구하는 학문이다."

위에 소개된 문장은 사무엘슨(Paul Samuelson)의 경제학에 관한 정의이다. 사무엘슨은 경제학을 희소한 자원의 활용을 통한 생산의 효율성과 생산된 재화 또는 용역을 사람들 간에 어떻게 배분할 것인가에 관한 분배의 효율성을 연구하는 학문으로 정의하였다.

경제학은 사회과학(social science)으로, 인간의 행위(human behavior)를 이해하고, 설명하고 그리고 조사하는 학문이다. 경제학은 이러한 연구 방법론을 효율적인 자원의 배분에 관한 문제에 활용하였다.

마이어슨(Roger Myerson)이 지적한 바와 같이, 사무엘슨의 경제학에 관한 정의는 너무 제한적이라는 느낌이 든다. 경제학의 연구방법론으로서 게임이론은 경제학 연구방법론의 외연을 확대하고 광범위한 사회과학에서 경제학자들의 역할을 확장한 것으로 생각된다.

사회과학의 한 부문으로서 경제학은 의사결정에 관한 학문이다. 의사결정의 유형으로는, 고전적 소비이론과 같은 개인의 독립적인 의사결정과 상호의존적인 상황에서 행해지는 개인의 의사결정이 있다. 경제학의 핵심 교과목이라고 할 수 있는 고전적 미시경제학은 시장 시스템(market system)을 분석하였는데, 이 이론에 의하면, 개별 경제주체들은 시장가격들의 집합에 반응하고, 가격집합(set of prices)은 경제의 시장균형을 달성하도록 하는 신호등의 역할을 한다.

이러한 고전적인 경쟁시장(classical competitive market)이론 또는 일반균형(general equilibrium)이론은 경제주체들의 전략적 상호의존적인 의사결정 과정과 그로 인해 파생되는 결과를 고려하지 않았다. 상호의존적인 전략적 경제 상황 속에서 경제주체들이 최적의 의사결정을 어떻게 하는지를 연구하는 학문이 게임이론이다. 따라서 게임이론은 경제 상황을 하나의 게임으로 설정하고 해(解)의 개념(solution concept)을 찾는다.

정보경제학은 게임이론을 응용한 학문으로 볼 수 있다. 한 경제주체가 숨겨진 정보 또는 행동과 같은 비대칭적 정보(asymmetric information)를 가진 상태에서 교역당사자들 간의 교역조건, 즉 교역의 설계에 관한 것이다.

필자가 경제학을 공부하기 시작한 1970년대에는 게임이론과 이를 바탕으로 한 정보경제학(information economics)이 경제학과 학부 과정에서 소개되지 않았다. 하지만 현재 미시경제학은 전통적 가격이론을 넘어 게임이론과 이를 응용한 정보경제 이론을 소개하고 있고 그 비중도 과반을 넘고 있다.

필자가 본서를 집필하게 된 동기는 일관되고 엄밀하게 정보경제학(information economics) 또는 계약경제학(economics of contract)의 기본 이론을 학생들에게 전달하고자 하는 데 있다. 정보의 비대칭성 하에서 이것이 가져오는 경제적 비효율성을 완화하기 위한 기제 또는 계약을 어떻게 설계할 것인가에 관심을 갖고 있는 학생들에게 좋은 입문서가 되었으면 하는 바람이다.

필자가 경제학적 사고체계를 형성하는 과정에서 많은 교수님들의 영향을 받았다. 필자를 학문의 길로 인도하여 주신 중앙대학교의 김성훈, 고 김창주 교수님께 감사를 드린다. 미국 아이오와 주립대학의 러펜(Harvey Lapan) 교수는 필자로 하여금 미시경제학적 사고의 틀을 형성하도록 지도하고 인도하여 주셨다. 필자가 미국 UCLA 경영대학원을 방문하는 동안 필자로 하여금 경제이론의 지평을 확대하도록 가르쳐 주신 오스트로이(Joseph Ostroy), 르빈(David Levin), 라일리(John Riley), 쉐프리(Lloyd Shapley), 엘릭슨(Bryan Ellickson), 클라인(Benjamin Klein) 그리고 다비(Michael Darby) 교수님께 감사를 드린다.

필자가 교실에서 배우지는 않았지만 마이어슨 교수님께도 감사를 드린다. 본서의 내용은 마이어슨 교수님의 강의안을 기초로 하여 그것을 본인의 책임 하에 외연을 확대하고 재해석한 것으로 볼 수 있다. 이 책은 또한 필자의 기존 저서들인 『전략과 정보의 경제학』과 『정보경제학』을 통합하여 새롭게 쓴 책으로 볼 수 있다.

제주대학교 경제학과 조교 박혜영 양은 집필 및 교정 단계에서 여러 가지 미흡한 부분을 보완하여 주었다. 경제학과 대학원생 김지헌 군은 선형계획과 옥션 등 본서의 집필에 많은 도움을 주었다. 집필과 관련하여 항상 따뜻한 격려를 아끼지 않고 지금까지 동행하고 있는 실제(實弟)인 금용 부부에게 감사를 드린다.

끝으로 본서를 집필하는 동안 교정을 해 주고 세심한 배려를 아끼지 않은 사랑하는 아내와 항상 존재한 것만으로도 가슴이 뿌듯해지는 두

아들에게 감사를 표한다. 이미 돌아가신 부모님 그리고 장인어른과 장모님을 생각하며….

2015년 2월

김진옥

차례

1

게임과 정보: 본서의 내용 개관

경제학은 사회과학(social science)으로, 인간의 행위(human behavior)를 이해하고, 설명하고, 그리고 조사하는 학문이다. 경제학은 이러한 연구 방법론을 효율적인 자원의 배분에 관한 문제를 이해하기 위해서 활용하였다. 이러한 맥락에서 사무엘슨(Paul Samuelson)은 경제학을 다음과 같이 정의하였다.

> "경제학은 사회가 가치 있는 재화들을 생산하기 위하여 희소한 자원들을 어떻게 활용하고 생산된 재화들을 상이한 사람들 간에 어떻게 배분할 것인가에 관하여 연구하는 학문이다."

즉, 사무엘슨은 경제학을 자원의 효율적 활용을 통한 생산과 생산된 재화의 배분에 관한 학문으로 정의하고 있다.

마이어슨(Roger Myerson)이 지적한 바와 같이, 사무엘슨의 경제학에 관한 정의는 너무 제한적이라는 느낌이 든다. 이에 반하여 경제학의 연구 방법론으로서 게임이론은 보다 폭넓은 사회과학에서 경제학자들의 역할을 확장한 것으로 생각된다.

사회과학의 한 부문으로서 경제학은 의사결정에 관한 학문이다. 의사결정의 유형으로는, 고전적 소비 또는 생산이론과 같은 개인의 독립적인 의사결정과 상호의존적인 상황에서 행해지는 개인의 의사결정이 있다.

경제학의 핵심 교과목이라고 할 수 있는 고전적 미시경제학은 시장 시스템(market system)을 분석하였는데, 이 이론에 의하면, 개별 경제주체들은 시장가격들의 집합에 반응하고, 가격집합(set of prices)은 경제 내의 다양한 의사결정들을 강하게 결부시킨다. 이 이론은 경제주체들의 전략적 상호의존적인 의사결정 과정과 그로 인해 파생되는 결과를 고려하지 않았다.

많은 경제 상황들은 근본적으로 경제주체 간 상호의존성을 배경으로 깔고 있다. 한 경제주체의 의사결정은 다른 경제주체들에게 영향을 미치고, 또한 다른 경제주체들의 의사결정에 영향을 받는다. 따라서 한 경제주체의 의사결정은 다른 경제주체들의 예상된 결정에 영향을 받는다.

전략적 경제 상황 속에서 경제주체들이 최적의 의사결정을 어떻게 하는지를 연구하는 학문이 게임이론이다. 따라서 게임이론은 경제 상황을 하나의 게임으로 설정하고 해(解)의 개념(solution concept)을 찾는다.

본서에서 소개하는 정보경제학, 특히 기제의 설계(mechanism design)는 베이스 게임이론을 응용한 것으로 볼 수가 있다.

본서의 구성은 다음과 같다.

제2장에서는 기대효용(expected utility)과 위험의 회피(risk aversion)가 소개되고 있다. 여기에서 소개되는 효용이론은 의사결정자의 위험에 대한 선호를 설명하고 있다. 또한 경제주체들이 경제의 불확실성(uncertainty)에 관한 공통의 정보를 갖고 있는 상황에서 여러 명의 경제주체들이 파트너십(partnership)을 형성할 때 어떻게 위험을 공유하는지를 설명하고 있다.

제3장에서는 전략형 게임이 소개되고 있다. 여기서 완비 정보 하에서의 균형(내쉬 균형)과 전략형 게임의 응용이 소개되고 있다. 전략형 게임을 설정하여 여러 가지 경제적 문제를 분석하였다.

제4장에서는 게임의 동태적 양상을 표현하는 전개형 게임이 소개되

고 있다. 여기서 부분게임 완전 균형과 순차적 균형 개념이 소개되었다.

제5장에서는 반복게임이 소개되고 있다. 반복게임을 통하여 경기자들의 상호 협력을 어떻게 끌어낼 것인가에 대한 기제가 소개되었다.

제6장에서는 베이스 게임과 옥션이 소개되고 있다.

제7장에서는 역선택(adverse selection)과 교역계획 그리고 시장의 균형이 소개되고 있다. 그리고 주인이 대리인의 사적 타입을 식별할 수 없는 상태에서 대리인의 역선택을 차단하기 위한 스크리닝(screening)이 소개되고 있다.

제8장에서는 도덕적 해이와 교역계획이 소개되고 있다. 대리인의 숨겨진 행동을 감시할 수 없거나 감시비용이 많이 들어가는 주인의 입장에서 대리인으로 하여금 바람직한 행동을 하도록 어떻게 유인할 것인가에 대한 교역계획 또는 기제가 소개되었다.

제9장에서는 공공재(public good)와 외부성(externality)이 소개되고 있다. 부임승자(free rider) 분제와 더불어 공공재의 최적 공급에 관하여 설명되고 있다.

제10장에서는 기제의 설계(mechanism design)가 소개되고 있다. 간접기제와 베이스 내쉬 균형 그리고 현시원리와 직접기제가 소개되고 있다.

마지막으로 제11장에서는 불완비계약이론(incomplete contract theory)이 간략하게 소개되고 있다.

2

기대효용과 위험의 회피

2-1 기대효용

2-2 위험의 회피와 공유

모든 경제주체들은 의사결정을 할 때 불확실성에 직면하게 된다. 불확실성 하에서 일어나는 의사결정에 관한 몇 가지 예를 들어 보자. 농부가 작물을 선택하여 재배하는 경우를 생각해 보자. 농부는 작물의 미래가격을 정확하게 예측하지 못한 상태, 즉 불확실한 상황이 주어진 상태에서 재배할 작물을 선택한다. 농부가 선택한 작물을 재배하고 판매할 즈음에 교역조건이 좋을 경우 농부는 많은 이윤을 보게 되고, 그렇지 않을 경우에는 손해를 보게 된다. 우리는 농부가 애써 재배한 작물을 갈아엎는 사태를 종종 보았다. 투자자가 금융자산의 포트폴리오를 구성할 때, 투자자는 포트폴리오에 편입되는 자산의 미래가격을 정확하게 예측하지 못한 상태에서 의사결정을 한다. 불확실성 하에서 의사결정의 문제는 보험의 선택에서도 일어난다. 소비자가 건강보험에 가입하고자 할 때, 소비자는 자기의 미래의 건강 상태를 잘 예측하지 못한 상태에서 의사결정을 한다.

경제주체 간의 쌍방교역(bilateral trade)에서도 불확실성이 내재되어 있다. 한 경제주체가 비즈니스를 시작하면서 다른 한 경제주체를 고용한다고 하자. 고용과 관련된 계약의 내용을 고용주(employer)가 설정한다고 하자. 계약설계의 주체자인 고용주를 주인(principal)이라고 명명하고 고용되는 사람을 대리인(agent)이라고 명명하자. 주인이 노동계약을 통하여 대리인을 고용한 후에, 즉 노동계약이 체결된 후에, 대리인은 주인을 위하여 바람직하지 않은 행동(shirking behavior)을 할 가능성이 있다. 왜냐하면 주인이 대리인의 행동을 관측할 수 없거나 관측하기 위해서는 감시비용(monitoring cost)이 들기 때문이다. 즉, 주인은 대리인의 숨겨진 행동(hidden action)을 관측할 수 없고 대리인은 주인을 위하여 바람직하지 않은 행동을 할 수 있다. 이것이 주인과 대리인 사이에 발생하는 도덕적 해이(moral hazard)의 문제이다. 대리인의 도덕적 해이를 차단하기 주인은 어떻게 노동계약을 설계해야 되는 것인가? 이와 관련된 이슈(issues)는 본서의 제6장 '도덕적 해이와 계약의 설계'에 관한 장에서 다루어지고 있다.

주인과 대리인 간의 교역에서 정보의 비대칭성(informational asymmetry)이 내재해 있을 수 있다. 보험회사(주인)가 소비자(대리인)와 건강보험 계약을 체결할 때, 보험회사는 소비자의 건강 상태 또는 미래에 소비자의 건강이 악화될 수 있는 가능성 등에 대하여 소비자에 비하여 보다 열등한 정보를 갖고 있다. 즉, 소비자의 건강 상태는 소비자만이 알고 있는 숨겨진 정보(hidden information)이다. 보험회사는 건강이 악화될 가능성이 높은 소비자에게서 높은 보험료를 받아야 하지만 소비자의 건강 상태를 알 수 없는 보험회사는 이러한 보험설계를 실행할 수 없다. 왜냐하면 건강이 악화될 가능성이 높다는 것을 알고 있는 소비자는 보험회사가 설계한 보험들 중에서 건강 상태가 좋은 소비자들을 위해 설계한 보험료가 낮은 보험에 가입할 가능성이 있기 때문이다. 이것이 정보를 갖고 있는 소비자의 역선택(adverse selection)이다. 이러한 소비자의 역선택을 차단하기 위하여 보험회사는 보험을 체결할 때 소비자의 건강진단서 또는 병력 등을 요구하는 경우가 있다. 이와 관련된 이슈는 본서의 제7장 '역선택과 교역의 설계 그리고 시장의 균형'에 관한 장에서 다루어지고 있다.

확실성 하에서의 의사결정과 마찬가지로 불확실성 하에서의 의사결정도 경제주체의 선호(preference)에 달려 있다. 위험을 선호하는 사람은 위험하기는 하지만 보다 수익률이 높은 프로젝트 또는 포트폴리오를 선호한다. 반면에 위험회피적인(risk averse) 사람은 수익률은 낮지만 위험이 낮은 프로젝트 또는 포트폴리오를 선호한다. 본장의 제1절에서 경제주체의 선호를 설명하는 기대효용이론(expected utility theory)을 소개하고, 제2절에서 위험의 회피에 관하여 설명하고자 한다.

2-1 기대효용

한 경제주체가 의사결정에 있어 화폐소득의 기대가치를 극대화하는 것에 기준을 둘 경우, 우리는 이것을 위험중립적(risk neutral)이라고 간주한다. 두 개의 소득 로터리(income lottery)를 상정해 보자.

	소득	확률
로터리 1	10,000	.5
	0	.5
로터리 2	소득	확률
	5,000	1

로터리 2는 어떤 상황에서도 항상 소득 5,000이 확실하게 주어지는 로터리이다. 로터리 1은 상황이 좋으면, 물론 좋은 상황이 확률 1/2로 일어나지만, 10,000의 소득을 실현한다. 하지만 상황이 좋지 않으면, 물론 확률 1/2로 좋지 않은 상황이 일어나지만, 소득은 0이 된다. 로터리 1과 로터리 2가 기대소득은 같지만 위험의 정도는 다르다. 위험중립적인 투자자는 기대소득을 극대화하는 것을 그의 의사결정 기준으로 삼기 때문에 기대소득이 같을 경우 그의 효용(utility)은 동일하다. 즉, 위험중립적인 경제주체(투자자)의 경우, 로터리 1과 로터리 2는 무차별하다. 위험회피적인 투자자는 기대소득이 같은 상황에서 위험하지 않은 로터리를 선호할 것이다. 아마도 위험회피적인 투자자는 위험한 로터리 1보다 확실하게 4,000을 보장하는 로터리를 선호할

지도 모른다. 이와 같이 위험회피적인 투자자는 의사결정에 있어 위험에 대한 회피를 고려한다.

위험회피적인 투자자에게 로터리 1과 동일한 효용을 주는 확정동등치(certainty equivalent: *CE*)는 얼마가 되는가? 여기서 확정동등치란 투자자에게 확률 1로 확실하게 주어지는 소득 수준을 말한다. 로터리의 1의 확정동등치가 4,000이라면, 확실하게 4,000을 확보했을 때의 효용과 로터리 1의 기대효용이 동일하다는 것을 의미한다. 로터리 또는 갬블(gamble)에 대한 투자자의 확정 동등치가 그것의 기대화폐가치(expected monetary value: *EMV*)보다 작다면, 우리는 이 투자자를 위험회피적인 투자자라고 부른다.

갬블의 기대가치와 위험회피적인 투자자의 갬블의 확정동등치의 차이를 우리는 위험할증(risk premium: *RP*)이라고 부른다. 따라서 위험할증 '*RP*'는 다음과 같이 정의된다.

$$RP = EMV - CE.$$

위험회피적인 투자자에게서 로터리 1의 확정동등치가 4,000이라면 위험할증은 1,000이 된다. 위험중립적인 투자자의 위험할증은 얼마인가? 위험중립적인 투자자에게서 로터리의 기대화폐가치와 확정동등치는 같은 값을 가진다. 따라서 그의 위험할증은 0(zero)이다.

투자자가 여러 가지 로터리 또는 갬블들 중에서 하나를 선택해야 되는 상황에 있다고 하자. 이 경우, 투자자는 확정동등치가 가장 큰 갬블을 선택하는 것이 효용을 극대화한 것이 된다. 하지만 갬블이 복잡한 경우에는 그 갬블의 확정동등치를 산정하는 것이 쉽지 않다. 투자자가 위험중립적이라면 갬블의 확정동등치를 산정하는 것이 어려운 일이 아니다. 왜냐하면 위험중립적인 투자자의 경우, 갬블의 확정동등치는 그것의 기대화폐가치이기 때문이다.

갬블의 확정동등치를 계산하는 실질적인 방법은 위험을 감수하는 의사결정자의 의지를 고려하는 방법을 포함해야 한다. 갬블의 확정동등치를 계산해 내기 위하여 효용이론(utility theory)을 사용해 보자. 효용이론에 의하면 의사결정자는 갬블의 기대화폐가치를 극대화하는 대신에, 갬블이 가져오는 기대효용을 극대화한다는 것이다. 이것을 예를 들어 설명해 보자. 갬블 또는 로터리 X가 다음과 같이 주어져 있다.

	소득	확률
로터리 X	x_1	p_1
	x_2	p_2
	•	•
	•	•
	x_n	p_n

효용이론은 로터리 X가 사후적으로 실현하는 소득에 대하여 다음과 같이 효용을 부여한다.

$$u = U(x) \quad \forall x \in \{x_1, x_2, \cdots, x_n\}.$$

여기서 u는 효용, U는 효용함수이다.

주어진 예에서 로터리 X는 이산형 확률변수(discrete random variable)이다.[1] 따라서 로터리 L이 가져오는 사전적 기대효용(ex-ante expected utility)은 다음과 같이 정의된다.

$$E(U(X)) - \sum_x P(X=x)U(x)$$

1) 본장의 부록에서 기초적 확률이론(basic probability theory)이 개략적으로 소개되고 있다.

여기서 $\sum_x$는 로터리(확률변수) X가 취할 수 있는 모든 실수 값이다.

로터리 X가 가져오는 효용 수준과 동등한 효용을 가져오는 확정동등치 CE는 다음 방정식에서 암묵적으로 주어진다.

$$U(CE)=E(U(X))\sum_x P(X=x)U(x).$$

확정동등치 CE가 가져오는 효용은 기대효용과 같다. 효용이론은 위험회피를 고려하지만, 위험중립적이거나 위험을 선호하는 행태에 대해서도 일관성(consistency)을 견지한다. 의사결정자의 위험에 대한 태도 또는 선호는 효용함수의 형태에 달려 있다.

1947년 폰 노이만과 모르겐스턴(Von Neumann and Morgenstern)은 일관적이고 합리적인 의사결정자가 위험한 갬블 또는 로터리들 중에서 하나를 선택할 때 효용이론에 따라 결정한다는 것을 정교하게 보여 주었다. 이후 의사결정 분석가들은 개인의 효용함수를 평가하는 기법을 발전시켜 왔다. 하지만 이 작업은 쉽지 않은 일이었다. 왜냐하면 사람들은 불확실성 하에서 의사결정에 관한 생각을 하는 것을 어려워하였고, 수많은 형태의 효용함수가 존재하기 때문이다. 하지만 효용함수가 수학적으로 자연스러운 함수군(函數群, family of functions)에 속한다고 가정할 수 있다면, 우리는 의사결정자 개인의 효용함수를 평가하는 과정을 단순화시킬 수 있다.

실제적인 의사결정 분석에 사용되는 효용함수로는 위험관용지수(risk tolerance index)가 상수(constant)인 특성을 갖는 함수가 있다. 여기서 위험관용지수란 위험회피지수의 역수(inverse number)로 위험회피지수가 높을수록 위험을 관용하는 지수는 낮다.[2] 의사결정자가 위험을 회피하려고 할수록 그의 위험관용의 정도는 낮게 된다.

2) 소득이 x로 주어진 상태에서 개인의 애로-프렛 위험회피지수 $r(x)$는 $-u''(x)/u'(x)$이다.

의사결정자가 일정한 위험관용(constant risk tolerance)의 효용함수를 가질 경우, 그의 효용함수 $U(\bullet)$의 형태는 다음과 같이 주어진다. 이에 대한 보다 자세한 논의는 본장의 제2절을 참조하기 바란다.

$$U(x)=-EXP(-\frac{x}{\tau}).$$

여기서 τ는 일정한 위험관용을 나타내는 매개변수(parameter)로 애로-프렛 위험회피지수(Arrow-Pratt risk aversion index)의 역수이다.

효용함수가 일정한 위험관용이란 특성을 가질 경우, 로터리의 가능한 실현소득에 일정한 금액을 더했을 때, 이 로터리의 확정동등치는 동일한 금액만큼 증가한다. 왜 그런가? 독자 스스로 생각해 보기 바란다. 의사결정자의 효용함수가 일정한 위험관용이라는 특성을 가질 경우, 상호 독립적인 두 개의 갬블을 가진 투자자의 확정동등치는 각각의 갬블의 확정동등치의 값을 합한 것이 된다. 왜 그런가? 이것도 독자 스스로 생각해 보기 바란다. 투자자가 하나의 갬블을 기꺼이 팔고자 할 때 그가 생각하는 가장 낮은 가격은 다른 독립적인 갬블을 가진다고 해서 그것에 의하여 영향을 받지 않는다.

의사결정자가 위와 같은 효용함수를 가지고 있다고 가정할 수 있다면, 우리는 쉽게 일정한 위험관용을 나타내는 매개변수 τ를 찾아 낼 수 있다. 이것이 어떻게 가능한가? 하나의 단순한 갬블을 의사결정자에게 제시하면서 이 갬블과 동일한 효용을 가져오는 확정동등치가 얼마인가를 의사결정자에게 묻는 것이다. 의사결정자가 밝힌 갬블의 기대효용과 확정동등치를 각각 EU^*, CE^*라고 하자. 확정동등치가 가져오는 효용과 기대효용이 같다는 사실을 활용하여 τ^*를 다음과 같이 계산해 낼 수 있다.

$$EU^*=U(CE^*)=-EXP(-\frac{CE^*}{\tau}) \Rightarrow \tau^*=-\frac{CE^*}{LN(-EU^*)}.$$

여기서 LN은 Log_e이다.

일단 일정한 위험관용 매개변수 τ를 알게 되면, 우리는 이것을 이용하여 의사결정자가 직면한 갬블이 아무리 복잡하다고 할지라도 이 갬블의 기대효용과 확정동등치를 추정할 수 있다. 지금까지 설명한 바와 같이, 일정한 위험관용 매개변수 τ를 알게 되면 갬블이 어떻게 주어지든 이 갬블의 기대효용을 알 수 있다. 우리의 예에서 갬블 X의 기대효용은 다음과 같다.

$$E(U(X))=\sum_{x} P(X=x)\left(-EXP\left(-\frac{X}{\tau}\right)\right).$$

갬블의 기대효용이 주어진 상태에서 확정동등치 CE는 다음과 같이 주어진다.

$$E(U(X))=U(CE)=-EXP\left(-\frac{CE}{\tau}\right) \Rightarrow CE=-\tau LN(-E(U(X))).$$

1947년 폰 노이만과 모르겐스턴은 단순한 합리성의 가정을 통하여 의사결정자가 누구든 그의 위험선호가 효용이론과 일관된다는 것을 어떻게 의미하는지 보여 주었다. 간단한 예를 가지고 이것을 설명해 보자.

확실하게 확률 1로 주어지는 상(prizes) 1,000과 동일한 만족을 주는 로터리를 구축해 보자. 이 로터리를 구축하기 위하여 두 개의 상 5,000과 0을 가진 갬블들 간의 선호에 대하여 생각해 보자. 로터리 G가 다음과 같이 주어져 있다고 하자.

	소득	확률
로터리 G	5,000	.2
	0	.8

위 갬블 G의 기댓값은 1,000이다. 위험중립적인 투자자는 확실하게 주어지는 1,000과 이 갬블을 무차별하게 간주한다. 왜냐하면 위험중립적인 투자자는 기댓값이 같은 갬블들을 무차별하게 여기기 때문이다. 만약에 투자자가 로터리 G보다 확실하게 주어지는 1,000을 명확하게 더 선호한다면, 우리는 다른 로터리 X를 상상할 수 있다.

이 로터리 X는 확실하게 확률 1로 주어지는 상 1,000과 동일한 만족을 주는 로터리로, 상 5,000이 일어날 확률이 0.27이고 상 0이 일어날 확률이 0.73이라고 하자. 즉,

	소득	확률
로터리 X	5,000	.27
	0	.73

확실하게 주어지는 소득 수준 2,000과 동일한 만족을 주는 로터리 Y가 다음과 같이 주어져 있다.

	소득	확률
로터리 Y	5,000	.5
	0	.5

로터리 X와 로터리 Y에 관한 선호가 위와 같이 주어진 상태에서 다음의 두 로터리, 로터리 1과 로터리 2에 대한 선호를 평가해 보자.

	소득	확률
로터리 1	2,000	.5
	1,000	.5
	소득	확률
로터리 2	5,000	.4
	1,000	.6

[그림 2-1] **게임 나무**

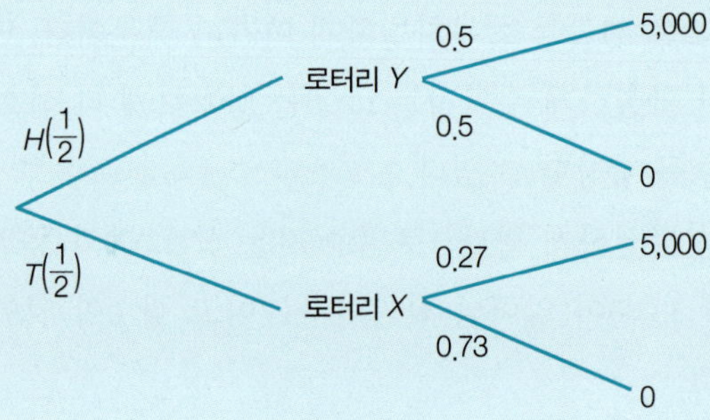

로터리 X와 로터리 Y에 관한 선호와 일관된 선호를 투자자가 보인다면, 이 투자자는 로터리 1보다 로터리 2를 더 선호해야 된다. 왜 그런가?

로터리 1을 2단계의 로터리로 표현해 보자. 이것을 표현한 게임 나무(game tree)가 [그림 2-1]과 같이 주어져 있다. 이 게임 나무는 동전의 앞면(head)이 나오면 로터리 Y가 실현되고 동전의 뒷면(tail)이 나오면 로터리 X가 실현되는 것을 보여 주고 있다. 로터리 Y의 확정동등치가 2,000이고 로터리 X의 확정동등치가 1,000이라는 것을 상기하자. 따라서 게임 나무([그림 2-1])는 로터리 1과 동일한 갬블이라는 것을 알 수 있다. 위 게임 나무에서 상 5,000이 일어날 확률은 0.385이다. 왜냐하면 상 5,000이 일어난 경우는 동전의 앞면이 일어나서 로터리 Y가 실현되거나 또는 동전의 뒷면이 일어나서 로터리 X가 실현되는 경우를 포함하기 때문이다. 따라서 상 5,000이 일어날 확률은 다음과 같이 계산된다.

$$0.5 \times 0.5 + 0.5 \times 0.27 = 0.385.$$

[그림 2-2] **게임 나무(로터리 1)**

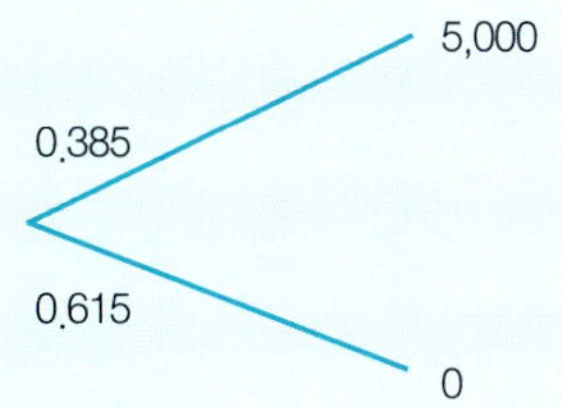

따라서 로터리 1과 동일한 만족을 주는 갬블을 [그림 2-2]와 같이 나타낼 수 있다. [그림 2-2]에서 상 5,000이 일어날 확률은 0.385이고 상 0이 일어날 확률은 0.615이다. 이 갬블은 로터리 1과 동일한 효용을 투자자에게 주고 있다. 로터리 2에서 상이 5,000으로 주어질 확률은 0.4이다. 투자자가 논리적으로 일관성이 있다면 투자자는 로터리 1보다 로터리 2를 더 선호할 것이다.

지금까지의 논의를 일반화시켜 보자. 갬블 또는 로터리는 확률변수로 간주될 수 있다. 두 개의 로터리 X와 Y를 상정해 보자. X가 Y보다 선호된다고 하고, 다음과 같이 나타내 보자.

$$X > Y.$$

투자자가 X와 Y를 무차별하게 여길 경우에는 다음과 같이 나타내 보자.

$$X \sim Y.$$

효용이론에 의하면, 모든 가능한 화폐적 갬블에 대한 의사결정자의 선호가 어떤 효용함수로 나타내질 수 있다. 즉, 확률변수(갬블) X의 기대효용이 확률변수(갬블) Y의 기대효용보다 크다면, X가 Y보다 더 선호된다는 것이다. 마찬가지로 확률변수(갬블) X의 기대효용이 확률변수(갬블) Y의 기대효용과 같을 경우, 투자자는 X와 Y를 동등하게 여긴다. 즉,

$$X > Y \text{ When } E(U(X)) > E(U(Y)),$$
$$X \sim Y \text{ When } E(U(X)) = E(U(Y)).$$

우리가 일단 의사결정자의 효용함수를 알게 되면, 효용이론에 따라 우리는 모든 가능한 화폐적 갬블에 대한 의사결정자의 선호를 예측할 수 있다. 효용이론에 의하면 사람들은 서로 상이한 효용함수를 갖고 있기 때문에 위험을 수용하거나 위험을 기피하는 데 있어 서로 상이한 선호를 가지고 있다.

로터리 X의 기대효용이 로터리 Y의 기대효용보다 클 때 의사결정자가 로터리 X를 로터리 Y보다 더 선호된다는 것을 증명하여 보자.

로터리들이 사후적으로 실현하는 화폐적 소득들의 유한집합 W를 다음과 같이 나타내 보자.

$$W = \{W_1, W_2, \cdots, W_n\}.$$

집합 W는 화폐소득의 크기를 순서적으로 나타내고 있다. 즉, 상 W_1은 가장 큰 화폐소득을 나타내고, W_n은 가장 작은 화폐소득을 나타낸다.

상 W_i와 동일한 만족을 주는 이항(二項, binary) 로터리 Z_i를 상정해 보자. 로터리 Z_i는 사후적으로 상 W_1을 실현하거나 상 W_n을 실현한다고 하자. 로터리 Z_i의 확률분포는 다음 식을 만족해야 된다.

$$P(Z_i = W_1) + P(Z_i = W_n) = 1, \text{ 그리고 } Z_i \sim W_i.$$

이항 로터리 Z_n이 주는 효용은 상 W_n이 주는 효용과 같아야 한다. 따라서 로터리 Z_n의 확률분포는 다음과 같다.

$$P(Z_n=W_n)=1,\ P(Z_n=W_1)=0.$$

마찬가지 논리로 로터리 Z_1의 확률분포는 다음과 같다.

$$P(Z_1=W_1)=1,\ P(Z_1=W_n)=0.$$

두 개의 상이한 로터리, 즉 확률변수들 X와 Y를 상정해 보자. 이 로터리들이 사후적으로 실현하는 상은 유한집합 W에서 취해진다고 하자. 로터리 X가 실현하는 상과 확률을 [그림 2-3]과 같이 게임 나무로 표현해 보자.

[그림 2-3]에서 로터리 X가 실현하는 상에 상응하는 확률이 로터리 X에서 뻗어 나오는 가지 위에 표현되어 있다. 로터리 X가 실현하는 각각의 상에 상응하는 효용과 동일한 효용을 주는 로터리 Z(Z_1 through Z_n)의 관계가 '~'으로 표현되어 있다. 각각의 로터리 Z가 실현하는 상에 상응하는 확률이 각각의 로터리 Z에서 뻗어 나오는 가지 위에 표현되어 있다.

[그림 2-3]은 두 단계(stages)로 구성된다. 이 로터리를 2단계 로터리 $\hat{X}$이라고 하자. 첫 단계에서 로터리 X가 각각의 상에 상응하는 로터리 Z를 낳고, 두 번째 단계에서 각각의 로터리 Z는 상으로 W_1을 실현하거나 W_n을 실현한다. 궁극적으로 [그림 2-3]은 로터리 W_1을 실현하거나 W_n을 실현하게 된다.

2단계 로터리 $\hat{X}$이 사후적으로 W_1을 실현할 확률, $P(\hat{X}=W_1)$은 얼마인가? 우리는 [그림 2-3]의 게임 나무를 가지고 이것을 쉽게 계산할 수 있다.

[그림 2-3]

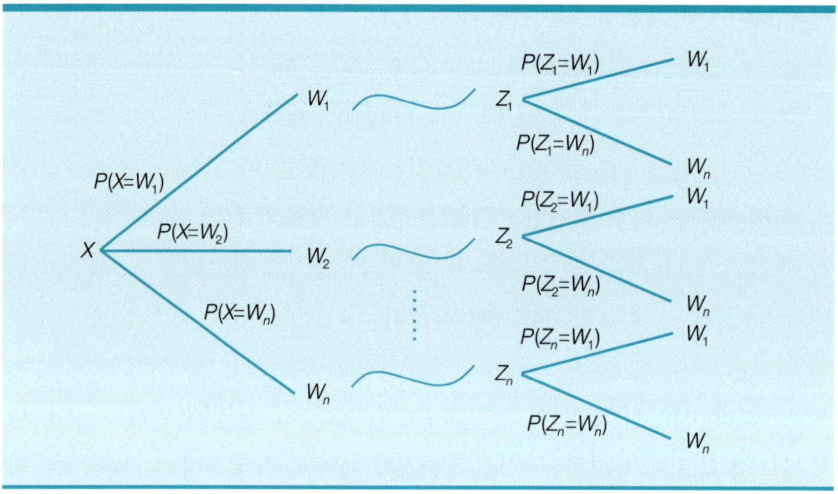

$$P(\hat{X}=W_1)=P(X=W_1)\times P(Z_1=W_1)$$
$$+P(X=W_2)\times P(Z_2=W_1)+\cdots+P(X=W_n)\times P(Z_n=W_1)$$
$$=\sum_{i=1}^{n}P(X=W_i)\times P(Z_i=W_1).$$

마찬가지로 우리는 2단계 로터리 $\hat{Y}$이 사후적으로 W_1을 실현할 확률 $P(\hat{Y}=W_1)$을 다음과 같이 계산해 낼 수 있다.

$$P(\hat{Y}=W_1)=\sum_{i=1}^{n}P(Y=W_i)\times P(Z_i=W_1).$$

만약 $P(\hat{X}=W_1)$이 $P(\hat{Y}=W_1)$보다 크다면 의사결정자는 로터리 X를 로터리 Y보다 더 선호할 것이다. 상 W_i가 가져오는 효용 $U(W_i)$를 $P(Z_i=W_1)$이라고 하자.[3)]

3) 투자자가 상 W_i와 로터리 Z_i를 무차별하게 여기므로 다음 등식이 성립한다.

따라서 우리는 다음 관계식을 얻을 수 있다.

$$X > Y \text{ Whenever } \sum_{i=1}^{n} P(X=W_i) \times U(W_i) > \sum_{i=1}^{n} P(Y=W_i) \times U(W_i).$$

즉, 로터리 X의 기대효용이 로터리 Y의 기대효용보다 크다면 투자자는 로터리 X를 로터리 Y보다 더 선호한다.

효용의 수준을 어떤 확률의 수준으로 정의하였기 때문에, 우리는 효용 수준이 0보다 크거나 같고, 1보다 작거나 같은 수로 한정하였다. 하지만 효용 수준이 음(negative)이거나 1보다 클 수 있다. 사실상, 원래의 효용함수에 어떤 양의 상수(positive constant)를 곱하고, 어떤 실수 값을 더하여 효용함수를 다시 정의한다고 하더라도, 새로 정의된 효용함수는 원래의 효용함수가 표현한 선호체계를 동일하게 표현한다. 이 사실을 증명해 보자.

효용함수 $U(\bullet)$을 다음과 같이 선형 변형(linear transformation)하여 이것을 $V(\bullet)$이라고 하자.

$$V(x) = A \times U(x) + B, \text{ for all } x.$$

여기서 A는 양의 상수이고 B는 실수이다.

갬블 X가 갬블 Y보다 선호된다고 하자. 이 경우 다음 관계식이 성립해야 된다.

$$X > Y \text{ Whenever } E(U(X)) > E(U(Y)).$$

$$U(W_i) = P(Z_i = W_1)U(W_1) + P(Z_i = W_n)U(W_n).$$

효용 W_1과 W_n이 가져오는 효용을 다음과 같이 정규화(normalization)시켜 보자.

$$U(W_1) = 1,\ U(W_n) = 0.$$

따라서 $U(W_i)$는 $P(Z_i = W_1)$이 된다.

효용함수 $V(\cdot)$이 효용함수 $U(\cdot)$과 질적으로 동일하기 위해서는 다음 관계식이 성립해야 된다.

$$X > Y \text{ Whenever } E(V(X)) > E(V(Y)).$$

위 관계식의 오른쪽 항이 항상 성립하는가? 이것은 다음 사실에 의해서 알 수 있다.

$$\begin{aligned} E(V(X)) &= E(A \times U(X) + B) = A \times E(U(X)) + B \\ &> A \times E(U(Y)) + B = E(A \times U(Y) + B) = E(V(Y)). \end{aligned}$$

이와 같이 효용함수 $U(\cdot)$과 $V(\cdot)$은 동일한 선호체계를 나타내고 있다.

2-2 위험의 회피와 공유

경제주체들이 사적 정보(private information)를 갖지 않은 상황, 즉 모든 경제주체들이 거래당사자들 사이에 내재하는 불확실성에 대하여 공통의 정보를 공유한 상황을 설정해 보자.

위험회피에 관한 기본적인 사실들

의사결정자의 위험회피에 관한 기본적인 사실들을 살펴보자. 의사결정자의 효용함수는 2차 미분이 가능하다고 하자. 지금 이 개인이 부(wealth) x와 작은 갬블 $\tilde{\varepsilon}$을 가지고 있다고 하자. 이 갬블의 평균은 다음과 같다.

$$E(\tilde{\varepsilon})=0.$$

갬블의 위험에 대비하여 투자자가 보험에 들 경우, 투자자가 지불할 용의가 있는 최대 금액을 δ라고 하자. 이 경우 다음 식이 성립한다.

$$u(x-\delta)=E(u(x+\tilde{\varepsilon})).$$

확률변수 $\tilde{\varepsilon}$가 취하는 모든 값들이 0에 가까운 수라고 가정하자. 이 경우 위 관계식의 좌측과 우측을 테일러 확장(Taylor expansion)을 하면 다음 관계식을 얻을 수 있다.

$$u(x)-\delta u'(x)\approx E\left[u(x)+u'(x)\tilde{\varepsilon}+\frac{u''(x)\tilde{\varepsilon}^2}{2}\right]=u(x)+\frac{u''(x)\mathrm{Var}(\tilde{\varepsilon})}{2}.$$

따라서 $\delta\approx-[u''(x)/u'(x)]\mathrm{Var}(\tilde{\varepsilon})/2$.

부가 x로 주어진 상태에서 개인의 애로-프렛 위험회피지수(Arrow-Pratt risk aversion index) $r(x)$는 다음과 같이 정의된다.

$$r(x)=-\frac{u''(x)}{u'(x)}.$$

평균값이 0인 작은 갬블 $\tilde{\varepsilon}$에 대한 개인의 가치는 대략 개인의 위험회피지수에 분산의 1/2을 곱한 것이 된다. 이 지수는 효용함수를 선형 변형을 한다고 하더라도 변하지 않는다.[4] 위험회피지수의 역수(reciprocal) $\tau(x)=1/r(x)$

4) 효용함수 $u(\cdot)$을 선형으로 변형한 효용함수는 다음과 같다.

$$\hat{u}(\cdot)=A+Bu(\cdot).$$

여기서 B는 0보다 큰 상수이고, A는 임의의 상수이다.

를 우리는 위험관용지수(risk tolerance index)라고 부른다. 위험관용지수는 위험을 회피하려는 정도가 클수록 위험을 감내하는 정도가 작아진다는 것을 나타낸다.

애로-프렛 위험회피지수가 개인의 주어진 부의 수준에 의존하지 않는 독립적인 상수가 되는 경우 위험관용지수는 상수가 된다. 위험회피지수는 일정한 위험관용지수 τ의 역수로 표현된다.

$$r(x)=-\frac{u''(x)}{u'(x)}=\frac{1}{\tau}.$$

위 미분방정식은 다음 식과 동일하다.

$$\frac{d[LN(u'(x))]}{dx}=-\frac{1}{\tau}.$$

이 미분방정식의 해(解)는 다음과 같이 주어진다.

$$u(x)=B-Ae^{-x/\tau}.$$

여기서 $A>0$, B는 임의의 상수이다. 효용함수의 임계조건(boundary condition)을 활용하여 우리는 A와 B의 값을 찾아 낼 수 있다. 이 값들이 다음과 같이 주어져 있다고 하자.

$$A=1,\ B=0.$$ [5)]

5) 효용함수 $u(x)=B-Ae^{-x/\tau}$가 주어진 상태에서 효용함수의 임계조건이 다음과 같다고 하자.

$$u(x=0)=-1,\ u(x=\infty)=0.$$

이것을 이용하면, $A=1$, $B=0$임을 보일 수 있다.

따라서 일정한 위험관용을 갖는 표준적인(canonical) 효용함수가 다음과 같이 주어진다.

$$u(x)=-e^{-x/\tau} \Rightarrow x=-\tau LN(-u).$$

투자자가 위와 같은 효용함수를 가질 경우, 우리는 갬블 Y의 확정동등치를 계산해 낼 수 있다.

$$u(CE)=E(u(Y)) \Rightarrow CE=-\tau LN(-E(u(Y))).$$

투자자가 일정한 위험관용지수 τ를 가질 경우, 다음의 두 사실(fact)이 성립한다.

[사실 1] 두 개의 상호 독립적인 갬블들, X와 Y가 있다고 하자. 이 경우 다음 사실이 성립한다.

$$u(CE_X)=E(u(X)),\ u(CE_Y)=E(u(Y)),\ u(CE_X+CE_Y)=E(u(X+Y)).$$

여기서 CE_X는 갬블 X의 확정동등치를 나타내고, CE_Y는 갬블 Y의 확정동등치를 나타낸다.

[사실 1]을 독자 스스로 증명하기 바란다.

[사실 2] 갬블 X가 평균이 μ이고 표준편차(standard deviation)가 σ인 정규분포(normal distribution)를 갖는다고 하자. 이와 같은 경우, 이 갬블의 확정동등치는

다음과 같다.

$$CE = \mu - (\frac{0.5}{\tau})\sigma^2.$$

[사실 2]를 증명해 보자. 갬블 X의 기대효용은 다음과 같다.

$$E(u(X)) = \int_{-\infty}^{\infty} (-e^{-x/\tau}) \frac{e^{-0.5((x-\mu)/\sigma)^2}}{\sqrt{2\pi\sigma}} dx$$

$$= -e^{-(\mu-(0.5/\tau)\sigma^2)/\tau} \int_{-\infty}^{\infty} \frac{e^{-0.5((x-[\mu-\sigma^2/\tau])/\sigma)^2}}{\sqrt{2\pi\sigma}} dx$$

$$= -e^{-(\mu-(0.5/\tau)\sigma^2)/\tau}$$

$$= u(CE).$$

신디케이트에서 효율적인 위험의 공유

N명의 투자자가 어떤 투자 프로젝트를 수행하기 위하여 투자조합(syndicate or investment partnership)을 형성한다고 하자. 이 투자 프로젝트의 수익은 어떤 주어진 확률분포를 갖고 있는 확률변수 Y라고 하자. 투자조합에 속한 개인 i의 효용함수는 $u_i(\cdot)$이다. 투자수익이 y가 발생했을 때 각 개인 i의 계획된 보수(planned payoff)는 $x_i(y)$이고, 이것들의 총계는 실현된 투자수익 y를 초과할 수 없다. 이것을 우리는 실현가능성 제약조건(feasibility constraint)이라고 부른다.

$$\sum_{i \in N} x_i(y) = y, \quad \forall y \in R.$$

투자가 i의 효용가중치(utility weight)를 λ_i라고 하자. 모든 투자자의 양의 효용가중치 $(\lambda_i)_{i \in N}$이 주어진 상태에서, 투자조합은 위에 주어진 실현가능성 제약조건 하에서 투자자들의 가중된 기대효용의 평균치를 극대화하기 위한 효율배분규칙 $(x_i(\bullet))_{i \in N}$을 선택한다.

$$\text{Max}_{(x_i(\bullet))_{i \in N}} \sum_{i \in N} \lambda_i E(u_i(x_i(Y))).$$
$$\text{Subject to} \sum_{i \in N} x_i(y) = y, \ \forall y \in R.$$

효율적인 배분규칙을 특성화하기 위하여 모든 함수가 2차 미분까지 가능하다고 하자. 위에 주어진 극대화 문제를 풀기 위하여 라그랑주 함수를 꾸며 보자.

$$L = \int [\sum_{i \in N} \lambda_i u_i(x_i(y)) + \lambda(y - \sum_{i \in N} x_i(y))] f(y) dy.$$

여기서 $f(y)$는 확률변수 Y의 밀도함수(density function)이다.

확률변수 Y가 취하는 값 y가 주어진 상태에서 효율배분규칙 $(x_i(\bullet))_{i \in N}$을 선택해 보자.

$$\lambda_i u_i'(x_i(y)) = \lambda, \ \ \forall i \in N.$$

위 1차 필요조건(necessary condition)은 다음 조건을 만족하는 어떤 함수 $v(y)$가 존재함을 나타낸다.

$$\lambda_i u_i'(x_i(y)) = v(y), \ \forall i \in N, \ \forall y \in R. \tag{1}$$

위 방정식을 y에 대해서 미분해 보자.

$$\frac{\lambda_i u_i''(x_i(y))\partial x_i}{\partial y}=v'(y).$$

1차 필요조건을 λ_i에 대하여 정리하여 위에 주어진 식 (1)에 대입하면 다음 관계식을 얻는다.

$$[\frac{u_i''(x_i(y))}{u_i'(x_i(y))}]\frac{\partial x_i(y)}{\partial y}=\frac{v'(y)}{v(y)} \Rightarrow \frac{\partial x_i(y)}{\partial y}=-(\frac{v'(y)}{v(y)})\tau_i(x_i(y)). \quad (2)$$

여기서 $\tau_i(x_i(y))=-u'(x_i(y))/u''(x_i(y))$.

$\partial x_i(y)/\partial y$는 투자조합이 갖고 있는 변동위험에 대한 투자자 i의 한계적인 몫(marginal share)으로 불린다. 실현가능성 제약조건에 의하여 우리는 다음 관계식을 얻을 수 있다.

$$1=\sum_{j\in N}\frac{\partial x_j}{\partial y}=-(\frac{v'(y)}{v(y)})\sum_{j\in N}\tau_j(x_j(y)) \Rightarrow -\frac{v_i'(y)}{v(y)}=\frac{1}{\sum_{j\in N}\tau_j(x_j(y))}.$$

위 관계식을 식 (2)에 대입하면 다음과 같은 효율적인 공유규칙(efficient sharing rule)을 얻을 수 있다.

$$\frac{\partial x_i(y)}{\partial y}=\frac{\tau_i(x_i(y))}{\sum_{j\in N}\tau_j(x_j(y))}.$$

투자자가 각각 일정한 위험관용지수를 가지고 있을 때 위 관계식은 다음과 같이 표현된다.

$$\frac{\partial x_i(y)}{\partial y}=\frac{\tau_i}{\sum_{j\in N}\tau_j}.$$

따라서 투자소득이 y로 실현되었을 때 투자자 i의 지분은 다음과 같다.

$$x_i(y)=x_i(0)+\frac{y\tau_i}{\sum_{j\in N}\tau_j}.$$

투자자들이 각각 일정한 위험관용지수를 가질 경우, 각 투자자는 투자자 전체의 위험관용지수에서 자기의 위험관용지수가 차지하는 비율만큼 수익을 비례하여 갖게 된다.

이것을 보다 구체적으로 살펴보자. 각 개인 i의 효용함수가 다음과 같이 주어져 있다고 하자.

$$u_i(w)=-e^{-w/T(i)}.$$

여기서 w는 보수이고, $T(i)$는 i에게 어떤 주어진 매개변수(parameter)이다.

우리는 이 매개변수가 상수의 위험관용지수라는 것을 알 수 있다. 즉, $T(i)=-u'(w)/u''(w)$. 각 개인의 위험관용지수의 합을 T^*라고 하자. 즉, $T^*=\sum_{j\in N}T(j)$. 집단적 효용함수(collective utility function) u^*를 다음과 같이 정의하자.

$$u^*(w)=-e^{-w/T^*}.$$

여기서 y는 파트너십이 생성한 발생 이익이다.

그러므로 투자자 i의 한계 몫(marginal share)은 다음과 같다.

$$\frac{\partial x_i}{\partial y}=\frac{T(i)}{\sum_{j\in N}T(j)}=\frac{T(i)}{T^*},\ \forall y.$$

따라서 효율적인 공유규칙은 다음과 같이 주어진다.

$$x_i(y)=x_i(0)+\frac{yT(i)}{\sum_{j\in N}T(j)}=x_i(0)+\frac{yT(i)}{T^*},\ \forall y.$$

식 (1)에 의해서, $v(y)=\lambda_i u_i'(x_i(y))=[\frac{\lambda_i e^{-x_i(0)/T(i)}}{T(i)}]e^{-y/T^*}$. [ ] 안의 값은 개인 i에 의존하지 않는 독립적인 값이라는 것을 주목하자. 이러한 효율적인 공유규칙에 의하여 개인 i의 기대효용은 다음과 같이 주어진다.

$$E[u_i(x_i(Y))]=E[-e^{-(x_i(0)+YT(i)/T^*)/T(i)}]=-u_i(x_i(0))^*E[u^*(Y)].$$

W_i를 개인 i의 확정동등치, W^*를 집단의 확정동등치라고 하자. 즉,

$$u_i(W_i)=Eu_i(x_i(Y)),\ u^*(W^*)=Eu^*(Y).$$

주어진 효용함수에 의하여 다음 관계식이 성립한다.

$$u_i(W_i)=-u_i(x_i(0))u^*(W^*)\longrightarrow W_i=x_i(0)+\frac{T(i)}{T^*}W^*.$$

따라서 상수의 위험관용지수를 갖고 있는 개인들은 그들 전체의 위험관용에 선형적으로 비례하여 위험들을 공유한다. 각 개인은 그들이 형성한 신디케이트가 집단적 효용함수에 따라 위험들을 평가하기를 원하고 있다. 그들의 집단적 효용함수는 개인의 위험관용지수를 모두 합한 것과 동일한 위험관용지수를 갖고 있다.

모든 개인들이 비례적 위험관용(proportional risk tolerance)을 갖는 동일한 효용함수를 갖는다고 하자. 즉, $u_i(x)=x^{1-\alpha}/(1-\alpha)$. 여기서 α는 0보다 크다. α가 1일 경우, $u_i(x)=LN(x)$. 효용함수가 이와 같이 주어질 경우 식 (1)은 다음 관계식을 함축한다.

$$\lambda_i(x_i(y))^{-\alpha}=v(y)\rightarrow x_i(y)=\lambda_i^{1/\alpha}(v(y))^{-1/\alpha}.$$

신디케이트의 프로젝트 수입 y는 신디케이트에 참여하는 개인들의 계획된 보수를 합한 것이라는 사실을 활용하여 다음 사실을 도출할 수 있다.

$$y=\sum_j x_j(y)=v(y)^{-\alpha}\sum_j(\lambda_j)^{1/\alpha}\rightarrow v(y)^{-1/\alpha}=\frac{y}{\sum_j(\lambda_j)^{1/\alpha}}.$$

따라서 개인 i의 계획된 보수 $x_i(y)=k_iy$, where $k_i=(\lambda_i)^{1/\alpha}/[\sum_j(\lambda_j)^{1/\alpha}]$ 이다.

가격제계의 실행에 의한 최적 배분

투자 프로젝트의 수익, 즉 확률변수 Y가 취하는 값들의 수가 유한하다고 하자. 이 중에서 하나의 값 y가 확률 $P(y)$로 일어난다고 하자. 식 (1)의 한계효용방성식(marginal utility equation)은 효율적인 배분이 가격체계에 의하여 실행될 수 있음을 함축하고 있다. 이 가격체계 안에서 각 파트너 i는 실현되는 투자수익에 대한 청구권을 확보하기 위하여 주어진 소득 I_i를 사용하고 있다. 확률변수 Y가 소득 y로 실현될 때 소득 1단위의 가격을 $\pi(y)$라고 하자. 이러한 가격체계 하에서 개인 i의 선택의 문제를 수학적으로 표현하면 다음과 같다.

$$\text{Argmax}_{[x_i(y)]_{y\in Y}}\sum_y P(y)u_i(x_i(y)),$$
$$\text{subjec to }\sum_y \pi(y)x_i(y)\leq I_i.$$

개인 i의 예산제약의 라그랑주 승수를 μ_i라고 하자. 이 승수는 개인 i의 예산의 한계효용이다. 기대효용을 극대화하기 위한 각 개인의 최적 1차 필요조건은 다음과 같다.

$$P(y)u_i'(x_i(y))=\mu_i\pi(y),\ \forall i,\ \forall y.$$

이 조건이 효율적인 한계효용방정식 (1)과 일치하기 위한 필요충분조건은 다음과 같다.

$$u_i'(x_i(y))=\frac{\mu_i\pi(y)}{P(y)}=\frac{v(y)}{\lambda_i},\forall i,\ \forall y.$$

이와 같이 $\mu_i\lambda_i=P(y)v(y)/\pi(y)$가 되고, $\mu_i\lambda_i$는 i나 y에 의존하지 않는 상수이다. 이것을 상수 A라고 하자. 따라서 $\pi(y)=P(y)v(y)/A$이다.

가격체계는 예산에 대한 무위험 수익률(risk-free rate of return) $(1+\rho)$를 허용하고 있고, 이것은 다음과 같이 주어진다.[6)]

$$1+\rho=\frac{1}{\sum_y \pi(y)}.$$

따라서 무위험 수익률 ρ에 관하여 다음 관계식을 가질 수 있다.

$$(1+\rho)[\sum_y P(y)v(y)]=A.$$

실현된 투자수익이 y일 때 소득 1단위의 가격 $\pi(y)$는 다음과 같다.

6) 예산에 대한 무위험 수익률은 다음과 같이 정의할 수 있다.

$$1+\rho=\mu_i\lambda_i/\sum_y P(y)v(y).$$

여기서 $\mu_i\lambda_i$는 시장체계에서 사회 전체의 후생에 기여하는 개인의 효용 기여 몫을 나타내고, $\sum_y P(y)v(y)$는 신디케이트에서 개인의 기여 부분으로 해석할 수 있다.

$$\pi(y)=\frac{P(y)v(y)}{(1+\rho)\sum_z P(z)v(z)}, \forall y.$$

이와 같이 실현된 투자소득 y의 가격은 y가 일어날 확률 $P(y)$와 $v(y)$에 달려 있다. 여기서 $v(y)$는 미래에 실현되는 투자소득 y의 사회적 한계효용을 나타내고 있다.[7)]

일정한 위험관용지수를 갖고 있는 투자자들 간에 최적의 위험공유

공동의 벤처사업에서 발생하는 위험한 투자수익을 공유하기 위해 파트너십을 형성하고자 하는 한 그룹의 사람들을 고려해 보자. 이 그룹에 속한 각 개인은 일정한 위험관용지수를 갖고 있다고 하자. 개인 j의 일정한 위험관용지수를 τ_j라고 하자. 파트너십에 참여한 사람들의 위험관용지수들의 합을 T_0라고 하자. 즉, $T_0=\sum_j \tau_j$.

파트너십을 형성한 사람들은 전절에서 보아온 바와 같이 그들의 위험관용에 비례하여 불확실한 투자수익을 공유함으로써 그들의 확정동등치들의 합을 극대화할 수 있다. 이들의 확정동등치들 합은 상수의 위험관용지수 T_0를 가진 개인의 확정동등치와 같다. 이와 같이, 위험한 투자결정을 하는 데 있어서 파트너십은 위험관용지수 T_0를 가진 법인(corporate person)처럼 행동한다.

파트너들이 그들의 확정동등치들의 합을 극대화할 수 없는 공유규칙에

7) 투자소득 y가 주어진 상태에서 신디케이트에 참여한 각 투자자에게 투자소득을 배분하는 문제는 다음과 같은 수학적 모형으로 귀결된다.

$$\text{Argmax}(x_i)_{i\in N}\sum_{i=1}^{N}\lambda_i u_i(x_i),$$
$$\text{Subject to } \sum_{i=1}^{N}x_i \le y.$$

따라서 투자소득의 사회적 한계효용은 위에 주어진 수학적 모형에서 라그랑주 승수를 의미하고 이것이 $v(y)$이다.

따라 위험을 공유하는 것을 계획한다면, 파트너십을 형성한 임의의 파트너가 자기를 제외한 다른 파트너들의 확정동등치들을 감소시키지 않으면서 자기의 확정동등치를 극대화하는 공유규칙을 제안할 수 있다.

파트너들이 어떻게 위험을 공유하는지에 대하여 예를 들어 살펴보자. 확률변수인 수익률 Y를 가져오는 금융자산을 고려해 보자. 이 수익률은 정규분포를 따른다. 이것의 평균 μ는 \$35,000이고, 표준편차 σ는 \$25,000라고 하자. 투자자 1의 위험관용지수 T_1은 \$20,000이고 투자자 2의 위험관용지수 T_2는 \$30,000이다.

투자자 1이 금융자산을 완전하게 소유했을 때, 그의 확정동등치(CE)는 다음과 같다.

$$CE_1(Y)=35{,}000-\frac{0.5}{20{,}000}\times 25{,}000^2=19{,}375.$$

투자자 2가 금융자산을 완전하게 소유했을 때, 그의 확정동등치는 다음과 같다.

$$CE_2(Y)=35{,}000-\frac{0.5}{30{,}000}\times 25{,}000^2=24{,}583.$$

투자자 1이 금융자산을 투자자 2에게 가격 x를 받고 판다고 하자. 이 경우, 투자자 1과 2의 확정동등치는 다음과 같다.

$$CE_1(x)=x,\ CE_2(Y-x)=\$24{,}853-x.$$

이 거래가 두 교역당사자들의 후생을 증대시키기 위한 가격 x의 범역이 다음과 같이 주어진다.

$$19{,}375 \le x \le 24{,}583.$$

물론 투자자 1에게 가장 유리한 가격은 $24,583이다.

투자자 1이 자산의 50% 지분을 투자자 2에게 가격 x를 받고 팔 가능성을 고려해 보자. 이 경우 그들이 갖게 되는 확정동등치는 다음과 같다.

$$CE_1(0.50Y+x)=0.50\times 35{,}000-\frac{0.5}{20{,}000}\times(0.5\times 25{,}000)^2+x=\$13{,}594+x,$$

$$CE_2(0.50Y-x)=0.50\times 35{,}000-\frac{0.5}{30{,}000}\times(0.50\times 25{,}000)^2-x=\$14{,}896-x.$$

두 교역당사자의 후생을 증대시키기 위한 가격 x의 범역이 어떻게 결정되는지를 독자 스스로 보여 주기 바란다. 두 교역당사자의 확정동등치들의 합 $CE_1+CE_2=13{,}594+x+14{,}896-x=28{,}490$이다. 이것은 각 교역당사자가 자산을 홀로 소유한 경우보다 높다. 가격 x가 $14,896일 때 투자자 1은 모든 확정동등치들의 합을 갖게 된다.

지금까지의 논의를 일반화시켜 보자. 자산을 소유하고 있는 투자자 1이 θ%의 지분을 투자자 2에게 판매한다고 하자. 이 경우 그들의 확정동등치는 다음과 같다.

$$CE_1((1-\theta)Y+x)=(1-\theta)\times 35{,}000-\frac{0.5}{20{,}000}\times((1-\theta)\times 25000)^2+x,$$

$$CE_2(\theta Y-x)=\theta\times 35{,}000-\frac{0.5}{30{,}000}\times(\theta\times 25{,}000)^2-x.$$

확정동등치들의 합을 최소화하기 위한 의 값은 60%가 된다.[8] 따라서 투

8) 확정동등치들의 합은 $(1-\theta)^2/T_1+\theta^2$을 극소화시킬 때 극대화된다. 따라서 θ의 값은 $T_2/(T_1+T_2)$이다.

자자 1이 60%의 지분을 투자자 2에게 가격 x로 팔았을 때 각 투자자가 갖는 확정동등치는 다음과 같다.

$$CE_1((1-0.6)Y+x)=\$11,500+x,$$
$$CE_2(0.6Y-x)=\$17,250-x.$$

이 교역이 두 교역당사자의 교역으로 인한 후생을 증대시키기 위한 가격 x의 범역은 다음과 같다.

$$7,875 \leq x \leq 17,250.$$

극대화된 확정동등치의 합은 11,500+17,250=28,750이다. 가격 x가 17,250일 때 투자자 1은 최대의 확정동등치 \$28,750를 갖게 된다.

가공의 법인(fictitious corporate person)의 위험관용지수가 두 투자자의 위험관용지수의 합이 될 때 수익률 Y를 가져오는 확정동등치는 \$28,750가 된다.

참고문헌

Myerson, Roger B., unpublished lecture notes for "Economics of Information," Department of Economics, University of Chicago.

Von Neumann, J. and O. Morgenstern, *Theory of Games and Economic Behavior*, Princeton: Prnceton University Press, 1944(Second Ed., 1947).

김진옥, 『전략과 정보의 경제학』, 제주대학교 출판부, 2012.

김진옥, 『정보경제학』, 도서출판 해남, 2013.

연습문제

1. 건설 프로젝트가 두 단계로 이루어진다고 할 때, X는 첫 번째 단계에서 발생하는 비용이고 Y는 두 번째 단계에서 발생하는 비용이라고 하자. X와 Y의 공동분포(joint distribution)는 다음과 같다.

	Y=200	Y=250	Y=300
X=90	0	.15	.15
X=70	.10	.20	.16
X=50	.09	.09	.06

(a) Y의 기댓값은?

(b) 확률변수 X가 취할 수 있는 각각의 값에 상응하는 확률변수 Y의 조건부 기대값을 구하시오. 이 예에서, $E(Y)=\sum_x P(X=x)\times E(Y|X=x)$를 보이시오.

(c) 이 비용들을 지불해야 되는 건축업자는 위험중립적이라고 하자. 이 건축업자는 다른 하청업자에게 257의 가격으로 두 번째 단계의 프로젝트를 하청업자에게 줄 수 있다고 하자. 이 건축업자는 지금 첫 번째 단계에서 발생하는 비용 X를 모르고 있다고 하자. 앞에서 언급한 조건으로 하청을 주고자 할 경우, 이 건축업자가 첫 번째 단계에서 발생하는 비용에 대한 정보를 알기 위해서 지불할 의향이 있는 최대 금액은 얼마인가?

(d) 건축업자가 X를 알기 전에 두 번째 단계의 건축을 257의 가격으로 하청을 주어야 할지 말지를 결정해야 한다고 하자. 건축업자가 첫 번째 단계의 건축을 하고 X의 값을 알게 된 후에 두 번째 단계의 건

축을 외주하고자 할 경우 계약하고자 하는 최고가격은 얼마인가?

2. A와 B는 미지의 확률변수이다. 현재의 정보가 주어진 상태에서 $E(A)=3{,}000$이라고 하자. 확률변수 B는 0 또는 1을 취한다고 하자. B의 값이 알려진 후에 나의 A에 대한 믿음은 다음과 같다고 하자.

$$E(A|B=0)=1{,}000,\ E(A|B=1)=9{,}000.$$

(a) $P(B=1)$의 값은?

(b) 나는 위험중립적인 투자자라고 하자. 다음 달에 A가 실현되는 자산을 살 수 있는 옵션을 가지고 있고 이 옵션의 가격은 5,000달러라고 하자. A에 대해서 5,000달러를 지불할 것을 결정하기 전에 B의 값을 알기 위해서 기꺼이 지불해야 되는 최대 금액은 얼마인가?

3. 의사결정자의 위험관용지수는 6,000달러라고 하자. 아래에 주어진 로터리를 가지고 의사결정자의 확정동등치와 위험할증(risk premium: RP)을 계산하시오.

(a) 로터리 A

상(prizes)	\$2,000	\$6,000	\$10,000
확률	1/3	1/3	1/3

(b) 로터리 B

상	\$0	\$8,000	\$16,000
확률	0.4	.2	.4

4. 위험한 투자가 가져오는 순수입이 정규확률변수(normal random variable)로 평균이 $9,000이고 표준편차가 $3,000라고 하자. 이 투자에 대한 투자자 1의 확정등등치는 $6,000이고 투자자 2의 확정동등치는 $5,000라고 하자. 두 투자자는 일정한 위험관용지수를 가지고 있다고 한다.

(a) 투자자 1과 2의 위험관용지수를 각각 구하시오.

(b) 투자자 1이 앞에 언급한 위험한 투자를 소유하고 있다고 하자. 이 투자자는 이 투자의 일부분을 투자자 2에게 팔 수 있다고 한다. 두 투자자의 확정동등치의 합을 극대화하기 위해서 투자자 1은 투자자 2에게 얼마만큼의 지분을 팔아야 하는가?

불확실성 하에서 의사결정이론을 이해하기 위해서는 기초적 확률이론을 알아야 한다. 확률이론의 기본이 되는 몇 가지를 살펴보자.

동전을 세 번 던지는 실험을 해 보자. 동전은 앞면(head: H)과 뒷면(tail: T)이 있고, 동전의 앞면 또는 뒷면이 나올 확률은 각각 1/2이라고 한다. 이 실험을 나무(tree)로 나타내면 [부도 2-1]과 같다.

[부도 2-1] **동전을 세 번 던졌을 때 나오는 동전의 앞면 또는 뒷면**

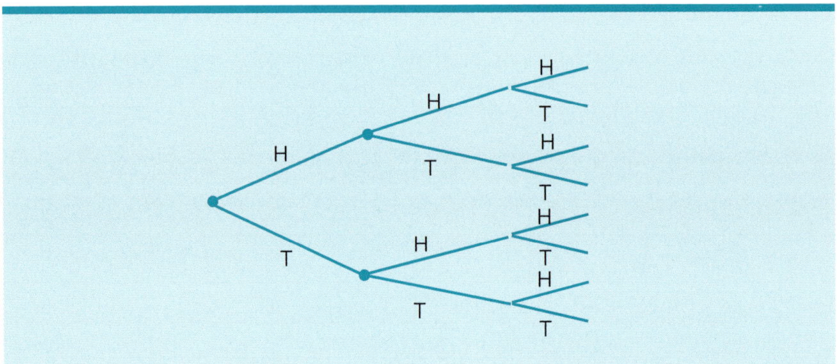

동전을 세 번 던졌을 때, 앞면 또는 뒷면으로 이루어지는 경우의 수를 집합 S로 표현하면 다음과 같다.

$$S=\{HHH, HHT, HTH, THH, TTH, THT, HTT, TTT\}.$$

집합 S를 우리는 표본공간(sample space)이라고 부른다. 이 표본공간에서 각 원소(element)에 상응하는 앞면의 개수를 생각해 보자. 이것이 [부표

2-1]에 나타나 있다.

[부표 2-1] **동전 던지기 실험의 결과 앞면의 숫자**

실험 결과	HHH	HHT	HTH	THH	TTH	THT	HTT	TTT
앞면의 개수	3	2	2	2	1	1	1	0

실험의 결과 나오는 앞면의 개수의 경우의 수를 집합 W로 표현하자.

$$W=\{0, 1, 2, 3\}.$$

확률변수(random variable)란 표본공간을 정의역(domain)으로 하고, 실수들(real numbers)을 치역(range)으로 하는 함수이다. 위의 예에서 S는 정의역이고 W는 치역이다. 확률변수가 취하는 값들의 집합이 W로 나타나 있다. 이 확률변수를 X로 명명하자. 확률변수 X의 확률분포가 [부표 2-2]에 나타나 있다.

[부표 2-2] **확률변수 X의 확률분포**

X가 취하는 값	0	1	2	3
확률	1/8	3/8	3/8	1/8

확률변수 X가 취하는 값에 따른 확률을 어떻게 계산했는가? 하나의 예를 들어 보자. 확률변수 X가 2를 취할 확률, 즉 실험의 결과 동전의 앞면이 2번 나올 확률은 얼마인가? 동전의 앞면이 두 번 나오는 경우의 수의 집합을 S_2로 표현하면 다음과 같다.

$$S_2=\{\mathrm{HHT, HTH, THH}\}.$$

위 집합에서 각 원소가 일어날 확률은 1/8이다. 따라서 동전의 앞면이 두 번 나올 확률은 3/8이 된다. 지금까지의 확률변수에 관한 논의를 일반화시켜 보자.

먼저 이산형 확률변수(discrete random variable)를 살펴보자. 이산형 확률변수란 확률변수가 취하는 값들의 숫자가 유한하거나 셀 수 있는 무한한(countably infinite) 경우를 말한다. 이산형 확률변수가 취하는 값들의 집합 S가 다음과 같이 나타나 있다.

$$S=\{x_1, x_2, \cdots, x_n\}.$$

여기서 n은 무한대(infinite)일 수 있다.

이산형 확률변수 X의 확률질량함수(probability mass function) $f_X(\bullet)$이 다음과 같이 주어져 있다.

$$f_X(x)=\text{Prob}(X=x), \text{ for all } x\in X.$$

위 확률질량함수는 다음과 같은 특성을 갖는다.

1) $f(x)\geq 0$, for all $x\in X$.
2) $\sum_{i=1}^{n} f(x_i)=1$.

여기서 $f(x)=f_X(x)$이다.

이산형 확률변수 X의 평균 $E(X)$는 다음과 같이 정의된다.

$$E(X)=\sum_{i=1}^{n} x_i f(x_i).$$

동전 던지기 실험에서 동전의 앞면이 나오는 개수의 평균은 다음과 같다.

$$E(X)=\sum_{i=1}^{n} x_i f(x_i)=0\times\frac{1}{8}+1\times\frac{3}{8}+2\times\frac{3}{8}+3\times\frac{1}{8}=\frac{3}{2}.$$

이산형 확률변수의 분산(variance)은 다음과 같이 정의된다.

$$\mathrm{Var}(X)=\sum_{i=1}^{n}(x_i-E(X))^2 f(x_i).$$

동전 던지기 실험에서 동전의 앞면이 나오는 개수의 분산은 다음과 같다.

$$\begin{aligned}\mathrm{Var}(X)&=\sum_{i=1}^{n}(x_i-E(X))^2 f(x_i)\\&=\left(0-\frac{3}{2}\right)^2\times\frac{1}{8}+\left(1-\frac{3}{2}\right)^2\times\frac{1}{8}+\left(2-\frac{3}{2}\right)^2\times\frac{3}{8}+\left(3-\frac{3}{2}\right)^2\times\frac{1}{8}.\end{aligned}$$

이산형 확률변수의 누적분포함수(cumulative distribution function) $Fx(\bullet)$은 다음과 같이 정의된다.

$$F_x(x)=\mathrm{Prob}(X\leq x)=\sum_{i=1}^{n} f_x(x_i),\ \text{for all } x_i\leq x.$$

누적분포함수는 다음과 같은 특성들을 갖는다.

1) $\lim_{x\to-\infty}F_x(x)=0$, 그리고 $\lim_{x\to\infty}F_x(x)=1$.
2) $F_x(x)$는 감소하지 않는(non-decreasing) 함수이다.
3) $F_x(x)$는 오른쪽에서 연속적이다. 그리고 $\lim_{x\downarrow x_0}F_x(x)=F_x(x_0)$.

연속형 확률변수란 확률변수 X가 취할 수 있는 값들의 개수가 셀 수 없이 무한대인 경우를 말한다. 따라서 우리는 확률질량함수를 정의할 수 없다. 대신에 연속형 확률변수는 확률밀도함수 $fx(\bullet)$을 갖는다. 연속형 확률변수 X가 실수 a보다 크고, 실수 b보다 작은 값을 가질 확률은 다음과 같다.

$$\text{Prob}(a \leq X \leq b) = \int_a^b f_x(x)dx.$$

확률밀도함수는 다음과 같은 특성을 가진다.

1) $f(x) \geq 0$, for all x.
2) $\int_{-\infty}^{\infty} f(x)dx = 1$.

연속형 확률변수의 평균과 분산은 다음과 같이 정의된다.

$$E(X) = \int_{-\infty}^{+\infty} xf(x)dx,\ \text{Var}(X) = \int_{-\infty}^{\infty} [x - E(X)]^2 f(x)dx.$$

연속형 확률변수의 누적분포함수는 다음과 같이 정의된다.

$$F_x(x) = \text{Prob}(X \leq x) = \int_{-\infty}^{x} f_X(u)du.$$

지금까지 우리는 단일확률변수(one random variable)의 평균과 분산에 대해서 알아보았다. 두 개 이상의 확률변수를 상정하고 조건부 기대(conditional expectation)에 대해서 알아보자. 어떤 사상(事象, event) A가 주어졌을 때 이산형 확률변수 Y의 조건부 기대치는 다음과 같이 정의된다.

$$E(Y|A)=\sum_k P(Y=k|A)\times k.$$

여기서 $\sum_k$는 확률변수 Y가 취할 수 있는 모든 실수 값을 망라한다. 또한 $P(Y=k|A)$는 사상 A가 주어진 상태에서 확률변수 Y가 실수 k를 취할 조건부 확률이다.

사상 A는 어떤 다른 확률변수가 특정한 값을 취한 것을 관측한 상황을 말한다. 지금 투자가들이 엔화표시 달러의 값(환율)을 예측한다고 하자. 달러의 값, 즉 환율이 다음 주에 어떻게 변동할 것인가에 대한 예측은 금주에 발표되는 정부의 여러 가지 발표에 달려 있다. 목요일 아침에 미국의 분기별(quarterly) 통화량 증가율 추정치가 발표되고, 금요일 오전에는 무역수지 적자 통계치가 발표된다고 하자. 확률변수 Y는 금요일 오후에 형성된 환율(엔화표시 달러 값)이라고 하자. 다른 확률변수 M은 목요일 아침에 발표되는 통화량 증가율이라고 하자. 다수의 외환딜러(foreign exchange dealers)들이 확률변수들 Y와 M의 공통확률분포(joint probability distribution)에 만장일치로 동의하고 있고, 이 확률변수들의 공통분포가 [부표 2-3]과 같이 주어져 있다고 가정하자.

[부표 2-3] 확률변수들 *Y*와 *M*의 공통분포

	Y=126	Y=128	Y=130	Y=132	합계
M=.02	.10	.15	.05	0	.30
M=.01	.05	.15	.15	.05	.40
M=0	0	.10	.10	.10	.30
합계	(.15)	(.40)	(0.30)	(0.15)	(1.0)

[부표 2-3]의 맨 하단에 있는 행(row)은 확률변수 Y가 취하는 값에 상응하는 확률들이 나타나 있다. 이 중에서 하나의 예를 들어 설명해 보자.

확률변수 Y가 126을 취할 확률 $P(Y=126)$이 다음과 같이 계산된다.

$$P(Y=126)=P\{(Y=126)\cap(M=.02)\}+P\{(Y=126)\cap(M=.01)\}$$
$$+P\{(Y=126)\cap(M=0)\}=.15.$$

마찬가지로 우리는 확률변수 Y가 다른 값을 취할 때도 확률을 같은 방법으로 계산할 수 있다.

[부표 2-3]의 맨 오른쪽 열(column)은 확률변수 M이 취하는 값에 상응하는 확률들이 나타나 있다. 이 중에서 하나의 예를 들어 설명해 보자. 확률변수 M이 0.02를 취할 확률 $P(M=0.02)$는 다음과 같이 계산된다.

$$P(M=.02)=P\{(Y=126)\cap(M=.02)\}+P\{(Y=128)\cap(M=.02)\}$$
$$+P\{(Y=130)\cap(M=.02)\}+P\{(Y=132)\cap(M=.02)\}=.30.$$

마찬가지로 우리는 확률변수 M이 다른 값을 취할 때도 확률을 같은 방법으로 계산할 수 있다.

확률변수 Y의 기댓값은 다음과 같이 계산된다.

$$E(Y)=.15\times126+.40\times128+.30\times130+.15\times132=128.9.$$

통화량 증가율에 대한 공표가 있기 전에 환율에 대한 기대치는 128.9이다. 통화량이 2% 증가했다고 하자. 이 경우 환율에 대한 조건부 기대치를 계산해 보자.

$$E(Y|M=.02)=126\times P(Y=126|M=.02)+128\times P(Y=128|M=.02)$$
$$+130\times P(Y=130|M=.02)+132\times P(Y=132|M=.02)=127.67.$$ [9]

마찬가지 방법으로 우리는 정부의 다른 통화량 증가율이 발표된 직후 환율에 대한 조건부 기대치를 계산해 낼 수 있다.

두 개의 임의의 확률변수들 Y와 M에 대한 일반화된 공식이 다음과 같이 주어져 있다.

$$E(Y)=\sum_m P(M=m)\times E(Y|M=m).$$

여기서 $\sum_m$는 확률변수 M이 취할 수 있는 모든 실수 값을 망라한다.

위 공식을 증명해 보자.

[증명] $$\sum_m P(M=m)\times E(Y|M=m)=\sum_m P(M=m)\times \sum_k P(Y=k|M=m)\times k$$
$$=\sum_k\sum_m P(M=m)\times P(Y=k|M=m)\times k$$
$$=\sum_k\sum_m P(M=m\cap Y=k)\times k$$
$$=\sum_k P(Y=k)\times k=E(Y).$$

위에 주어진 일반화된 공식을 해석해 보자. 우리의 예에서 확률변수 Y는 금요일 날 실현되는 엔화표시 달러 환율이다. 환율에 대한 기대치 $E(Y)$는 금요일 오후에 실현되는 환율의 기대치이다. 단기간 발생하는 이자를 무시하면, 통화 공급에 관한 정부의 발표가 있기 전 날인 수요일의 환율은 $E(Y)$가 되어야 한다. 단기적 이자의 발생을 무시한 상태에서 수요일의 환율이 $E(Y)$보다 높거나 낮으면, 투자가들은 재정기회(arbitrage

9) 조건부 기대확률 $P(Y=y|M=m)=P(Y=y\cap M=m)/P(M=m)$이다.

opportunity)를 이용하기 위하여 외환시장에서 무한대의 통화교환을 시도하게 될 것이다. 따라서 이러한 재정기회가 발생하지 않기 위해서는 오늘(수요일)의 환율은 미래(금요일 오후)의 기대환율 $E(Y)$가 되어야 한다.[10)]

마찬가지 논리로, 목요일 아침에 통화량 증가율의 발표가 있은 직후 목요일 오후 환율은 조건부 기대환율이 되어야 한다. 즉, 정부가 통화량 증가율을 m이라고 발표했을 때 조건부 기대확률 $E(Y|m)$이 목요일 오후 환율이 되어야 한다. 위에 주어진 일반화된 공식에 의하면, 투자자가 오늘(수요일) 달러를 팔고 엔화를 사서 통화량 발표가 있은 직후, 목요일 오후에 달러로 바꾼다고 하더라도 이윤을 기대할 수 없다는 것을 알 수 있다.

위에 소개한 일반화된 공식을 다르게 응용해 보자. A는 어떤 사상(event)이라고 하자. X는 확률변수로 사상 A가 사실이면 1이고 거짓이면 0이라고 하자. 이 경우 확률변수 X의 기대치는 다음과 같다.

$$E(X)=P(A)\times 1+(1-P(A))\times 0=P(A).$$

확률변수 X의 기대치는 사상 A가 일어날 확률과 같다. 다른 확률변수 W를 상정해 보자. 이 확률변수의 값의 관측은 우리로 하여금 사상 A가 일어날 확률에 대한 믿음을 수정하도록 해 준다고 하자. 확률변수 W의 값이 주어진 상태에서 확률변수 X의 조건부 기대치는 W의 값이 주어진 상태에서 사상 A의 조건부 확률과 같다. 확률변수 W의 값이 어떻게 주

10) 재정기회란 이익을 실현할 수 있는 기회를 말한다. 금융경제학 또는 재무관리에서 무차익 원리(no arbitrage principle)란 위험과 수익률이 같은 증권 A와 B는 시장에서 동일한 가격이 형성되어야 하는 것을 의미한다. 만약 두 개의 증권 가격이 상이하게 형성될 경우, 투자자들은 가격이 높은 증권을 팔고 가격이 낮은 증권을 구매하여 차익을 실현하려고 할 것이다. 즉, 차익거래의 기회 또는 재정기회가 발생한다. 결국 위험과 수익률이 동일한 증권은 동일한 가격이 형성되는 일물일가의 법칙(law of one price)이 성립한다.

어지든 다음 관계가 성립한다. 왜 그런가? 독자 스스로 생각해 보기 바란다.

$$E(X|W=w)=P(A|W=w).$$

확률변수 X의 기대치가 다음과 같이 주어지는 것을 주목하자.

$$E(X)=\sum_{w} P(W=w)\times E(X|W=w).$$

따라서 다음 등식이 성립한다.

$$P(A)=\sum_{w} P(W=w)\times P(A|W=w).$$

확률변수 W에 대한 관측은 우리들로 하여금 사상 A가 일어날 확률에 대한 평가를 낮추거나 높이는 방향으로 수정할 수 있도록 해 준다. 하지만 이러한 가능한 수정들의 가중평균은 현재 평가된 확률 $P(A)$와 동일하다.

확률변수 Y와 M에 대한 주어진 공통분포에서 Y가 129보다 크게 일어날 사상을 생각해 보자. Y의 한계분포(marginal distribution)로부터 다음 사실을 알 수 있다.

$$P(Y>129)=.30+.15=.45.$$

통화량 증가율에 관한 정보를 알고 난 후 사후적 조건부 확률은 다음과 같이 주어진다.

$$P(Y>129|M=.02)=.167+0=.167,$$

$$P(Y>129 \mid M=.01)=.375+.125=.500,$$

$$P(Y>129 \mid M=0)=.333+.333=.667.$$

사후적 조건부 확률의 기대치는 이 사상이 일어날 확률과 동일하다.

$$\sum_m P(M=m)\times P(Y>129 \mid M=m)$$
$$=.30\times.167+.40\times.500+.30\times.667=.450=P(Y>129).$$

의사결정에 사용되는 정보의 기대가치를 측정하는 방법을 생각해 보자. 우리의 예에서 위험중립적인 투자자가 1달러를 129엔에 살 수 있는 옵션(option)을 가졌다고 하자. 이 투자자는 또한 통화량 증가율 M이 알려진 후 이 옵션을 행사할 수 있는 권한에 대해 얼마간의 돈을 지불할 수 있다고 한다. 투자자가 이 옵션을 행사할 것인지 말 것인지를 행사하기 전에 통화 공급 증가율 M을 관측할 수 있는 권한에 대하여 최대한 지불할 수 있는 금액은 얼마나 되는가?

위험중립적인 투자자들이 압도적으로 많고 위에 기술한 믿음(beliefs)을 투자자들이 공유하고 있다고 하자. 그리고 투자자들이 현재(수요일)와 다음 금요일 사이에서 가치를 의미심장하게 할인하지 않는다고 하자. 즉, 현재와 금요일 사이에 적용되는 할인율은 0이다. 우리의 예에서 환율에 대한 현재의 기대치는 128.9이다. 따라서 이 옵션의 가치는 0이 된다. 통화량 증가율이 알려진 후 환율 Y에 대한 조건부 기대치와 옵션의 가치는 다음과 같다.

$E(Y \mid M=.02)=127.67$, 옵션의 가치=0.

$E(Y \mid M=.01)=.125\times126+.375\times128+.375\times130+.125\times132=129$, 옵션의 가치=0.

$E(Y|M=0)=0\times126+.333\times128+.333\times130+.333\times132=130$, 옵션의 가치=1.

위에서 옵션의 가치가 1이 실현될 확률은 0.3이므로 통화량 증가율에 대한 정보는 옵션의 가치를 0.3으로 증가시킨다.

지금까지의 논의를 일반화시켜 보자. 미래에 1달러를 살 수 있는 옵션의 행사가격(striking price)이 S인 경우, 통화량 증가율 M에 대한 정보를 갖지 못한 위험중립적 투자자의 옵션의 기대가치는 다음과 같아야 한다.

$$\max\{E(Y)-S, 0\}.$$

하지만 투자자가 통화량 증가율 M에 대한 정보를 가실 경우, 옵션을 행사했을 때 옵션의 기대가치는 다음과 같다.

$$\sum_m P(M=m)\times\max\{E(Y|M=m)-S, 0\}.$$

따라서 옵션을 행사할 것인지 말 것인지를 결정하는 투자자에게 있어, 통화량 증가율 M에 대한 정보의 기대가치는 다음과 같이 정의된다.

$$\sum_m P(M=m)\times\max\{E(Y|M=m)-S, 0\}-\max\{E(Y)-S, 0\}.$$

행사가격 S를 128이라고 하자. 우리의 예에서 통화량 증가율 M에 대한 정보의 기대가치는 다음과 같다.

$$.30\times0+.40\times(129-128)+.30\times(130-128)-(128.9-128)=1-.9=.1.$$

3

전략형 게임

전략적 상황을 게임으로 표현하는 형태는 여러 가지가 있을 수 있다. 게임에 참여하는 당사자들의 동태적 의사결정과 관련된 제반 사항을 동태적으로 표현하는 전개형 게임(extensive form game)의 형태와 이러한 것들을 정태적으로 표현하거나 게임 그 자체가 정태적인 전략형 게임(strategic form game)의 형태가 있다. 본장에서는 전략형 게임의 해(solution)를 살펴보고자 한다.

3-1 내쉬 균형

우월전략균형

용의자의 딜레마 게임(prisoner's dilemma game)의 예를 전략형 게임으로 표현해 보자.

공동으로 범죄를 저지른 두 명의 범죄용의자가 체포되어 각각 다른 방에서 심문을 받는다고 하자. 각 용의자는 심문하는 수사관에게 범죄행위에 대한 결정적인 증거를 내놓을 수도 있고 침묵으로 일관할 수도 있다. 한 용의자가 수사관에게 결정적인 증거를 내놓는다는 것은 다른 용의자를 배신하는 경우가 되고, 침묵으로 일관한다는 것은 다른 범죄용의자에게 협력을 하는 것이 된다. 따라서 한 용의자는 다른 용의자에게 협력(cooperation)하거나 배신(defect)하는, 두 종류의 행동(action) 또는 전략(strategy)을 가지고 있다.

마찬가지로 다른 용의자도 협력하거나 배신하는, 두 종류의 행동 또는 전략을 가지고 있다. 두 용의자가 수사관의 심문에 침묵으로 일관할 경우, 즉 두 용의자가 서로 협력하면 수사관은 결정적인 증거를 확보할 수 없다. 이 경우 수사관은 약간의 증거만을 가지고 기소하게 되고 두 용의자는 각각 1년씩 징역을 산다고 하자. 이것을 용의자의 보수(payoff)로 표현하면 –1이다. 수사관이 결정적인 증거를 확보하기 위하여 자백을 하는 용의자에게 다음과 같은 유인(incentives)을 제공한다고 하자.

한 용의자가 자백을 하고 다른 용의자가 자백을 하지 않으면 자백한 용의자, 즉 배신자에게는 기소를 중단하고, 자백을 하지 않은 용의자, 즉 협력한 용의자에게는 벌칙을 강화한다고 하자. 이 경우 배신한 용의자는 징역을 살지 않고 배신을 하지 않은 용의자는 징역을 9년 산다고 하자. 즉, 배신한 용의자의 보수는 0이고 배신을 하지 않은 용의자의 보수는 –9이다.

두 용의자가 배신을 한 경우에는 결정적인 증거가 확보된 것이기 때문에 각각 6년씩 징역을 산다고 하자. 이때 두 용의자의 보수는 각각 –6이다.

이 게임을 보수행렬(payoff matrix)로 표현하면 [표 3-1] 과 같다. 여기에서는 용의자를 경기자로 표현하였다. 보수행렬의 각 칸(cell)의 왼쪽 숫자는 경기자 1의 보수이고, 오른쪽 숫자는 경기자 2의 보수를 나타낸다. 경기자 1과 2는 각각 협력과 배신이라고 하는 행동 또는 전략을 가지고 있다.

이와 같은 게임의 형태를 전략형 게임이라고 한다. 이것을 공식적으로 정의해 보자.

[표 3-1] 용의자의 딜레마 게임

		경기자 2	
		협력	배신
경기자 1	협력	–1, –1	–9, 0
	배신	0, –9	–6, –6

전략적 게임의 구조는 다음과 같다.

① 경기자들(players): 경기자들의 유한집합 N은 게임에 참여하는 경기자들의 집합을 말한다. $N=\{1, 2, \cdots, n\}$. 집합 N의 임의의 원소(element) i는 경기자 i를 나타낸다. 즉, $i \in N$.

② 행동 또는 전략집합: 각 경기자 i는 사용할 수 있는 행동 또는 전략집합 A_i를 갖고 있다. 즉, A_i는 비공집합(非空集合, non-empty set)이다.

③ 보수(payoffs): 각 경기자 i의 보수함수는 다음과 같이 정의된다. $u_i: A \rightarrow R$. 여기서 u_i는 경기자 i의 보수함수이고, A는 이 함수의 정의역(domain)이다. 그리고 A는 다음과 같이 정의된다. $A=\times_{j \in N} A_j$, 기호 $\times$는 카티지언 프로덕트(Cartesian products)이다. $u_i(a)$는 경기자들이 취한 전략들 또는 행동들이 a인 경우에 실현되는 경기자 i의 보수이다. a는 경기자들이 택하는 전략들을 명명한 것으로 우리는 이것을 전략 프로필(strategy profile)이라고 부른다.

공식적으로 정의할 때 사용한 기호(notation)를 가지고 용의자의 딜레마 게임을 표현해 보자.

$N=\{$경기자 1, 경기자 2$\}=\{1, 2\}$,

$A_1=$경기자 1의 전략집합 또는 행동집합$=\{$협력, 배신$\}$,

$A_2=$경기자 2의 전략집합 또는 행동집합$=\{$협력, 배신$\}$,

$A=\times_{j \in N} A_j = A_1 \times A_2 \{$협력, 배신$\} \times \{$협력, 배신$\} = \{$(협력, 협력), (협력, 배신), (배신, 협력), (배신, 배신)$\}$,

$u_1(a)=-9$, $u_2(a)=0$, 여기서 $a=$(협력, 배신)이다.

다른 전략 프로필에 상응하는 경기자들의 보수는 생략한다.

용의자의 딜레마 게임에서 용의자들은 각각 어떤 전략을 선택할 것인가? 먼저 경기자 1이 어떤 전략을 선택할 것인지를 생각해 보자.

경기자 2가 '협력'이라는 전략을 선택할 경우 경기자 1의 최적 선택은 무엇인가? 경기자 2가 '협력'이라는 전략을 선택하면 보수행렬의 왼쪽 열이 실현되는 경우이다. 이 경우, 경기자 1이 '협력'을 선택하면 보수가 −1이지만 '배신'을 선택하면 보수가 0이 된다. 따라서 경기자 1은 자기의 보수를 극대화하기 위해서 '배신'을 선택한다.

경기자 2가 '배신'이라는 전략을 선택하면 보수행렬의 오른쪽 열이 실현되는 경우이다. 이 경우, 경기자 1이 협력을 선택하면 보수가 −9가 되지만 배신을 선택하면 보수가 −6이 된다. 따라서 경기자 1은 보수를 극대화하기 위해서 '배신'을 선택한다.

경기자 2가 어떤 전략을 택하든, 즉 경기자 2의 전략에 상관없이 경기자 1의 최적 전략은 '배신'이다. 마찬가지 논리로 우리는 경기자 2의 최적 전략은 경기자 1이 무슨 전략을 택하든 '배신'을 선택하는 것이 최선이라는 것을 알 수 있다.

위의 예에서, 경기자 1 또는 경기자 2가 택하는 전략 '배신'을 우리는 강하게 우월한 전략(strictly dominant strategy: SDS)이라고 부른다. 경기자의 SDS란 게임에 임하는 상대방들의 모든 전략에 대하여 경기자가 갖고 있는 다른 어떤 가능한 전략들보다 높은 보수를 가져오는 전략을 말한다.

위의 예에서처럼 게임에 임하는 경기자들이 각각 강하게 우월한 전략 SDS를 가질 경우, 우리는 경기자들이 무슨 전략을 택할지를 쉽게 찾아 낼 수 있다. 이 게임에서 경기자들은 각각 SDS, 즉 '배신'을 선택하게 되고, 게임의 결과 각 경기자의 보수는 −6이 된다.

우리는 전략 프로필 (배신, 배신)을 우월전략균형(dominant strategy

equilibrium)이라고 부른다.

게임이론은 게임에 참여하는 경기자들이 합리적이라고 가정한다. 여기서 합리적이라는 것은 각각의 경기자가 주어진 상황에서 자기의 이익 또는 보수를 극대화하는 것을 의미한다. 게임이론은 또한 게임에 참가하는 경기자들이 게임의 구조(structure of game)에 대한 주지사실(common knowledge)을 가지고 있다고 가정한다. 게임의 구조란 게임을 정의하면서 열거한 구성항목들을 말한다. 즉, 이것은 게임에 참여하는 구성원들이 누구인지, 그들이 각각 어떤 전략집합을 가지고 있는지, 그들 각자가 택한 전략에 의해서 형성되는 전략 프로필에 상응하는 각각의 보수는 얼마인지 등을 말한다. 주지사실을 보다 느슨하게 정의하여 보자.

주지사실이란, 게임에 참여하는 각 당사자는 자기를 제외한 모든 당사자들이 자기가 게임의 구조에 대해서 알고 있는 것처럼 게임의 구조를 알고 있다는 것을 자기 스스로 인지하는 것을 말한다. 상대방이 알고 있는 사실을 내가 알고 있고, 또 이 사실을 상대방이 알고 있고, 이러한 사실들을 내가 알고 있다.[1)]

순수전략 내쉬 균형(Pure Strategy Nash Equilibrium)

게임에서 모든 경기자들이 우월전략(dominant strategy)을 가지고 있다면 게임의 해 또는 균형을 찾는 데 어려움이 없다. 하지만 모든 게임에서 용의자 딜레마 게임에서처럼 우월전략균형이 존재하는 것은 아니다. 우월전략균형이 존재하지 않는 다른 게임을 살펴보자.

경제학을 전공하는 두 명의 남녀 대학생이 한국 경제가 당면한 이슈들

1) 주지사실에 관한 보다 정확한 정의는 아우만(R. J. Aumann)의 다음 논문을 참조하기 바람. R. J. Aumann, "Agreeing to Disagree," *Annals of Statistics*, 4, 1976, pp. 1236-1239.

에 관하여 토론하기 위하여 만나고 싶어한다고 하자. 그들이 만날 수 있는 장소들로는 카페(cafe)와 선술집(pub)이 있다고 하자. 남학생은 선술집을 선호하고, 여학생은 카페를 선호한다고 하자. 그들은 또한 데이트가 이루어지지 않는 것보다는 데이트가 이루어지는 것을 선호한다고 하자. 두 경기자는 데이트를 하지 않는 것보다는 하기를 원하지만 각 경기자는 자기가 원하는 곳에서 데이트하고 싶어한다. 이것이 게임을 하는 두 경기자 간에 존재하는 갈등(conflict)이다.

두 경기자의 전략 프로필에 상응하는 보수 프로필이 다음과 같이 주어진다고 하자.

카페에서 데이트가 이루어질 경우, 여학생의 보수는 4이고 남학생의 보수는 3이다. 선술집에서 데이트가 이루어질 경우, 남학생의 보수는 4이고 여학생의 보수는 3이다. 여학생이 카페를 선택하고 남학생이 선술집을 선택했을 경우 데이트가 이루어지지 않지만, 두 경기자 모두 자기들이 선호하는 장소를 선택하였기 때문에 보수가 각각 1이 주어진다. 여학생이 선술집을 선택하고 남학생이 카페를 선택하면 두 경기자는 자기들이 선호하지 않는 장소를 선택하였기 때문에 보수가 각각 0으로 주어진다. 이러한 게임을 우리는 성의 전쟁(battle of sexes)이라고 부른다. 이 상황을 게임으로 표현하면 다음과 같다.

경기자: 남학생(열(column) 경기자), 여학생(행(row) 경기자)
행동 또는 전략: 열 경기자의 전략집합={카페, 선술집},
행 경기자의 전략집합={카페, 선술집}
보수행렬:

		남학생	
		카페	선술집
여학생	카페	(4, 3)	(1, 1)
	선술집	(0, 0)	(3, 4)

위 보수행렬의 각 칸의 왼쪽 숫자는 여학생의 보수이고, 오른쪽 숫자는 남학생의 보수를 나타낸다.

위 게임에서 각 경기자는 열등한 전략을 가지고 있지 않다. 왜 그런가? 여학생의 경우, 남학생이 카페를 선택할 때 여학생의 최적 선택은 카페가 된다. 하지만 남학생이 선술집을 선택할 경우에는 여학생의 최적 선택은 선술집이 된다.

이와 같이 여학생이 가지고 있는 그 어떤 전략도 우월하거나 열등한 전략(dominated strategy)이 될 수 없다. 마찬가지 논리로 남학생이 가지고 있는 그 어떤 전략도 열등하거나 우월한 전략이 될 수 없다. 따라서 이 게임에는 우월전략균형이 존재할 수 없다.

이 게임에서 우월전략균형 이외의 균형은 있을 수 없는가? 전략 프로필 (카페, 카페)를 생각해 보자. 이 전략 프로필의 첫 번째 항, 카페는 여학생의 전략을 가리킨다. 두 번째 항은 남학생의 전략을 나타낸다. 남학생이 카페를 선택하는 한 여학생의 최적 전략은 카페이다. 또한 여학생이 카페를 선택하는 한 남학생의 최적 전략은 카페이다.

전략 프로필 (카페, 카페)가 주어진 상태에서 그 어느 누구에게도 상대방이 할당된 전략을 선택하는 한, 자기에게 할당된 전략을 바꿀 유인이 존재하지 않는다. 게임이론은 이 상태를 균형이라고 하고, 우리는 이것을 게임이론가 존 내쉬(John Nash)의 이름을 따서 내쉬 균형(Nash equilibrium)이라고 부른다.[2)]

2) 내쉬 균형의 존재에 관한 증명에 관심이 있는 독자는 마이어슨(Roger B. Myerson)의 책 *Game*

이 게임은 또 다른 내쉬 균형을 가지고 있다. 전략 프로필 (선술집, 선술집)이 바로 그것이다. 남학생이 선술집을 선택하는 한 여학생의 최적 전략은 선술집이다. 여학생이 선술집을 선택하는 한 남학생의 최적 전략은 선술집이다. 그 어느 누구도 상대방에게 할당된 전략을 상대방이 고수하는 한, 자기에게 할당된 전략에서 벗어나고자 하는 유인이 존재하지 않는다.

주어진 게임에서 여러 개의 균형이 존재할 경우에는, 균형 프로필을 예측하는 데 어려움이 따른다. 만약에 문화적으로 또는 역사적으로 여성이 남성보다 우월한 위치에 있다면 전략 프로필 (선술집, 선술집)보다는 (카페, 카페)가 균형 프로필이 될 가능성이 높다. 문화적 또는 역사적 요인을 감안하여 타당한 균형을 찾아가는 것을 토마스 셸링(Thomas Schelling)은 초점효과(focal point effect)라고 불렀다.[3)]

혼합전략 내쉬 균형(Mixed Strategy Nash Equilibrium)

지금까지 우리는 순수전략 내쉬 균형을 살펴보았다. 즉, 주어진 내쉬 균형 프로필에서 각 경기자는 자기에게 할당된 전략을 확률 1로 선택한다.

하지만 각 경기자가 자기에게 주어진 전략들을 독립적으로 선택하지만, 이 전략들을 혼합적으로 사용할 수 있는 경우가 있을 수 있다. 혼합적으로 사용한다는 것은 경기자가 가지고 있는 전략들에 확률을 부여하여, 부여된 확률에 따라 임의로 전략을 추출하여 사용하는 것을 말한다. 즉, 우리는 혼합전략 내쉬 균형 프로필을 상정할 수 있다. 이것을 설명하기 전에 불확실한 게임 상황에서 개인의 선택행위를 보다 자세하게 살펴보자.

Theory, pp. 136-140을 참조하기 바람.

3) 셸링은 초점효과라는 개념을 소개했다. 이에 관한 보다 직관적이고 유용한 설명이 마이어슨의 논문에 나와 있다. Roger Myerson, "Learning from Schelling's Strategy of Conflict," *Journal of Economic Literature*, 47(4), 2009, pp. 1109-1125.

게임에서 한 경기자는 자기가 선택할 수 있는 대안의 선택집합(set of alternative choices)이 있지만, 다른 경기자(들)가 어떤 전략(들)을 선택할지에 대한 불확실성에 직면해 있다. 다른 경기자들이 선택할 수 있는 전략의 집합을 가능한 세상의 상태(set of possible states of world)라고 명명하자. 한 경기자가 선택할 수 있는 대안의 선택집합을 C라고 하고 상태집합을 S라고 하자. C와 S가 다음과 같이 주어져 있다.

$$C=\{T, M\ B\}, S=\{L, R\}.$$

경기자의 선택과 주어진 상황에 상응하는 경기자의 효용함수가 다음과 같이 주어져 있다.

$$u: C \times S \rightarrow R.$$

C와 S, 그리고 경기자의 효용함수가 주어진 상태에서, 이것들을 보수행렬로 표현하면 [표 3-2]와 같다.

[표 3-2] **보수행렬**

	L	R
T	7	2
M	2	7
B	5	6

경기자는 지금 일어날 수 있는 상태에 대하여 불확실성에 직면해 있다. 경기자가 직면한 불확실성은 상태집합 S의 확률분포로 표현될 수 있다. 가능한 상태집합 S의 확률분포의 집합을 $\Delta(S)$라고 하자.

$$\Delta(S)=\{q\in R^S \mid q(s)\geq 0,\ \forall s\in S,\ \sum_{\theta\in S} q(\theta)=1\}.$$

상태집합 S의 특정한 분포 $P(\bullet)$이 주어진 상태에서, 경기자는 자기의 기대효용을 극대화하기 위하여 전략을 선택한다. 이것을 수학적으로 표현하면 다음과 같다.

$$\mathrm{Arg}_{c\in C}\mathrm{Max}Eu(c)=Eu(c\mid p)=\sum_{\theta\in S} p(\theta)u(c,\theta).$$

경기자가 직면한 불확실성을 확률분포로 묘사해 보자. 상태 R가 일어날 확률을 r라고 하자. 이 경우, 상태 L이 일어날 확률은 $(1-r)$가 된다. 경기자가 선택한 전략에 상응하는 기대효용은 다음과 같다.

$$Eu(T)=7(1-r)+2r,$$
$$Eu(M)=2(1-r)+7r,$$
$$Eu(B)=5(1-r)+6r.$$

경기자의 전략 B가 최적의 선택이 되기 위해서는 다음 두 조건식이 성립해야 된다.

$$Eu(B)=5(1-r)+6r\geq Eu(M)=2(1-r)+7r,$$
$$Eu(B)=5(1-r)+6r\geq Eu(T)=7(1-r)+2r.$$

위 두 조건식을 만족시키기 위해서는 다음 부등식을 만족시켜야 한다.

$$\frac{1}{3}\leq r\leq \frac{3}{4}.$$

상태 R가 일어날 확률 r가 위에 주어진 영역 안에 있을 때, 경기자의 전략 B는 최적의 선택 전략이 된다. 전략 T 또는 M이 최적 전략이 되는 경우에 대해서는 독자 스스로 생각해 보기 바란다.

효용함수 $u: C\times S\to R$와 어떤 선택된 전략 d가 주어진 상황에서 전략 d를 최적 선택으로 만드는 상태의 확률분포들의 집합은 닫힌 볼록집합(closed convex set)이다. 이것을 예를 들어 설명해 보자. 위 예에서 경기자의 행동 B가 최적 선택이 되기 위한 상태에 관한 확률분포들의 집합이 [그림 3-1]에 나타나 있다.

[그림 3-1]의 사선에서 굵은 부분이 경기자의 행동 B를 최적 선택으로 만들기 위한 상태에 관한 확률분포들의 집합이다. 이 집합이 공집합(empty set)이면 전략 B가 경기자의 최적 선택이 될 수 없다. 경기자의 전략 B보다 수월한 혼합전략(dominant mixed strategy)이 있을 수 있다. 경기자의 전략 B보다 우

[그림 3-1] **B가 최적이 되기 위한 상태에 관한 확률분포들의 집합**

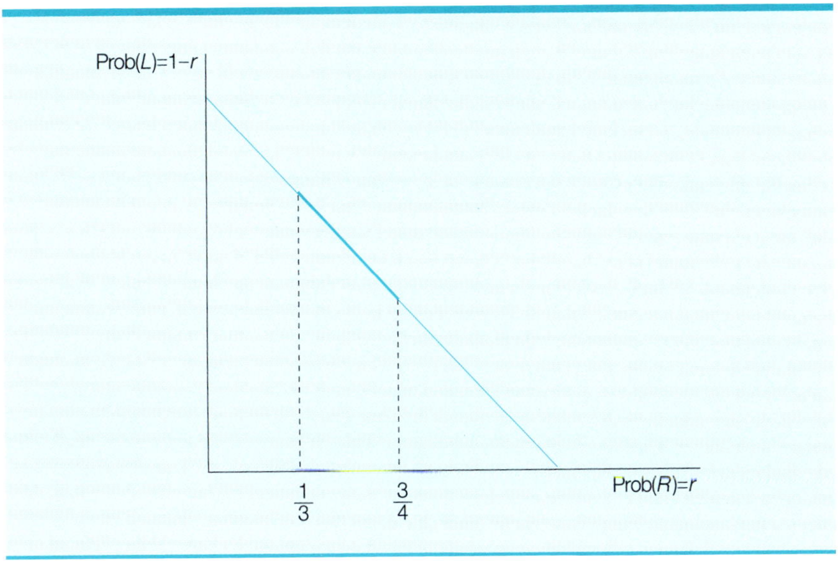

월한 혼합전략이 존재한다면 경기자의 전략 또는 행동 B를 최적 선택으로 만들기 위한 상태에 관한 확률분포들의 집합은 공집합이 된다.

경기자의 임의의 전략 d가 혼합전략 σ에 의하여 강하게 지배되는 경우를 수학적 기호를 이용하여 표현하면 다음과 같다.

$$u(d, s) < \sum_{c \in C} \sigma(c) u(c, s), \ \forall s \in S.$$
$$\sum_{c \in C} \sigma(c) = 1.$$

여기서 $\sigma(c)$는 전략 c가 선택될 확률이다.

[표 3-2]의 보수행렬을 [표 3-3]과 같이 수정하여 보자. [표 3-2]에서와 마찬가지로 경기자의 전략 B는 상태가 어떻게 주어지든 차선의 선택(second best choice)이다. 경기자의 전략 B가 최적 전략이 되기 위해서는 다음 조건을 만족해야 된다.

$$Eu(B)=5(1-r)+3r \geq Eu(M)=2(1-r)+7r \ \Rightarrow \ r \leq \frac{3}{7},$$
$$Eu(B)=5(1-r)+3r \geq Eu(T)=7(1-r)+2r \ \Rightarrow \ r \leq \frac{2}{3}.$$

위 조건을 동시에 만족시키는 r는 존재하지 않는다. 따라서 경기자의 전략 B는 최적 전략이 될 수 없다. 경기자의 전략 T가 최적 전략이 되기 위한 상태집합의 확률분포의 집합 r의 영역은 무엇인가? 경기자의 전략 M이 최

[표 3-3]

	L	R
T	7	2
M	2	7
B	5	3

적 전략이 되기 위한 상태집합의 확률분포의 집합 r의 영역은 무엇인가? 이것들을 구해 보면, 각각 $r \le 1/2$, $r \ge 1/2$이다.

경기자의 전략 B보다 우월한 혼합전략을 다음과 같이 구축해 보자.

$\sigma(T)$: 경기자 B가 T를 선택할 확률,

$\sigma(M)=1-\sigma(T)$: 경기자 B가 M을 선택할 확률.

위에 주어진 혼합전략이 전략 B보다 우월한 전략이 되기 위해서는 다음 조건을 만족해야 된다.

$$5 < \sigma(T)7+(1-\sigma(T))2,$$
$$3 < \sigma(T)2+(1-\sigma(T))3.$$

위 조건식들 중에서 첫 번째 조건은 상태가 L로 주어졌을 때 혼합전략이 가져오는 기대보수가 전략 B를 선택했을 때 가져오는 보수 5보다 커야 함을 나타낸다. 두 번째 조건은 상태가 R로 주어졌을 때 혼합전략이 가져오는 기대보수가 전략 B를 선택했을 때 가져오는 보수 3보다 커야 함을 나타낸다. 위 두 조건을 동시에 만족하는 $\sigma(T)$의 범위는 다음과 같다.

$$\frac{3}{5} < \sigma(T) < \frac{4}{5}.$$

지금까지 우리는 불확실한 상태에 직면한 경기자의 최적 선택을 살펴보았다. 여기서 의사결정자인 경기자가 직면한 불확실한 상황은 게임에서 상대방이 택하는 전략의 불확실성으로 간주될 수 있다. 우리의 예에서 상태집합은 게임의 상대방이 취하는 행동 또는 전략의 집합으로 간주될 수 있다.

[표 3-4] **영합 게임**

		경기자 *B*	
		앞면	뒷면
경기자 *A*	앞면	(1, −1)	(−1, 1)
	뒷면	(−1, 1)	(1, −1)

즉, 상대방이 *L*과 *R*를 혼합적으로 사용하는 경우를 상정해 보자. 이 경우, 의사결정자 또는 경기자는 의사결정에 있어 불확실한 상황에 직면하게 된다. 이 상황을 동전 맞추기(matching pennies) 게임을 가지고 생각해 보자.

게임의 규칙은 다음과 같다. 경기자 *A*와 *B*가 동전의 앞면과 뒷면을 맞추는 게임을 한다고 하자. 두 경기자가 동일한 면을 냈을 경우에는 경기자 *B*가 경기자 *A*에게 1원을 준다고 하자. 즉, 동일한 동전의 면이 나왔을 경우에는 *A*가 이기게 된다. 두 경기자가 상이한 동전의 면을 냈을 경우에는 경기자 *A*가 경기자 *B*에게 1원을 준다고 하자. 즉, 상이한 동전이 나왔을 경우에는 경기자 *B*가 이기게 된다. 이 게임을 보수행렬로 표현하면 [표 3-4]와 같다.

이 게임에서 게임의 결과 나타나는 경자들의 보수의 합은 0이다. 이러한 게임을 영합(零合) 게임(zero sum game)이라고 부른다. 이 게임에서는 순수전략 내쉬 균형이 존재하지 않는다.

예를 들어 설명해 보자. 경기자 *A*가 앞면을 선택하고 경기자 *B*가 앞면을 선택하는 경우 전략 프로필은 (앞면, 앞면)이 되는데, 이것은 균형전략 프로필(equilibrium strategy profile)이 될 수 없다. 왜냐하면 경기자 *A*가 앞면을 선택할 것이라고 예측되는 한 경기자 *B*의 최적 선택은 뒷면이 되기 때문이다. 물론 경기자 *B*가 앞면을 선택할 것이라고 예측되는 한 경기자 *A*의 최적 선택은 앞면이 된다. 우리는 다른 모든 전략 프로필의 경우에도 균형전략 프로필이 될 수 없음을 보일 수 있다.

다른 균형, 즉 혼합전략 내쉬 균형을 찾아보자. 혼합전략이란 경기자가 갖고 있는 전략들에 확률을 부여하는 것을 말한다. 이 게임에서 경기자 A와 B는 전략집합으로 앞면과 뒷면을 갖고 있다. 경기자 A가 앞면을 선택할 확률을 σ_A, 뒷면을 선택할 확률을 $1-\sigma_A$라고 하자. σ_A는 0과 1 사이의 값을 갖고, σ_A가 1이면 뒷면을 선택하지 않고 앞면을 확실하게 확률 1로 선택하는 것이 된다. σ_A가 0이면 뒷면을 선택할 확률 $1-\sigma_A$가 1이 되고 확실하게 확률 1로 뒷면을 선택하는 것이 된다.

경기자 A의 혼합전략 σ_A에 대한 경기자 B의 최적 전략을 찾아보자. 경기자 A가 혼합전략을 취할 경우 경기자 B는 불확실성에 직면하게 된다. 경기자 B가 앞면을 백할 경우 기대보수는 $(-\sigma_A+1-\sigma_A)$가 된다. 경기자 B가 뒷면을 택할 경우 기대부수는 $(\sigma_A-(1-\sigma_A))$가 된다. 경기자 B가 앞면을 선택하는 것이 뒷면을 선택하는 것보다 기대보수가 크기 위해서는 다음 식이 성립해야 된다.

$$(-\sigma_A+1-\sigma_A) > (\sigma_A-(1-\sigma_A)).$$

즉, $\sigma_A < 1/2$이다. 이 경우 경기자 B는 앞면을 선택한다. 즉, 경기자 B는 앞면의 선택에 확률 1을 부여한다. 경기자 B가 앞면을 선택할 확률을 σ_B로, 뒷면을 선택할 확률을 $1-\sigma_B$로 명명할 경우 σ_B는 1이 된다.

경기자 B가 뒷면을 선택하는 것이 앞면을 선택하는 것보다 보수가 크기 위해서는 다음 식이 성립해야 된다.

$$(-\sigma_A+1-\sigma_A) < (\sigma_A-(1-\sigma_A)).$$

즉, $\sigma_A > 1/2$이다. 따라서 경기자 B는 뒷면의 선택에 확률 1을 부여한다. 경기자 B가 뒷면을 선택할 확률 $1-\sigma_B$는 1이 되고 따라서 σ_B는 0이 된다. σ_A가 1/2

이면 경기자 B가 어떤 전략을 택하든, 즉 경기자 B가 앞면을 선택하든 뒷면을 선택하든 또는 앞면과 뒷면을 어떻게 혼합시키든 경기자 B의 기대보수는 동일하다. 이 경우 $\sigma_B \in [0, 1]$이다. 경기자 A의 혼합전략에 반응하는 경기자 B의 최적 반응함수는 다음과 같이 요약된다.

$$\sigma_A \in [0, \frac{1}{2}) \Rightarrow \sigma_B = 1,$$

$$\sigma_A \in (\frac{1}{2}, 1] \Rightarrow \sigma_B = 0,$$

$$\sigma_A = \frac{1}{2} \Rightarrow \sigma_B \in [0, 1].$$

경기자 B의 최적 반응함수를 [그림 3-2]에 나타내었다. 여기서 경기자 A의 혼합전략 σ_A가 횡축에 표현되었고, 경기자 2의 최적 반응함수 σ_B가 종축에 표현되었다.

경기자 B의 혼합전략 σ_B에 대한 경기자 A의 최적 반응전략을 찾아보자. 경기자 B가 혼합전략을 취할 경우 경기자 A는 불확실성에 직면하게 된다. 경기자 A가 앞면을 택할 경우 기대보수는 $(\sigma_B \pm (1-\sigma_B))$가 된다. 경기자 A가 뒷면을 택할 경우 기대보수는 $(-\sigma_B+(1-\sigma_B))$가 된다. 경기자 A가 앞면을 선택할 경우 뒷면을 선택하는 것보다 기대보수가 크기 위해서는 다음 부등식이 성립해야 된다.

$$(\sigma_B-(1-\sigma_B)) > (-\sigma_B+(1-\sigma_B)).$$

즉, $\sigma_B > 1/2$이다. 따라서 이 경우에 경기자 A는 앞면의 선택에 확률 1을 부여한다. σ_A는 1이 된다. 경기자 A가 뒷면을 선택하는 것이 앞면을 선택하는 것보다 보수가 크기 위해서는 다음 부등식이 성립해야 된다.

[그림 3-2] 경기자 B의 최적 반응함수 그래프

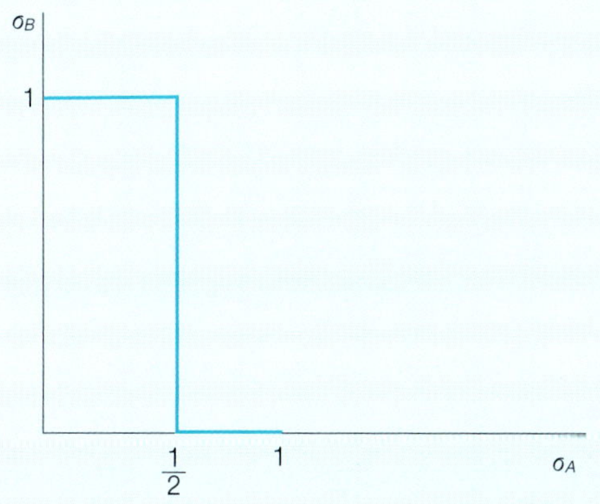

$$(\sigma_B-(1-\sigma_B))<(-\sigma_B+(1-\sigma_B)).$$

즉, $\sigma_B<1/2$이다. 이 경우에 경기자 A는 뒷면의 선택에 확률 1을 부여한다. 경기자 A가 뒷면을 선택할 확률 $1-\sigma_A$는 1이 되고 따라서 σ_A는 0이 된다. σ_B가 1/2이면 경기자 A가 어떤 전략을 선택하든, 즉 경기자 A가 앞면을 선택하든 뒷면을 선택하든 또는 앞면과 뒷면을 어떻게 혼합시키든 경기자 A의 기대보수는 동일하다. 이 경우 $\sigma_A \in[0, 1]$이다. 경기자 B의 혼합전략에 반응하는 경기자 A의 최적 반응함수는 다음과 같이 요약된다.

$$\sigma_B\in\left[0, \frac{1}{2}\right) \Rightarrow \sigma_A=0,$$

$$\sigma_B\in\left(\frac{1}{2}, 1\right] \Rightarrow \sigma_A=1,$$

$$\sigma_B=\frac{1}{2} \Rightarrow \sigma_A\in[0, 1].$$

[그림 3-3] **혼합전략 내쉬 균형(경기자 *A*와 *B*의 최적 반응함수)**

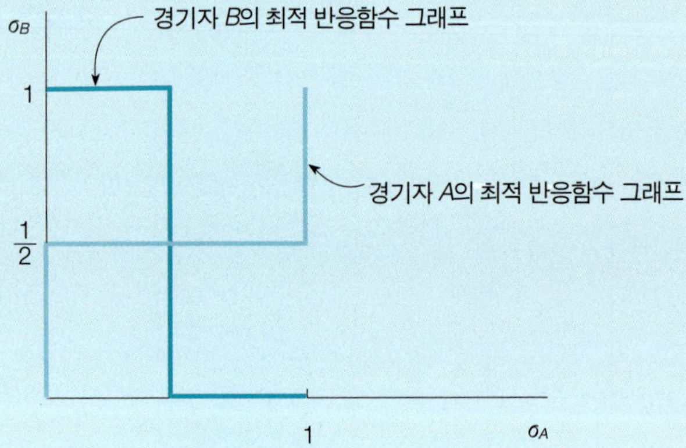

σ_A를 횡축에 표현하고 σ_B를 종축에 표현하여 [그림 3-2]에 중첩하면 [그림 3-3]과 같다. 이 그림은 경기자 *B*의 혼합전략 σ_B에 대하여 경기자 *A*의 최적 반응전략을 나타낸 것이다

[그림 3-3]에서 두 그래프의 교차점은 σ_A=1/2, σ_B=1/2이다. 즉, 경기자 *A*의 혼합전략 σ_A=1/2에 대하여 경기자 *B*의 최적 혼합전략 σ_B=1/2이다. 마찬가지로 경기자 *B*의 혼합전략 σ_B=1/2에 대하여 경기자 *A*의 최적 반응전략은 σ_A=1/2이다. 즉, 혼합전략 내쉬 균형은 (σ_A=1/2, σ_B=1/2)이다.

게임에 참여하는 경기자들이 두 명 이상이고, 각 경기자가 2개 이상의 행동 또는 전략을 가지고 있을 경우에는 혼합전략 내쉬 균형들을 찾아 내는 것이 쉽지 않다. 혼합전략 내쉬 균형을 찾아 내는 하나의 절차를 묘사해 보자.

본장의 서두에서 공식적으로 정의한 전략형 게임이 주어져 있다고 하자. 혼합전략 내쉬 균형 프로필에서 각 경기자는 자기에게 할당된 전략들,

각각에 대하여 양의 확률을 부여하여 사용한다. 내쉬 균형을 찾아 내기 위하여 5가지 단계를 적용해 보자.

① 각 경기자가 사용할 전략집합 중에서 양의 확률을 부여할 전략집합을 추측해 보자. 경기자 i의 추측된 전략집합을 S_i라고 하자. 집합 S_i는 경기자 i가 원래 가지고 있는 전략집합 A_i의 부분집합이다. 즉, $S_i \subseteq A_i$.

② 경기자들이 사용할 수 있는 추측된 전략집합들 $\{S_i\}_{i \in N}$이 주어진 상태에서 혼합전략 내쉬 균형 프로필을 찾아보자. 혼합전략 내쉬 균형 프로필은 다음 관계식을 만족해야 된다.

$$\sum_{i \in S_i} \sigma_i(s_i) = 1, \ \forall i \in N.$$
$$E(u_i(s_i \mid \sigma_{-i}) = w_i, \ \forall i \in N, \ \forall s_i \in S_i.$$

위의 첫 번째 식은 각 경기자가 사용할 수 있는 전략집합의 각 원소에 부여한 확률들을 모두 합하면 1이 되어야 한다는 것을 말한다. 두 번째 식은 각 경기자 i는 다른 경기자들의 혼합전략 프로필 σ_{-i}가 주어진 상태에서 자기가 어떤 전략을 택하든, 그것이 전략집합 S_i의 원소가 되는 한 동일한 보수 w_i가 된다는 것이다. 여기서 σ_{-i}는 경기자 i를 제외한 경기자들, 각각의 혼합전략을 집단적으로(collectively) 일컬은 것을 말한다. 위의 두 식은 사실상 연립방정식 체계를 의미한다. 방정식의 개수와 미지수들은 다음과 같다.

미지수들: $(\sigma_i(s_i)_{s_i \in S_I})_{i \in N}$, $(w_i)_{i \in N}$
방정식의 개수: $|S_1| + |S_2| + \cdots + |S_N| + N$

여기서 $|S_i|$=경기자 i 의 전략집합 S_i에 속한 원소들의 개수이다.

③ 단계 2에서 해(solution)가 찾아지지 않으면 추측이 잘못된 것으로 간주하고, 단계 1로 되돌아간다. 단계 2에서 해를 발견했다고 가정하고 단계 4로 나아가자.

④ 단계 2에서 확률들 중의 어느 하나라도 음(negative)이 될 수 없다. 각 경기자 i의 전략집합 S_i에 속한 행동 또는 전략이 어떻게 주어지든 그것을 선택할 확률이 0 이상이어야 한다. $\sigma_i(s_i) \geq 0,\ s_i \in S_i$.

이 조건이 해에 의해 성립되지 않으면, 해를 발견하지 못한 것이 되어 단계 1로 되돌아가 각 경기자들이 사용할 전략집합 중에서 양의 확률을 부여할 전략집합을 다시 추측하여야 된다. 이 조건이 해에 의해 성립하면, 우리는 각 경기자 i가 전략집합 S_i에서 전략을 선택해야 되는 게임에서 혼합전략을 찾은 것이 된다.

⑤ 단계 2에서 발견한 해가 단계 4의 조건들을 충족시킨다고 하더라도 본래의 게임의 균형이 되지 않을 수 있다. 이것이 해가 되기 위해서는, 다른 경기자들의 혼합전략집합 σ_{-i}가 주어진 상태에서, 각 경기자 i가 갖고 있는 본래의 전략집합 A_i에 속한 행동 또는 전략이 가져오는 보수가 전략집합 S_i에 속한 전략 또는 행동을 택했을 때 가져오는 보수 w_i보다 작거나 같아야 한다.

$$Eu_i(\alpha_i | \sigma_{-i}) \leq w_i,\ \alpha_i \in A_i,\ \alpha_i \notin S_i,\ E(u_i(s_i | \sigma_{-i}))=w_i,\ \ \forall s_i \in S_i.$$

단계 2에서 발견한 해가 단계 4의 조건들을 충족시키고, 동시에 위에 주어진 조건을 충족했을 경우, 본래 게임의 균형을 찾은 것이 된다. 그러하지 못할 경우에는 단계 1로 되돌아가 주어진 단계들을 반복해야 된다. 게임에 참여하는 경기자들의 수가 유한하고 각 경기자가 가지고 있는 행동 또는 전략의 수가 유한할 경우에는, 경기자들이 사용할 수 있는 추측된 전략집합들 $\{S_i\}_{i\in aN}$의 종류는 유한하다.

지금까지 우리는 일반화된 전략형 게임을 가지고 혼합전략 내쉬 균형을 찾는 절차를 살펴보았다. 보다 단순한 전략형 게임을 가지고 순수전략 또는 혼합전략 내쉬 균형을 찾아보자. 두 명의 경기자가 있고, 경기자들을 각각 경기자 1과 경기자 2로 명명하자. 경기자 1의 전략집합은 $\{T, B\}$이고 경기자 2의 전략집합은 $\{L, M, R\}$이다. 두 경기자의 보수행렬이 [표 3-5]와 같이 주어져 있다.

이 보수행렬의 각 칸의 왼쪽 숫자는 경기자 1의 보수이고, 오른쪽 숫사는 경기자 2의 보수를 나타낸다. 이 게임은 순수전략 내쉬 균형을 가지지 못한다. 경기자 1의 전략 T에 대한 경기자 2의 최적 반응전략은 M이고, 경기자 2의 전략 M에 대한 경기자 1의 최적 반응전략은 T가 아니고 B이다. 경기자 1의 전략 B에 대한 경기자 2의 최적 반응전략은 L이고 경기자 2의 전략 L에 대한 경기자 1의 최적 반응전략은 T이다. 두 경기자의 순수전략 프로필들 중에서 어느 프로필도 내쉬 균형 프로필이 될 수 없다. 두 경기자의 순수전략 프로필들의 집합은 다음과 같다.

$$\text{두 경기자의 순수전략 프로필들의 집합}$$
$$=\{(T, L), (T, M), (T, R), (B, L), (B, M), (B, R)\}.$$

[표 3-5] 두 경기자의 보수행렬

		경기자 2		
		L	M	R
경기자 1	T	7, 2	2, 7	3, 6
	B	2, 7	7, 2	4, 5

위 게임에서, 두 경기자 중 한 경기자가 단 하나의 전략을 선택하여 사용할 때, 다른 경기자는 유일무이한(unique) 최적의 반응전략을 가지고 있다. 따라서 두 경기자 중에서 한 경기자만이 혼합전략을 갖는 균형은 있을 수 없다. 왜 그런가? 이것을 예를 들어 설명해 보자.

경기자 1이 T와 B를 혼합시킬 경우 경기자 2의 최적 전략이 L이라고 하자. 경기자 2의 전략 L에 대하여 경기자 1의 최적 전략은 T이다. 즉, 경기자 1은 혼합전략을 선택할 수 없다. 따라서 두 경기자는 어떤 균형이 주어지든 각각 2개 이상의 전략 또는 행동을 전략적으로 혼합시킨다.

게임의 균형을 찾기 위하여 경기자 1이 사용하려고 고려하는 전략집합을 $S_1=\{T, B\}$라고 추측하고, 경기자 2가 사용하려고 고려하는 전략집합을 다음과 같이 추측한다고 가정하자.

$$S_2=\{L, M, R\}, \text{ 또는 } \{M, R\}, \text{ 또는 } \{L, M\}, \{L, R\}.$$

[사례 1] 경기자 1과 2가 고려하는 전략집합이 각각 $S_1=\{T, B\}$, $S_2=\{L, M, R\}$라고 하자.

경기자 1과 2의 전략을 각각 $p[T]+(1-p)[B]$, $q[L]+(1-q-r)[M]+r[R]$로 나타내 보자. 즉,

$$p=\sigma_1(T),\ 1-p=\sigma_1(B),\ q=\sigma_2(L),\ r=\sigma_2(R),\ 1-q-r=\sigma_2(M).$$

경기자 1이 전략집합 $S_1=\{T, B\}$를 혼합시킨다는 것은 상대방, 즉 경기자 2의 혼합전략이 주어진 상태에서 경기자 1이 어떤 전략을 택하든 경기자 1의 기대보수는 무차별하다는 것을 의미한다. 즉,

$$w_1 = Eu_1(T \mid \sigma_2) = Eu_1(B \mid \sigma_2) \Rightarrow w_1 = 7q + 2(1-q-r) + 3r = 2q + 7(1-q-r) + 4r.$$

경기자 2가 전략집합 $S_2=\{L, M, R\}$를 혼합시킨다는 것은 상대방, 즉 경기자 1의 혼합전략이 주어진 상태에서 경기자 2가 어떤 전략을 택하든 경기자 2의 기대보수는 무차별하다는 것을 의미한다. 즉,

$$w_2 = 2p + 7(1-p) = 7p + 2(1-p) = 6p + 5(1-p).$$

따라서 우리는 3개의 방정식과 3개의 미지수 (p, q, r)를 갖고 있다. 경기자 2의 기대보수 w_2에 상응하는 두 개의 독립적인 방정식을 풀면, $P=3/4$, $P=1/2$이다. 이것은 불가능한 경우가 되어 [사례 1]은 고려의 대상이 되지 않는다.

[사례 2] 경기자 1과 2가 고려하는 전략집합이 각각 $S_1=\{T, B\}$, $S_2=\{M, R\}$라고 하자.

경기자 1과 2의 전략을 각각 $p[T]+(1-p)[B]$, $(1-r)[M]+r[R]$로 나타내 보자. 경기자 1이 전략집합 $S_1=\{T, B\}$를 혼합시키기 위해서는 다음 조건이 만족되어야 한다. 즉,

$$w_1 = Eu_1(T \mid \sigma_2) = Eu_1(B \mid \sigma_2) \Rightarrow w_1 = 2(1-r) + 3r = 7(1-r) + 4r.$$

경기자 2가 전략집합 $S_2=\{M, R\}$를 혼합시키기 위해서는 다음 조건이 만족되어야 한다. 즉, $w_2=7p+2(1-p)=6p+5(1-p)$.

따라서 우리는 2개의 방정식과 2개의 미지수 (p, r)를 갖고 있다. 이 연립방정식을 풀면, $p=3/4$, $r=5/4$이다. 이것은 불가능한 경우가 되어 [사례 2]는 고려의 대상이 되지 않는다.

[사례 3] 경기자 1과 2가 고려하는 전략집합이 각각 $S_1=\{T, B\}$, $S_2=\{L, M\}$이라고 하자.

경기자 1과 2의 전략을 각각 $p[T]+(1-p)[B]$, $q[L]+(1-q)[M]$으로 나타내 보자. 경기자 1이 전략집합 $S_1=\{T, B\}$를 혼합시키기 위해서는 다음 조건이 만족되어야 한다. 즉,

$$w_1=Eu_1(T\mid\sigma_2)=Eu_1(B\mid\sigma_2) \Rightarrow w_1=7q+2(1-q)=2q+7(1-q).$$

경기자 2가 전략집합 $S_2=\{L, M\}$을 혼합시키기 위해서는 다음 조건이 만족되어야 한다. 즉,

$$w_2=Eu_2(L\mid\sigma_1)=Eu_2(M\mid\sigma_1) \Rightarrow w_2=2P+7(1-p)=7p+2(1-p).$$

따라서 우리는 2개의 방정식과 2개의 미지수 (p, q)를 가지고 있다. 이 연립방정식을 풀면, $p=1/2$, $q=1/2$이다. 따라서 $w_1=w_2=4.5$이다. 이 해는 경기자들이 고려하고자 하는 모든 행동 또는 전략에 대해서 양의 확률을 부여하지만, 이것이 해가 되기 위해서는 경기자 2가 [사례 3]에서 고려하지 않은 전략 R를 선호하지 않도록 해야 한다. 즉, 이것을 확인하기 위해서 경기자 2가 전략 R를 선택했을 때 가져오는 기대보수를 계산해 보자.

$$\begin{aligned} Eu_2(R\mid\sigma_1)&=6p+5(1-p)=6\times\frac{1}{2}+5\times\frac{1}{2}=5.5>w_2 \\ &=Eu_2(L\mid\sigma_1)=2\times\frac{1}{2}+7\times\frac{1}{2}=4.5. \end{aligned}$$

따라서 해가 존재하지 않는다.

[사례 4] 경기자 1과 2가 고려하는 전략집합이 각각 $S_1=\{T, B\}$, $S_2=\{L, R\}$라고 하자.

경기자 1과 2의 전략을 각각 $p[T]+(1-p)[B]$, $q[L]+(1-q)[R]$로 나타내 보자. 경기자 1이 전략집합 $S_1=\{T, B\}$를 혼합시키기 위해서는 다음 조건이 만족되어야 한다. 즉,

$$w_1=Eu_1(T|\sigma_2)=Eu_1(B|\sigma_2) \Rightarrow w_1=7q+3(1-q)=2q+4(1-q).$$

경기자 2가 전략집합 $S_2=\{L, R\}$를 혼합시키기 위해서는 다음 조건이 만족되어야 한다. 즉,

$$w_2=Eu_2(L|\sigma_1)=Eu_2(R|\sigma_1) \Rightarrow w_2=2p+7(1-p)=6p+5(1-p).$$

따라서 우리는 2개의 방정식과 2개의 미지수 (p, q)를 갖고 있다. 이 언립 방정식을 풀면, $p=1/3$, $q=1/6$이다. 이 해는 고려하고자 하는 모든 행동 또는 전략에 대해서 양의 확률을 부여하지만, 이것이 해가 되기 위해서는 경기자 2가 [사례 4]에서 고려하지 않은 전략 M을 선호하지 않도록 해야 한다. 즉, 이것을 확인하기 위해서 경기자 2가 전략 M을 선택했을 때 가져오는 기대보수를 계산해 보자.

$$\begin{aligned} w_2=Eu_2(M|\sigma_1)=7p+2(1-p)=7\times\frac{1}{3}+2\times\frac{2}{3}=\frac{11}{3}<w_2 \\ =Eu_2(L|\sigma_1)=2\times\frac{1}{3}+7\times\frac{2}{3}=\frac{16}{3}. \end{aligned}$$

따라서 해가 존재한다. 경기자 1과 2의 전략을 각각 $(1/3)[T]+(2/3)[B]$,

(1/6)[*L*]+(5/6)[*R*]가 된다. 두 경기자의 기대보수는 다음과 같다.

$$w_2=Eu_2=2\times\frac{1}{3}+7\times\frac{2}{3}=\frac{16}{3}=5.333,$$
$$w_1=Eu_1=7\times\frac{1}{6}+3\times\frac{5}{6}=\frac{11}{3}=3.666.$$

3-2 전략형 게임의 응용

본절에서는 전략형 게임을 응용한 예 몇 가지를 소개하고자 한다.

지구전 게임의 분석

지구전(持久戰, war of attrition)의 예를 들어 보자. 아군과 적군이 한 고지(高地)를 점령하기 위해서 쟁탈전을 한다고 하자. 고지를 점령했을 때의 가치는 K이고, 적군과 아군이 싸울 수 있는 최장 기간은 T라고 하자. 아군의 장수를 경기자 1이라고 하고, 적군의 장수를 경기자 2라고 하자. 각 경기자는 싸울 수 있는 기간을 선택한다고 하자. 경기자 1과 2의 각각의 전략집합은 다음과 같다.

$$S_1=S_2=\{0, 1, \cdots, T\}.$$

각 경기자 i의 전략은 주어진 전략집합에서 싸울 수 있는 기간 t_i를 선택한다. 각 경기자는 싸울 준비가 되어 있는 한 많은 날을 싸울 것이다. 1기간(one period) 동안 싸우는 데 1원이 소요된다고 하자. 고지를 점령했을 때의 가치 K는 K원이라고 하자. 싸움에서 이기기 위해서는 상대방보다 많은 날을 싸울 수 있어야 이긴다고 하자. 각 경기자의 효용단위는 돈이고 원화로 표현되어 있다. 각 경기자의 보수는 다음과 같다.

경기자 1의 보수: $u_1(t_1, t_2)=K-t_2$ if $t_1>t_2$ but $u_1(t_1, t_2)=-t_1$ if $t_1 \leq t_2$.

경기자 2의 보수: $u_2(t_1, t_2)=K-t_1$ if $t_2>t_1$ but $u_2(t_1, t_2)=-t_2$ if $t_1 \geq t_2$.

두 경기자의 효용함수가 대칭적이고 전략집합이 동일하므로 대칭적 혼합전략균형 프로필(symmetric mixed-strategy equilibrium profile)을 찾아보자. 각 경기자는 전략집합을 정의역(domain)으로 하고 전략집합의 각 원소(전략 또는 행동)에 확률을 다음과 같이 부여한다고 하자.

$$p=[p(0), p(1), \cdots, p(T)],\ p(c)>0,\ \forall c \in S_1=S_2=\{0, 1, \cdots, T\}.$$

여기서 모든 전략에 대하여 양의 확률이 부여된다는 것에 수목하자.

두 경기자는 동일한 대칭적 혼합전략을 갖고 있다. 경기자 1(2)이 혼합전략을 택하기 위해서는 상대방 2(1)에 할당된 혼합전략 p가 주어진 상태에서 어떤 전략을 선택하든 보수가 동일하여야 한다.

$$Eu_1(c, P)=Eu_2(P, c),\ c \in S_1=S_2.$$

또한 경기자 1(2)은 상대방 2(1)의 혼합전략 p가 주어진 상태에서 싸우지 않으면, 즉 전략 0을 선택하면 보수가 0이 된다.

$$Eu_1(0, P)=Eu_2(P, 0)-0.$$ [4]

4) $Eu_1(0, p)=Eu_2(p, 0)=-0\times p(0)-0\times p(1)\cdots-0\times p(T)=0.$

경기자 2의 혼합전략 p에 대항하여 경기자 1이 임의의 전략 c를 선택했을 때 경기자 1의 기대보수가 다음과 같이 주어진다.

$$Eu_1(c, p)=(K-0)p(0)+(K-1)p(1)+\cdots+(K-(c-1))p(c-1)-c(p(c)+\cdots+(p(T)).$$

경기자 1이 경기자 2에 대항하여 1일을 더 싸운다고 하자. 이 경우, 경기자 1의 기대보수가 다음과 같이 주어진다.

$$\begin{aligned}Eu_1(c, 1, p)&=(K-0)P(0)+(K-1)P(1)+\cdots+(K-c)P(c)-(c+1)(P(c+1)+\cdots+(P(T))\\ &\Rightarrow Eu_1(c+1, p)=Eu_1(c, p)+Kp(\mathrm{c})-(p(c+1)+\cdots+p(T)\\ &=Eu_1(c, p)+(K+1)p(\mathrm{c})-(p(c)+p(c+1)+\cdots+p(T)).\end{aligned}$$

경기자 1이 어떤 순수전략을 택하든지 간에 그의 기대보수를 동일하게 하기 위해서는 다음 등식이 성립해야 된다.

$$\begin{aligned}&Eu_1(c+1, p)=Eu_1(c, p)=Eu_1(0, p)=0, \text{ for } \forall\, c\in\{0, 1, 2, \cdots, T-1)\\ &\Rightarrow p(c)=\frac{p(c)+\cdots+p(T)}{K+1}, \text{ for } \forall\, c\in\{0, 1, 2, \cdots, T-1).\end{aligned}$$

경기자가 누구든 전략 c에 부여한 확률 $p(c)$는 $(p(0)+p(1)+\cdots+p(T)=1)$이라는 사실을 이용하여 정리하면 다음과 같이 나타낼 수 있다.

$$p(c)=\frac{1-p(0)-\cdots-p(c-1)}{K+1}, \text{ for } \forall\, c \in\{0, 1, 2, \cdots. T-1).$$

이와 같이 우리는 대칭적 혼합전략 내쉬 균형을 찾아 낼 수 있다. 이것을 보다 구체적으로 표현하면 다음과 같다.

$$p(0)=\frac{1}{K+1},$$
$$p(1)=\frac{1-p(0)}{K+1},$$
$$p(2)=\frac{1-p(0)-p(1)}{K+1},$$
$$\vdots$$
$$p(T-1)=\frac{1-p(0)-p(1)-\cdots-p(T-2)}{K+1},$$
$$p(T)=1-p(0)-\cdots-p(T-1).$$

위에 주어진 확률들을 일반화된 형태로 정리하면 다음과 같다.

$$p(c)=\frac{K^c}{(K+1)^{c+1}}, \text{for } \forall c \in \{0, 1, 2, \cdots, T\ \ 1)\ \text{그리고}\ p(T)=\left(\frac{K}{K+1}\right)^T.$$

T가 무한대로 갈 때 확률 $p(T)=(K/(K+1))^T$는 0으로 수렴한다. 이것은 싸울 수 있는 기간이 길어질수록 최장 기간까지 싸울 확률은 0이 된다는 것을 의미한다.

수량경쟁: 복점

쿠르노(Augustine A. Cournot, 1838)의 수량경쟁 복점(duopoly)모형을 살펴보자. 두 기업이 시장을 독점한다고 하자. 두 기업, 즉 기업 1과 2는 동일한 종류, 동일한 품질의 재화를 생산한다고 하자. 역시장수요함수(inverse market demand function)가 다음과 같이 주어져 있다.

$$p(q)=a-bq,\ q=q_1+q_2.$$

여기서 q_1은 기업 1의 생산량을, q_2는 기업 2의 생산량을 나타낸다.

단위당 평균생산비용은 상수 c로 주어져 있다. 따라서 한계비용(marginal cost)도 c이다. 기업 i의 이윤함수가 다음과 같이 주어진다.

$$\pi_i(q_i, q_j)=q_i(p(q_i+q_j)-c).$$

기업 i가 선택하는 전략적 변수는 기업 i의 생산량 q_i이다. 기업 i의 전략집합 S_i는 다음과 같이 정의된다.

$$S_i=[0, \infty] \text{ for } i\in\{1, 2\}.$$

두 기업이 담합하여 생산량을 결정한다면 그들의 공동의 이윤함수는 다음과 같이 정의된다. 이것은 마치 하나의 독점기업이 생산량을 결정하는 것과 동일하다.

$$\pi_1(q_1, q_2)+\pi_2(q_1, q_2)=(q_1+q_2)(p(q_1+q_2)-c).$$

두 기업이 공동의 이윤을 극대화하기 위한 생산량, 즉 독점기업의 생산량은 얼마인가? 담합을 이룬 두 기업의 공동이윤함수가 다음과 같이 주어진다.

$$\pi(q)=q(p(q))-cq,\ q=q_1+q_2,\ p(q)=a-bq.$$

위에 주어진 이윤함수를 극대화하기 위한 생산량을 q^M이라고 하자.

$$q^M=\frac{a-c}{2b}.$$

이 생산량을 두 기업이 반으로 나눈다고 하자. 두 기업의 생산량이 각각 다음과 같이 주어져 있다.

$$q_1^* = \frac{q^M}{2},\ q_2^* = \frac{q^M}{2}.$$

여기서 q_1^*는 기업 1의 생산량, q_2^*는 기업 2의 생산량, q^M은 두 기업의 공동이윤을 극대화한 생산량이다.

이렇게 상대방 기업의 생산량이 주어진 상태에서 자기에게 할당된 생산량을 선택하는 것이 이윤을 극대화하는 것인가? 즉 (q_1^*, q_2^*)는 내쉬 균형 프로필인가? 두 기업은 각각 할당된 생산량을 생산하기보다는 상대방의 할당된 생산량이 주어진 상태에서 이윤을 극대화하기 위해서 다른 생산량을 선택하게 될 것이다. 즉, 담합이 형성될 수 없다. 이것을 주어진 역시장수요함수를 가지고 독자 스스로 보여 주기 바란다.

상대방 기업의 생산량이 주어진 상태에서 기업 i가 생산량을 어떻게 결정하는지를 살펴보자. 기업 i의 최적화 문제가 아래와 같이 표현되어 있다.

$$\max_{q_i} \pi_i(q_i, q_j) = q_i(p(q_i+q_j)-c).$$

여기서 $p(q_i+q_j)=a-b(q_i+q_j)$라고 하자.

극대화를 위한 1차 필요조건은 다음과 같다.

$$\frac{\partial \pi_i(q_i, q_j)}{\partial q_i} = a-b(2q_i+q_j)-c=0.$$

위의 식을 정리하면 다음과 같다.

$$q_1^*(q_j)=\frac{a-bq_j-c}{2b}.$$

위 식은 기업 j가 선택한 생산량에 대한 기업 i의 최적 반응함수이다. 같은 방법으로 기업 j의 반응함수를 다음 식과 같이 도출할 수 있다.

$$q_j^*(q_i)=\frac{a-bq_i-c}{2b}.$$

[그림 3-4]는 두 기업의 반응함수를 생산량 평면에 나타내고 있다. 이 반응함수에 의하면 각 기업은 상대방 기업이 생산량을 증가시킬 때 자기 기업의 생산량을 감소시킨다는 것이다. 이것은 두 기업이 선택하는 생산량들이 전략적 대체(strategic substitute)임을 의미한다. 두 기업의 반응함수를 동시에 만족시키는 생산량을 구해 보자.

$$q_i=q_j=\frac{a-c}{3b}.$$

복점 하에서 두 기업의 생산량을 합하면 다음과 같다.

$$q_i+q_j=\frac{2(a-c)}{3b}.$$

이것과 독점기업의 생산량 q^M을 비교해 보자. 두 기업이 수량경쟁을 하는 복점 하에서의 시장공급량(두 기업의 공급량을 합친 것)이 독점기업의 생산량보다 크다는 것을 알 수 있다. 이것은 복점 하에서의 소비자 잉여가 독점 상태에서의 소비자 잉여보다 크다는 것을 의미한다. 왜냐하면 독점기업이 설정한 가격보다 복점 하에서 형성된 가격이 더 낮기 때문이다.

[그림 3-4] **두 기업의 반응함수**

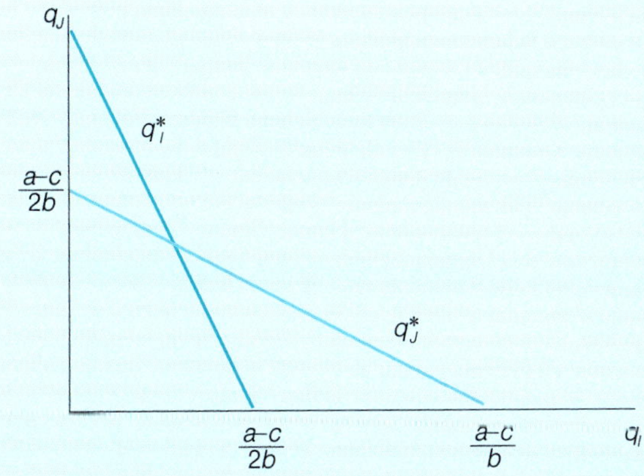

두 기업 중에서 한 기업 i를 선도기업(leading company)이라고 하자. 여기서 선도기업이란 생산수량을 선도적으로 생산하는 기업을 말한다. 즉, 선도기업이 생산수량을 먼저 결정하고, 이것이 주어진 상태에서 추종기업은 자기의 이윤을 극대화하기 위하여 생산량을 결정한다.[5)]

따라서 선도기업은 생산량을 결정할 때 자기의 생산량 결정에 대하여 상대 기업이 어떻게 생산량을 결정하는지를 고려하면서 자기의 생산량을 결정할 것이다. 즉, 선도기업 i는 상대 기업 j의 반응함수를 고려한 상태에서 생산량을 선택할 것이다.

기업 j의 반응함수를 고려한 기업 i의 이윤함수는 다음과 같다.

$$\max_{q_i} \pi_i(q_i, q_j) = q_i(p(q_i + q_j^*(q_i)) - c).$$

5) 이 게임은 제4장의 전개형 게임으로 표현될 수 있다.

여기서 $p(q_i+q_j)=a-b(q_i+q_j)$, $q_j^* q_j=(a-bq_i-c)/2b$이다.

기업 i의 이윤을 극대화한 생산량과 추종자인 기업 j의 생산량은 다음과 같다.

$$q_i=\frac{a-c}{2b},\ q_j^* q_j=\frac{a-bq_i-c}{2b}=\frac{a-c}{4b}.$$

위에 주어진 두 기업의 생산량의 짝을 스타켈버그 균형(Stackelberg equilibrium)이라고 부른다.

두 기업의 생산량을 합하면 다음과 같다.

$$q_i+q_j=\frac{3(a-c)}{4b}.$$

독점보다는 복점이, 복점보다는 스타켈버그 균형 하에서 시장공급 생산량이 더 많다는 것을 알 수 있다. 소비자의 잉여도 시장공급량이 많을수록 증가하는 것을 알 수 있다. 경쟁적인 시장에서 시장공급량은 얼마가 되는가? 경쟁적인 시장에서 시장가격은 한계비용 c가 된다. 왜냐하면 경쟁적인 시장에서 개별기업은 가격수용자(price taker)로서 한계비용으로 가격설정을 하기 때문이다. 물론 개별기업의 이윤도 0이다. 경쟁적인 시장에서 공급되는 시장공급량은 다음과 같이 주어진다.

$$p=a-bq=c \Rightarrow q=\frac{a-c}{b}.$$

경쟁적인 시장에서 공급되는 시장공급량은 스타켈버그 균형 하에서의 시장공급량보다 많다. 소비자 잉여도 스타켈버그 균형 하에서보다 크다. 모든 사회적 잉여를 소비자들이 독차지하고 있다.

가격경쟁: 복점

베르트랑(J. Bertrand)의 가격경쟁 복점(duopoly)모형을 살펴보자. 쿠르노 모형과 마찬가지로 두 기업이 동일한 종류, 동일한 품질의 상품을 생산한다고 하자. 그리고 두 기업은 동시에 가격을 설정하여 발표하는데, 각 기업은 상대방 기업이 결정한 가격을 주어진 것으로 받아들인다고 하자. 기업들은 그들의 가격결정이 그들의 판매에 미치는 영향을 고려한다고 하자. 두 기업은 동일한 고정된 한계생산비용(constant marginal cost) c를 가지고 있다고 하자. 그들이 생산하는 재화에 대한 시장수요는 다음과 같이 주어져 있다.

$$q(p)=\frac{b_0-p}{b}.$$

여기서 p는 시장가격이고, q는 시장에 공급되는 생산량이다.

두 기업이 설정한 가격들이 주어진 상태에서 기업 i의 시장수요가 다음과 같이 주어져 있다.

$$p_i<p_j \Rightarrow q_i(p_i, p_j)=q(p_i),$$

$$p_i=p_j \Rightarrow q_i(p_i, p_j)=\frac{q(p_i)}{2},$$

$$p_i>p_j \Rightarrow q_i(p_i, p_j)=0.$$

기업 i는 상대 기업보다 가격을 낮게 책정할 때 시장을 독점하게 된다. 상대 기업과 가격을 같게 설정하면 시장수요는 반이 된다. 상대 기업보다 가격을 높게 설정하면 시장수요는 0이 된다. 시장을 한 기업이 독점하는 경우를 상정해 보자. 이 독점기업은 이윤을 극대화하기 위한 가격을 다음과 같이 선택한다.

$$\text{Argmax}_{(p)}\ q(p)(p-c).$$

독점기업이 이윤을 극대화하기 위해 설정한 가격 $\bar{p}$가 다음과 같이 주어진다.

$$\bar{p}=\frac{b_0+c}{2}.$$

두 기업이 가격경쟁을 하는 경우, 기업 i는 상대 기업 j의 가격 p_j가 주어진 상태에서 이윤을 극대화할 수 있는 가격 p_i를 선택한다.

$$\text{Argmax}_{(p_i)}\ q(p_i, p_j)(p_i-c).$$

베르트랑의 가격경쟁 복점모형에서 기업 i의 최적 가격설정은 이윤을 극대화하는 데 목표를 두고 있다. 기업 i는 다음과 같이 가격을 설정한다.

- 상대 기업 j가 독점기업의 가격 $\bar{p}$보다 가격을 높게 설정하면 기업 i는 가격을 독점가격으로 설정하여 시장을 독점하고 이윤을 극대화한다.

$$p_j>\bar{p}\ \Rightarrow p_i=\bar{p}.$$

- 상대 기업 j가 가격을 한계비용 c보다 높고, 독점기업의 가격 $\bar{p}$보다 낮거나 같게 설정하면 기업 i는 가격을 상대 기업보다 약간 낮게 설정한다.

$$\bar{p} \geq p_j > c \Rightarrow p_i = p_j - \varepsilon.$$

여기서 ε은 0보다 큰 아주 작은 실수이다.

- 상대 기업 j가 한계비용 c보다 가격을 낮게 설정하면 기업 i는 가격을 한계비용 c로 설정한다.

$$c \geq p_j \Rightarrow p_i = c.$$

한계비용보다 가격을 낮게 설정했을 때 이윤은 0이 된다.

위에 주어진 사실을 이용하여, 상대 기업 j의 가격설정에 대응하는 기업 i의 최적 가격결정을 [그림 3-5]에 나타내었다. 또한 이 그림은 기업 i의 가격설정에 대응하는 기업 j의 최적 가격결정을 나타내고 있다. 그림의 횡축은 기업 j의 가격이 나타나 있고, 종축은 기업 i의 가격이 나타나 있다.

[그림 3-5] **기업 i의 최적 가격결정 반응함수**

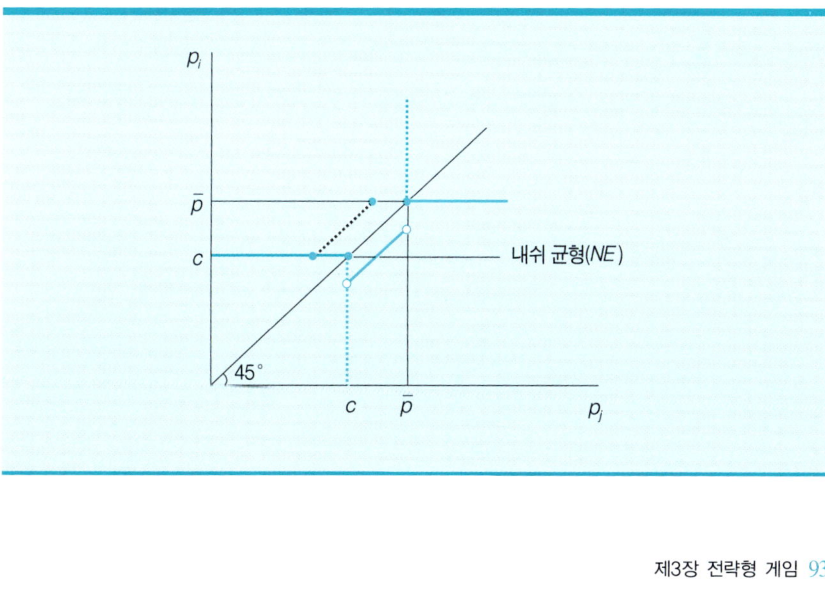

[그림 3-5]에서 실선을 기업 j의 가격설정에 대응하는 기업 i의 가격반응함수이고, 점선은 기업 i의 가격설정에 대응하는 기업 j의 가격반응함수이다.

[그림 3-5]에 의하면 유일무이한(unique) 내쉬 균형은 두 기업 모두 한계비용 가격설정을 하는 것이다. 즉,

$$p_1 = p_2 = c.$$

시장에 두 기업만 존재하는데도 완전경쟁(perfect competition)이 일어나고 있다. 완전경쟁시장에서 개별기업은 한계비용 가격설정(marginal cost price setting)을 한다. 이 가격설정 행태가 베르트랑의 가격경쟁모형에서도 나타나고 있다. 시장에 기업이 두 개만 존재하는데도 각 기업은 한계비용 가격설정을 한다.

베르트랑 모형에서는 복점시장 구조가 재화의 가격을 한계비용 수준으로 낮추는 데 반하여 쿠르노 모형에서 기업들은 가격을 한계비용 이상으로 설정하고 있다. 두 모형에서 기업들이 카르텔(cartel)을 형성하여 독점가격을 설정할 수 있는 유인이 존재한다. 일반적으로 기업들이 생산용량을 용이하게 조절할 수 경우에는 베르트랑 모형이 유리하고, 생산용량을 조절하기 어려울 경우에는 쿠르노 모형의 수량경쟁이 기업들에게 더 유리하다.

참고문헌

Myerson, Roger B., unpublished lecture notes for "Introduction to Game Theory," Department of Economics, University of Chicago.

Myerson, Roger B., unpublished lecture notes for "Economics of Information," Department of Economics, University of Chicago.

Osborne, Martin, *An Introduction to Game Theory*, Oxford U. Press, 2004.

von Neumann, J. and O. Morgenstern, *Theory of Games and Economic Behavior*, Princeton: Prnceton University Press, 1944(Second ed., 1947).

김진옥, 『전략과 정보의 경제학』, 제주내학교 출판부, 2012.

김진옥, 『정보경제학』, 도서출판 해남, 2013.

연습문제

1. 두 경기자 전략형 게임에서 내쉬 균형을 찾아보자. 각 경기자의 전략 집합은 양수(nonnegative number)의 집합이라고 하자. 이 게임에서 각 경기자는 양의 수를 제시한다. 각 경기자의 효용함수가 다음과 같이 주어져 있다.

$$u_1(a_1, a_2)=a_1(a_2-a_1),\ u_2(a_1, a_2)=a_2(1-a_1-a_2).$$

2. 두 사람이 공동의 프로젝트에 참여한다고 하자. 각 경기자 i는 0보다 크거나 같고 1보다 작거나 같은 양의 노력 수준 x_i를 공동의 프로젝트에 투입한다고 하자. 즉, $0 \leq x_i \leq 1$. 각 경기자 i의 노력 수준 x_i에 상응하는 비용은 $c(x_i)$이다. 이 프로젝트의 산출은 $f(x_1, x_2)$이다. 두 경기자는 노력 수준에 상관없이 산출 $f(x_1, x_2)$를 반씩 나누어 갖는다고 하자. 이 상황을 전략형 게임으로 나타내시오. 산출함수와 비용함수가 다음과 같이 주어져 있을 때 내쉬 균형을 구하시오.

$$f(x_1, x_2)=3x_1x_2,\ \text{그리고}\ c(x_i)=x_i^2,\ \text{for}\ i=1, 2.$$

내쉬 균형의 노력 수준의 쌍보다 나은 노력 수준의 프로필이 있을 수 있는가?

3. 두 경기자의 보수행렬이 다음과 같이 주어져 있다.

		열 경기자		
		L	*C*	*R*
행 경기자	*T*	0, 0	1, 0	1, 1
	M	1, 1	1, 1	3, 0
	B	1, 1	2, 1	2, 2

열 경기자의 약하게 열등한 전략(weakly dominated strategy)은? 행 경기자의 강하게 열등한 전략(strictly dominated strategy)은? 내쉬 균형을 찾으시오.

4. 두 경기자가 싸울 기간을 선택한다고 하자. 싸울 기간의 집합은 {0, 1, 2}이다. 싸워서 이길 경우에 가치 V는 \$9이다. 싸울 기간을 길게 선택하는 경기자가 이긴다고 하자. 1일을 싸우는 네 소용되는 비용은 \$1이다. 경기자 1과 2의 보수는 각각 다음과 같다.

경기자 1의 보수: $u_1(c_1, c_2)=9-c_2$ if $c_1>c_2$ but $u_2(c_1, c_2)=-c_1$ if $c_1 \leq c_2$.
경기자 2의 보수: $u_2(c_1, c_2)=9-c_1$ if $c_2>c_1$ but $u_2(c_1, c_2)=-c_2$ if $c_2 \leq c_1$.

이 게임을 나타낼 수 있는 3×3 보수행렬을 구축하시오. 각 경기자의 열등한 전략은?
순수전략 내쉬 균형을 발견할 수 있는가?

5. 두 사람이 모두 노력을 했을 때만 일을 성취할 수 있고 보수가 발생한다고 하자. 두 사람 모두 노력을 하지 않으면 일을 성취할 수 없고 보수는 발생하지 않는다. 한 사람만 노력을 했을 경우에는 노력한 사람에게 비용이 발생하고 일은 성취되지 않는다고 하자. 이 상황을 보수행렬로 표현해 보자.

		열 경기자	
		노력을 하지 않음	노력을 함
행 경기자	노력을 하지 않음	0, 0	0, $-c$
	노력을 함	$-c$, 0	1$-c$, 1$-c$

여기서 $0<c<1$이다. 이 게임의 모든 내쉬 균형을 구하시오. c가 증가할 때 균형이 어떻게 변화되는가?

6. 두 경기자가 가위 바위 보 게임을 한다고 하자. 가위는 보를 이기고, 보는 바위를 이기고, 바위는 가위를 이긴다. 게임에서 진 사람이 이긴 사람에게 $1를 준다고 하자. 이 게임을 전략형 게임으로 나타내고 모든 혼합전략 내쉬 균형을 구하시오. 경기자 1이 가위를 낼 수 없는 상황에서 혼합전략 내쉬 균형을 구하시오.

7. 세 경기자가 게임을 하는 경우를 생각해 보자. 경기자 1은 테이블 A 또는 B를 선택하고 행 경기자는 T 또는 B를 선택하고 열 경기자는 L 또는 R를 선택한다고 하자. 각 테이블의 보수행렬이 다음과 같이 주어져 있다.

테이블 A

		열 경기자	
		L	R
행 경기자	T	1, 1, 1	0, 0, 0
	B	0, 0, 0	0, 0, 0

테이블 B

		열 경기자	
		L	*R*
행 경기자	*T*	0, 0, 0	0, 0, 0
	B	0, 0, 0	4, 4, 4

보수행렬의 각 칸의 첫 번째 숫자는 행 경기자의 보수를, 두 번째 숫자는 열 경기자의 보수를, 세 번째 숫자는 경기자 1의 보수를 나타낸다고 하자. 혼합전략 내쉬 균형을 구하시오.

4

전개형 게임:
완전 정보 vs 불완전 정보

4-1 완전 정보 전개형 게임
4-2 불완전 정보 전개형 게임

제3장에서 소개한 전략형 게임은 게임의 동태적 양상을 생략하거나 무시한 정태적 게임(static game)이다. 본장에서는 동태적 양상을 고려한 전개형 게임(extensive form game)을 고려해 보자. 전개형 게임은 완전 정보 전개형 게임(extensive form game with perfect information)과 불완전 정보 전개형 게임(extensive form game with imperfect information)으로 나누어진다. 완전 정보 전개형 게임이란 게임이 전개되는 동태적 양상과 결과를 경기자들이 완전하게 알고 있는 상황을 설정한 게임이고, 불완전 정보 전개형 게임이란 게임의 동태적 양상과 결과를 완전하게 알지 못하는 상황을 설정한 게임이다.

4-1 완전 정보 전개형 게임

기존의 독점기업(incumbent monopolist: I)이 새로운 진입기업(new entrant firm)의 진입위험에 직면해 있다고 하자. 필자가 예전에 제주시에 있는 보성시장에서 아내와 함께 장을 보러 간 적이 있었다. 보성시장 내에서 두부가게를 하던 아주머니가 시장 내에 새로운 두부가게가 열리게 된다면서 제주도 사투리로 붕당붕당 하는 것을 본적이 있다. 이와 같이 어느 한 지역에서 하나의 독점기업이 특정 상품시장을 독점하고 있다고 하더라도 항상 이 기업은 새로운 기업의 진입위협에 직면하게 된다. 이 상황을 게임으로 표현한 것이 진입-저지 게임(entry deterrence game)이다.

기존의 독점기업은 새로운 기업의 진입 여부를 관측한 후에, 새로운 기업이 진입하게 되면 진입기업을 상대로 싸울 것인지 또는 수용할 것인지를 결정한다. 진입기업을 상대로 싸운다는 것은 가격을 한계생산비보다 낮게 설정하는 것을 의미한다. 따라서 두 기업은 음의 이윤을 보게 된다. 기존의 독점기업이 새로운 기업의 진입을 허용한다는 것은 두 기업이 쿠르노 수량경쟁을 하거나 베르트랑 가격경쟁을 하는 경우가 된다.

게임 나무와 전개형 게임의 정의

진입저지 게임과 같은 동태적 게임을 전개형 게임으로 표현할 수 있다. 전개형 게임은 게임이 전개되는 과정과 결과를 게임 나무로 나타낸다. 진입저지 게임을 게임 나무로 표현하기 전에 게임 나무를 살펴보자.

게임 나무는 마디(node)와 가지(branch)로 이루어진다. 마디는 크게 의사결정이 이루어지는 마디(decision node)와 게임이 종결되는 종결마디(terminal node)로 구분된다. 의사결정마디(decision node)는 누가 의사결정을 해야 하는지를 지명한다. 지명된 의사결정자는 이 마디에서 취할 수 있는 행동들이 주어진다. 이 마디에서 의사결정자가 취할 수 행동들이 가지들로 표현된다. 종결마디에서는 게임의 최종 결과가 실현되어 모든 경기자에게 결과에 상응하는 보수가 지불되는 곳이다. 이 마디에서는 의사결정이 일어나지 않는다. 게임이 최초로 시작되는 점, 뿌리(root)를 최초의 마디(initial node)라고 부른다. 이 마디에서는 게임에 참가하는 경기자의 의사결정이 일어날 수도 있고 자연법칙과 같은 제3자가 의사결정을 할 수도 있다. 마디와 마디를 연결하는 것을 가지라고 부른다. 이 가지는 게임에 참여하는 누구인가가 취할 수 있는 행동을 나타낸다. 이것은 화살표 혹은 실선으로 표현된다. 하나의 가지가 출발하는 마디를 도착하는 마디의 선도마디(先導마디, precedent)라고 부르고, 그가지가 도착하는 마디를 후계마디(後繼마디, successor)이라고 부른다. 게임 나무는 다음과 같은 성질을 만족하는 그래프이다.

① 모든 마디는 한 개 이하의 선도마디를 갖는다. 주어진 마디와 그것의 선도마디를 연결하는 가지는 단 하나이다.
② 한 마디에서 가지가 출발하여 도착한 마디가 동일할 수 없다. 즉, 동일한 마디에서 출발하여 동일한 마디에 도착할 수 없다.
③ 임의의 마디에서 시작하여 거슬러 올라가면 궁극적으로 뿌리, 즉 최초의 마디를 만나게 된다.
④ 게임 나무의 뿌리는 단 하나이다.

게임 나무의 성질 1을 위반한 예가 [그림 4-1]에 나타나 있다. 마디 *B*가 주어진 상태에서 선도마디를 연결하는 가지가 두 개이다.

게임 나무의 성질 2를 위반한 예가 [그림 4-2]에 나타나 있다. [그림 4-2]는 마디 *A*에서 재화를 구매하거나 구매를 연기하는 상황을 나타낸 것인데, 재화의 구매를 연기한 후에 재화의 구매 여부를 다시 결정하는 상황을 나타내는 것으로 성질 2를 위반하고 있다.

[그림 4-1] **게임 나무의 성질 1을 위반한 그래프**

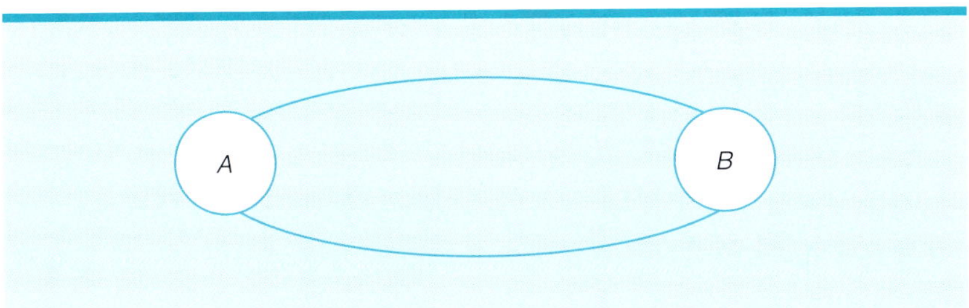

[그림 4-2] **게임 나무의 성질 2를 위반한 그래프**

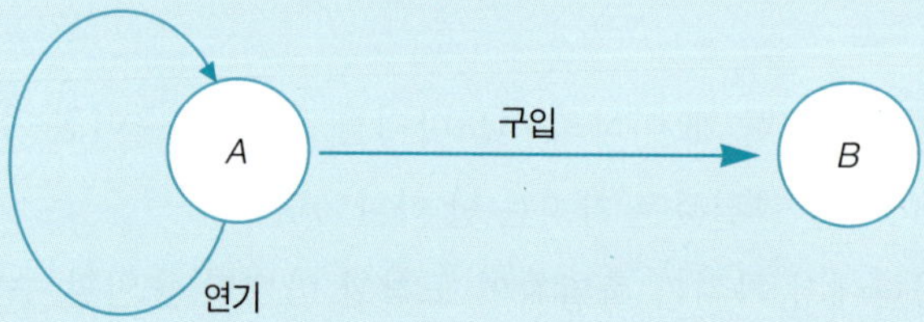

게임 나무를 활용하여 진입저지 게임의 구조를 나타내 보자.

- 경기자들: 진입기업을 E, 기존의 독점기업을 I로 나타내자. 경기자들의 집합 $N=\{E, I\}$.
- 진입기업의 전략은 진입을 하거나 또는 진입을 자제하거나이다. 기존의 독점기업은 진입을 수용하거나 또는 출혈경쟁을 하거나이다. 진입기업의 전략집합={진입, 진입 자제}.
  기존 독점기업의 전략집합={진입 수용, 출혈경쟁}.
- 보수: 각 경기자의 보수가 보수를 나타내는 게임 나무의 종결마디의 아래에 나타나 있고, 상단에 나타난 숫자가 진입기업 E의 보수이고 하단에 나타난 숫자는 기존의 독점기업 I의 보수이다. 경기자의 이름이 게임 나무의 마디에 나타나 있고, 각 경기자의 의사결정이 가지에 나타나 있다.

게임 나무를 활용한 진입-저지 게임이 [그림 4-3]에 나타나 있다.

지금까지 우리는 진입-저지 게임의 예로 전개형 게임의 구조를 설명하였다. 보다 공식적으로 완전 정보 전개형 게임을 정의해 보자.

[그림 4-3] **진입-저지 게임**

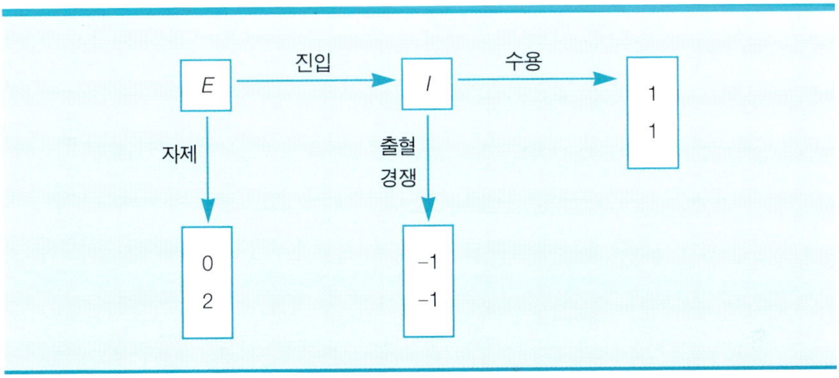

완전 정보 전개형 게임은 다음 항목으로 구성된다.

① 경기자들: 경기자들의 유한집합 N은 게임에 임하는 경기자들의 집합을 말한다.
$N=\{1, 2, \cdots, i, \cdots, n\}$. 집합 N의 원소 i는 경기자 i를 나타낸다. $i \in N$.

② 역사(histories): 역사(history)란 경기자들이 취한 행동의 연속을 말한다. 기호 H는 이렇게 형성된 역사들(histories)의 집합을 말한다. 게임의 시작을 공집합 $\emptyset$로 나타내자. 이것은 역사집합(set of histories) H의 원소이다. 만약에 역사 h가 역사집합 H의 원소이지만, 역사집합 속에 속하는 원소 (h, a)가 존재하지 않으면 역사 h는 종결역사(terminal history)이다. 여기서 행동 a는 어떤 경기자가 취한 행동이다. 종결역사들의 집합을 기호 Z로 나타내자. Z는 H의 부분집합(subset)이다. 즉, $Z \subset H$.

③ 경기자 함수(player function): 경기자 함수는 종결역사가 아닌 각 역사에게 경기자를 할당한다. 즉, $P: H \setminus Z \rightarrow N$. 여기서 P는 경기자 함수이고, 이 함수의 정의역(domain)은 $H \setminus Z$, 치역은 N이다.

④ 보수: 각 경기자 i의 보수는 함수로 다음과 같이 정의된다.

$$u_i: Z \rightarrow R.$$

이러한 네 가지 양상을 갖는 게임을 전개형 게임으로 다음과 같이 나타낸다.

$$G=\langle N, H, P, \{u_i\}\rangle.$$

위에 소개한 기호들을 이용하여 진입-저지 게임을 표현하면 다음과 같다.

① 경기자들: $N=\{E, I\}$.
② 역사: $H=\{(\emptyset)$, (진입 자제), (진입), (진입, 출혈경쟁), (진입, 수용)}, 종결역사들의 집합 $Z=\{$(진입 자제), (진입, 출혈경쟁), (진입, 수용)}.
③ 경기자 함수: $P(\emptyset)=E$, P(진입)$=I$.
④ 보수: 종결역사가 주어진 상태에서 보수가 정의된다. 예를 들어, u_E(진입 자제)=0, u_I(진입 자제)=2.

모든 전개형 게임은 전략형 게임으로 표현될 수 있다. 이것을 위해서 전략과 각각의 전략 프로필에 상응하는 보수를 정의하여 보자.

- 경기자 i의 전략 S_i란 경기자 i가 행동을 선택할 기회가 주어지는 모든 역사에 대하여, 그 역사가 일어난 후에 하나의 행동(move)을 명명하는(specifying) 행동의 완비된 계획(complete plan of action)을 말한다.
- 결과 z는 각 경기자 i가 전략 S_i를 선택하고, 그 결과 전략 프로필

$s=(S_i)_{i\in N}$이 실현될 때 결과적으로 일어나는 종결역사이다. 종결역사는 경기자들이 택한 전략 프로필에 의해 결정된다. 따라서 경기자들의 보수는 결과가 어떻게 실현되는지에 따라 결정된다.

진입-저지 게임에서 각 경기자의 전략집합은 다음과 같다.

$$S_I=\{\text{출혈경쟁, 수용}\},\ S_E=\{\text{진입 자제, 진입}\}.$$

결과 z 하나를 예로 들어 보자.

$$z(\text{신입 사제, 출헐경쟁})-(\text{진입 지제})\in Z.$$

전개형 게임을 전략형 게임으로 나타내는 것은 아주 간단하다. 이것을 위해서 다음 절차를 따라보자.

① 각 경기자 i가 이용할 수 있는 전략들을 열거해 보자. 경기자 i의 전략집합을 S_i라고 하자.

② 전략 프로필들의 집합 S를 다음과 같이 정의하자.

$$S=\times_{i\in N}S_i.$$

게임에 참가하는 경기자들이 두 명일 경우에는, 각 경기자의 전략집합에 상응하는 보수행렬을 구축할 수 있다.

③ 각 전략 프로필에 상응하는 결과들(outcomes)을 계산하자.

④ 결과들에 상응하는 보수들을 게임 나무에서 찾아 내자.

[표 4-1]은 전개형 게임으로 표현한 진입-저지 게임을 전략형 게임으로

[표 4-1] **진입-저지 전략형 게임**

		기존 기업(I)	
		출혈경쟁	수용
진입기업(E)	진입	−1, −1	1, 1
	진입 자제	0, 2	0, 2

나타낸 것이다.

일단 전개형 게임을 전략형 게임으로 나타내면 내쉬 균형을 찾아 내는 것은 쉬운 일이 된다. 진입-저지 게임의 순수전략 내쉬 균형들(pure strategy nash equilibria)은 다음과 같다.

$$\{진입\ 자제,\ 출혈경쟁\},\ \{진입,\ 수용\}.$$

혼합전략 내쉬 균형을 찾아보자. 새로운 진입기업이 진입 자제를 선택하는 한, 기존의 독점기업은 선택할 수 있는 전략들 중 어떤 전략을 선택하든 발생하는 보수는 동일하다. 이것은 기존의 독점기업이 출혈경쟁과 수용을 어떻게 혼합시켜도 발생하는 보수는 무차별하다는 것을 말한다. 기존 독점기업의 어떤 혼합전략이 새로운 진입기업으로 하여금 진입 자제를 선택하게 할까? 기존 독점기업이 출혈경쟁을 택할 확률을 p라고 하자. 따라서 이 기업이 수용할 확률은 $(1-p)$가 된다. 이 상황에서 새로운 진입기업이 진입 자제를 선택하기 위해서는 진입 자제를 선택하였을 때 발생하는 보수가 진입을 선택하였을 때의 보수보다 커야 한다.

$$0 \times p + 0 \times (1-p) \geq -1 \times p + 1 \times (1-p) \Rightarrow p \geq \frac{1}{2}.$$

따라서 혼합전략 내쉬 균형 프로필은 다음과 같다.

$$\{\text{진입 자제}, p[\text{출혈경쟁}]+(1-p)[\text{수용}]\}, p \geq \frac{1}{2}.$$

게임의 동태적 구조가 주지사실(common knowledge)일 때, 새로운 기업의 진입에 대항하여 기존의 독점기업이 출혈경쟁에 양의 확률을 부여한다는 것을 진입기업이 믿을 수 있는가? 새로운 기업의 진입이 일어난 상태에서 기존 독점기업의 최적 선택은 수용이다. 게임의 동태적 양상을 포함한 게임의 구조를 알고 있는 새로운 진입기업은 진입 자제를 하지 않고 진입을 하는 것이 그의 최적의 선택이 된다. 이러한 추리 과정을 통하여 동태적 게임의 해를 찾는 것을 역진귀납법(逆進歸納法, backward induction)이라고 부른다.

이것을 그림을 가지고 상세하게 설명해 보자. 진입-저지 게임의 마지막 부분, 즉 종결마디를 제외한 마디에서 기존의 독점기업 I가 의사결정을 할 차례이다. 이 마디를 시작으로 게임 나무를 그리면 [그림 4-4]와 같다.

이 게임 나무에서 의사결정자는 기존의 독점기업 I이다. 그의 최적 선택은 수용이다. 게임 나무를 역진하여 보면 선도마디가 나타나는데, 이 마디의

[그림 4-4] **게임 나무(기존의 독점기업 I가 의사결정을 할 때)**

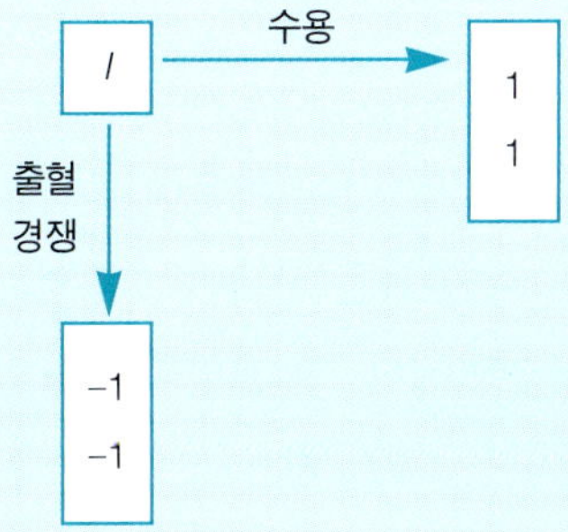

[그림 4-5] **게임 나무(역진귀납에 의해 진입기업이 의사결정을 할 때)**

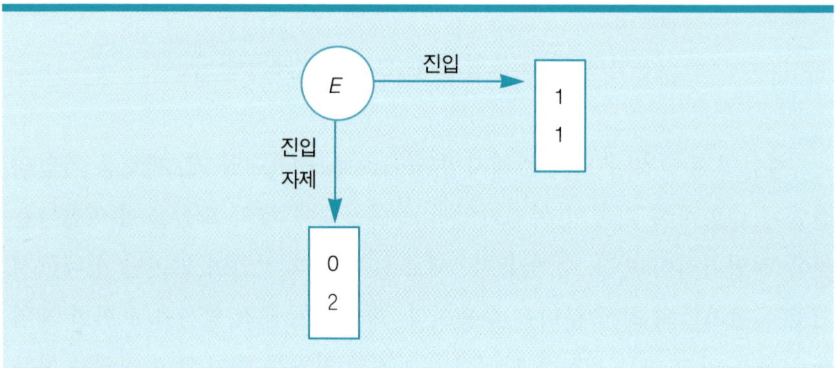

의사결정자는 새로운 진입기업 E가 된다. 여기서 진입기업 E의 최적 선택은 진입이다. 이것이 [그림 4-5]에 나타나 있다.

센티피드(centipede) 게임을 가지고 역진귀납법을 이용하여 내쉬 균형을 찾아보자. 센티피드 게임이 [그림 4-6]과 같이 주어져 있다.[1)]

게임에 참여하는 당사자들은 경기자 1과 경기자 2이다. 두 경기자들은 각자에게 주어진 의사결정마디에서 통과(pass) 또는 중지(stop)를 선택한다. 종결마디의 네모상자 상단은 경기자 1의 보수가, 하단은 경기자 2의 보수가 나타나 있다. 그림의 최초 마디, 즉 게임의 뿌리에서 경기자 1이 의사결정을 한다. 여기서 경기자 1이 중지를 선택하면, 그는 보수 1을 갖게 된다. 하지만 경기자 1이 통과를 선택했을 경우, 상대방이 중지를 선택하면 경기자 1의 보수는 0이 된다. 경기자 2는 경기자 1이 처음에 중지를 택하면 경기자 2의 보수는 1이 되지만, 경기자 1이 통과를 선택하고 경기자 2가 중지를 선택하면, 경기자 2의 보수는 1에서 3이 된다. 이 게임의 두드러진 특징은 의사결정마디에서 누가 의사결정을 하든, 그가 통과를 선택하고 상대방이 중지를 선택

1) 게임 나무의 형태가 지네(centipede)처럼 생겼다 하여 centipede라 명명하였다.

[그림 4-6] **센티피드 게임 1**

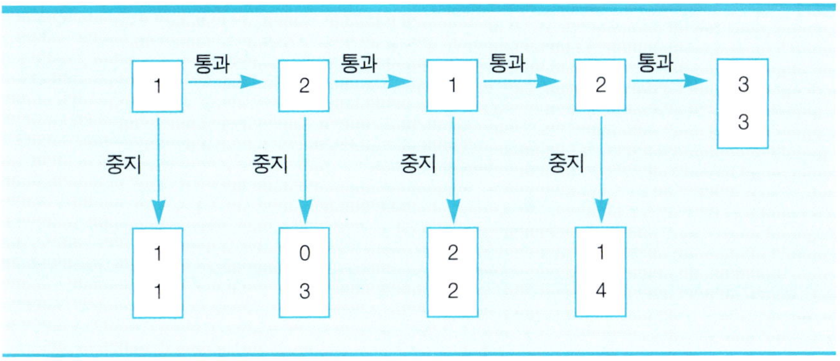

[그림 4-7] **센티피드 게임 2**

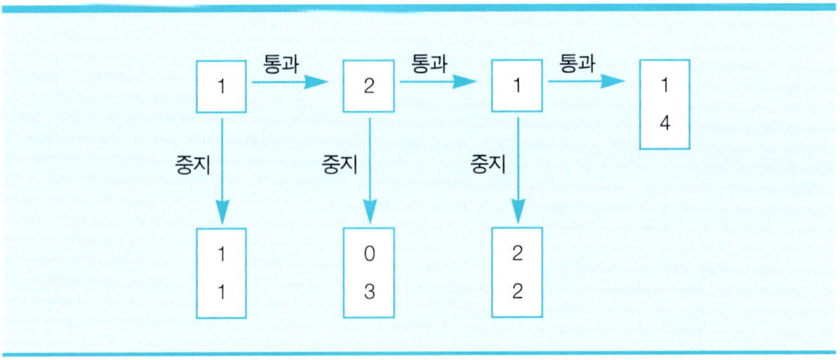

했을 경우에 통과를 선택한 당사자는 중지를 선택한 경우에 비하여 1을 상실하게 되지만 상대방은 2를 더 얻게 된다는 것이다.

[그림 4-6]의 종결마디에서 경기자 2가 의사결정을 한다. 그의 최적 의사결정은 중지이다. 이것을 반영하여 의사결정마디를 역진하여 가면 [그림 4-7]이 된다.

[그림 4-7]의 마지막 의사결정마디의 의사결정자는 경기자 1이다. 그의 최적 선택은 중지이다. 이것을 반영하여 의사결정마디를 역진하여 가면 [그

[그림 4-8] 센티피드 게임 3

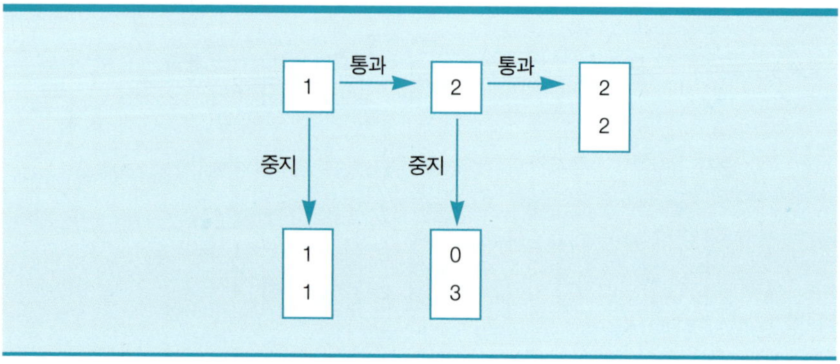

[그림 4-9] 센티피드 게임 4

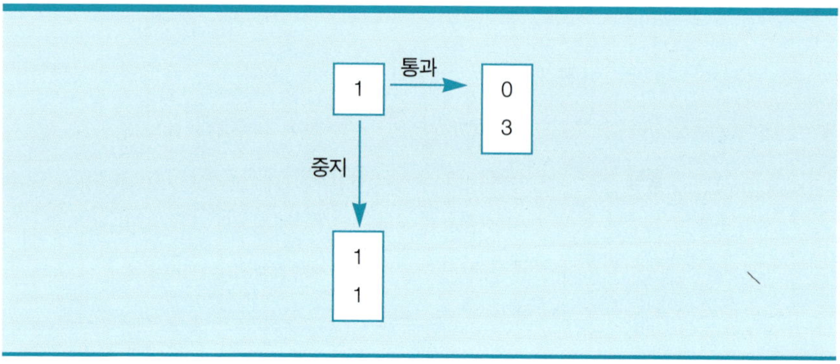

림 4-8]이 된다.

[그림 4-8]에서 마지막 의사결정마디의 의사결정자는 경기자 2이다. 그의 최적 의사결정은 중지가 된다. 이것을 반영하여 의사결정마디를 역진하여 가면 [그림 4-9]가 된다.

[그림 4-9]에서 마지막 의사결정마디의 의사결정자는 경기자 1이다. 그의 최적 선택은 중지이다.

역진귀납법에 의하여 유일하게 살아남은 전략 프로필은 다음과 같다.

$$s_1=\{중지, 중지\},\ s_2=\{중지, 중지\}.$$

여기서 s_1은 경기자 1의 전략을, s_2는 경기자 2의 전략을 나타낸다.

각 경기자의 전략은 주어진 의사결정마디에서 취한 행동을 순서대로 명시한 것이다. 예를 들어, 경기자 1의 전략 s_1은 경기자 1이 처음 의사결정을 할 때 선택한 행동이 '중지'라는 것이고 두 번째 의사결정을 할 때 선택한 행동이 '중지'라는 것이다.

전개형 게임에서 역진귀납법을 적용했을 때 살아남는 전략 프로필과 약하게 지배되는 전략들(weakly dominated strategies)을 반복적으로 소거했을 때 살아남는 전략 사이에 관계가 존재한다. 이것을 진입-저지 게임을 전략형 게임으로 변환한 [표 4-1]을 가지고 생각해 보자.

이 게임에서 기존 독점기업의 약하게 지배되는 전략은 출혈경쟁(fight)이다. 왜냐하면 진입기업의 진입 자제 전략에 대하여 기존 기업이 무슨 전략을 택하든 기존 독점기업의 보수는 무차별하다. 하지만 진입기업의 진입선락에 대하여 기존 독점기업의 최적 전략은 수용이다. 따라서 기존 독점기업의 전략 '수용'은 약하게 지배하는 전략이다. 기존 독점기업의 전략 '수용'이 주어진 상태에서 진입기업의 최적 선택은 진입이다.

역진귀납법과 부분게임 완전 균형

약하게 지배되는 전략과 열등한 전략을 소거한 결과 나타나는 최종 전략 프로필은 역진귀납법을 통하여 살아남은 전략 프로필과 일치한다. 하지만 약하게 지배되는 전략을 소거하는 순서가 문제가 될 수 있다. 역진귀납법을 적용하여 찾아 낸 전략 프로필은 약하게 지배되는 전략들을 소거해도 찾아 낼 수 있지만, 약하게 지배되는 전략을 소거하여 찾아 낸 전략 프로필은

[그림 4-10] **센티피드 게임과 이것을 변형한 전략형 게임**

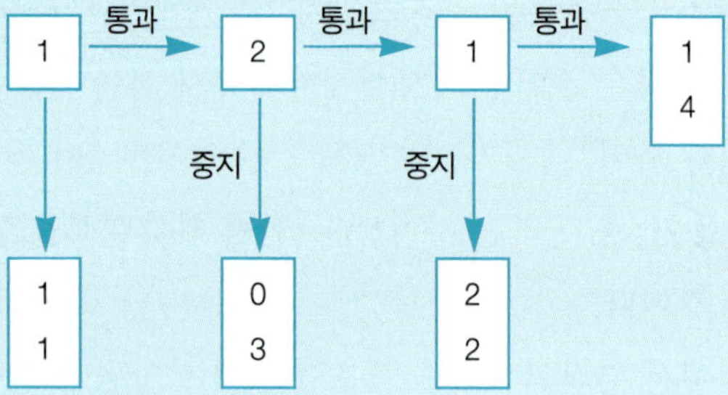

		경기자 2	
		중지	통과
경기자 1	중지, 중지	1, 1	1, 1
	중지, 통과	1, 1	1, 1
	통과, 중지	0, 3	2, 2
	통과, 통과	0, 3	1, 4

역진귀납법을 적용하여 찾아 낸 전략 프로필과 동일하지 않을 수 있다. 역진귀납법을 적용하여 찾아 낸 전략 프로필은 항상 내쉬 균형 프로필이 된다.

약하게 지배되는 전략을 반복적으로 소거했을 때 얻게 되는 전략 프로필이 역진귀납법을 적용하여 얻게 되는 전략 프로필과 동일하지 않을 수 있다. 이것을 보기 위해 [그림 4-10]을 보자. [그림 4-10]은 센티피드 게임과 이것을 전략형 게임으로 변형한 것을 나타낸 것이다.

[그림 4-10]의 상단은 [그림 4-7]의 전개형 센티피드 게임을, 하단은 이것을 전략형 게임으로 표현한 것이다. 경기자 1은 네 개의 전략을 가지고 있고, 경기자 2는 두 개의 전략을 갖고 있다. [그림 4-10]의 전략형 게임에서 경기자

[표 4-2] 센티피드 전략형 게임(경기자 1의 약하게 지배되는 전략들을 소거한 후)

		경기자 2	
		중지	통과
경기자 1	중지, 통과	1, 1	1, 1
	통과, 중지	0, 3	2, 2

1의 전략 (통과, 통과)는 (통과, 중지)에 비하여 약하게 열등하다. 왜냐하면 경기자 2의 전략 '중지'에 대하여 경기자 1의 전략 (통과, 통과)와 (통과, 중지)는 경기자 1에게 동일한 보수 0을 가져오는 데 반하여, 경기자 2의 전략 '통과'에 대하여서는, 경기자 1의 전략 (통과, 중지)는 보수 1을 (통과, 동과)는 보수 2를 경기자 1에게 가져온다. 경기자 1의 전략들 (중지, 중지)와 (중지, 통과)는 상대방이 어떤 전략을 택하든, 경기자 1에게 동일한 보수를 가져오고 있다. 따라서 경기자 1의 전략 (중지, 중지)는 (중지, 통과)에 비하여 약하게 지배되는 전략이고, 또한 동시에 경기자 1의 전략 (숭지, 통과)는 (중지, 중지)에 비하여 약하게 지배되는 전략이다. 경기자 1의 약하게 지배되는 전략들 (중지, 중지)와 (통과, 통과)를 소거한 상태에서의 전략형 게임이 [표 4-2]에 나타나 있다.

위에서 행한 순서대로 약하게 지배되는 전략을 소거하면 마지막 단계까지 살아남는 전략 프로필은 {(중지, 통과), (중지)}이다. 이와 같이 약하게 지배되는 전략을 소거하는 순서를 다르게 했을 때 살아남는 전략 프로필은 역진귀납법에 의하여 얻은 전략 프로필과 다를 수 있다.

완전 정보 전개형 게임에서 역진귀납법을 통하여 찾아 낸 게임의 해는 부분게임 완전 균형 프로필(sub-game perfect equilibrium)이 된다. 부분게임 완전 균형 프로필이란 무엇인가? 이것을 이해하기 위해서 부분게임을 정의해 보자.

부분게임 G란 전체게임의 일부이지만 그 자체로서도 하나의 독립적 게임을 형성할 수 있는 부분을 말한다. 즉, 완전 정보 전개형 게임 하에서 부분게임이란 주어진 전개형 게임에서 임의의 단 하나의 의사결정마디 및 그 마디로부터 파생된 모든 후계마디들로 이루어진 게임이다.

진입-저지 게임에서 두 개의 부분게임이 존재한다. 하나의 부분게임은 진입기업이 진입 결정을 내린 후 기존 독점기업의 의사결정이 이루어지는 마디에서 시작하는 부분게임이고, 다른 하나는 진입기업이 의사결정을 하는 최초 마디(initial node)에서 시작하는 전 게임(whole game)이다.[2)]

부분게임 완전 균형 프로필이란 게임의 모든 부분게임에서 내쉬 균형 프로필이 되는 프로필을 말한다. 진입저지 게임에서 전략 프로필 (진입, 수용)은 전 게임에서 내쉬 균형 프로필이고 진입기업이 진입 결정을 내린 후에 형성되는 부분게임에서 내쉬 균형이다. 이 부분게임에서 의사결정자는 기존의 독점기업이고, 이 기업의 최적 선택은 수용이다.

[그림 4-10]의 센티피드 게임은 세 개의 부분게임으로 이루어진다. 몇 개의 순수전략 내쉬 균형 프로필이 존재하는가? 순수전략 내쉬 균형 프로필들 중에서 어느 프로필이 부분게임 완전 균형 프로필인가? 독자 스스로 생각해 보기 바란다.

4-2 불완전 정보 전개형 게임

전절에서 소개한 완전 정보 전개형 진입-저지 게임을 가지고 생각해 보자. 기존의 독점기업은 그의 의사결정마디에서 새로운 진입기업의 의사결정, 즉 이 기업의 진입 여부를 완전하게 알고 있다. 완전 정보 전개형 게임에서, 게임에 참여하는 각각의 경기자는 자기의 의사결정마디에서 게임이 전

2) 집합이론에서 집합 S는 집합 S의 부분집합이기도 하다.

개되어 온 역사를 완전하게 숙지하고 있다.

불완전 정보 전개형 게임은 게임에 참여하는 각각의 경기자가 자기의 의사결정마디에서 게임이 전개되어 온 역사를 완전하게 숙지하지 못하는 것을 전제하고 있다.

불완전 정보 전개형 게임이란?

불완전 정보 전개형 게임에서 각 의사결정마디는 두 개의 라벨(label)을 필요로 한다. 하나의 라벨은 임의의 주어진 의사결정마디에서 누가 의사결정을 하는지를 가리키고, 다른 하나의 라벨은 이 마디에서 의사결정을 하는 경기자가 갖고 있는 정보의 상태를 가리킨다.

불완전 정보 전개형 게임의 간단한 예를 살펴보자. 전략형 게임으로 표현한 용의자의 딜레마 게임을 불완전 정보 전개형 게임으로 나타내 보자. 이것이 [그림 4-11]에 나타나 있다.

최초의 마디에서 경기자 1이 의사결정을 하고 있다. 경기자 1의 행동 또

[그림 4-11] **용의자의 딜레마 게임**

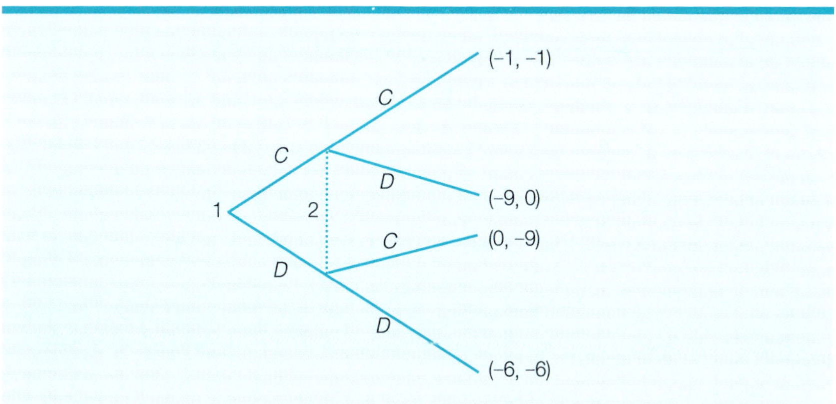

는 전략집합은 $\{C, D\}$이다. 경기자 1의 의사결정이 일어난 후에 경기자 2가 의사결정을 할 때 경기자 2는 경기자 1이 취한 행동이 C인지 D인지를 식별하지 못하고 있다. 즉, 경기자 2는 자기의 의사결정마디에서 이전에 일어난 게임의 역사를 분별하지 못하고 있다. 이것이 [그림 4-11]에서 경기자 2의 의사결정마디를 점선으로 연결하고 있는 이유이다. 경기자 2가 자기의 의사결정마디에서 식별하지 못하는 게임의 역사들의 집합을 정보집합(information set)이라고 부른다. 위 그림에서 경기자 2의 의사결정마디에서 그의 정보집합은 경기자 1의 선택 가능한 행동 C 또는 D로 이루어진다.

$$\text{경기자 2의 정보집합}=\{C, D\}.$$

불완전 정보 전개형 게임을 정의해 보자.

① 경기자들: 경기자들의 유한집합 N은 게임에 참가하는 경기자들의 집합을 말한다. $N=\{1, 2, \cdots, n\}$. 집합 N의 원소 i는 경기자 i를 나타낸다. $i \in N$.

② 역사: 역사란 경기자들이 취한 행동의 연속을 말한다. 기호 H는 이렇게 형성된 역사들의 집합을 말한다. 게임의 시작을 공집합 $\emptyset$로 나타내자. 이것은 역사집합 H의 원소이다. 만약에 역사 h가 역사집합 H의 원소이지만, 역사집합 속에 속하는 원소 (h, a)가 존재하지 않으면 역사 h는 종결역사이다. 여기서 행동 a는 어떤 경기자가 취한 행동이다. 종결역사들의 집합을 기호 Z로 나타내자. Z는 H의 진부분집합(proper subset)이다. 즉, $Z \subset H$.

③ 경기자 함수: 경기자 함수는 종결역사가 아닌 각 역사에게 경기자를 할당한다. 즉, $P: H \backslash Z \rightarrow N$. 여기서 P는 경기자 함수이고, 이 함수의 정

의역은 $H\setminus Z$, 치역은 N이다. $H\setminus Z$는 역사집합에서 종결역사의 집합을 제외한 진부분집합이다. 경기자는 자연(nature) 또는 우연(chance)이라고 불리는 경기자를 포함한다.

④ 자연: 자연은 어떤 확률분포에 따라 이용할 수 있는 선택대안들의 집합(set of alternative actions)에서 하나의 원소를 선택한다.

⑤ 정보: 경기자 i는 자기가 행동을 취할 수 있는 곳에서 일어날 가능성이 있는 모든 역사들 중에서 어떤 역사가 일어났는지를 식별하지 못한다.

⑥ 보수: 각 경기자 i의 보수는 함수로 다음과 같이 정의된다. $u_i: Z \rightarrow R$.

각 의사결정자는 자기가 의사결정을 할 수 있는 정보집합에 이르게 한 역사들 중 어떤 역사가 일어나든지 선택 가능한 행동들의 집합은 동일하다. 그렇지 않다면 각 경기자는 자기의 정보집합 하에서 어떤 역사가 일어났는지를 유추할 수 있게 된다.

불완전 정보 전개형 게임과 같은 보다 일반화된 전개형 게임에서는 게임의 해를 찾기 위해 역진귀납법(backward induction)을 사용하는 것은 불가능하다. 이러한 게임에서 게임의 해를 찾는 방법을 소개하기 전에 전략을 정의해 보자.

경기자 i의 전략이란 i가 행동을 취하도록 할당된 모든 역사들에 대하여 행동의 완비된 계획(complete plan of action)을 말한다. 하지만 경기자 i는 정보집합 안에 있는 역사들 중 어떤 역사가 일어나든지 간에 그 역사가 일어난 후 취할 수 있는 행동들의 집합은 동일하다.

용의자 딜레마 게임의 전개형 게임에서 경기자 2의 전략은 경기자 1이 어떤 전략을 선택하든 C이거나 D이다. 경기자 2는 경기자 1이 C를 택하면 C를 선택하고, D를 선택하면 D를 선택하는 것과 같은 전략을 취할 수 없다.

왜냐하면 경기자 2는 자기의 정보집합 하에서 경기자 1이 선택한 행동, 즉 일어난 역사를 식별할 수 없기 때문이다.

부분게임 G는 전체게임의 일부이지만 그 자체로서도 하나의 독립적 게임을 형성할 수 있는 부분을 말한다. 주어진 전개형 게임에서 임의의 단 하나의 정보집합(singleton information set), 즉 단집합에서 시작하는 게임 나무를 상상해 보자. 단집합이란 마디가 단 하나인 정보집합을 말한다. 단집합에서 나오는 가지들을 제외한 모든 가지들을 제거한 상태에서 주어진 게임 나무가 부분게임을 형성한다. 이렇게 파생된 게임 나무는 어떤 정보집합도 파괴하지 말아야 된다. 마디 x'이 G에 속하고 마디 x와 x'이 동일한 정보집합 안에 있으면, 마디 x는 부분게임 G에 속한다.

위에 정의된 부분게임을 가지고 부분게임을 이해하는 것은 쉽지 않다. 이해를 돕기 위하여 예를 들어 설명해 보자. 용의자의 딜레마 게임에서 부분게임은 하나만 존재한다. 즉, 전 게임이 부분게임이다. 이 게임에서 단집합은 게임이 시작하는 최초의 마디이고, 이 마디는 경기자 1의 정보집합이다. 이 마디에서 파생되는 가지들을 따라 나무를 형성하면 부분게임이 되는데 이 부분게임은 전 게임과 일치한다.

경기자 1이 C를 선택한 경우, 즉 역사 C가 일어난 이후에 생성되는 부분게임은 존재하지 않는다. 왜냐하면역사 C 에서 부분게임이 시작될 경우 경기자 2의 정보집합이 파괴되기 때문이다.

부분게임 완전 균형과 역진귀납법

완전 정보 전개형 게임에 관한 장에서 소개한 진입-저지 게임을 상기해 보자. 이 게임에는 두 개의 내쉬 균형이 있다. 하나는 {진입 자제, 출혈경쟁}이고 다른 하나는 {진입, 수용}이다. 게임의 동태적 구조가 주어진 상태에서 하나의 균형 {진입 자제, 출혈경쟁}은 믿을 수 없는 균형이라는 것을 우리는 알고 있다. 왜냐하면 새로운 진입기업이 진입한 상태에서 기존 독점기업의 최적 전략은 수용하는 것이기 때문이다. 따라서 새로운 기업이 진입하였을 때 기존 독점기업의 전략, 출혈경쟁 위협은 진입기업이 믿을 수 가 없는 전략이 된다.

부분게임 완전 균형이라는 게임의 해를 적용하면 믿을 수 없는 균형 {진입 자제, 출혈경쟁}을 균형에서 배제할 수 있다. 부분게임 완전 균형은 다음과 같이 정의된다.

부분게임 완전 균형이란 모든 부분게임에서 내쉬 균형을 유도하는 균형을 말한다.

부분게임 완전 균형은 내쉬 균형이다. 왜냐하면 모든 게임은 적어도 하나의 부분게임, 즉 전체게임을 가지고 있기 때문이다.

완전 정보 진입-저지 게임은 두 개의 부분게임을 가지고 있다. 하나는 기존의 독점기업의 의사결정마디에서 일어나는 부분게임과 새로운 진입기업의 의사결정마디에서 일어나는 전체게임이다. 모든 부분게임에서 내쉬 균형을 만족하는 전략 프로필은 {진입, 수용}이다. 따라서 이 게임은 하나의 부분게임 완전 균형 프로필 {진입, 수용}을 가지고 있다.

불완전 정보 용의자 딜레마 게임은 하나의 부분게임을 갖고 있다. 이 게임의 부분게임은 전체게임이다. 따라서 전체게임의 내쉬 균형 프로필 {D, D}가 부분게임 완전 균형 프로필이 된다.

완전 정보 센티피드 게임은 두 경기자 모두 행동할 기회가 주어졌을 때 항상 중지하는 전략을 택하는 것이 부분게임 완전 균형 프로필이 된다.

완전 정보 전개형 게임에서는 역진귀납법과 부분게임 완전 균형이 일치한다. 따라서 역진귀납법을 활용하면 부분게임 완전 균형 프로필을 쉽게 찾을 수 있다.

[그림 4-12] **수정된 진입-저지 게임**

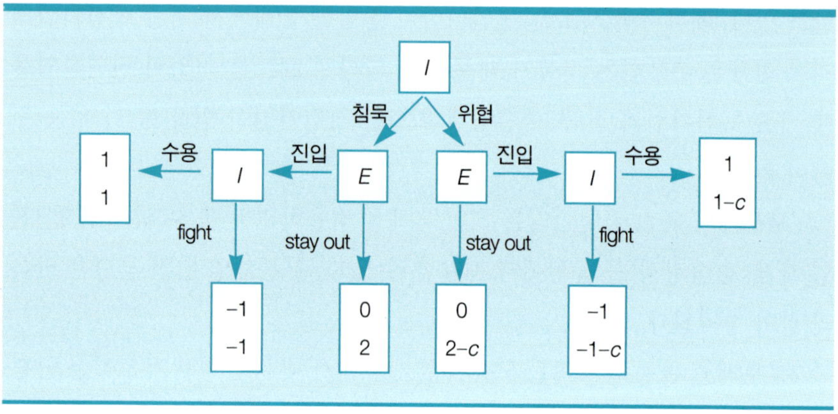

완전 정보 진입-저지 게임을 수정해 보자. 이것이 [그림 4-12]에 나타나 있다. 기존의 독점기업이 게임의 최초 마디에서 새로운 진입기업을 위협하거나(threat) 침묵(silence)을 유지할 수 있다. 기존 기업의 위협은 비용 c가 소요된다. 게임의 결과 나타나는 기존 기업의 보수는 이것을 반영한다.

이 게임은 5개의 부분게임을 갖고 있다. 게임의 해를 찾기 위해 역진귀납법을 사용해 보자.

게임 나무의 오른쪽 종결마디의 선도마디에서 시작하는 부분게임에서 기존 독점기업의 최적 전략 또는 행동은 수용(truce)이다. 기존 독점기업의 위협이 일어난 후 새로운 진입기업의 의사결정마디에서 시작하는 부분게임을 생각해 보자. 여기서 역진귀납법을 사용할 경우 새로운 진입기업의 최적 선택은 진입(enter)이다.

게임 나무의 왼쪽 종결마디의 선도마디에서 시작하는 부분게임에서 기존 독점기업의 최적 선택은 수용이다. 기존 독점기업이 침묵한 후에 새로운 진입기업의 의사결정마디에서 진입기업의 최적 선택은 진입이다. 따라서

[그림 4-13] **진부분게임이 없는 불완전 정보 게임**

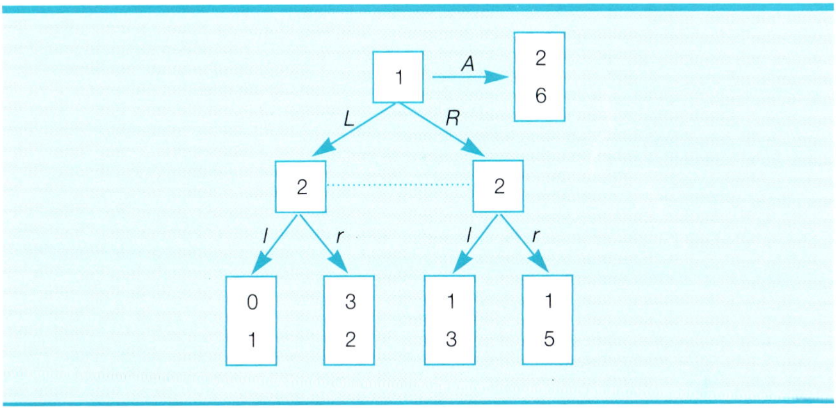

부분게임 완전 균형 프로필은 {(침묵, 수용, 수용), (진입, 진입)}이다. 즉, 새로운 진입기업은 행동할 기회가 발생할 때마다 진입하는 것이 최적이다. 반면에 기존의 독점기업은 새로운 기업의 진입이 일어날 때 수용하는 것이다. 이러한 상황 하에서 기존의 독점기업은 게임의 최초 마디에서 자기가 위협을 했을 때의 보수보다 침묵을 했을 때의 보수가 더 크다는 것을 알고 있다. 따라서 게임의 최초 마디에서 기존의 독점기업의 최적 선택은 침묵이다.

진부분게임(proper sub-game)이 존재하지 않는 [그림 4-13]과 같은 불완전 정보 게임을 살펴보자. 게임의 최초 마디에서 경기자 1의 행동집합 또는 전략집합은 {*A*, *L*, *R*}이다. 경기자 2의 전략집합은 {*l*, *r*}이다. 경기자 2는 경기자 1이 *L*을 선택하였는지 *R*를 선택하였는지를 식별하지 못하고 있다. 이 게임은 진부분게임이 존재하지 않기 때문에 모든 내쉬 균형이 부분게임 완전 균형이다.

이 게임을 [표 4-3]과 같이 전략형 게임으로 전환하여 보자. 이 게임의 내쉬 균형 프로필과 보수는 다음과 같다.

[표 4-3] [그림 4-13]의 전략형 게임

	l		r	
A	2	6	2	6
L	0	1	3	2
R	1	3	1	5

- $\{A, l\}$ 경기자 1과 2의 보수=(2, 6).
- $\{L, r\}$ 경기자 1과 2의 보수=(3, 2).
- $\{A, p[l]+(1-p)[r]\}, p \geq 1/3$.

위 내쉬 균형 프로필들 중에서 세 번째 혼합전략 내쉬 균형을 살펴보자. 경기자 2가 혼합전략을 선택하게 하기 위해서는 경기자 1이 A를 선택해야 된다. 왜냐하면 경기자 1이 A를 선택했을 때 경기자 2는 l을 선택하든 r를 선택하든 그의 보수는 동일하기 때문이다. 또한 경기자 1이 L 또는 R를 선택했을 때 경기자 2의 최적 선택은 r가 된다. 경기자 2의 혼합전략에 대해서 경기자 1이 A를 선택하게 하기 위해서는, 경기자 2는 l을 1/3 이상 혼합시켜야 한다.

[그림 4-13]을 상기해 보자. 경기자 2는 자기의 정보집합 하에서, 즉 행동할 기회가 주어졌을 때 r를 선택하는 것이 최선의 전략이 된다. 왜냐하면 경기자 1이 L 또는 R를 선택했을 때 최적의 선택은 r가 되기 때문이다. 이 경우 경기자 1은 A를 선택하지 않고 L을 선택한다. 이것을 우리는 순차적 합리성(sequential rationality)이라고 부른다.

[그림 4-13]과 같은 불완전 정보 전개형 게임을 [그림 4-14]와 같이 수정하여 보자. 이 게임은 [표 4-3]과 같은 전략형 게임을 갖는다. 하지만 이 전개형 게임은 역사 (B)에서 시작하는 부분게임이 존재한다. 이 부분게임의 내쉬 균

[그림 4-14] [그림 4-13]을 수정한 게임

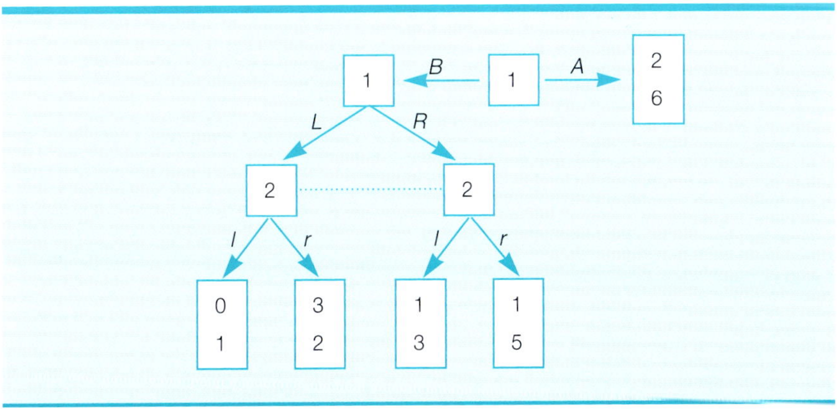

형은 $\{L, r\}$이고 유일하다. 부분게임 완선 내쉬 균형은 모든 부분게임에서 내쉬 균형을 유도해야 하기 때문에 경기자 1은 최초 마디에서 B를 선택한다. 따라서 이 게임의 부분게임 완전 균형 프로필은 $\{(B, L), r\}$이다.

전략형 게임의 장에서 살펴보았던 성의 전쟁(battle of sexes)을 다시 한 번 더 살펴보자. 경제학을 전공하는 학생들 두 명이 경제학을 논의하기 위해서 선술집(pub)이나 카페(cafe)에서 만나고 싶다고 한다. 경기자 1은 커피 마시기를 좋아해서 카페에서 만나기를 선호하고, 경기자 2는 맥주 마시기를 즐거워하기 때문에 선술집에서 만나기를 좋아한다고 하자. 두 사람은 만남이 이루어지지 않는 것보다는 만나서 담소하기를 좋아한다고 하자. 경기자 1은 선술집이나 카페에 가지 않고 집에 머무를 수 있는 선택권을 가지고 있다고 하자. 이 선택권은 경기자 1이 선술집에서 경기자 2를 만나는 것보다 더 큰 보수를 경기자 1에게 가져온다고 하자. [그림 4-15]는 이러한 상황을 불완전 정보 전개형 게임으로 나타내고 있다.

이 게임은 진부분게임을 가지고 있지 않다. 따라서 모든 내쉬 균형들은 부분게임 완전 균형이다.

[그림 4-15] **불완전 정보 전개형 게임(성의 전쟁)**

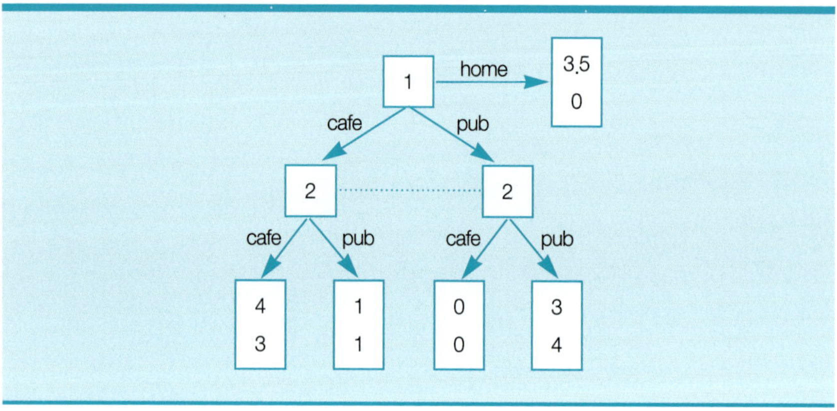

[그림 4-16] **[그림 4-15]를 수정한 불완전 정보 전개형 게임**

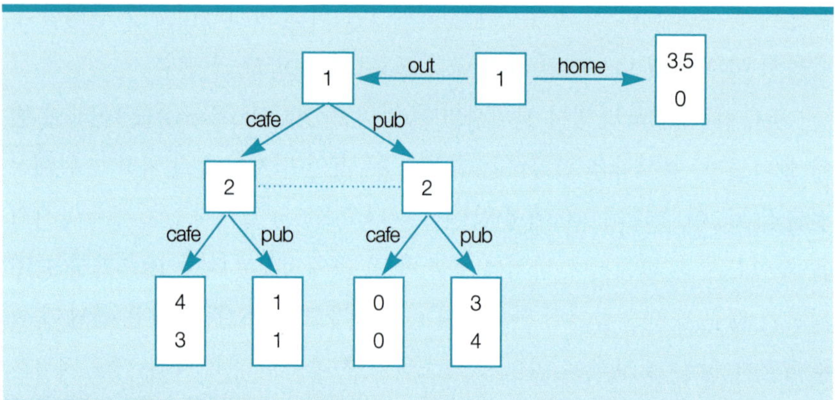

[그림 4-15]를 [그림 4-16]과 같이 수정하여 보자. 이 게임은 여러 개의 부분게임 완전 균형을 갖고 있다.

경기자 1이 외출을 선택한 후에 시작하는 진부분게임에서 두 개의 순수전략 내쉬 균형들은 {cafe, cafe}와 {pub, pub}이다. 위에 주어진 전개형 게임을 전략형 게임으로 전환하여 보자. 이것이 [표 4-4]에 나타나 있다.

[표 4-4] [그림 4-16]의 전략형 게임

	cafe		pub	
home, pub	3.5	0	3.5	0
home, cafe	3.5	0	3.5	0
out, cafe	4	3	1	1
out, pub	0	0	3	4

이 전략형 게임에서 순수전략 내쉬 균형은 세 가지가 존재한다.

- {(home, pub), pub}.
- {(home, cafe), pub}.
- {(out, cafe), cafe}.

이 균형들 중에서 진부분게임에서 내쉬 균형을 유도하는 균형들은 {(home, pub), pub}와 {(out, cafe), cafe}이다. 즉, 이 균형들이 부분게임 완전 균형이다.

부분게임 완전 균형 프로필들 중 하나인 전략 프로필 {(home, pub), pub}은 게임의 해(solution)로 의심의 여지가 있다. 이 균형은 진부분게임에서 경기자 1이 Pub을 선택한다는 것인데, 이렇게 행동할 바에는 차라리 집에 머무르는 것이 나은 선택이 된다. 경기자 2는 경기자 1이 집에 머물지 않고 외출을 선택할 때 경기자 1이 더 나은 보수를 얻기 위해 카페를 선택할 것이라고 생각하게 된다. 따라서 이 상황을 고려한 경기자 2의 최적 선택은 카페가 된다. 이러한 경기자 2의 추리를 전진귀납법(forward induction)이라고 부른다. 경기자 2의 전진귀납법에서 살아남은 균형은 {(외출, 카페), 카페}이다.

전진귀납법을 이겨낸 균형은 반복적으로 약하게 열등한 전략을 소거했을 때 살아남는 전략 프로필이 된다. 이것을 위에 주어진 전략형 게임을 가지고 살펴보자. 경기자 1의 전략 (out, pub)은 경기자 1의 다른 전략 (home, pub)에 비해서 강열등전략(强劣等戰略, strictly dominated strategy)이 된다. 경기자 1의 전략 (out, pub)이 소거된 게임에서 경기자 2의 전략 (pub)은 약열등전략(弱劣等戰略, weakly dominated strategy)이 된다. 따라서 경기자 1의 전략들 '(home, pub)'과 '(home, cafe)'는 경기자 1의 전략 (out, cafe)에 비하여 강열등전략이 된다.

전진귀납법은 주어진 균형 프로필이 균형 프로필로 존재하기 위해서는 이 균형 프로필의 각 전략에 대비되는 열등한 전략들이 반복적으로 소거되었을 때도 살아남는 균형 프로필이어야 한다는 것을 요구한다.

믿음과 순차적 균형

불완전 정보 전개형 게임에서 각 의사결정마디는 두 개의 라벨, 즉 경기자와 정보의 상태를 필요로 한다. 하나는 누가 이 마디에서 의사결정을 하는가를 나타내고, 다른 하나는 이 마디에서 의사결정을 하는 경기자가 가지고 있는 정보의 상태를 나타낸다.[3] 각 경기자는 동일한 정보의 상태를 가지고 있는 그의 의사결정마디들을 식별할 수 없다. 동일한 경기자를 갖는 마디들과 정보의 상태는 정보집합을 형성하고, 이 마디들은 게임 나무에서 점선으로 연결되어 있다. 동일한 경기자와 동일한 정보 라벨을 가지고 있는 마디들에서 경기자는 동일한 행동집합을 가지고 있다.

경기자 i의 임의의 무작위 전략(randomized strategy)이 주어지면, 그가 이 무작위 전략을 사용할 때 양의 확률로 일어날 수 있는 경기자 i의 정보집합에서 우리는 가능한 행동들에 대한 확률분포를 계산해 낼 수 있다.[4]

3) [그림 4-16]에서 게임의 시작 마디를 1.a로 경기자 1의 두 번째 마디를 1.b로 나타낼 수 있다.
4) 불완전 정보 전개형 게임에서 경기자 i의 전략이란 그가 가지고 있는 각 정보집합 하에서 그가 취

이렇게 계산된 확률들은 행동확률들(action probabilities) 또는 이동확률들(move probabilities)이라고 불린다. 즉, 경기자 i는 정보 상태가 어떻게 주어지든 그 주어진 정보 상태에서 취할 수 있는 임의의 행동에 대하여 확률을 부여한다. 경기자 i가 어떤 정보 상태 s에서 취할 수 있는 행동집합에 속한 임의의 행동 c를 선택할 수 있는 확률을 $\sigma_i(c|s)$로 나타내자.

경기자 i의 행태전략(behavioral strategy)이란 경기자 i가 갖고 있는 각각의 정보집합에 상응하여 그가 취한 행동확률분포(action probability distribution)들의 리스트(list)를 말한다.

행태전략 프로필이란 게임에 참여하는 모든 경기자들의 행태전략들의 리스트이다. 행태전략 프로필이 주어지면 게임 나무의 임의의 주어진 마디가 일어날 수 있는 사전적 확률(prior probability)은 그 마디에 이르게 하는 모든 행동확률들과 제3자인 자연(nature)이 선택하는 확률들을 곱한 것이 된다.

경기자 i가 그의 정보집합 s에서 의사결정을 할 때 그가 그의 정보집합 s에 속한 모든 마디에 대하여 할당(assign)하는 믿음확률(belief probability)은 베이스의 공식(Bayes's formula)을 사용하여 계산할 수 있다. 경기자 i의 정보집합 s에 속한 임의의 마디 x가 일어날 확률, 즉 경기자 i의 믿음확률은 다음과 같다.

마디 x에 대한 믿음확률

$$=\frac{\text{마디 } x\text{가 일어날 수 있는 사전적 확률}}{\text{정보집합 } s\text{에 속한 모든 마디가 일어날 확률들의 합}}.$$

할 수 있는 전략을 각각의 정보집합에 상응하여 순서에 따라 열거한 것이다. 경기자 i의 전략집합이란 이러한 전략들의 집합을 말한다. 경기자 i의 혼합전략 또는 무작위 전략이란 그의 전략집합의 원소에 양의 확률을 부여하는 것을 말한다. 경기자의 혼합전략이 주어진 상태에서 경기자의 각 정보집합에서 취할 수 있는 행동들에 대한 확률분포를 계산해 낼 수 있다. 이에 대한 자세한 논의는 오스본-러빈슈타인(Osborne and A. Rubinstein)의 교과서 *A Course in Game Theory*, p. 214에 있는 proposition 214.1을 참조하기 바람.

위 믿음확률은 분모와 분자가 0인 경우, 즉 0/0의 경우는 배제된다. 위에 정의된 마디 x가 일어날 경기자 i의 믿음확률을 $\mu_i(x|s)$로 지칭하자. 부연하면, 이 확률은 경기자 i의 임의의 정보집합 s가 주어진 상태에서 s에 속한 임의의 마디 x가 일어날 확률, 즉 경기자 i의 믿음확률이다.

믿음체계(belief system)란 게임에 참여하는 각 경기자의 각 정보집합에 속한 마디들에 대한 확률분포들의 리스트를 말한다. 믿음들이 베이스의 공식(Bayes' s formula)이 잘 정의될 때마다 모든 베이스의 공식을 충족시킬 경우, 믿음체계는 일관적이다. 믿음체계가 주어진 상태에서 행태전략 프로필이 순차적으로 합리적이기(sequentially rational) 위해서는 다음 조건을 만족해야 된다.

- 각 경기자는 자기의 정보집합이 주어진 상태에서, 그의 정보집합에 속한 현재의 마디에 대한 믿음이 주어진 상태에서 그리고 이 정보집합 이후에 모든 경기자들의 행위를 명명한 행태전략 프로필이 주어진 상태에서, 그의 기대보수(expected payoff)를 극대화시키는 행동들에만 양의 확률을 부여한다.

순차적 균형(sequential equilibrium)이란 행태전략 프로필과 믿음체계를 말하고, 이 전략 프로필은 믿음체계가 주어진 상태에서 순차적으로 합리적이어야 하고 믿음체계가 행태전략 프로필에 일관적이어야 한다.

순차적 균형 계산하기[5]

[그림 4-17]에 나와 있는 로젠달(Rosenthal, 1981)에서 인용된 게임을 보도록 하자. 이 게임은 다음과 같이 해석될 수 있다. 0.95의 확률로 일어날 수 있는

5) 이 내용은 마이어슨의 책 *Game Theory: Analysis of Conflict*의 제4장 제5절을 참조하였음.

[그림 4-17]

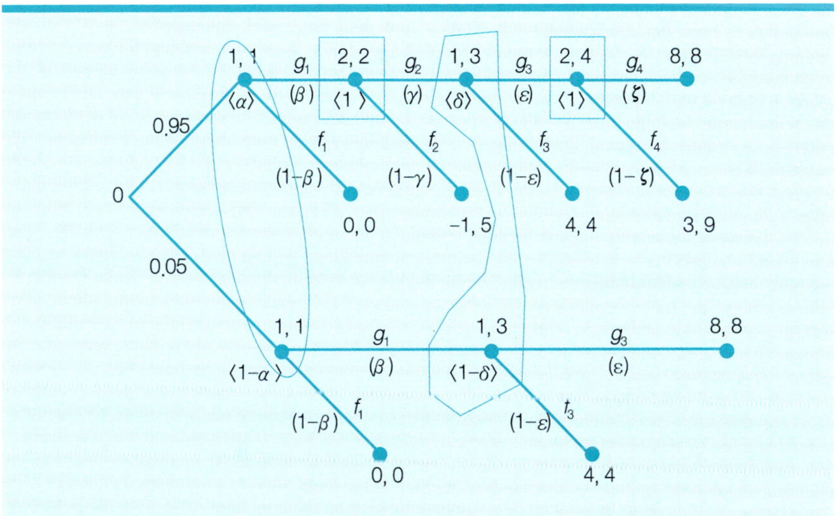

상위 기회 사건(upper chance event)이 일어난다고 하자. 이후 게임의 경기자들은 어느 한 경기자가 이기적인 행동을 하거나 아니면 둘 다가 관대한 행동을 두 번 할 때까지 관대한 행동(generous action g_k=1, 2, 3, 4)과 이기적인 행동(selfish action f_n) 중 하나를 돌아가며 선택한다. 각각의 경기자들은 자신이 관대할 경우에는 매번 $1를 잃게 되고 상대방이 관대할 경우에는 매번 $5를 얻게 된다. 0.05의 확률을 가진 하위 기회 사건(lower chance event)이 일어난 경우에도 이후 일어나는 모든 것은 앞과 동일하다. 단, 이때 경기자 2는 이기적으로 행동할 수 없다(어쩌면 그녀는 관대한 행동에는 관대한 행동으로 화답하는 사람이기 때문에). 또한 경기자 1은 사건의 결과, 즉 경기자 2가 취하는 행동을 직접적으로 목격할 수 없다.

순차적 균형을 구성하는 행동확률과 믿음확률들은 [그림 4-17]의 괄호와 꺾쇠괄호 안에 나타나 있다. 신념확률을 다음과 같이 나타내자. 게임이 시작되었을 때 경기자 2가 이기적으로 행동하는 사건에 경기자 1이 부여하는 확률을 α라고 하고, 경기자 2가 관대하게 행동하는 것을 목격한 이후에 그녀가 이기적으로 행동하는 사건에 대해 경기자 1이 부여하는 확률을 δ라고 하자. 행동전략(behavioral strategy)에는 다음과 같은 값을 주도록 하자. 경기자 1의 첫 번째 행동이 관대할 확률을 β라고 하고, 만약 경기자 2가 이기적인 행동을 할 수 있다면 그녀의 첫 번째 행동이 관대할 확률을 γ라고 하자. 경기자 1 이 두 번째 행동이 관대할 확률을 ε이라 하고, 경기자 2가 만약 이기적일 수 있다면 두 번째 행동이 관대할 확률을 ζ라고 하자. 우리는 이제 순차적 균형을 찾기 위해서 이 변수들에 대한 해를 구하는 과정을 보여 줄 것이다.

두 개의 변수는 찾아 내기 쉽다. 경기자 1이 관찰할 수 없는 기회 마디에서 상위 대안(upper alternative)의 확률은 0.95이므로 당연히 α=0.95이다. 또한, ζ=0이라는 것도 쉽게 볼 수 있다. 왜냐하면 플레이어 2가 이기적인 행동을 취할 수 있다면 게임의 마지막 행동에서 관대해야 할 인센티브가 존재하지 않기 때문이다.

순차적 균형 프로필을 찾아보자. 이런 게임은 역순으로 풀어나가는 것이 편한 경우가 자주 있다. 우리는 이미 경기자 2가 정보의 상태 4(information state 4)에서 어떤 행동을 취할 것인지 알고 있다. 따라서 우리는 경기자 1이 두 번째 행동을 취하는 정보의 상태 3을 고려해 보자. 정보의 상태 3에서 경기자 1이 전략 g_3를 선택했을 때 얻는 기대수익은 ζ=0이기 때문에 $3\delta+8(1-\delta)$가 된다. 반면에 경기자 1이 정보의 상태 3에서 f_3를 선택해서 얻는 기대수익은 $4\delta+4(1-\delta)=4$이다. 베이스의 공식을 정보의 상태 3에서 믿음 δ의 값을 구할 수 있다.

$$\delta=\frac{0.95\beta\gamma}{0.95\beta\gamma+0.05\beta}=\frac{19\gamma}{19\gamma+1}.$$

만약 β=0이라고 해도 $\delta=19\gamma/19\gamma+1$이 된다. 왜냐하면 β가 순양(strictly positive)의 값을 가지기 때문에 이 등식은 모든 교란된 행태전략(perturbed behavioral strategy)에 대해서도 참이기 때문이다.

먼저 순차적 균형 프로필에서 경기자 1의 정보의 상태 3에서 경기자 1이 g_3를 확률 1로 선택하는 것이라고 하자. 그렇다면 ε=1이다. 이 경우 경기자 1의 정보의 상태 3에서 경기자 1의 순차적 합리성은 다음 관계식을 요구한다.

$$3\delta+8(1-\delta)\geq 4 \Rightarrow 0.8\geq\delta=\frac{19\gamma}{19\gamma+1} \Rightarrow \gamma\leq\frac{4}{19}.$$

하지만 ε=1이라는 사실은 경기자 2의 정보의 상태 2에서 경기자 22가 g_2를 선택하는 기대수익이 9라는 것을 의미한다. 반면에 그녀가 정보의 상태 2에서 f_2를 선택하면 기대수익이 5가 된다. 따라서 경기자 2의 순차적 합리성에 의해 정보의 상태 2에서 ε=1일 때 γ=1이 된다. γ=1과 $\gamma\leq(4/19)$가 동시에 만족될 수 없으므로 경기자 1의 정보의 상태 3에서 경기자 1이 확률 1로 g_3를 선택할 수 없다.

다음으로 순차적 균형 프로필에서 경기자 1의 정보의 상태 3에서 경기자 1이 f_3를 확률 1로 선택하는 것이라고 하면 ε=0이다. 그렇다면 정보의 상태 3에서의 경기자 1의 순차적 합리성에 의해 $3\delta+8(1-\delta)\leq 4$가 된다. 이 부등식은 $0.8\leq\delta=19\gamma/(19\gamma+1)$이라는 것을 의미하며 $\gamma\geq(4/19)$이다. 하지만 ε=0이라는 것은 정보의 상태 2에서 경기자 2가 g_2를 선택하는 기대수익이 4라는 것을 의미한다. 반면에 정보의 상태 2에서 f_2를 선택하면 기대수익이 5이다. 따라서 정보의 상태 2에서 경기자 2의 순차적 합리성에 의해 ε=0일 때 γ=0이 된다. γ=0과 $\gamma\geq(4/19)$가 동시에 만족이 될 수 없기 때문에 정보의 상태 3에서 경기자 1이 f_3를 확률 1로 선택하는 순차적 균형은 존재할 수 없다.

마지막으로 경기자 1이 정보의 상태 3에서 g_3와 f_3를 무작위로 선택하는 순차적 균형을 생각해 보자. 경기자 1의 무작위 전략이 순차적 균형이 되기 위해서는 두 전략이 각각 가져오는 기대수익은 같아야 한다. 만약 이것이 성립하지 않으면 경기자 1은 g_3와 f_3를 무작위로 선택하지 않을 것이다. 따라서 $0<\varepsilon<1$이다.

$$3\delta+8(1-\delta)=4 \Rightarrow 0.8=\delta=\frac{19\gamma}{19\gamma+1}.$$

경기자 2의 정보의 상태 2에서 경기자 2가 g_2를 선택하는 기대수익은 $9\varepsilon+4(1-\varepsilon)$이고 f_2의 기대수익은 5이다. 따라서 경기자 2의 순차적 합리성에 의해 상태 2에서 $5=9\varepsilon+4(1-\varepsilon)$이 되고 따라서 $\varepsilon=0.2$이다.

이제 남은 것은 경기자 1의 정보의 상태 1에서의 경기자 1의 행동을 결정하는 것이다. 그가 만약 f_1을 선택한다면 그는 0을 얻을 것이고, 만약 그가 을 g_1을 선택한다면 그의 기대수익은 다음 식으로 계산된다.

$$0.95\times\frac{4}{19}\times0.2\times3+0.95\times\frac{4}{19}\times0.8\times4+0.95\times\frac{15}{19}\times(-1)$$
$$+0.05\times0.2\times8+0.05\times0.8\times4=0.25.$$

이때 $\alpha=0.95$, $\gamma=(4/19)$, $\varepsilon=0.2$이고 $\zeta=0$이다. $0.25>0$이기 때문에 정보의 상태 1에서 경기자 1의 순차적 합리성에 의해 $\beta=1$이다. 이 말은 이 게임의 유일한 순차적 균형에서 경기자 1의 첫 번째 행동은 관대해야 한다는 것이다.

이제 다음의 시나리오($[f_1]$, $[f_2]$, $[f_3]$, $[f_4]$)를 생각해 보자. 이 시나리오에서 각각의 경기자들은 어느 정보의 상태에서나 이기적일 것이다. 따라서 $\beta=\gamma=\varepsilon=\zeta=0$이다. 만약 하위 0.05 확률 가지에 연결된 기회마디와 마디와 가지들이 모두 제거된다면 이 시나리오는 유일한 순차적 균형 시나리오가 된다. 즉, 경기자 2가 자신의 기대수익에만 기초해서 이기적인 행동과 관대한 행동 사이에서 선택을 한다는 것이 주지사실이 된다면 순차적 균형에서 그 누구도 관대하지 않을 것이라는 의미이다. 더 나아가서, ($[f_1], [f_2], [f_3], [f_4]$)가 [그림 4-17]에서 주어진 실제 게임의 행동전략들의 한 균형이고 약순차적 균형(weak sequential equilibrium)으로 확장될 수 있다. 하지만 그것은 게임의 완전 순차적 균형(full sequential equilibrium)으로는 확장될 수 없다. 예를 들면, 우리는 이 시나리오를 약순차적 균형으로 만들 수 있다. 믿음확률들인 α와 δ를 둘 다 0.95로 놓으면 모든 정보의 상태에서 순차적 이성을 만족시키게 된다. 그러나 이 시나리오에서 신념확률 δ=0.95는 전체적으로는 일관성이 없게 된다. 왜냐하면 경기자 2가 정보의 상태 2에서 이기적으로 행동을 할거라고 기대를 했다고 해 보자(즉, γ=0). 그렇다면 경기자 1은 그의 정보의 상태 3에서 경기자 2가 이기적인 행동을 할 수 없다는 사실을 추론할 수 있다. 이전 단계에서 관대한 행동을 선택했으나 경기자 2가 이기적으로 행동하지 않았기 때문이다. 그러나 δ=0이라면 정보의 상태 3에서 이기적인 행동 f_3는 경기자 1에게는 비합리적인 행동이 된다. 왜냐하면 관대한 행동 g_3가 그에게 더 나은 수익인 8을 $1-\delta$=1의 확률로 줄 것이기 때문이다.

이 사례를 통해 다단계 게임에서는 게임 초기의 작은 의심들이 합리적인 경기자들의 행동에 중대한 영향을 가진다는 것을 볼 수 있다. 만약 경기자 2가 이기적으로 행동할 것이라는 것에 대해 경기자 1이 아무런 의심이 없다면 끊임없는 이기적인 행동만이 유일한 순차적 균형이 될 것이다. 하지만 만약 경기자 2가 관대한 행동에는 관대함으로 화답하는 사람이라는 사실에 경기자 1이 0.05라는 작은 확률을 부여했다는 것이 주지의 사실이 된다면, 이 유일 순차적 균형에서 경기자 1은 최소한 한 번은 1의 확률로 관대할 것이다. 가장 중요한 아이디어는 만약 경기자 2가 관대한 행동에 화답하는 사람이 아니라 하더라도 그녀는 경기자 1이 그녀가 관대한 행동을 취할 것이라는 데 더 높은 확률을 부여하도록 관대함에 화답할 수도 있다는 것이다.

그러나 그녀가 그렇게 행동하게끔 하는 인센티브는 경기자 1이 그녀의 타입에 대해 초기에는 어느 정도의 의심을 가지고 있다는 가정에 기초한다. 장기 관계에서 이러한 초기 불확실성들의 중대한 역할은 경제적 중요성을 가지고 있는 다른 사례들에서도 연구가 되었다.[6)]

[그림 4-17]의 게임에서 0.95의 확률을 가지고 있는 상위 가지는 센티피드 게임의 한 사례이다. 만약 이 상위 가지가 전체게임이면 경기자 2가 마지막 행동으로 f_4를 선택하는 이성적인 경기자라는 것이 주지사실이 된다. 그러면 이 게임은 normal 전략 형태(strategic form)로는 다음과 같이 나타낼 수 있다.

	$f_2\bullet$	g_2f_4	g_2g_4
$f_1\bullet$	0, 0	0, 0	0, 0
g_1f_3	−1, 5	4, 4	4, 4
g_1g_3	−1, 5	3, 9	8, 8

여기서 $f_1\bullet$은 동일한 전략들인 f_1f_3와 f_1g_3를 나타내고, $f_2\bullet$은 동일한 전략들인 f_2f_4와 f_2g_4를 나타낸다.

경기자 2가 관대함에 화답하는 착한 타입이라는 확률이 0.05로 주어진 [그림 4-17]에 나온 실제의 확장형 게임(extensive form game)에서 normal 전략 형태는 다음과 같이 쓰인다.

	$f_2\bullet$	g_2f_4	g_2g_4
$f_1\bullet$	0, 0	0, 0	0, 0
g_1f_3	−0.75, 4.95	4, 4	4, 4
g_1g_3	−0.55, 5.15	3.25, 8.95	8, 8

6) 보다 상세한 내용은 다음 논문을 참조하기 바람. D. Kreps, P. Milgrom, J Roberts, and Wilson, "Rational Cooperation in the Finitely-Repeated Prisoners, Dilemma," *Journal of Economic Theory*, 27, 1982, pp. 245-252.

이 게임은 $(f_1 \bullet, f_2 \bullet)$에서 내쉬 균형을 갖는다. 하지만 이 균형은 확장형 게임에서의 순차적 균형과 상응하지 않는다. 순차적 균형은 내쉬 균형인 $(0.8[g_1 f_3]+0.2[g_1 g_3], \frac{15}{19}[f_2 \bullet]+\frac{4}{19}[g_2 f_4])$에 상응한다.

교섭과 신호 보내기

어떤 유일한 재화를 가지고 있는 개인 1과 그 재화를 사고자 하는 개인 2가 있다고 하자. 개인 1이 잠재적 판매자이고, 개인 2는 잠재적 구매자이다. 구매자 또는 판매자가 평가하는 재화의 가치는 재화의 질(quality)에 달려 있다고 하자. 재화의 질이 낮을 경우, 판매자는 재화의 가치를 40으로, 구매자는 재화의 가치를 60으로 평가한다고 하자. 재화의 질이 높을 경우, 판매자는 100으로 평가하고 구매자는 120으로 평가한다고 하자. 재화의 질은 판매자(개인 1)의 사적 정보, 즉 사적 타입(private type)이다. 판매자의 타입 t_1은 구매자의 입장에서 보면 확률변수이다. 판매자의 사적 타입에 대한 구매자의 믿음은 판매자의 타입 t_1이 구간 [40, 100] 사이의 값을 취하는 확률변수로 일양분포를 가진 것으로 묘사된다고 하자.

구매자의 가치는 판매자의 가치보다 20이 높다. 판매자의 타입이 주어진 상태에서 구매자의 가치는 다음과 같이 정의된다.

$$S_2(t_1)=t_1+20.$$

여기서 S_2는 구매자의 가치이다.

구매자 2가 사고자 하는 가격을 먼저 제안한다고 하자. 구매자 2가 제안한 가격을 r라고 하자. 판매자 1은 구매자의 가격 제안를 수용하거나 거절할 수 있다. 구매자의 가격 제시가 거절될 경우 거래가 성사되지 않기 때문에 판매자 구매자 모두 이윤을 실현할 수 없다. 만약에 구매자의 가격 제시를 판매자가 수용할 경우, 판매자 1의 이윤은 $(r-t_1)$이 되고, 구매자 2의 이윤은 $S_2(t_1)-r$가 된다.

판매자 1은 자기의 타입이 r보다 클 경우 이 제안을 수용하고, 자기의 타입이 r보다 작을 경우에는 이 제안을 거절할 것이다. 이 경우, 우리는 가격 r를 제안하는 구매자의 기대이윤 Y를 다음과 같이 나타낼 수 있다.

$$Y(r)=\Pr(t_1<r)\times(E(t_1+20\mid t_1<r)-r)=\Pr(t_1<r)\times(E(t_1<r)+20-r).$$

가격 r를 제안하는 구매자의 기대이윤 Y를 계산하기 위해서는 일양분포의 특성을 알아야 한다.

구간 $[A, B]$에서 값을 취하는 확률변수 t_1이 일양분포를 갖는다고 하자. 여기서 $A=40$, $B=100$이다. 이 경우, 우리는 다음 사실을 찾아 낼 수 있다.

$$\Pr(t_1<r)=\frac{r-A}{B-A},$$

$$E(t_1\mid t_1\le r)=E(t_1\mid t_1<r)=\frac{A+r}{2},$$

$$E(t_1\mid t_1\ge r)=E(t_1\mid t_1>r)=\frac{r+B}{2}.$$

위 사실들을 이용하여 가격 r를 제안하는 구매자의 기대이윤 Y를 계산해 보자.

$$\begin{aligned}Y(r)&=\Pr(t_1<r)\times(E(t_1\mid t_1<r)+20-r)\\&=\frac{r-40}{100-40}\times\frac{40+r}{2}+20-r=\frac{60r-1{,}600-(r^2/2)}{60}.\end{aligned}$$

이 게임은 불완전 정보 전개형 게임(incomplete information extensive form game)으로 동태적 게임이다. 게임에 임하는 당사자들은 게임의 구조를 잘 알고 있다. 게임의 구조란 게임이 전개되는 과정과 게임에 내재된 불완비 정보이다. 여기서 불완비 정보는 판매자 1의 사적 타입이다. 판매자 1의 사적 타입은 구매자가 식별하지 못하는 정보이지만, 이 타입의 분포는 주지사실이다. 구매자 2는 가격을 제안할 때, 구매자 2는 판매자 1의 전략을 알고 있다. 판매자 1이 구매자 2의 가격 제시를 수용하거나 거절하는 전략은 구매자 2의 가격 제안 r에 의존한다.

가격 r를 제안하는 구매자는 이러한 사실을 이용하여 기대이윤 $Y(r)$를 계산할 수 있다. 구매자 2는 어떤 가격을 제안할 것인가? 구매자 2는 기대이윤 Y를 극대화하는 r를 선택한다. 즉,

$$0=\frac{dY}{dr}=\frac{-r+60}{60} \Rightarrow r=60.$$

이 게임의 구조를 알고 있는 구매자 2는 가격 제안을 60으로 하고 판매자는 자기의 타입이 60보다 작을 때 이 제안을 수용한다. 따라서 교역이 일어날 확률은 다음과 같다.

$$\Pr(trade)=\frac{60-40}{100-40}=\frac{1}{3}.$$

구매자는 가격을 40보다 낮게 제시하거나 100보다 높게 제시할 경우, 이득을 실현할 수 없다. 왜냐하면 가격을 40보다 낮게 제시할 경우, 제안이 수용되지 못하고 100보다 높게 제시하는 것은 확실하게 수용되는 100을 제안하는 것보다 열등한 결과를 가져오기 때문이다. 구매자와 판매자 모두 불완비 동태적 게임에서 부분게임 완전 균형전략을 사용하고 있다.

판매자 1이 구매자에게 팔려고 하는 재화의 가격을 제안한다고 하자. 판매자가 제시하는 가격 y는 양의 가격이다. 구매자는 이 제안을 수용하든지 또는 거절을 한다고 하자. 만약에 제안이 거절되면 두 당사자의 이윤은 0이 된다. 제안이 수용되었을 경우 판매자 1의 이윤은 $(y-t_1)$이 되고, 구매자 2의 이윤은 $S_2(t_1)-y$가 된다. 여기서 t_1은 판매자의 사적 타입이다. 이 게임에서 사적 정보를 가진 판매자 1이 가격을 제시하고 있다.[7] 따라서 이러한 신호효과(signaling effect)는 여러 개의 균형을 낳는다. 우리는 이것을 하나의 시장으로 재해석할 수 있다. 시장에 많은 판매자가 있고, 시장에 공급되는 전 물량을 사고자 하는 구매자들이 충분하게 존재한다. 판매자들은 각자 사적 타입을 갖고 있고 각자가 선택한 가격을 공개적으로 지킨다. 즉, 판매자는 자기가 선택한 가격을 구매자가 수용하는 한 이 가격에 재화를 판매하거나 재화를 보유한다.

구매자 2가 판매자가 제시하는 가격 y를 확실하게 수용하고 가격 y보다 높은 어떤 가격도 거절하는 어떤 가격 y가 존재하는 균형을 찾아보자. 판매자가 제시하는 가격 y는 판매자의 가치, 즉 판매자의 타입 t_1보다 커야 한다. 구매자의 입장에서 볼 때 판매자의 타입은 구간 [40, 100] 사이에서 값을 취하는 확률변수이다. 이 상황에서 구매자의 기대효용은 다음과 같다.

$$\text{구매자의 기대효용}=E(S_2(t_1)\mid t_1<y)-y=E(t_1+20\mid t_1<y)-y=\frac{40+y}{2}+20-y.$$

구매자가 판매자의 제안을 받아들이기 위해서는 구매자의 기대효용이 0 이상이어야 한다. 따라서 판매자가 제시하는 가격 y는 80 이하이어야 한다.

$$y\le 80.$$

7) 사적 정보를 가진 경기자가 먼저 움직이는 게임을 신호(信號)게임(signalling game)이라고 부른다.

구매자가 판매자가 제시하는 가격 y보다 높은 가격을 거절하기 위해서는 이러한 교역이 구매자에게 이익이 없어야 하고, 이때 구매자는 판매자의 타입이 40일 것이라는 최악의 추론을 하는 것이다. 이 경우 구매자가 평가하는 재화의 가치는 60이 된다. 따라서 우리는 판매자가 제시하는 가격의 범역을 다음과 같이 설정하는 균형을 구축할 수 있다.

$$60 \leq y \leq 80.$$

이러한 균형에서 y보다 높은 타입을 가진 판매자들은 가격을 120 이상으로 제시할 것으로 기대되고, 이 경우 구매자는 이익을 볼 수 없어 거절하게 된다.

y와 120 사이의 판매가격 제안은 구매자로 하여금 판매자의 타입이 40일 것이라고 믿게 만들고, 이 경우 재화의 가치가 구매자에게 60이 되기 때문에 이 제안은 구매자에 의하여 거절된다. 이러한 유사 비분리 균형들(almost pooling equilibria) 가운데 판매자가 선호하는 균형은 y가 80인 경우이다.

이 균형 상태에서 거래가 이루어질 확률은 다음과 같다.

$$\text{거래가 일어날 확률} = \Pr(trade) = \Pr(t_1 < 80) = \frac{80-40}{100-40} = \frac{2}{3}.$$

판매가격이 80보다 낮을 경우 시장에서 초과수요가 발생한다. 따라서 시장균형가격은 80이 된다. 따라서 판매자의 사적 정보를 갖지 못한 왈라스 경매자(Walrasian auctioneer)는 시장의 청산을 가져오는 가격 80을 부르게 될 것이다.

판매자 1의 다른 타입들이 상이한 가격들을 선택하는 많은 다른 균형들이 존재할 수 있다. 이 중에서 다음과 같은 균형을 살펴보자.

① 판매자 1의 일부 타입들(some types of player one)이 판매가격 70을 제시하고 있고, 보다 높은 타입들은 판매가격 100을 제안하고 있다.
② 구매자 2는 판매가격 70을 확률 1로 수용하고 판매가격 100을 수용하는 확률은 0과 1 사이이다.

이 균형을 찾기 위해서는 두 개의 미지수(unknown variable)를 찾아야 한다. 구매자 2가 판매가격 100을 수용할 확률을 q라고 하자. θ는 판매가격 70을 제시하는 판매자 1의 타입들 중에서 가장 높은 타입이다. 판매자 1이 판매가격 100을 제안할 때 구매자가 이것을 수용할 확률이 0과 1 사이일 때, 구매자가 거절할 확률은 1에서 수용을 할 확률을 뺀 것이 된다.

위에 제시된 판매자 1과 구매자 2의 균형 프로필 1과 2를 다음과 같이 나타내 보자.

①′ $s_1(t_1<\theta)=70$, $s_1(t_1>\theta)=100$. 여기서 s_1은 판매자 1의 타입의존적인 전략
②′ $s_2(s_1=70)=$수용, $s_2(s_1=10)=q$[수용]+$(1-q)$[거절], 여기서 s_2는 구매자 2의 반응전략

$$0=E(S_2(t_1)\mid t_1>\theta)-100=E(t_1+20\mid t_1>\theta)-100=\frac{\theta+100}{2}+20-100 \Rightarrow \theta=60.$$

구매자 2가 판매자 1이 제안하는 판매가격 100을 거절하거나 수용하는 무작위 전략을 택하기 위해서는, 구매자 2가 판매가격 100을 수용했을 때 발생하는 기대효용이 0이어야 한다. 이것이 위 관계식에 나타나 있다.

위 균형에 의하면 판매자 1은 자기의 타입이 θ보다 작을 경우 판매가격 70을 제안한다. 즉, 판매가격 70을 제안하는 것이 판매가격 100을 제안하는 것보다 판매자 1의 기대이윤이 높다. 이것을 수식으로 표현하면 다음

과 같다.

$$70-t_1 \geq q(100-t_1) \text{ when } t_1 < \theta.$$

또한 위 균형에 의하면 판매자 1은 자기의 타입이 θ보다 클 경우, 판매가격 100을 제안하는 것이 70을 제안하는 것보다 판매자 1의 기대이윤은 더 높다. 이것을 수식으로 표현하면 다음과 같다.

$$70-t_1 \leq q(100-t_1) \text{ when } t_1 > \theta.$$

위 두 개의 부등식은 다음의 등식을 함축한다.

$$70-\theta=q(100-\theta),\ \theta=60 \Rightarrow q=\frac{70-60}{100-60}=\frac{1}{4}.$$

이 균형에서 거래가 이루어질 확률은 다음과 같다.

$$\Pr(trade)=\Pr(t_1<\theta)+\Pr(t_1>\theta)q=\frac{20}{60}+\frac{40}{60}\times\frac{1}{4}=\frac{1}{2}.$$

이 균형은 시장균형(market equilibrium)을 나타낸다. 판매자 1의 타입이 60보다 작을 경우 판매가격 70을 제안하면 구매자 2의 잉여는 0이 되어 시장에서 초과수요가 발생하지 않는다. 이것이 다음 식에 나타나 있다.

$$E(S_2(t_1) \mid t_1 \leq \theta=60)=E(t_1+20 \mid t_1 \leq 60)=70.$$

다음과 같은 분리균형(separating equilibrium)을 생각해 보자.

① 판매자 1은 타입의존적인 가격 y를 다음과 같이 제안한다.

$$y=t_1+20,\ t_1\in[40, 100].$$

② 구매자 2가 판매자가 제안하는 가격을 받아들일 확률은 다음과 같다.

$$Q(y)=e^{-(y-60)/20},\ \forall y\geq 60.$$

판매자의 전략 y는 판매자의 기대이윤을 극대화한 것이 되어야 한다. 이것을 수식으로 표현하면 다음과 같다.

$$\max_{y\geq 60}Q(y)(y-t).$$

여기서 $Q(y)(y-t)$는 판매자의 기대이윤이다.

판매자의 기대이윤을 극대화시킨 1차 필요조건은 다음과 같다.

$$0=Q'(y)(y-t)+Q(y).$$

위 1차 필요조건을 만족시키는 $y=t+20$이 되어야 한다. 따라서 위 식은 다음과 같이 표현될 수 있다.

$$\frac{Q'(y)}{Q(y)}=-\frac{1}{20}.$$

위 미분방정식을 풀면 Q의 함수 형태를 다음과 같이 표현할 수 있다.

$$Q(y)=e^{-(y-k)/20}.$$

$Q(y=60)=1$이라는 $Q(y)$를 다음과 같이 표현할 수 있다.

$$Q(y)=e^{-(y-60)/20},\ \forall\ y\geq 60.$$

따라서 판매자의 타입에 의존하는 거래가 일어날 확률 $q(t)$와 구매자가 지불하는 기대된 금액 $x(t)$는 다음과 같이 주어진다.

$$q(t)=Q(t+20)=e^{-(y-40)/20},\ x(t)=(t+20)q(t).$$

참고문헌

Myerson, Roger B., unpublished lecture notes for "Introduction to Game Theory," Department of Economics, University of Chicago.

Osborne, Martin, *An Introduction to Game Theory*, Oxford U. Press, 2004.

김진옥, 『전략과 정보의 경제학』, 제주대학교 출판부, 2012.

김진옥, 『정보경제학』, 도서출판 해남, 2013.

연습문제

1. 아래에 주어진 불완전 정보 전개형 게임을 가지고 물음에 답하시오.

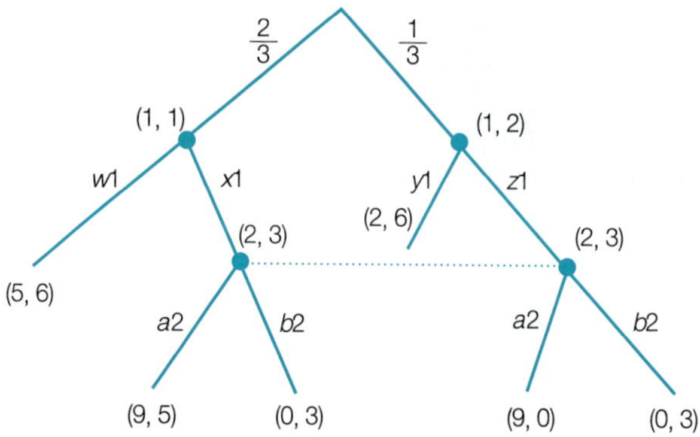

(a) 전략형 게임의 형태로 치환하시오.

(b) 전략형 게임의 내쉬 균형이 위에 주어진 전개형 게임의 순차적 균형과 일치하는 것을 보이시오. 순차적 균형이 되기 위한 경기자 3의 믿음은 무엇이 되어야 하는가?

(c) 위에 주어진 게임이 전개형 게임의 순차적 균형과 일치하지 않는 순수 내쉬 균형을 가지고 있음을 보이시오.

2. 두 경기자가 완전 정보 전개형 게임을 한다고 하자. 이 게임에 관한 정보는 다음과 같다.

종결역사의 집합 $Z=\{(C, E), (C, F), (D, G), (D, H)\}$, 경기자 함수 P, $P(\emptyset)=1$, $P(C)=P(D)=2$, 경기자 1과 2의 선호는 다음과 같다.

경기자 1의 선호: $(C, F) > (D, G) > (C, E) > (D, H)$.

경기자 2의 선호: $(D, G) > (C, F) > (D, H) > (C, E)$.

위에 주어진 정보를 가지고 동태적 게임을 완전 정보 전개형 게임으로 나타내시오.

3. 아래의 전개형 게임 나무에서 부분게임 완전 균형을 찾으시오. 또한 이 게임을 전략형 게임으로 나타내시오.

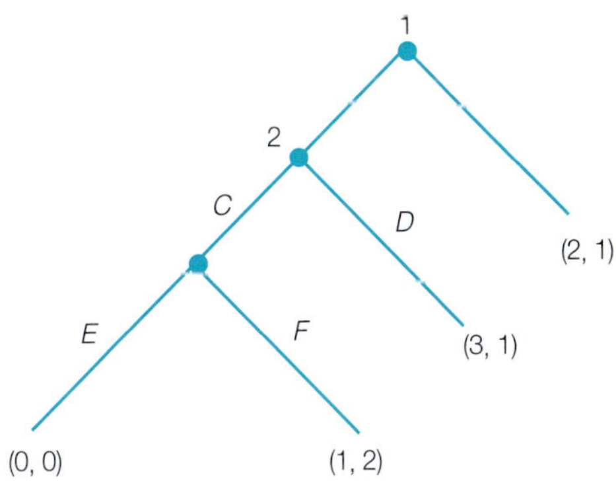

4. 경매자가 두 경기자에 의하여 재화의 가치가 v로 평가되는 하나의 재화를 경매를 통하여 팔고자 한다고 하자. 경매의 규칙에 의하여 한 경기자가 지불하고자 하는 재화의 가격을 먼저 제시하고, 상대방은 이것을 통과시키든지 아니면 지불하고자 하는 다른 가격을 제시한다. 각 경기자는 양의 정수 가격을 제시한다고 하자. 한 경기자에 의하여 가격이 제시된 후에 다른 경기자가 통과를 선택하는 경우에는 게임은 종결되고 다른 경기자는 재화를 갖게 된다. 이 경우, 두 경기자는 각각 제시했던 마지막 가격을 지불한다. 통과시키지 않은 경기자가 가

격을 제시할 경우에는, 그 경기자는 상대방이 최근에 제시한 가격에 1을 더하여 제시한다고 하자. 경기자 1이 게임의 처음 마디에서 통과를 선택하면 게임은 종결되고 경기자 2는 가격을 지불하지 않고 재화를 갖게 된다. 경기자 1이 가격 1을 제시하고 경기자 2가 가격 3을 제시한 후에 경기자 1이 통과를 선택하면 게임은 종결되고 경기자 2는 재화를 갖게 되면서 가격 3을 지불하게 되고 경기자 1은 가격 1을 지불하게 된다. 각 경기자의 부(wealth)는 w이고 재화의 가치 v보다 크다고 하자. 두 경기자 모두 부 w보다 높게 가격을 제시할 수 없다. (v, w)가 다음과 같이 주어진 경우 각각에 대하여 부분게임 완전 균형을 구하시오.

$$(v, w)=(2, 3),\ (v, w)=(3, 4),\ (v, w)=(3, 5).$$

5. (기업-노동조합 교섭) 노동을 고용하는 기업의 산출함수는 다음과 같다.

$$\text{기업의 산출함수} = L(100-L) \quad \text{when } L \leq 50$$
$$= 2{,}500 \quad \text{when } L > 50.$$

산출물의 가격은 1이다. 노동자들을 대표하는 노동조합은 임금 w를 요구하고 기업은 이것을 수용하든지 말든지 한다. 기업이 임금 w를 수용하면, 이 기업은 고용하고자 하는 노동량을 결정한다. 기업이 임금 요구를 거절하면 기업의 생산은 이루어지지 않고, 노동고용량 L은 0이 된다. 기업의 선호는 이윤함수에 의하여 나타내지고 노동조합의 선호는 wL의 값에 의하여 나타내진다.

(a) 이 상황을 완전 정보 전개형 게임으로 나타내시오.

(b) 이 게임의 부분게임 완전 균형을 구하시오.

(c) 두 경기자 모두 부분게임 완전 균형보다 더 선호하는 게임의 결과가 있을 수 있는가?

(d) 부분게임 완전 균형과 다른 내쉬 균형을 찾아 내시오.

5

반복게임

1회만의 게임(one-shot game)이 여러 기간 또는 무한히 반복되는 상황을 설정해 보자. 용의자의 딜레마 게임에서 두 경기자가 상호 협력하지 않는 행동 프로필이 우월전략 균형 프로필이면서 내쉬 균형 프로필이 된다는 사실을 우리는 알고 있다. 미래에 협력을 하겠다는 약속과 미래에 처벌을 하겠다는 위협이 현재보다 나은 효율적인 게임의 결과를 가져올 수 있을까? 이에 대한 해답은 다음과 같다.

- 게임이 단 하나의 내쉬 균형을 갖고 있고 유한반복된다면 보다 효율적인 게임의 결과를 기대할 수 없다.
- 게임이 여러 개의 내쉬 균형을 갖거나 게임이 무한히 반복된다면 보다 효율적인 게임의 결과를 기대하는 것이 가능하다.

유한 또는 무한 반복게임에서 게임의 균형 프로필을 구축해 보자.

5-1 두 기간 반복게임

반복게임(repeated game)은 동태적 게임이다. 이것이 전개형 게임과 다른 것은 게임이 일어나는 매기(every period)마다 경기자들에게 보수(payoff)가 실현된다는 것이다.

[표 5-1] 1기간(one period) 게임

		경기자 2	
		F	NF
경기자 1	F	−1, −1	9, 0
	NF	0, 9	0, 0

두 명의 경기자들이 두 기간 동안 게임을 한다고 하자. 각 경기자는 매 기간마다 싸우거나(fight: F) 싸우지 않거나(not fight: NF) 하는 두 행동들 중 하나를 선택한다고 하자. 두 경기자의 보수행렬이 [표 5-1]에 나타나 있다.

위에 주어진 게임이 한 번만 이루어진다면, 이 게임은 두 개의 순수전략 내쉬 균형과 한 개의 혼합전략 내쉬 균형이 존재한다. 각 균형 프로필에 상응하는 경기자들의 보수가 다음과 같이 주어져 있다.

(F, NF)~(9, 0), (NF, F)~(0, 9), (0.9[F]+0.1[NF], 0.9[F]+0.1[NF])~(0, 0).

위에 주어진 게임을 두 번, 즉 두 기간 동안 한다고 하자. 또한 기간 2의 행동은 기간 1의 행동의 결과에 의존한다고 하자. 각 경기자 i의 목표는 두 기간 동안 발생한 보수의 현재가치 $u_i(1)+\delta u_i(2)$를 극대화하는 것이라고 하자. 여기서 δ는 할인율이고 $u_i(t)$는 경기자 i의 기간 t의 보수이다.

이 게임은 두 기간 동안 일어나는 동태적 게임이다. 이 게임은 또한 두 개의 부분게임으로 나눌 수 있다. 즉, 기간 2에서 행해지는 게임과 기간 1에서 기간 2까지 일어나는 게임, 즉 전 게임(whole game)이 있다. 이 게임에서 두 기간 동안 일어나는 부분게임 완전 균형(subgame perfect equilibrium)을 찾아보자.

부분게임 완전 균형 프로필에서 두 경기자의 기간 2에서의 예상된 행동 프로필은, 기간 1에서 무엇이 일어났든지 간에, 1기간 게임의 균형 프로필처럼 보여야 한다. 하지만 기간 2에서 어떤 균형 프로필을 실현시킬 것인가 하는 것에 대한 경기자들의 생각은 그들이 기간 1에서 행한 행동의 결과에 의존하게 된다.

경기자들이 기간 2에서 균형 프로필 (F, NF)를 실행할 것이라고 그들 스스로 예상한다면, 기간 2에서 경기자들이 상호 이해하고 있는 이러한 상태를 '상태 1'이라고 부르자. 경기자들이 기간 2에서 균형 프로필 (NF, F)를 실행할 것이라고 그들 스스로 예상한다면, 기간 2에서 경기자들이 상호 이해하고 있는 이러한 상태를 '상태 2'라고 부르자. 경기자들이 기간 2에서 혼합전략 균형 프로필 (0.9[F]+0.1[NF], 0.9[F]+0.1[NF])를 실행할 것이라고 그들 스스로 예상한다면, 기간 2에서 경기자들이 상호 이해하고 있는 이러한 상태를 '상태 0'이라고 부르자. 경기자들의 기간 2의 행동이 기간 1의 행동에 의존하는 부분게임 완전 균형이 다음과 같이 주어져 있다고 하자.

- 기간 1에서 (F, NF)가 실행되면, 경기자들은 기간 2에서 '상태 1', 즉 (F, NF)를 예상한다.
- 기간 1에서 (NF, F)가 실행되면, 경기자들은 기간 2에서 '상태 2', 즉 (NF, F)를 예상한다.
- 기간 1에서 위에 제시한 것들이 실행되지 않으면, 경기자들은 혼합전략 균형 프로필 (0.9[F]+0.1[NF], 0.9[F]+0.1[NF])를 예상한다.

기간 1의 행동이 기간 2의 행동에 위와 같이 영향을 미친다면, 경기자들이 두 기간 동안 갖게 되는 할인된 보수행렬은 [표 5-2]와 같이 주어진다.

이 게임은 기간 1에서 세 개의 균형을 갖고 있다. 각 균형에 상응하는 보수는 다음과 같다.

[표 5-2] 두 기간 게임 보수행렬 1

		경기자 2	
		F	NF
경기자 1	F	$-1+0\delta$, $-1+0\delta$	$9+9\delta$, $0+0\delta$
	NF	$0+0\delta$, $9+9\delta$	$0+0\delta$, $0+0\delta$

- (F, NF) ⇒ $(9, 9\delta)$.
- (NF, F) ⇒ $(0, 9+9\delta)$.
- 혼합전략 내쉬 균형으로, 각 경기자가 싸울 확률 $P=(9+9\delta)/(10+9\delta)$. 각 경기자의 기대보수는 각각 0이다.

다른 부분게임 완전 균형을 찾아보자. 기간 2에서의 균형이 기간 1에서 일어난 행동에 다음과 같이 의존한다고 하자.

- 기간 1에서 (F, NF)가 실행되면, 경기자들은 기간 2에서 '상태 2', 즉 (NF, F)를 예상한다.
- 기간 1에서 (NF, F)가 실행되면, 경기자들은 기간 2에서 '상태 1', 즉 (F, NF)를 예상한다.
- 기간 1에서 위에 제시한 것들이 실행되지 않으면, 경기자들은 혼합전략 균형 프로필 (0.9[F]+0.1[NF], 0.9[F]+0.1[NF])를 예상한다.

제1기간의 행동이 제2기간의 행동에 위와 같이 영향을 미친다면, 경기자들이 두 기간 동안 갖게 되는 할인된 보수행렬은 [표 5-3]과 같이 주어진다.

[표 5-3] 두 기간 게임 보수행렬 2

		경기자 2	
		F	NF
경기자 1	F	$-1+0\delta$, $-1+0\delta$	$9+0\delta$, $0+9\delta$
	NF	$0+9\delta$, $9+0\delta$	$0+0\delta$, $0+0\delta$

위 게임은 기간 1에서 세 개의 균형을 갖고 있다. 각 균형에 상응하는 보수는 다음과 같다.

- (F, NF) ⇒ $(9, +9\delta)$.
- (NF, F) ⇒ $(9\delta, 9)$.
- 혼합전략 내쉬 균형으로, 각 경기자가 싸울 확률 $P=9/(10+9\delta)$. 각 경기자의 기대보수는 각각 $81\delta/(10+9\delta)$이다. δ가 0에 근접한다면, 이 값은 약 4.26이 된다.

5-2 여러 기간 반복게임

여러 기간 동안 반복되는 게임을 상정해 보자. 경기자 1과 2가 $(\tau+1)$기간 동안 게임을 한다고 하자. 각 기간을 기간 0, 기간 1, …, 기간 τ로 명명하자. 각 경기자는 각 기간마다 관대한(generous: G) 행동을 택하거나 이기적인(selfish: F) 행동을 택한다. 각 기간마다 각 경기자가 취한 행동에 따라 발생하는 보수행렬은 기간 0에서 기간 $(\tau-1)$까지는 용의자의 딜레마 게임이 [표 5-4]와 같이 주어지고, 마지막 기간 τ에서는 [표 5-5]와 같이 신뢰게임(trust game)이 주어진다고 하자.

[표 5-4] **용의자 딜레마 게임**

		경기자 2	
		G	F
경기자 1	G	3, 3	0, 5
	F	5, 0	2, 2

[표 5-5] **신뢰게임**

		경기자 2	
		G	F
경기자 1	G	5, 5	0, 4
	F	4, 0	2, 2

게임이 일어나는 각 기간에서, 각 경기자는 이전 기간 동안 일어난 게임의 결과를 완전하게 인지하고 있다고 가정하자. 각 경기자는 각 기간마다 일어난 보수를 현재가치로 할인하여 합한 총보수를 극대화하기를 원한다. 각 경기자의 기대되는 할인된 총보수가 다음과 같이 정의된다.

$$\text{각 경기자 } i\text{가 기대하는 할인된 총보수 } V_i = \sum_{k=0}^{\tau} \delta^k u_{ik}.$$

여기서 δ는 할인율로 0과 1 사이의 값을 갖고, u_{ik}는 경기자 i의 기간 k의 보수이다.

경기자들이 용의자의 딜레마 게임을 단 한 번만 한다면 유일한 균형은 (F, F)이다. 이 균형은 두 경기자가 동시에 관대하게 행동했을 때 얻을 수 있는 보수의 배분 (3, 3)보다 파레토열등한(Pareto dominated) 보수의 배분 (2, 2)를 가져온다. 하지만, 각 경기자가 상대방의 이전 행동에 대하여 반응할 기회가 주어지는 반복게임에서는 여러 개의 균형을 찾을 수 있다.

예를 들어, 두 경기자가 관대하게 행동하는 한, 즉 (G, G) 프로필이 관측되는 한, 각 경기자는 관대하게 행동하고, (G, G) 프로필 이외의 프로필이 관측되는 한, 적어도 한 경기자가 이기적으로 행동하면, 각 경기자는 이기적으로 행동하는 전략 F를 선택한다고 하자. 이 전략을 기호를 이용하여 표현하면 다음과 같다.

경기자 1(2)은 게임의 결과가 전략 프로필 (G, G) 이외의 결과, 즉 전략 프로필들인 (F, G), (F, F), (G, F)들이 일어날 때까지 G를 선택하고, 이것들이 일어난 후에는 전략 F를 선택한다.

게임을 두 기간 동안 한다고 하자. 즉, τ는 1이다. 기간 0에서 경기자들은 용의자의 딜레마 게임을 하고 기간 1에서 경기자들은 신뢰게임을 한다. 위에 주어진 전략 프로필을 사용하는 경기자들의 행동을 부연 설명해 보자. 기간 0에서 경기자들이 모두 관대하게 행동했다면 경기자들은 기간 1에서 관대한 행동을 할 것이다. 하지만 기간 0에서 적어도 한 경기자가 이기적인 행동을 했다면, 경기자들은 모두 기간 1에서 이기적인 행동을 할 것이다. 두 기간 동안 경기자들의 행동에 상응하는 현재가치로 할인된 경기자들의 총보수행렬이 [표 5-6]과 같이 주어져 있다.

위에 주어진 게임에서 할인율(discount rate) δ가 2/3보다 크거나 같다면 기간 0에서 경기자들은 (G, G)를 선택한다. 물론 경기자들은 기간 1의 신뢰게임에서 (G, G)를 선택한다. 이 게임의 내쉬 균형 프로필은 {(G, G), (G, G)}이다. 왜 그런가? 경기자 1은 기간 0에서 G를 선택하는 데 경기자 2가 기간 0에서 F를 선택한다고 하자. 이 경우 경기자 2의 할인된 총보수는 $(5+2\delta)$이다. 하지만 경기자 2가 G를 선택하는 경우에는, 경기자 2의 할인된 총보수는 $(3+5\delta)$이다. 따라서 경기자 2가 기간 0에서 G를 선택하기 위해서는 다음 부등식이 성립해야 된다.

[표 5-6] 두 기간 게임의 할인된 총보수행렬

		경기자 2	
		G	F
경기자 1	G	$3+5\delta$, $3+5\delta$	$0+2\delta$, $5+2\delta$
	F	$5+2\delta$, $0+2\delta$	$2+2\delta$, $2+2\delta$

$$3+5\delta \geq 5+2\delta \Rightarrow \delta \geq \frac{2}{3}.$$

경기자 2가 기간 0에서 G를 선택하는 데 경기자 1이 F를 선택하지 않고 G를 선택할 유인이 발생하는 경우는 독자 스스로 생각해 보기 바란다.

τ가 1보다 클 경우, 즉 경기자들이 용의자의 딜레마 게임을 τ번 반복하는 경우를 살펴보자. 반복게임의 첫 번째 기간, 즉 기간 0 이후에 경기자들이 위에 주어진 전략을 취할 경우, 경기자들의 할인된 총보수는 기간 0에서 일어난 경기자들의 선택에 달려 있고, 이것을 전략 프로필에 따라 다음과 같이 정리하였다.

$$\text{(G, G)}: \frac{3(1-\delta^{\tau})}{1-\delta}+5\delta^{\tau},\ \frac{3(1-\delta^{\tau})}{1-\delta}+5\delta^{\tau},$$

$$\text{(F, G)}: 5+\frac{2(1-\delta^{\tau})}{1-\delta},\ 0+\frac{2\delta(1-\delta^{\tau})}{1-\delta},$$

$$\text{(G, F)}: 0+\frac{2\delta(1-\delta^{\tau})}{1-\delta},\ 5+\frac{2\delta(1-\delta^{\tau})}{1-\delta},$$

$$\text{(F, F)}: 2+\frac{2\delta(1-\delta^{\tau})}{1-\delta},\ 2+\frac{2\delta(1-\delta^{\tau})}{1-\delta}.$$

2기간 반복게임에서와 마찬가지로, δ가 2/3보다 크거나 같다면 기간 0에서 경기자들은 (G, G)를 선택한다. 경기자 1이 기간 0에서 G를 선택하는 한,

[표 5-7] 게임이 무한대로 지속될 때 총보수행렬

		경기자 2	
		G	F
경기자 1	G	$3/(1-\delta)$, $3/(1-\delta)$	$0+2\delta/(1-\delta)$, $5+2\delta/(1-\delta)$
	F	$5+2\delta/(1-\delta)$, $0+2\delta/(1-\delta)$	$2/(1-\delta)$, $2/(1-\delta)$

경기자 2가 기간 0에서 G를 선택하기 위해서는 G를 선택했을 때의 할인된 총보수가 F를 선택했을 때의 할인된 총보수보다 크거나 같아야 한다. 이 관계식이 다음에 나타나 있다.

$$\delta \geq \frac{2}{3} \Rightarrow \frac{3(1-\delta^{\tau})}{1-\delta} + 5\delta^{\tau} \geq 5 + \frac{2\delta(1-\delta^{\tau})}{1-\delta}.$$

게임이 무한대로 지속한다고 하자. 즉, $\tau \to \infty$. 이 경우 균형 상태에서 할인된 총보수행렬은 [표 5-7]과 같이 주어진다.

게임이 무한대로 지속되는 게임에서도 균형전략은 유한 반복게임(finitely repeated game)과 동일하다.

5-3 무한 반복게임

게임에 참가하는 당사들의 장기적 관계를 모형화하기 위해서는 무한 반복게임 모형이 유용하다. 이 게임은 주어진 게임이 무한 반복되는 게임이다. 게임이 처음 일어나는 기간을 기간 1이라고 명하고, 게임이 두 번째 일어나는 기간을 기간 2, n번째 일어나는 기간을 기간 n이라고 하자. 유한 반복게임과 마찬가지로 경기자 1과 2가 게임에 참여하고 있다. 기간 k에서 각 경기자 i는 주어진 행동집합 A_i에서 하나의 행동 a_{ik}를 선택한다. 각 경기자 i의 효용함수 U_i와 기간 k의 효용 u_{ik}는 다음과 같이 정의된다.

$$U_i : A_1 \times A_2 \rightarrow R,$$
$$u_{ik} = U_i(a_{1k}, a_{2k}).$$

각 경기자들이 각 기간마다 취하는 행동들은 공개적으로 관측이 가능하고, 각 기간마다 각 경기자가 취하는 행동은 두 경기자들이 과거에 취한 행동들의 역사에 의존한다고 가정하자.

무한 반복게임에서 각 기간마다 경기자 i에게 실현된 보수를 현재가치로 할인된 평균보수(discounted average value: DAV)는 다음과 같이 정의된다.

$$DAV(u_{i1}, u_{i2}, u_{i3}, \cdots) = (1-\delta)(u_{i1} + \delta u_{i2} + \delta^2 u_{i3} + \cdots + \delta^{k-1} u_{ik} + \cdots).$$

여기서 δ는 할인율이다. 그리고 $0 \leq \delta < 1$.

위와 같이 정의된 보수가 현재가치로 할인된 평균보수가 되는 이유가 무엇인가? 그것은 매 기간마다 실현되는 보수가 x로 동일할 때 위에 정의된 보수가 x가 되는 것으로 미루어 짐작할 수 있다. 무한 반복게임에서 각 경기자 i의 목표는 위에 정의된 현재가치로 할인된 평균보수를 극대화하는 데 있다. 위의 정의를 이용하여 현재가치로 할인된 평균보수를 회귀공식(recursion formula)으로 나타내 보자.

$$DAV(u_{i1}, u_{i2}, u_{i3}, \cdots) = (1-\delta)u_{i1} + \delta DAV(u_{i2} + u_{i3} + u_{i4} + \cdots).$$

무한 반복게임에서 각 경기자가 취하는 행동은 두 경기자들이 과거에 취한 행동들의 역사에 의존한다. 이와 같이 실현된 역사는 경기자들의 현재의 관계를 나타내고, 이것은 또한 다양한 사회적 상태들 중 하나의 상태로 묘사될 수 있다. 각 기간마다, 각 경기자들은 해당 기간 이전에 일어난 역사, 즉 현재의 사회적 상태를 알고 있고, 그 사회적 상태에 상응하는 상대방들의 행동을 예상할 수 있게 된다. 각 기간마다 주어지는 사회적 상태를 경기의 상태(state of play)라고 부른다. 이 사회적 상태들은 경기자들이 상대방의 미래 행동에 관하여 갖고 있는 상이한 종류의 예상들을 묘사하는 것으로, 게임의 특성이 아닌 균형의 특성들이라고 할 수 있다. 사회적 상태들에 의하여 균형 전략 또는 시나리오를 묘사하기 위하여 다음 사항들을 명시해 보자.

① 사회적 상태들(social states): 우리는 균형 상태에서 사회적 상태들의 집합을 열거해야 한다. 상태들은 숫자로 표기되거나 그들이 나타내고 있는 개인 간 관계의 종류들에 의해서 명명되어져야 한다.

② 상태의존적인 전략들(state-dependent strategies): 상태 θ가 주어진 상태에서, 우리는 상태의존적인 전략들의 프로필 $(\bar{s}_1(\theta), \bar{s}_2(\theta))$를 명시해야 한다. 전략 프로필 $(\bar{s}_1(\theta), \bar{s}_2(\theta))$는 상태 θ가 주어진 상태에서 각 경기자의 예측된 행동이다.

③ 상태의 전환(transition of state): 현재 상태 θ가 주어진 상태에서, 경기자들이 취한 행동 프로필 (a_1, a_2)는 다음 기에서 다른 상태 $\Theta(a_1, a_2; \theta)$로의 변천을 야기한다. 여기서 경기자들이 취한 행동 프로필 (a_1, a_2)는 상태의존적인 전략 프로필 $(\bar{s}_1(\theta), \bar{s}_2(\theta))$가 아닐 수 있다.

④ 초기 상태(initial state): 우리는 게임이 일어나는 첫 번째 기간에서 어떤 사회적 상태가 초기 상태인지를 명시해야 한다. 초기 상태를 0이라고 명명하자.

현재 상태가 θ라고 하자. 임의의 할인율 δ가 주어진 상태에서, 위에 주어진 시나리오 ①, ②, ③은 각 경기자 i가 할인된 평균보수 $V_i(\theta)$를 다음 방정식을 가지고 계산해 낼 수 있도록 해 준다.

$$V_i(\theta)=E[(1-\delta)U_i(\bar{s}_1(\theta), \bar{s}_2(\theta))+\delta V_i(\Theta(\bar{s}_1(\theta), \bar{s}_2(\theta); \theta))].$$

상태 θ가 어떻게 주어지든 각 경기자 i가 균형 프로필에서 자기에게 할당된 전략 $\bar{s}_1(\theta)$에서 일방적으로 이탈할 때 이익을 기대할 수 없다면, 위에 주어진 시나리오 ①, ②, ③이 부분게임 완전 균형이 된다.

위에 주어진 시나리오 ①, ②, ③이 부분게임 완전 균형이 되기 위한 조건을 식으로 표현하면 다음과 같다. 모든 θ에 대하여,

$$V_1(\theta)\geq E[(1-\delta)U_1(a_1, \bar{s}_2(\theta))+\delta V_1(\Theta(a_1, \bar{s}_2(\theta); \theta))],\ \forall a_1\in A_1,$$
$$V_2(\theta)\geq E[(1-\delta)U_2(\bar{s}_1(\theta), a_2)+\delta V_2(\Theta(\bar{s}_1(\theta), a_2; \theta))],\ \forall a_2\in A_2.$$

위에 설명한 무한 반복게임의 균형에 대하여 몇 개의 예를 가지고 보다 구체적으로 살펴보자. 경기자 1과 2가 용의자의 딜레마 게임을 무한 반복한다고 하자. 각 경기자는 협력(cooperate: C)을 하거나 협력을 하지 않거나(defect: D) 하는 행동집합(set of actions)을 갖고 있다. 두 경기자의 행동 프로필에 따른 보수행렬이 [표 5-8]과 같이 주어져 있다.

먼저 엄격한 방아쇠 균형(grim trigger equilibrium)을 가져올 수 있는 하나의 시나리오를 고려해 보자.

① 두 개의 상태로 이루어진 상태집합 {0, 1}이 있다고 하자. 0은 두 경기자가 서로 신뢰하는 상태를, 1은 두 경기자가 서로 신뢰하지 못하는

[표 5-8] **용의자 딜레마 게임**

		경기자 2	
		c_2	d_2
경기자 1	c_1	3, 3	0, 5
	d_1	5, 0	2, 2

상태를 나타낸다.

② 상태 0이 주어진 상태에서 두 경기자의 예측된 행동 프로필은 (c_1, c_2)이다. 상태 1이 주어진 상태에서 두 경기자의 예측된 행동 프로필은 (d_1, d_2)이다.

③ 기간이 어떻게 주어지든 상태가 0이고 경기자들이 취한 행동 프로필이 (c_1, d_2) 또는 (d_1, c_2)이면, 다음 기에서 상태는 1로 전환된다. 상태가 1로 주어졌을 때 미래의 상태는 항상 1로 머무르게 된다.

위에 주어진 시나리오 하에서 각 경기자의 상태에 따른 현재가치로 할인된 기대되는 평균보수는 다음 방정식을 만족한다.

$$V_1(0)=(1-\delta)U_1(c_1, c_2)+\delta V_1(0),\ V_1(1)=(1-\delta)U_1(d_1, d_2)+\delta V_1(1), \Rightarrow$$
$$V_1(0)=(1-\delta)3+\delta V_1(0),\ V_1(1)=(1-\delta)2+\delta V_1(1), \Rightarrow V_1(0)=3,\ V_1(1)=2,$$
$$V_2(0)=(1-\delta)U_2(c_1, c_2)+\delta V_2(0),\ V_2(1)=(1-\delta)U_2(d_1, d_2)+\delta V_2(1) \Rightarrow$$
$$V_2(0)=(1-\delta)3+\delta V_1(0),\ V_2(1)=(1-\delta)2+\delta V_2(1) \Rightarrow V_2(0)=3,\ V_2(1)=2.$$

이 시나리오가 균형이 되기 위해서는 다음 부등식을 만족해야 된다.

$$V_1(0) \geq (1-\delta)U_1(d_1, c_2)+\delta V_1(1),\ V_1(1) \geq (1-\delta)U_1(c_1, d_2)+\delta V_1(1),$$

$$V_2(0) \geq (1-\delta)U_2(c_1, d_2)+\delta V_2(1),\ V_2(1)=(1-\delta)U_2(d_1, c_2)+\delta V_2(1),$$

$$\Rightarrow 3 \geq (1-\delta)5+\delta 2 \text{ and } 2 \geq (1-\delta)0+\delta 2 \Rightarrow 1 \geq \delta \geq 2/3.$$

δ가 2/3보다 크거나 같은 한 위에 주어진 시나리오는 균형이 된다.

다른 균형을 고려해 보자. 세 개의 상태로 이루어진 상태집합 {0, 1, 2}가 있다고 하자. 상태 0은 두 경기자가 우호적 관계를 가지는 경우이다. 이 상태에서 두 경기자의 예측된 행동 프로필은 (c_1, c_2)이다. 상태 1은 경기자 2가 경기자 1을 응징하는 경우이다. 이 상태에서 두 경기자의 예측된 행동 프로필은 (c_1, d_2)이다. 상태 2는 경기자 1이 경기자 2를 응징하는 경우이다. 이 상태에서 두 경기자의 예측된 행동 프로필은 (d_1, c_2)이다. 게임의 상태가 0일 때 경기자 1이 비협조적이면, 즉 경기자들의 행동 프로필이 (d_1, c_2)이면, 다음 기에서의 상태는 1이 된다. 게임의 상태가 0일 때 경기자 2가 비협조적이면, 즉 경기자들의 행동 프로필이 (c_1, d_2)이면, 다음 기에서 상태는 2가 된다. 게임의 상태가 0일 때 두 경기자가 협조적이면, 즉 경기자들의 행동 프로필이 (c_1, c_2)이면, 상태는 0에 머무르게 된다. 상태 1에서 경기자들이 예측된 행동 프로필 (c_1, d_2)를 선택하게 되면, 다음 기에서 상태는 0이 된다. 그렇지 아니하면 게임의 상태는 1에 머무르게 된다. 상태 2에서 경기자들이 예측된 행동 프로필 (d_1, c_2)를 선택하게 되면, 다음 기에서 상태는 0이 되고, 그렇지 않으면 상태는 상태 2에 머무르게 된다.

위에 주어진 시나리오 하에서 각 상태에 상응하는 각 경기자의 할인된 기대되는 평균보수는 다음 방정식들을 만족한다.

$$V_1(0)=(1-\delta)U_1(c_1, c_2)+\delta V_1(0),\ V_1(1)=(1-\delta)U_1(c_1, d_2)+\delta V_1(0),$$

$$V_1(2)=(1-\delta)U_1(d_1, c_2)+\delta V_1(0) \Rightarrow$$

$$V_1(0)=(1-\delta)3+\delta V_1(0),\ \text{그리고}\ V_1(0)=3,\ V_1(1)=(1-\delta)0+\delta 3=3\delta,$$

[표 5-9] **보수행렬**

		경기자 2	
		f_2	n_2
경기자 1	f_1	−1, −1	9, 0
	n_1	0, 9	0, 0

$V_1(2)=(1-\delta)5+\delta 3=5-2\delta$. 마찬가지로, $V_2(0)=3$, $V_2(1)=5-2\delta$, $V_2(2)=3\delta$.

이 시나리오가 균형이 되기 위해서는 다음 부등식들을 만족해야 된다.

$$V_1(0)\geq(1-\delta)U_1(d_1, c_2)+\delta V_1(1),\ V_1(1)\geq(1-\delta)U_1(d_1, d_2)+\delta V_1(1),$$
$$V_1(2)\geq(1-\delta)U_1(c_1, c_2)+\delta V_1(2),$$
$$V_2(0)\geq(1-\delta)U_2(c_1, d_2)+\delta V_2(2),\ V_2(1)\geq(1-\delta)U_1(c_1, c_2)+\delta V_1(1),$$
$$V_2(2)\geq(1-\delta)U_2(d_1, d_2)+\delta V_2(2)$$
$$\Rightarrow 3\geq(1-\delta)5+\delta 3\delta,\ 3\delta\geq(1-\delta)2+\delta 3\delta,\ 5-2\delta\geq(1-\delta)3+\delta(5-2\delta)$$
$$\Rightarrow 1\geq\delta\geq\frac{2}{3}.$$

[표 5-9]와 같이 주어진 게임, 즉 소유권 쟁탈게임을 경기자 1과 2가 무한 반복한다고 하자. 이 게임에서 각 경기자는 주어진 기간에서 싸울(fight: f) 것인지 싸우지 말(not fight: n) 것인지를 결정해야 한다. 위에 주어진 게임을 1회에 한하여 할 경우에는 두 개의 순수전략 내쉬 균형이 존재한다. 하나의 균형은 경기자 1이 싸울 것을 선택하고, 경기자 2는 싸우지 않는 것을 선택한다. 즉, 내쉬 균형 프로필은 (f_1, n_2)이다. 다른 하나의 균형은 경기자 2가 싸울 것을 선택하고, 경기자 1은 싸우지 않는 것을 선택한다. 즉, 내쉬 균형 프로필은 (n_1, f_2)이다. 이 게임을 무한 반복할 경우를 상정하고 부분게임 완전 균

형을 찾아보자. 부분게임 완전 균형 시나리오가 다음과 같이 주어져 있다.

- 두 경기자 사이의 관계, 즉 사회적 상태의 집합은 {0, 1, 2}라고 하자. 상태 0은 두 경기자가 서로 소유권을 주장하면서 싸우는 경우이다. 상태 1은 경기자 1이 소유권을 가진 경우이다. 상태 2는 경기자 2가 소유권을 가진 경우이다.
- 상태 θ가 주어진 상태에서 경기자 i가 선택한 움직임(move) 또는 행동을 $s_i(\theta)$라고 하자. 경기자 1은 자기에게 소유권이 주어진 상태, 즉 상태 1에서 싸울 것을 선택한다. 즉 $s_1(1)$은 f_1이다. 경기자 1은 자기에게 소유권이 없을 경우, 즉 경기자 2에게 소유권이 있을 경우 싸우지 않을(not fight: n) 것을 선택한다. 즉, $s_1(2)$는 n_1이다. 경기자 1이 소유권 쟁탈을 위해서 싸우는 경우, 경기자 1은 싸울 것인지 말 것인지에 대한 혼합전략을 사용한다. 즉, $s_1(0)=q[f_1]+(1-q)[n_1]$. 여기서 q는 0과 1 사이의 어떤 값이다. 마찬가지로 우리는 경기자 2의 전략을 다음과 같이 정의할 수 있다. $s_2(1)=n_2$, $s_2(2)=f_2$, $s_2(0)=q[f_2]+(1-q)[n_2]$. 여기서 q는 0과 1 사이의 어떤 값이다.
- 현재의 상태가 0일 때 다음 기의 상태는 두 경기자가 현재 선택한 행동 프로필에 다음과 같이 의존한다. 행동 프로필이 (f_1, n_2)이면 상태는 1이 된다. 행동 프로필이 (n_1, f_2)이면 상태는 2가 된다. 행동 프로필이 (f_1, f_2)이거나 (n_1, n_2)이면 상태는 0이 된다. 일단 게임의 상태가 1이거나 2이면 게임의 상태는 주어진 그 상태가 영원히 지속된다.

위에 주어진 시나리오 하에서 각 경기자의 상태에 따른 현재가치로 할인된 기대되는 평균보수는 다음 회귀방정식을 만족한다.

$$V_i(1)=(1-\delta)U_i(f_1, n_2)+\delta V_i(1), \text{ for } i=1, 2, V_1(1)=9, \text{ 그리고 } V_2(1)=0.$$
$$V_i(2)=(1-\delta)U_i(n_1, f_2)+\delta V_i(2), \text{ for } i=1, 2, V_1(2)=0, \text{ 그리고 } V_2(2)=9.$$

위에 주어진 시나리오가 각 사회적 상태에 따라 다음 조건을 만족해야 된다.

상태 1에서 균형조건은 다음과 같다.

$$V_1(1) \geq (1-\delta)U_1(n_1, n_2)+\delta V_1(1) \Rightarrow 9 > 9\delta,$$
$$V_2(1) \geq (1-\delta)U_2(f_1, f_2)+\delta V_2(1) \Rightarrow 0 > -(1-\delta).$$

상태 2에서 균형조건은 다음과 같다.

$$V_1(2) \geq (1-\delta)U_1(f_1, f_2)+\delta V_1(2) \Rightarrow 0 > -(1-\delta),$$
$$V_2(2) \geq (1-\delta)U_2(n_1, n_2)+\delta V_2(2) \Rightarrow 9 > 9\delta.$$

상태 0에서 경기자 2의 혼합전략이 주어진 상태에서, 경기자 1이 혼합전략을 취하기 위해서는 그가 f_1을 택하든 n_1을 택하든 그의 현재가치로 할인된 기대되는 평균보수 $V_1(0)$는 동일해야 된다.

경기자 1이 f_1을 선택했을 때,

$$V_1(0)=q((1-\delta)U_1(f_1, f_2)+\delta V_1(0))+(1-q)((1-\delta)U_1(f_1, n_2)+\delta V_1(1)).$$

경기자 1이 n_1을 선택했을 때,

$$V_1(0)=q((1-\delta)U_1(n_1, f_2)+\delta V_1(2))+(1-q)((1-\delta)U_1(n_1, n_2)+\delta V_1(0))$$

$$\Rightarrow V_1(0)=q(1-\delta)0+q\delta 0+(1-q)(1-\delta)0+(1-q)\delta V_1(0)$$

$$\Rightarrow V_1(0)=0.$$

따라서 경기자 1이 f_1을 선택했을 때 보수 $V_1(0)$는 0이 되어야 한다는 사실을 이용하여 다음과 같이 q를 구할 수 있다.

$$V_1(0)=q((1-\delta)(-1)+\delta V_1(0))+(1-q)(1-\delta)9+(1-q)\delta 9 \Rightarrow q=\frac{9}{10-\delta}.$$

위에서 도출한 q는 경기자 2가 f_2를 선택할 확률이다. 마찬가지 논리로, $V_2(0)=0$. 경기자 1이 f_1을 선택할 확률 $q=9/(10-\delta)$를 찾아 낼 수 있다.

지금까지 우리는 부분게임 완전 균형을 가져오는 시나리오를 구축하였다. 이 게임을 가지고 다른 부분게임 완전 균형을 가져오는 시나리오를 구축해 보자.

- 숫자로 표현되는 세 개의 상태, 0, 1, 2가 있다. 게임이 처음 시작되는 기간의 상태는 0이다. 상태 1은 경기자 1의 차례(1's turn)로 해석되고, 상태 2는 경기자 2의 차례(2's turn)로 해석된다. 상태 0은 누구의 차례인지 혼동되는 상태를 나타낸다고 하자.
- $s_i(\theta)$는 상태 θ가 주어진 상태에서 경기자 i의 전략을 말한다.
  경기자 1의 전략: $s_1(1)=f_1$, $s_1(2)=n_1$, $s_1(0)=q[f_1]+(1-q)[n_1]$, 여기서 q는 0과 1 사이의 어떤 값이다.
  경기자 2의 전략: $s_2(1)=n_2$, $s_2(2)=f_2$, $s_2(0)=q[f_2]+(1-q)[n_2]$, 여기서 q는 0과 1 사이의 어떤 값이다.
- 현재의 상태가 0일 때 다음 기의 상태는 두 경기자의 행동 프로필에 의해서 다음과 같이 결정된다.

$(f_1, n_2) \rightarrow$ 상태 2,

$(n_1, f_2) \rightarrow$ 상태 1,

(f_1, f_2) 또는 $(n_1, n_2) \rightarrow$ 상태 0.

- 현재의 상태가 1이면 다음 기의 상태는 2가 되고, 현재의 상태가 2이면 다음 기의 상태는 1이 된다.

이 시나리오가 실행될 때 각 경기자의 상태에 따른 현재가치로 할인된 기대되는 평균보수는 다음 회귀방정식을 만족한다.

$$V_i(1)=(1-\delta)U_i(f_1, n_2)+\delta V_i(2),\ V_i(2)=(1-\delta)U_i(n_1, f_2)+\delta V_i(1),\ \text{for } i=1, 2.$$

$$V_1(1)=(1-\delta)U_1(f_1, n_2)+\delta V_1(2) \Rightarrow V_1(1)=(1-\delta)9+\delta((1-\delta)U_1(n_1, f_2)+\delta V_1(1))$$

$$\Rightarrow V_1(1)=(1-\delta)9+\delta^2 V_1(1) \Rightarrow V_1(1)-\frac{(1-\delta)9}{1-\delta^2}=\frac{9}{1+\delta}.$$

$$V_1(2)=(1-\delta)U_1(n_1, f_2)+\delta V_1(1) \Rightarrow V_1(2)=(1-\delta)0+\delta V_1(1) \Rightarrow V_1(2)=\frac{9\delta}{1+\delta}.$$

$$V_2(2)=(1-\delta)U_2(n_1, f_2)+\delta V_2(1)$$

$$\Rightarrow V_2(2)=(1-\delta)U_2(n_1, f_2)+\delta((1-\delta)U_2(f_1, n_2)+\delta V_2(2))=9(1-\delta)+\delta^2 V_2(2)$$

$$\Rightarrow V_2(2)=\frac{9}{1+\delta}.$$

$$V_2(1)=(1-\delta)U_2(f_1, n_2)+\delta V_2(2) \Rightarrow V_2(1)=(1-\delta)0+\delta V_2(2) \Rightarrow V_2(1)=\frac{9\delta}{1+\delta}.$$

위에 주어진 시나리오가 균형이 되기 위해서는 각 사회적 상태에 따라 다음 조건을 만족해야 된다.

상태 1에서 나음과 같이 균형조건이 성립한다.

$$V_1(1)=(1-\delta)U_1(f_1, n_2)+\delta V_1(2) \geq (1-\delta)U_1(n_1, n_2)+\delta V_1(2) \Rightarrow \frac{9}{1+\delta} > \frac{\delta^2 9}{1+\delta},$$

$$V_2(1)=(1-\delta)U_2(f_1, n_2)+\delta V_2(2) \geq (1-\delta)U_2(f_1, f_2)+\delta V_2(2) \Rightarrow \frac{9\delta}{1+\delta} > -(1+\delta)+\frac{\delta 9}{1+\delta}.$$

상태 2에서 다음과 같이 균형조건이 성립한다.

$$V_1(2)=(1-\delta)U_1(n_1, f_2)+\delta V_1(1) \geq (1-\delta)U_1(f_1, f_2)+\delta V_1(1) \Rightarrow \frac{9\delta}{1+\delta} > -(1+\delta)+\frac{\delta 9}{1+\delta},$$

$$V_2(2)=(1-\delta)U_2(n_1, f_2)+\delta V_2(1) \geq (1-\delta)U_2(n_1, n_2)+\delta V_2(1) \Rightarrow \frac{9}{1+\delta} > \frac{\delta^2 9}{1+\delta}.$$

상태 0에서 경기자 2의 혼합전략이 주어진 상태에서, 경기자 1이 혼합전략을 취하기 위해서는 그가 f_1을 택하든 n_1을 택하든 그의 현재가치로 할인된 기대되는 평균보수 $V_1(0)$는 동일해야 된다.

경기자 1이 f_1을 선택했을 때,

$$V_1(0)=q((1-\delta)U_1(f_1, f_2)+\delta V_1(0))+(1-q)((1-\delta)U_1(f_1, n_2)+\delta V_1(2))$$

$$\Rightarrow V_1(0)=q((1-\delta)(-1)+q\delta V_1(0))+(1-q)(1-\delta)9+\frac{(1-q)\delta^2 9}{1+\delta}. \tag{1}$$

경기자 1이 n_1을 선택했을 때,

$$V_1(0)=q((1-\delta)U_1(n_1, f_2)+\delta V_1(1))+(1-q)((1-\delta)U_1(n_1, n_2)+\delta V_1(0))$$

$$\Rightarrow V_1(0)=q(1-\delta)0+\frac{q\delta 9}{1+\delta}+(1-q)(1-\delta)0+(1-q)\delta V_1(0). \tag{2}$$

두 개의 방정식 (1)과 (2)는 두 개의 미지수 $V_1(0)$와 q를 갖고 있다. 할인율 δ가 주어진 상태에서 두 개의 미지수 $V_1(0)$와 q를 수치적(numerically) 계산해 낼 수 있다. 할인율 δ가 0.99일 때 두 개의 미지수 $V_1(0)$와 q의 값은 다음과 같다.

$$V_1(0)=4.446,\ q=0.585.$$

주어진 게임의 구조와 부분게임 완전 균형을 위한 시나리오는 상태가 0으로 주어지는 한 모든 면에서 대칭적이다. 따라서 $V_2(0)=V_1(0)=4.446$.

참고문헌

Myerson, Roger B., unpublished lecture notes for "Introduction to Game Theory," Department of Economics, University of Chicago.

Osborne, Martin, *An Introduction to Game Theory*, Oxford U. Press, 2004.

김진옥, 『전략과 정보의 경제학』, 제주대학교 출판부, 2012.

김진옥, 『정보경제학』, 도서출판 해남, 2013.

연습문제

1. 경기자 1과 2가 다음 보수행렬로 무한 반복게임을 한다고 하자.

		경기자 2	
		a_2	b_2
경기자 1	a_1	3, 3	5, 5
	b_1	5, 0	0, 0

두 경기자는 δ로 할인된 보수의 평균가치를 극대화한다고 하자. δ는 0보다 크고 1보다 작은 어떤 수라고 하자. 다음과 같은 상태의존적인 전략을 고려해 보자. 두 개의 가능한 상태 1과 2가 있다고 하자.

- 상태 1에서 경기자 1은 b_1을, 경기자 2는 a_2의 선택이 예상된다고 하자.
- 상태 2에서 경기자 1은 a_1을, 경기자 2는 b_2의 선택이 예상된다고 하자.

이 게임은 기간 1에서 시작하고 상태는 1이라고 하자. 게임의 상태는 게임의 결과가 (a_1, a_2)인 경우에 바뀐다고 하자. 하지만 게임의 결과가 (a_1, a_2)가 아닌 경우에는 원래의 상태가 지속된다고 하자. 위에 언급한 상태의존적인 전략들이 균형전략이 되기 위한 δ의 가장 낮은 값을 구하시오.

2. 경기자 1과 2가 다음 보수행렬로 무한 반복게임을 한다고 하자.

		경기자 2	
		a_2	b_2
경기자 1	a_1	3, 3	0, 5
	b_1	5, 0	−4, −4

두 경기자는 δ로 할인된 보수의 평균가치를 극대화한다고 하자. δ는 0보다 크고 1보다 작은 어떤 수라고 하자.

(a) 두 경기자가 (a_1, a_2)를 영원히 선택하려고 한다고 하자. 하지만 경기자 i가 b_i를 선택하면 다음 기에서부터 두 경기자는 1단계 게임(one-stage game)의 대칭적 혼합전략 균형 프로필을 선택한다. 이 균형전략을 지지하기 위한 δ의 가장 낮은 값을 구하시오.

(b) 두 경기자가 (a_1, a_2)를 영원히 선택하려고 한다고 하자. 하지만 경기자 i가 b_i를 선택하면, 그는 다음 기에서부터 영원히 0의 보수를 받는다고 하자. 이러한 균형을 형성하는 상태의존적인 전략을 정확하게 묘사하시오.

3. 경기자 1과 2가 다음 보수행렬로 무한 반복게임을 한다고 하자.

		경기자 2	
		a_2	b_2
경기자 1	a_1	0, 8	2, 0
	b_1	8, 0	0, 2

각 경기자 i는 δ_i로 할인된 보수의 평균가치를 극대화한다고 하자. δ_i는 0보다 크고 1보다 작은 어떤 수라고 하자. $0<\delta_i<1$.

두 경기자가 (a_1, a_2)와 (b_1, b_2)를 번갈아 취한다고 하자. 하지만 어느 한 경기자가 이것에서 벗어나면 다음 기에서부터 두 경기자는 1단계 게임의 대칭적 혼합전략 균형 프로필을 영원히 선택한다고 하자. 이러한 전략이 균형전략이 되기 위한 δ_1과 δ_2의 가장 낮은 값을 구하시오.

6

베이스 게임과 옵션

6-1 베이스 게임
6-2 옵션

지금까지 우리는 경기자들이 사적 정보 또는 사적 타입(private information or private yype)을 갖지 않은 것을 전제하였다. 이것은 게임에 참여하는 경기자는 그가 누구이든지 간에, 게임에 참여하는 다른 사람들의 사적 정보 또는 타입들을 완전하게 알고 있고 또한 그의 사적 정보 또는 타입을 게임에 참여하는 다른 사람들이 완전하게 알고 있다는 것을 의미한다.

게임에 참여하는 경기자들이 각각 다른 사적 정보를 갖고 있다면, 각 경기자는 자기 이외의 다른 경기자들이 가지고 있는 사적 정보를 모르게 된다. 우리는 경기자의 사적 정보를 사적 타입이라고 부른다. 게임에 임하는 경기자는 그가 누구이든지 간에 그의 타입을 알지만 상대방들의 타입들을 모른다는 것을 전제한 게임을 우리는 불완비 게임(incomplete information game) 또는 베이스 게임(bayesian game)이라고 부른다.

게임에 참여하는 각 경기자가 타입이라고 불리는 사적 정보를 갖고 있고 경기자들이 동시에(simultaneously) 행동을 선택하는 정태적 게임(static game)의 예를 가지고 베이스 게임을 살펴보자.

6-1 베이스 게임

베이스 게임이란?

두 명의 경기자(경기자 1 또는 2)가 게임에 참여한다고 하자. 각 경기자는 우호적인 행동(act with friendship: f)을 선택하거나 비우호적(aggression: g)인 행동을 선택한다. 경기자 1과 2의 전략집합은 다음과 같다.

$$S_1=\{f_1, g_1\}, S_2=\{f_2, g_2\}.$$

여기서 S_1은 경기자 1의 전략집합을, S_2는 경기자 2의 전략집합을 나타낸다.

경기자 2는 게임의 결과 발생하는 경기자 1의 보수(payoff)들 중 하나의 보수에 대하여 불확실성에 직면해 있다고 하자. 즉, 경기자 1과 2가 우호적인 행동을 선택했을 때 경기자 1이 게임의 결과에 대하여 만족하거나(type 1_c) 질투한다고(type 1_e) 하자. 경기자 1과 2 모두 우호적인 행동을 선택했을 때 경기자 1의 보수는 게임의 결과에 대하여 만족할 때의 보수가 질투할 때의 보수보다 크다고 하자. 경기자 2는 경기자 1의 심리적 상태를 확실하게 알지 못하고 있다. 경기자 2는 경기자 1이 게임의 결과에 만족하는지 또는 질투하는지에 대하여 불확실성에 직면해 있다. 경기자 1의 심리 상태에 따른 보수 행렬이 [표 6-1]에 나타나 있다.

[표 6-1]은 경기자 1이 게임의 결과를 만족해 할 경우를 그림의 상단에, 게임의 결과를 질투할 때의 경우를 하단에 표현하고 있다. 그림의 상단에서(경기자 1의 타입이 1_c일 때) 경기자 1이 우호적인 행동을 취하고 경기자 2가 우호적인 행동을 취했을 때 경기자 1의 보수는 8인 데 비하여, 그림의 하단(경기자 1의 타입이 1_e일 때)에서 두 경기자 모두 우호적인 행동을 취했을 때 경기

[표 6-1] **베이스 게임의 가장 간단한 예**

경기자 1이 게임의 결과를 만족할 때(type 1_c)

		경기자 2	
		f_2	g_2
경기자 1	f_1	8, 8	0, 6
	g_1	6, 0	3, 3

경기자 1이 게임의 결과를 질투할 때(type1_e)

		경기자 2	
		f_2	g_2
경기자 1	f_1	5, 8	0, 6
	g_1	6, 0	3, 3

자 1의 보수는 5가 된다. 다른 전략 프로필들에 대해서는 경기자 1과 2의 타입에 상관없이 각 전략 프로필에 상응하는 두 경기자의 보수가 동일하게 주어져 있다.

[표 6-1]에서 경기자 1은 경기자 2의 타입을 완전하게 알고 있고, 경기자 2는 경기자 1의 타입을 식별하지 못하고 있다. 즉, 경기자 2는 하나의 타입을 갖고 있고 경기자 2는 두 종류의 타입을 갖고 있다.

이 표는 또한 게임에 참여하는 상대방의 타입을 모른다는 사실을 게임의 결과 발생하는 상대방의 보수를 모르는 것으로 나타내고 있다.

이 게임의 해(solution)를 찾기 위하여 경기자 1의 타입의 확률분포의 예를 들어 보자. 경기자 1은 두 개의 타입 1_c와 1_e를 갖고 있다. 경기자 2는 경기자 1의 타입이 무엇인지를 알지 못하고 단지 타입의 분포만을 알고 있다. 경기자 1의 타입의 분포는 다음과 같다.

$$\text{타입이 } 1_c \text{일 확률} = \frac{1}{2}, \text{ 타입이 } 1_e \text{일 확률} = \frac{1}{2}.$$

[표 6-2] 행동 프로필에 상응한 경기자들의 보수행렬

		경기자 2	
		f_2	g_2
경기자 1	f_1	6.5, 8	0, 6
	g_1	6, 0	3, 3

이 게임에서 경기자 2의 타입은 하나이다. 경기자 1은 각 행동 프로필에 상응하는 경기자 2의 보수를 확실하게 알고 있다.

이 게임의 올바른 해를 찾기 전에 통상적으로 일어날 수 있는 실수(mistake)를 생각해 보자. 행동 프로필 (f_1, f_2)가 가져오는 경기자 1의 기대보수는 6.5=0.5(8)+0.5(5)이다. 따라서 각각의 행동 프로필에 상응하는 경기자들의 기대보수행렬은 [표 6-2]와 같다.

위 게임의 내쉬 균형 프로필은 (f_1, f_2)이다. 이 균형은 경기자 1이 자기의 타입에 상관없이 항상 우호적인 행동을 택하는 것을 의미한다. 하지만 이것은 균형이 될 수 없다. 왜 그런가? [그림 6-1]의 하단에서 경기자 1의 강우월전략(strictly dominant strategy)은 g_1이다. 즉, 경기자 1은 자기의 타입이 1_e일 때 우월전략 g_1을 선택한다. 경기자 1이 g_1을 선택할 확률은 1/2 이상이다. 이것을 [그림 6-1]의 나무(tree)를 이용하여 보이면 다음과 같다.

위 게임 나무에서 경기자 1의 타입이 1_c일 때 그가 g_1을 선택할 확률을 p라고 하자. 경기자 2는 경기자 1의 타입을 식별하지 못하고 있다. 경기자 1이 자기의 타입을 알기 전에 또는 경기자 1의 타입을 식별하지 못하는 경기자 2의 입장에서 경기자 1이 g_1을 선택할 확률을 다음과 같이 계산할 수 있다.

경기자 1이 g_1을 선택할 사전적 확률

=경기자 1의 타입이 1_c일 확률

[그림 6-1]

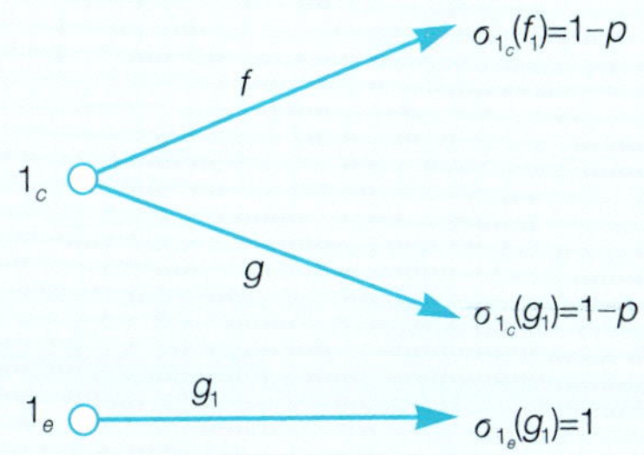

여기서 $\sigma_{1_c}(f_1)$: 경기자 1의 타입이 1_c일 때 f_1을 선택할 확률
$\sigma_{1_c}(g_1)$: 경기자 1의 타입이 1_c일 때 g_1을 선택할 확률
$\sigma_{1_e}(g_1)$: 경기자 1의 타입이 1_g일 때 g_1을 선택할 확률

×타입 1_c의 경기자 1이 g_1을 선택할 확률
+경기자 1의 타입이 1_e일 확률
×타입 1_e의 경기자 1이 g_1을 선택할 확률
$=\frac{1}{2}+p\frac{1}{2}$.

즉, 경기자 1이 사전적(ex-ante) g_1을 선택할 확률은 $1/2+p(1/2)$이다.

올바른 해를 찾기 위해서 경기자들이 사적 정보를 알기 전의 상황을 고려해 보자. 각 경기자는 게임에서 행동을 취하기 전에 자신의 타입을 안다고 하자. 이 게임에서 경기자 2의 타입은 하나이고, 이 사실을 경기자 1이 알고 있다. 경기자 1이 자기의 타입을 알기 전에 각 타입에 상응하는 전략집합은 다음과 같다.

경기자 1의 전략집합$=\{(f_c, f_e), (f_c, g_e), (g_c, f_e), (g_c, g_e)\}$.

[표 6-3] **경기자 1과 2의 전략 프로필에 상응하는 보수행렬**

		경기자 2	
		f_2	g_2
경기자 1	$f_c f_e$	6.5, 8	0, 6
	$f_c g_e$	7, 4	1.5, 4.5
	$g_c f_e$	5.5, 4	1.5, 4.5
	$g_c g_e$	6, 0	3, 3

여기서 한 경기자의 전략이란 경기자가 모든 가능한 상황에 대하여 각 상황에 상응하는 행동을 명명한 완비된 계획(complete plan)을 말한다.[1)]

경기자 1은 4개의 전략을 갖고 있다. 예를 들어, 경기자 1의 전략 (f_c, g_e)는 경기자 1의 타입이 1_c일 때 우호적인 행동 f_1을, 경기자 1의 타입이 1_e일 때 비우호적인 행동 g_1을 선택하는 계획을 말한다.

경기자 1과 2의 전략 프로필에 상응하는 보수행렬이 [표 6-3]에 나타나 있다. 이 베이스의 전략형 게임은 하나의 베이스의 내쉬 균형 $[(g_c, g_e), g_2]$를 갖고 있다. 이 균형에서 경기자 1은 자기의 타입에 상관없이 비우호적인 공격적인 행동을 택하고 경기자 2 역시 공격적인 행동을 택한다. 이 게임에서 경기자 1의 전략 $f_c f_e$는 $f_c g_e$에 의해 강하게 지배되는 열등한 전략(strictly dominated strategy)이 되고, $g_c f_e$는 g_c, g_e에 의하여 강하게 지배되는 열등한 전략이 되고 있다. 이 전략들이 제거된 상태에서 경기자 2의 전략 f_2는 전략 g_2에 의하여 강하게 지배되는 열등한 전략이 된다. 따라서 경기자 1의 전략 $g_c g_e$는 경기자 2의 전략 g_2에 대한 최적 반응전략이 된다.

지금까지 우리는 단순한 베이스 게임의 예를 가지고 타입의존적인(type dependent) 내쉬 균형 프로필을 찾아보았다. 베이스 게임을 기호를 이용하여

1) 경기자 1의 전략집합을 구하기 위한 쉬운 방법은 타입을 결정하는 자연법칙이 경기자 1의 타입을 결정한 후에 경기자 1이 행동을 선택하는 게임 나무를 그려 보는 것이다.

보다 공식적으로 정의해 보자.

베이스 게임은 다음과 같은 구조를 갖고 있다.

- 경기자들의 집합: N
- 각 경기자 i의 행동집합: C_i , 각 경기자 i의 타입집합: T_i
- 각 경기자 i의 효용함수: $u_i: (\times_{j\in N}C_j)\times(\times_{j\in N}T_j)\to R$
- 타입들의 확률분포: $p\in\Delta(\times_{j\in N}T_j)$

위에 소개한 단순한 베이스 게임을 보다 공식적인 베이스 게임의 기호를 이용하여 나타내 보자.

N={경기자 1, 경기자 2},

$T_1=\{1_c, 1_e\}$, $T_2=\{2\}$,

$C_1=\{f, g\}$, $C_2=\{f, g\}$,

확률분포: $p(1_c)=\frac{1}{2}$, $p(1_e)=\frac{1}{2}$, $p(2)=1$.

베이스 게임의 절단전략

N명의 경기자들이 게임에 참여한다고 하자. 따라서 경기자들의 집합 N은 다음과 같이 정의된다.

$$N=\{1, 2, \cdots, n\}.$$

각 경기자 i는 자기의 타입 t_i를 알게 된 후에 행동 a_i를 선택하는 베이스 게임을 고려해 보자. 각 경기자 i의 타입은 확률분포 p_i에 의해서 생성되고 다른 모든 경기자들의 타입들로부터 독립적으로 생성된다고 하자. 경기자들의 타입 프로필 $(t_1, t_2, \cdots, t_n)$이 주어진 상태에서 공동의 확률분포가 다음과 같이 주어져 있다.

$$p((t_i)_{i\in N})=\Pi_{i\in N}p_i(t_i).$$

여기서 $(t_i)_{i\in N}=(t_1, t_2, \cdots, t_n)$, $p_i(t_i)=p(\hat{t}_i=t_i)$, 그리고 $\hat{t}_i$는 타입 t_i의 확률변수이다.

각 경기자 i의 보수는 모든 경기자들의 타입들과 행동들에 의존하고 다음의 효용함수에 따라 결정된다.

$$u_i:(\times_{j\in N}C_j)\times(\times_{j\in N}T_j)\longrightarrow R.$$

경기자들의 타입 프로필 $(t_1, t_2, \cdots, t_n)$과 행동 프로필 $(c_1, c_2, \cdots, c_n)$이 주어진 상태에서 경기자 i의 보수 u_i는 다음과 같다.

$$u_i=(c_1, c_2, \cdots, c_n, t_1, t_2, \cdots, t_n).$$

절단전략(cutoff strategy)을 살펴보기 전에 증가함수를 정의해 보자.

- 함수 $f:R\rightarrow R$가 증가한다는 것은 임의 두 수 $\hat{x}$과 x에 대하여 $\hat{x}$이 x보다 크거나 같으면 $f(\hat{x})$이 $f(x)$보다 크거나 같은 것을 의미한다.

$$\hat{x}\geq x\Rightarrow f(\hat{x})\geq f(x).$$

- 함수 $f:R\rightarrow R$가 강하게 증가한다는 것은 임의의 두 수 $\hat{x}$과 x에 대하여

$\hat{x}$이 x보다 크면 $f(\hat{x})$이 $f(x)$보다 큰 것을 의미한다.

$$\hat{x} > x \Rightarrow f(\hat{x}) > f(x).$$

경기자 1과 2의 베이스 게임을 고려해 보자. 경기자 1은 두 개의 가능한 행동들로 T와 B를 갖고 있다. 경기자 1은 여러 개의 타입들을 갖고 있고 각각의 타입은 하나의 숫자 t_1으로 나타내진다. 경기자 2는 많은 가능한 행동들 c_2를 갖고 있고 많은 가능한 타입들을 갖고 있고 각각의 타입은 t_2로 나타내진다. 경기자 2의 타입은 경기자 1의 타입으로부터 독립적이라고 하자.

경기자 1과 2의 타입이 각각 t_1과 t_2로 주어졌을 때 경기자 1이 행동을 B에서 T로 전환할 때 그의 보수의 차이는 다음과 같다.

$$u_1(T, c_2, t_1, t_2) - u_1(B, c_2, t_1, t_2).$$

위에 정의한 보수의 차이는 경기자 1의 타입 t_1과 경기자 2의 타입 t_2, 그리고 경기자 2의 행동 c_2에 의존한다.

경기자 1의 보수의 차이가 경기자 2의 타입과 행동이 어떻게 주어지든지 간에 상관없이 경기자 1의 타입 t_1의 증가함수라고 하자. 이것을 앞에서 정의한 증가함수의 정의를 이용하여 표현해 보자.

- 모든 r_1, t_1, c_2 그리고 t_2에 대하여,

$$r_1 \geq t_1 \Rightarrow u_1(T, c_2, r_1, t_2) - u_1(B, c_2, r_1, t_2) \geq u_1(T, c_2, t_1, t_2) - u_1(B, c_2, t_1, t_2).$$

- 모든 r_1, t_1, c_2 그리고 t_2에 대하여,

$$r_1 > t_1 \Rightarrow u_1(T, c_2, r_1, t_2) - u_1(B, c_2, r_1, t_2) > u_1(T, c_2, t_1, t_2) - u_1(B, c_2, t_1, t_2).$$

만약에 u_1이 미분이 가능한 함수일 경우, 위 특성은 u_1의 교차 2차 미분이 0보다 크거나 같은 것을 나타낸다. 즉,

$$\frac{\partial^2 u_1}{\partial c_1 \partial t_1} \geq 0.$$

경기자 1의 보수의 차이가 위에 주어진 함수의 특성을 만족할 경우, 경기자 1은 타입이 커질수록 행동 T를 더 선호하게 된다. 즉, 보다 큰 타입의 경기자 1은 낮은 타입의 경기자 1보다 행동 T를 더 매력적인 것으로 생각한다. 타입의존적인 경기자 1의 전략을 다음과 같이 나타내 보자.

- 경기자 1은 어떤 숫자 θ에 대하여 자기의 타입 t_1이 θ보다 크면 T를 선택하고, θ보다 작으면 B를 선택한다.
- 경기자 1의 타입 t_1이 θ와 같으면 경기자 1은 행동 T와 행동 B를 혼합하여 사용한다.

이 전략을 우리는 경기자 1의 절단전략이라고 부른다. θ의 값이 클수록 경기자 1이 T를 선택할 확률은 작아진다.

요약하면, 경기자 1의 보수의 차이함수가 위에 정의한 증가함수의 특성을 만족하면, 경기자 1은 절단전략을 사용하고 우리는 이것을 이용하여 베이스 게임의 균형을 찾을 수 있다.

경기자 1의 보수의 차이가 위에 정의한 증가함수의 특성을 가질 경우, 경기자 2가 어떤 전략을 택하든 상관없이 경기자 1의 최적 반응전략 s_1은 자기의 타입 t_1의 증가함수이다.

$$s_1: T_1 \rightarrow C_1, r_1 \geq t_1 \Rightarrow s_1(r_1) \geq s_1(t_1).$$

경기자 1의 보수의 차이가 그의 타입에 대하여 강하게 증가하는 함수일 경우, 경기자 1의 최적 전략함수는 약하게 증가하는 함수가 되어야 한다. 즉, r_1이 t_1보다 크고, 경기자 2의 어떤 전략 σ_2에 대하여 경기자 1의 행동 c_1이 타입 t_1에 대하여 최적이고 경기자의 행동 d_1이 타입 r_1에 대하여 최적이면 d_1이 c_1보다 크거나 같아야 한다. 이것을 증명하여 보자.

[증명] 경기자 2의 어떤 전략 σ_2에 대하여 경기자 1의 행동 c_1이 타입 t_1에 대하여 최적이다. 따라서 다음 부등식이 성립한다.

$$Eu_1(c_1, \sigma_2, t_1, \hat{t}_2) - Eu_1(d_1, \sigma_2, t_1, \hat{t}_2) \geq 0.$$

경기자 2의 어떤 전략 σ_2에 대하여 경기자 1의 행동 d_1이 타입 r_1에 대하여 최적이다. 따라서 다음 부등식이 성립해야 된다.

$$Eu_1(d_1, \sigma_2, r_1, \hat{t}_2) - Eu_1(c_1, \sigma_2, r_1, \hat{t}_2) \geq 0.$$

만약에 c_1이 d_1보다 크다면 위 부등식은 성립할 수 없다. 왜냐하면 경기자 1의 보수의 차이함수는 강하게 증가하는 함수(strictly increasing)이기 때문이다. 따라서 d_1은 c_1보다 크거나 같아야 한다. □

경기자 1의 보수의 차이함수가 그의 타입의 증가함수일 경우, 경기자 1의 가능한 절단전략들을 구체적으로 살펴보자. 이것을 위해 예를 하나 들어보자. 경기자 1의 타입들의 집합(set of types)은 {0, 0.1, 0.2, 0.3}이고 각각의 타

[표 6-4]

		경기자 2	
		L	R
경기자 1	T	t_1, 0	t_1, −1
	B	1, 0	−1, 3

입이 일어날 확률은 1/4이라고 하자. 경기자 2는 사적 정보, 즉 사적 타입이 없다고 하자. 경기자 1이 택할 수 있는 행동들의 집합은 $\{T, B\}$이고 경기자 2가 택할 수 있는 행동들의 집합은 $\{L, R\}$이다. 경기자 1의 타입 t_1이 주어진 상태에서 보수행렬이 [표 6-4]와 같이 주어져 있다.

이 보수행렬에서 알 수 있듯이 경기자 1이 행동을 B에서 T로 전환할 때 발생하는 경기자 1의 보수의 차이는 경기자 2의 행동과 경기자 1의 타입에 의존한다.

$$U_1(T, L, t_1)-U_1(B, L, t_1)=t_1-1,\ U_1(T, R, t_1)-U_1(B, R, t_1)=t_1+1.$$

경기자 1의 보수의 차이들이 경기자 1의 타입 t_1이 증가할 때 증가하는 것에 주목하자. 경기자 1은 그의 타입 t_1이 클수록 행동 T를 더 선호하게 되고 절단전략을 선택한다. 가능한 절단전략들을 열거해 보자.

- 절단(cutoff) θ가 0.3보다 클 경우(즉, $\theta>0.3$), 경기자 1의 모든 타입은 행동 B를 선택한다. 따라서 경기자 2는 경기자 1이 T를 선택할 확률을 0이라고 생각한다. 즉, $P(T)=0$.
- 절단 θ가 0.3이면(즉, $\theta=0.3$), 경기자 1의 타입이 집합 $\{0, 0.1, 0.2\}$에 속할 경우에는 행동 B를 선택하고, 경기자 1의 타입 0.3은 혼합전략을

선택한다. 따라서 경기자 2는 경기자 1이 T를 선택할 확률이 0과 1/4 사이의 값을 취한다고 생각한다. 즉, $0<P(T)<1/4$.

- 절단 θ가 0.2보다 크고 0.3보다 작으면(즉, $0.2<\theta<0.3$), 경기자 1의 타입이 집합 {0, 0.1, 0.2}에 속할 경우에는 행동 B를 선택하지만, 경기자 1의 타입 0.3은 T를 선택한다. 따라서 $P(T)=1/4$.
- 절단 θ가 0.2이면(즉, $\theta=0.2$), 경기자 1의 타입이 집합 {0, 0.1}에 속하면 행동 B를 선택하지만, 경기자 1의 타입 0.2는 혼합전략을 택하고, 경기자 1의 타입 0.3은 행동 T를 선택한다. 따라서 $1/4<P(T)<1/2$.
- 절단 θ가 0.2보다 작고 0.1보다 크면(즉, $0.1<\theta<0.2$), 경기자 1의 타입이 집합 {0, 0.1}은 행동 B를 선택하지만, 경기자 1의 타입들 {0.2, 0.3}은 행동 T를 선택한다. 따라서 $P(T)=1/2$.
- 절단 θ가 0.1이면(즉, $\theta=0.1$), 경기자 1의 타입 0은 행동 B를 선택하지만, 경기자 1의 타입 0.1은 혼합전략을 택하고, 경기자 1의 타입이 집합 {0.2, 0.3}에 속하면 행동 T를 선택한다. 따라서 $1/2<P(T)<3/4$.
- 절단 θ가 0보다 크고 0.1보다 작으면(즉, $0<\theta<0.1$), 경기자 1의 타입 0은 행동 B를 선택하지만, 경기자 1의 타입이 집합 {0.1, 0.2, 0.3}은 행동 T를 선택한다. 따라서 $P(T)=3/4$.
- 절단 θ가 0이면(즉, $\theta=0$), 경기자 1의 타입 0은 혼합전략을 택하지만, 경기자 1의 타입이 집합 {0.1, 0.2, 0.3}에 속하면 행동 T를 선택한다. 따라서 $3/4<P(T)<1$.
- 절단 θ가 0보다 작으면(즉, $0<\theta$), 경기자 1의 모든 타입이 행동 T를 선택한다. 따라서 $P(T)=1$.

주어진 게임의 예에서 경기자 2는 행동 L이나 R 중에서 하나를 확실하게 선택하지 않는다. 왜냐하면 경기자 1의 타입이 어떻게 주어지든, 경기자 2는 경기자 1이 T를 선택하면 L을, B를 선택하면 R를 선택한다. 경기자 2가 혼합전략을 택하게 하기 위해서는 경기자 2가 L을 선택하든 R를 선택하든 경기자 2의 기대보수가 같아야 한다.

$$EU_2(L)=EU_2(R).$$

위 등식이 성립하기 위해서는 경기자 1이 T를 선택할 확률 $P(T)$가 다음 등식을 만족해야 된다.

$$EU_2(L)=P(T)0+(1-P(T))0=P(T)(-1)+(1-P(T))3=EU_2(R) \Rightarrow P(T)=\frac{3}{4}.$$

경기자 1이 어떤 절단전략을 택해야 경기자 1이 T를 선택할 확률이 3/4이 되는 것일까? 절단 θ가 0과 1 사이의 값을 취하면 경기자 1의 타입 0은 B를 선택하고 경기자 1의 타입들 (0.1, 0.2, 0.3)은 T를 선택한다.

경기자 2가 L을 선택할 확률을 q라고 하자. 즉, 경기자 2의 혼합전략은 $q[L]+(1-q)[R]$이다. 경기자 2의 혼합전략이 주어진 상태에서 경기자 1의 절단전략이 최적의 전략(optimal strategy)이 되기 위해서는 다음 조건을 만족해야 된다.

- 경기자 1의 절단전략에 의하면 경기자 1은 타입이 0일 때 B를 선택한다. 즉,

$$EU_1(T|t_1=0) \leq EU_1(B|t_1=0) \Rightarrow (q)0+(1-q)(0) \leq (q)(1)+(1-q)(-1) \Rightarrow q \geq \frac{1}{2}.$$

- 경기자 1의 절단전략에 의하면 경기자 1은 타입이 0.1일 때 T를 선택

한다. 즉,

$$EU_1(T|t_1=0.1) \geq EU_1(B|t_1=0.1) \Rightarrow (q)0.1+(1-q)0.1 \geq (q)(1)+(1-q)(-1)$$
$$\Rightarrow q \leq \frac{11}{20}.$$

주어진 게임에서 베이스 내쉬 균형은 다음과 같다. 경기자 1은 자기의 타입이 0일 때 행동 B를 선택한다. 경기자 1은 자기의 타입이 0.1보다 크거나 같으면 행동 T를 선택한다. 경기자 2는 혼합전략을 택하고, 경기자 2가 L을 선택할 확률 q는 1/2과 11/20 사이에 있다. 즉,

$$\frac{1}{2} \leq q \leq \frac{11}{20}.$$

위에 주어진 게임의 예에서 경기자 1의 타입들의 집합과 그것들이 분포를 변화시켜 보자. 경지가 1의 타입집합은 {0, 0.1, 0.2, 0.3, 0.4}이고 각 타입이 일어날 확률은 1/5이라고 하자. 경기자 2가 혼합전략을 택하기 위해서는, 경기자 2가 경기자 1이 행동 T를 확률 3/4으로 선택할 것이라고 생각해야 된다. 따라서 경기자 1의 절단전략과 경기자 2의 혼합전략은 다음과 같아야 한다.

- 경기자 1의 절단 θ는 0.1이어야 한다. 따라서 경기자 1은 자기의 타입이 0일 때 행동 B를 선택하고, 자기의 타입이 0.1보다 클 경우(즉, $t_1 > 0.1$) 행동 T를 선택한다. 경기자 1이 행동 T를 선택할 확률은 3/5이다. 경기자 1이 T를 선택할 확률이 3/4이 되기 위해서는 경기자 1이 자기의 타입이 0.1일 경우 혼합전략을 사용해야 된다. 따라서 경기자 1이 자기의 타입이 0.1이면서 행동 T를 선택할 확률 $\sigma_1(T|\theta=0.1)$은 다음 방정식을 만족해야 된다.

$$P(\theta=0.1)\sigma_1(T|\theta=0.1)=\frac{3}{4}-\frac{3}{5}.$$

따라서 $\sigma_1(T|\theta=0.1)=0.75$.

- 경기자의 1의 타입 $t_1=0.1$이 혼합전략을 취하기 위한 경기자 2의 혼합 전략은 다음과 같다.

$$\frac{11}{20}L+\frac{9}{20}R.$$

두 명의 경기자 A와 B가 CAFE 또는 PUB에서 데이트를 하는 경우를 가지고 설명해 보자. 경기자 A는 경기자 B가 PUB을 선택했을 때 경기자 B가 갖는 보수를 모르고 있다. 물론 경기자 B는 게임의 결과 발생하는 자기의 보수를 명확히 알고 있다. 경기자 B는 경기자 A가 CAFE를 선택했을 때 경기자 A에게 발생하는 보수를 모르고 있다. 이것을 보수행렬로 표현하면 [표 6-5]와 같다.

이 보수행렬에서 경기자 A의 보수는 전략 프로필과 ε에 의해 결정됨을 알 수 있다. 마찬가지로 경기자 B의 보수도 전략 프로필과 δ에 의해 결정됨을 알 수 있다. 따라서 ε은 경기자 A의 타입을 나타내고 δ는 경기자 B의 타입을 나타낸다. ε은 경기자 A의 타입을 말하는데, 경기자 B는 경기자 A의 타입 ε이 어떤 값을 취하는지를 알 수 없다. 경기자 A의 타입 ε이 취하는 값

[표 6-5] **베이스 게임(성의 전쟁)**

		경기자 B	
		CAFE	PUB
경기자 A	CAFE	$(4+\varepsilon, 3)$	$(1+\varepsilon, 1+\delta)$
	PUB	$(0, 0)$	$(3, 4+\delta)$

은 경기자 A의 사적 정보이므로 경기자 A는 그 값을 확실하게 알고 있고, ε은 경기자 B의 입장에서 보면 어떤 값을 취할지 모르는 확률변수이다. 마찬가지로 δ는 경기자 B의 사적 정보이고 경기자 A는 이것을 확률변수로 간주하고 있다.

경기자 A가 CAFE를 선택하고 경기자 B가 PUB을 선택했을 때 두 경기자에게 발생하는 보수 프로필은 $(1+\varepsilon, 1+\delta)$이다. 여기서 경기자 A는 ε이 어떤 값인지를 명확하게 알고 있는 반면에 경기자 B의 보수에 관련된 δ의 값은 모른다. 마찬가지로 경기자 B는 δ가 어떤 값을 갖는지를 명확하게 알고 있지만 경기자 A의 보수와 관련된 ε의 값은 정확하게 모른다.

이 게임을 분석적으로 풀기 위해서 ε과 δ가 각각 동일한 일양분포(uniform distribution)를 갖는다고 가정하자.

$$\varepsilon, \delta \sim U[0, a].$$

이 게임에서 경기자 B는 타입 δ가 클수록 PUB을 선택할 가능성이 높은 것을 알 수 있다. 따라서 경기자 B가 다음과 같은 절단전략을 취한다고 하자.

> δ가 δ_0보다 작으면(즉, $\delta < \delta_0$), CAFE를 선택한다.
> δ가 δ_0보다 크거나 같으면(즉, $\delta \geq \delta_0$), PUB을 선택한다.

경기자 B가 이러한 절단전략을 택할 경우, 경기자 B는 자기의 타입에 따라 순수전략을 택하는 것이 되지만 경기자 A는 B의 타입을 모르기 때문에 경기자 B가 마치 혼합전략을 취하는 것으로 간주할 수 있다. 타입 δ가 일양분포를 갖고 있기 때문에 경기자 B가 위와 같은 절단선략을 택힐 경우 경기자 A는 경기자 B가 CAFE를 선택할 확률을 계산할 수 있다. 경기자 A의 입장에서 경기자 B가 CAFE를 선택할 확률은 δ_0/a이다. 또한 경기자 B가 PUB을 선택할 확률은 $1-(\delta_0/a)$이다.

경기자 A는 경기자 B의 타입 δ를 알지 못하고 단지 경기자 B의 타입의존적인 혼합전략을 알고 있다. 경기자 B의 타입의존적인 전략이 주어진 상태에서 경기자 A가 CAFE를 선택했을 때의 보수가 PUB을 선택했을 때의 보수보다 크기 위해서는 다음 조건이 성립해야 된다.

$$[4+\varepsilon]\frac{\delta_0}{a}+[1+\varepsilon](1-\frac{\delta_0}{a})\geq 3(1-\frac{\delta_0}{a}) \Leftrightarrow \varepsilon \geq 2-6\frac{\delta_0}{a}.$$

위에 주어진 조건식에 의하면 경기자 A는 자기의 타입 ε이 $(2-6\frac{\delta_0}{a})$보다 크거나 같으면 CAFE를 선택한다. 경기자 A의 절단전략을 다음과 같이 정의하자.

ε이 ε_0보다 크면(즉, $\varepsilon \geq \varepsilon_0$), CAFE를 선택한다.

ε이 ε_0보다 작으면(즉, $\varepsilon < \varepsilon_0$), PUB을 선택한다.

여기서 $\varepsilon=(2-6\frac{\delta_0}{a})$이다.

경기자 A의 절단전략이 주어진 상태에서 경기자 B의 최적 전략을 생각해 보자. 경기자 B의 입장에서 보았을 때 경기자 A가 CAFE를 선택할 확률은 $1-(\varepsilon_0/a)$이고, PUB를 선택할 확률은 ε_0/a이다.

경기자 A는 타입의존적인 순수전략을 택하고 있지만, 경기자 B는 경기자 A가 마치 혼합전략을 택하는 것으로 간주한다. 이와 같은 경기자 A의 혼합전략이 주어진 상태에서 경기자 B가 CAFE보다 PUB을 선택하기 위해서는 다음 조건식이 성립해야 된다.

$$[1+\delta](1-\frac{\varepsilon_0}{a})+(4+\delta)\frac{\varepsilon_0}{a}\geq 3(1-\frac{\varepsilon_0}{a})\Leftrightarrow \delta\geq 2-6\frac{\varepsilon_0}{a}.$$

위에 주어진 조건식의 왼쪽 항은 경기자 B가 PUB을 선택했을 때의 보수이고, 오른쪽 항은 경기자 B가 CAFE를 선택했을 때의 보수이다. 이 조건식에 의하면 경기자 B는 자기 타입 δ가 $2-6\frac{\varepsilon_0}{a}$보다 크면 PUB을 선택한다. 따라서 우리는 δ_0를 다음과 같이 정의할 수 있다.

$$\delta_0=2-6\frac{\varepsilon_0}{a}.$$

경기자 A의 절단전략에서 $\varepsilon_0=(2-6\frac{\varepsilon_0}{a})$이다.

위 두 식을 ε_0와 δ_0에 대해서 풀면 다음 사실을 얻을 수 있다.

$$\varepsilon_0=\delta_0=\frac{2a}{6+a}.$$

절단전략을 쓰는 베이스 내쉬 균형(Bayesian Nash equilibrium)은 다음과 같다.

- 경기자 A는 자기의 타입 ε이 $\frac{2a}{6+a}$보다 크거나 같으면 CAFE를 선택한다.
  경기자 A는 자기의 타입 ε이 $\frac{2a}{6+a}$보다 작으면 PUB을 선택한다.
- 경기자 B는 자기의 타입 δ가 $\frac{2a}{6+a}$ 보다 크거나 같으면 PUB을 선택한다.
  경기자 B는 자기의 타입 δ가 $\frac{2a}{6+a}$보다 작으면 CAFE를 선택한다.

경기자 A가 CAFE를 선택할 확률은 다음과 같다.

$$\Pr\left[\varepsilon \geq \frac{2a}{6+a}\right]=\left[a-\frac{2a}{6+a}\right]\frac{1}{a}=1-\frac{2}{6+a}.$$

a가 0으로 수렴하는 경우를 살펴보자. 이 경우 ε이 0이 될 확률은 1이 된다. ε이 0이 되면 "성의 전쟁 게임은 경기자들이 상대방들의 타입을 확실하게 식별할 수 있는 완비 정보게임(complete information game)이 된다. 즉, 경기자 A가 CAFE를 선택할 확률은 2/3이고, PUB을 선택할 확률은 1/3이다. 마찬가지로 경기자 B가 PUB을 선택할 확률은 2/3이고, CAFE를 선택할 확률은 1/3이다. 이 게임에서 경기자 A와 B는 혼합전략 내쉬 균형 프로필을 구사한다. 순수전략 베이스 내쉬 균형은 교란되지 않은 게임의 혼합전략 내쉬 균형을 닮게 된다. 이것이 하르사니(John Harsany)의 정화정리(purification theorem)이다. 순수전략 베이스 내쉬 균형은 보수행렬의 교란이 소멸될 때 완비 정보게임의 혼합전략 내쉬 균형을 닮는다.

6-2 옥션

현실적으로 시장에서 판매자들은 시장수요에 대한 완전한 지식을 갖지 못하고 있는 대신에 시장수요에 대한 통계적 정보만을 갖고 있다. 단지 구매자들은 특정한 가격에 대응하여 얼마만큼을 수요해야 하는지를 알고 있다. 하나의 재화 또는 자산을 경매를 통하여 판매하는 상황을 고려해 보자. 통상적으로 판매자는 구매자들이 평가하는 가치를 알지 못하는데도 불구하고 구매자들 사이에 형성된 가치평가에 대한 분포를 알고 있다.

하나의 재화(자산)을 판매하기 위하여 역사적으로 형성된 옥션의 형태는 다음과 같다.

① 1차 가격 봉인경매(first-price sealed-bid auction): 경매에 참여하는 각 입찰자는 봉인된 입찰가를 판매자에게 제시하고 판매자는 가장 높은 가격을 제시한 입찰자에게 재화(자산)를 양도한다. 낙찰자는 자기가 제시한 가격을 판매자에게 지불한다.

② 2차 가격 봉인경매(second-price sealed-bid auction): 경매에 참여하는 각 입찰자는 봉인된 입찰가를 판매자에게 제시하고 판매자는 가장 높은 가격을 제시한 입찰자에게 재화(자산)를 양도한다. 낙찰자는 제시된 가격들 중에서 두 번째로 높은 가격으로 판매자에게 지불한다.

③ 더치 옥션(Dutch auction): 판매자는 매우 높은 가격에서부터 가격을 부르고 점차적으로 가격을 낮추어 부른다. 재화(자산)를 사겠다고 손을 드는 첫 번째 입찰자가 그것을 획득하고 낙찰자는 손을 든 시점에서 형성된 가격을 지불한다.

④ 잉글리쉬 옥션(English auction): 판매자는 아주 낮은 가격에서부터 가격을 부르고 점차적으로 가격을 높여 부른다. 각 입찰자는 경매가 진행되는 동안 중도 포기를 하고자 할 경우 신호를 판매자에게 보낸다. 일단 중도 포기를 하면 나중에 경매에 참여할 수 없다. 단지 한 명의 입찰자가 남았을 때만, 그 입찰자는 승자가 되고 그때 형성된 가격을 지불한다.

잉글리쉬 옥션과 더치 옥션을 열린 경매(open auction)라고 부르고, 1차 가격 봉인경매와 2차 가격 봉인경매를 폐쇄된 경매(closed auction)라고 부른다. 입찰자들이 경매 물품에 대한 평가가 사적이고 입찰자들 사이에 독립적이라면 잉글리쉬 옥션과 2차 가격 봉인경매는 구조적으로 동일한 시스템이다. 마찬가지로 이 경우에 더치 옥션과 1차 가격 봉인경매는 구조적으로 동일하다. 이러한 모형을 독립적이고 사적인 모형(independent private value(IPV) model)

이라고 부른다. 독립적이라는 것은 구매자의 사적 가치 또는 정보가 다른 모든 구매자들의 사적 정보로부터 독립적이라는 사실을 의미한다. 사적 가치라는 것은 일단 구매자가 자기의 고유한 사적 정보를 이용하여 경매 물품의 가치를 평가한 상태에서 다른 구매자의 사적 정보를 알게 된다고 해서 그의 사적 평가가 영향을 받지 않는다는 것을 의미한다.

경매물건에 대한 구매자들의 가치평가가 사적이고 독립적인 경우, 위에 제시된 경매제도는 모두 판매자에게 동일한 기대수입을 가져온다. 이것이 수입등가정리(revenue equivalence theorem)이다. 이에 대한 증명은 제7장의 수입등가정리와 정부조달에 관한 절에 나타나 있다. 물론 이것은 기제설계적 접근법(mechanism design approach)으로 증명되었다.

경매물건에 대한 구매자들의 가치평가들이 연계되어 있을 때에는 수입등가정리가 성립되지 못하고 경매를 통하여 재화를 획득한 승자가 손해를 보게 되는데 이것을 승자의 저주(winner's curse)라고 부른다. 경매에 참여하는 구매자들이 상호 독립적이고 사적인 가치평가를 한다는 가정 하에서 1차 가격 봉인경매와 2차 가격 봉인경매를 차례로 살펴보고, 구매자들이 경매물품에 대하여 공통의 가치평가를 한다는 가정 하에서 낙찰자에게 일어나는 승자의 저주를 살펴보자.

1차 가격 봉인경매

1차 가격 봉인경매의 게임의 규칙은 2차 가격 봉인경매의 게임의 규칙과 유사하다. 다른 점은 한 입찰가 낙찰이 되었을 때 그는 자기가 적어낸 가격을 지불하게 된다는 것이다. 이 경우 각 입찰자는 2차 가격 봉인경매에서처럼 자신이 생각하는 가치로 적어내기보다는 낮은 가격을 적어내고자 하는 유인이 발생한다. 왜냐하면 입찰자가 자기가 생각하는 가치를 적어냈을 경우 낙찰이 된다고 하더라도 이익을 실현할 수 없기 때문이다. 각 입찰자가 타입의존적인 입찰가를 다음과 같이 적어낸다고 하자.

입찰자 i의 전략: $p_i=p_i(v_i)=cv_i$.

분석의 편의상 입찰자 i와 입찰자 j가 경매에 참여한다고 하자. 즉, 두 명의 입찰자들이 경매에 참여하고 있다. 입찰자 j의 전략은 다음과 같다.

입찰자 j의 전략: $p_j=p_i(v_j)=cv_j$.

입찰자 i의 최적 입찰전략을 살펴보자. 입찰자가 i가 경매에서 이기기 위해서는 그의 입찰가격이 입찰자 j의 입찰가격보다 높아야 한다. 입찰자 i가 경매에서 승리할 확률은 다음과 같이 주어진다.

$$\Pr(p_i > p_j)=\Pr(p_i > cv_j).$$

각 입찰자의 타입, 즉 가치가 다음과 같은 일양분포를 갖는다고 하자.

$$v_i \sim Uniform[0, 1],\ i \in \{1, 2\}.$$

따라서 입찰자 i가 승리할 확률은 다음과 같이 주어진다.

$$\Pr(p_i > p_j)=\Pr(p_i > cv_j)=\Pr(v_j < \frac{p_i}{c})=\frac{p_i}{c}.$$

입찰자 i가 경매에서 승리할 경우 사후적으로 그가 갖게 되는 보수는 v_i

$-p_i$이다. 입찰자 i가 기대하는 사전적 보수는 다음과 같이 주어진다.

$$(v_i - p_i)\Pr(p_i > p_j) + 0\Pr(p_i - p_j) = \frac{(v_i - p_i)p_i}{c}.$$

입찰자 i는 위에 주어진 기대보수를 극대화하기 위해서 입찰가 p_i를 다음과 같이 선택한다.

$$\text{Argmax}_{p_i} \frac{(v_i - p_i)p_i}{c} \Rightarrow p_i^* = \frac{v_i}{2}.$$

각 입찰자는 자기가 생각하는 가치의 (1/2)배로 입찰가격을 적어낸다. 따라서 $c=1/2$.

2차 가격 봉인경매

어느 유명화가가 그린 그림을 경매한다고 하자. 경매의 형태는 여러 가지가 있을 수 있지만 차점가격 봉인경매의 경우를 살펴보자. 이 경매의 구조와 규칙은 다음과 같다.

- 경매에 참여하는 구매자의 수가 n명이라고 하자. 구매자들의 집합을 N이라고 표현하자.

  $$N = \{1, 2, \cdots, n\}.$$

- 각 구매자는 경매되는 그림에 대하여 가치를 평가하고 있다. 구매자 i의 그림에 대한 평가가치는 v_i이다.
- 각 구매자는 자신의 입찰가를 밀봉된 봉투에 적어내고 경매자는 모든

입찰가를 동시에 개봉한다. 구매자 i가 적어낸 가격을 p_i라고 하자.

- 최고의 입찰가를 적어낸 구매자가 경매물품을 획득하며, 우리는 그를 낙찰자라고 부른다. 낙찰자는 자신이 적어낸 가격을 지불하는 것이 아니고 탈락한 입찰가 중에서 가장 높은 액수를 지불한다고 하자. 이것을 p^s(second highest price)라고 하자. 가장 높은 가격을 적어낸 구매자가 여러 명일 경우에는 승자를 확률적으로 결정하고 승자가 될 확률은 이들 간에 동일하게 주어진다고 하자.
- 구매자 i가 승자가 되었을 경우 그의 보수는 v_i-p^s가 되고, 다른 구매자들의 보수는 0이 된다.

차점가격 봉인경매에서 각 구매자는 자신의 가치가 아닌 가치로 입찰가를 적어내는 전략은 자신의 가치로 입찰가를 적어내는 전략에 의해 약하게 지배된다. 즉, 자신이 평가하는 가치로 입찰가를 적어내는 전략이 약하게 우등한 전략이 된다.

이것을 증명하여 보자. 구매자 i의 전략을 p'이라고 하고, 구매자 i를 제외한 다른 구매자들의 전략 프로필을 p_{-i}라고 하자. 이 전략 프로필의 원소 중 가장 높은 입찰가격을 p_{-i}^m이라고 하자. 구매자 i가 자신이 평가하는 가치로 적어내는 전략을 $p''=v_i$라고 하자.

[사례 1] 구매자 i의 전략, p'이 구매자 i의 가치 v_i보다 작은 경우, 즉 $p'<v_i$인 경우를 보자.

① $p_{-i}^m<p'$인 경우, $p_{-i}^m<p'<v_i$가 성립한다. 따라서 구매자 i의 전략 p'과 구매자 i의 다른 전략 $p''=v_i$는 무차별하다. 이 경우, 구매자 i의 보수는 $v_i-p_{-i}^m$이 된다.

② $p_{-i}^m = p'$인 경우, $p_{-i}^m = p' < v_i$가 성립한다. 따라서 전략 $p'' = v_i$가 전략 $p' = p_{-i}^m$보다 우세하다. 왜냐하면 전략 $p' = p_{-i}^m$이 가져오는 보수는 $\frac{1}{n}(v_i - p_{-i}^m)$인 반면에, 전략 $p'' = v_i$가 가져오는 보수는 $v_i - p_{-i}^m$이 되기 때문이다. 여기서 n은 p_{-i}^m으로 입찰한 구매자들의 숫자를 말한다.

③ $p_{-i}^m \in (p', p'')$인 경우, $p' < p_{-i}^m = p'' = v_i$가 성립한다. 따라서 전략 $p'' = v_i$가 전략 p'보다 우세하다. 왜냐하면 전략 $p'' = v_i$가 가져오는 보수는 $v_i - p_{-i}^m$인 반면에 전략 p'이 가져오는 보수는 0이 되기 때문이다.

④ $p_{-i}^m \geq p'' = v_i$인 경우, 구매자 i의 전략 p'과 $p'' = v_i$가 가져오는 보수는 0이다.

[사례 2] 구매자 i의 전략 p'이 구매자 i의 가치 v_i보다 큰 경우, 즉 $p' > v_i$인 경우를 보자.

① $p_{-i}^m < p'' = v_i$인 경우, $p_{-i}^m < p'' = v_i < p'$이 성립한다. 따라서 구매자 i의 전략 p'과 $p'' = v_i$는 무차별하다. 이 경우, 구매자 i의 보수는 $v_i - p_{-i}^m$이 된다.

② $p_{-i}^m = p'' = v_i$인 경우, $p_{-i}^m = p'' = v_i < p'$이 성립한다. 전략 $p'' = v_i$와 $p' = p_{-i}^m$이 가져오는 보수는 0이다. 따라서 두 전략은 무차별하다.

③ $p_{-i}^m \in (p'', p']$인 경우, 전략 $p'' = v_i$가 가져오는 보수는 0인 반면에, 전략 p'이 가져오는 보수는 음(negative)이 된다.

④ $p_{-i}^m > p'$인 경우, 두 전략이 가져오는 보수는 0이다.

공통가치 경매와 승자의 저주

앞절들에서 소개한 1차 가격 봉인경매나 2차 또는 차점가격 봉인경매의 분석은 경매물품에 대한 평가가치 또는 추정비용이 입찰자 간에 독립적으로 분포한다는 가정 하에 행하여졌다. 그러나 실제에 있어서 경매물품에 대한 구매자의 가치평가는 구매자들 간에 상호 밀접한 상관관계가 있다. 건설공사의 입찰에서 한 입찰자가 추정하는 건설비용은 다른 입찰자들이 추정하는 가치와 상호 밀접한 상관관계가 있다. 한 입찰자의 추정비용이 높으면 다른 입찰자들의 추정비용이 높은 반면에, 그의 추정비용이 낮으면 다른 입찰자들의 추정비용이 낮은 경향이 농후하다. 승자의 저주(winner's curse)는 각 입찰자들이 경매물품의 가치를 추정하는 공통가치 경매나 연계된 가치(affiliated values) 경매에서 일어난다. 더 높은 추정치를 가지고 있는 입찰자는 평균적으로 볼 때 양의 오차(positive error)를 범한 것이다. 따라서 입찰자들은 낙찰된다면 대체로 지나치게 낙천적이었기 때문에 낙찰된 것이므로 입찰가를 감춰야(shade)만 한다.

승자의 저주의 가장 간단한 예를 들어 보자. 경매에서 경찰차가 2차 가격 봉인경매 시스템을 통해서 팔린다고 하자. 각각의 입찰자들은 차를 점검할 것이고 이후에 입찰을 시작할 것이다.

차의 진짜 가치는 v이고, v는 평균 μ와 분산 σ_v^2을 가지고 있다. 평균이 μ라는 것은 여러 번의 경매를 통해서 차를 팔 때에 그 평균가격이 μ라는 사실을 반영한다. 하지만 각 경매에서 차의 가격은 차이가 있으며, 그 차이는 σ_v^2에 의해 포착된다.

각 입찰자는 정비공을 고용하여 차의 가치를 추정할 것이다. 정비공은 자신이 측정한 가치 $t_i=v+\varepsilon_i$를 보고할 것이다. 이때 ε_i는 정비공의 평가에 있는 오차이다. 입찰자는 다른 입찰자들의 정비공이 그들의 고용자에게 보고한 가치를 알지 못한다.

우리는 $\varepsilon_1, \cdots, \varepsilon_n \overset{IID}{\sim} F_\varepsilon$[2]이고 각각의 $\varepsilon_1, \cdots, \varepsilon_n$의 평균은 0이고 분산은 σ_ε^2이

2) 이것은 각 정비공의 예측오차가 독립적으로 동일하게 분포되어 있다는 것을 의미한다.

라고 가정할 것이다. σ_ε^2이 σ_v^2에 비해 클수록 정비공의 보고에 잡음(noise)이 많다는 의미임에 주목하라.

t_i에 기초해서 i번째 입찰자는 차의 진짜 가치를 추정할 것이다. 특히, 입찰자는 아래의 추정치를 형성할 것이다.

$$y_i=\lambda t_i+(1-\lambda)\mu.$$

이러한 추정치를 형성하는 이유는 만약 t_i의 잡음이 상대적으로 크다면 입찰자는 정비공의 보고에 더 낮은 가중치를 주고 경매에서의 평균가가 더 신뢰할 수 있다고 가정해야 하기 때문이다. 이때 아래의 사실에 주목하자.

$$E[y_i]=\lambda E[t_i]+(1-\lambda)\mu=\lambda E[v+\varepsilon_i]+(1-\lambda)\mu=\lambda\mu+(1-\lambda)\mu=\mu\,.$$

λ의 최적의 값은 얼마인가? 주어진 λ의 값에 대한 예측오차(forecast error)는 다음과 같다.

$$\begin{aligned}\delta_i&=y_i-v\\&=\lambda t_i+(1-\lambda)\mu-v\\&=\lambda(v+\varepsilon_{i_{+(1-\lambda)\mu}})-v\\&=(1-\lambda)(\mu-v)+\lambda\varepsilon_i.\end{aligned}$$

예측오차의 분산은 다음과 같다.

$$\begin{aligned}V[\delta_i]&=V[(1-\lambda)(\mu-v)+\lambda\varepsilon_i]\\&=(1-\lambda)^2V[v]+\lambda^2V[\varepsilon_i]\end{aligned}$$

$$=(1-\lambda)^2\sigma_v^2+\lambda^2\sigma_\varepsilon^2.$$

예측오차의 분산을 최소화할 수 있는 λ를 선택하자. 1차 필요조건은 다음과 같다.

$$\frac{\partial V[\delta_i]}{\partial\lambda}=-2(1-\lambda)\sigma_v^2+2\lambda\sigma_\varepsilon^2=0.$$

이것은 $(1-\lambda)\sigma_v^2=\sigma_\varepsilon^2$을 의미하거나 $\lambda=\lambda^*=\sigma_v^2/\sigma_v^2+\sigma_\varepsilon^2$을 의미한다.

λ^*는 신호 대 총분산(signal-to-total variance) 비율이다. 만약 σ_ε^2이 작다면 λ^*는 1에 거의 1이고 그 결과는 정비공의 보고에 더 큰 가중치를 둔 평균이다.

정비공의 보고에 의거하고 λ의 최적의 값을 $\lambda=\lambda^*$로 하면 각 입찰자는 현재 경매에 붙여진 차의 가치에 대해 잘 알고 있게 된다. 이 경매는 second-pricc auction이기 때문에 혹자는 각 입찰자가 $y_i^*=\lambda^* t_i+(1-\lambda^*)\mu$로 입찰해야 한다고 생각할 수도 있다.

하지만 이렇게 되면 승자의 저주가 일어난다. 가장 높은 입찰자가 경매에서 낙찰받게 되고 이 입찰자는 정비공이 가장 큰 양의 오차를 저지른 입찰자이다. 그는 두 번째로 높은 입찰가를 지불하게 되지만 이 입찰가는 두 번째로 큰 양의 오차를 포함하는 입찰자이다. 따라서 second price auction에서조차 두 번째로 높은 입찰자가 지나치게 낙천적이었다는 사실을 고려해야 하며 입찰가를 숨겨야만 한다.

10명의 입찰자가 있는 경매에서 만약 $\varepsilon_1, \cdots, \varepsilon_n \overset{IID}{\sim} N(0, 1)$이라면, 즉 오차들이 평균 0과 분산 1을 갖는 정규분포가 되었다면 두 번째로 높은 오차 $\varepsilon_{(n-1)}$의 기댓값은 대략 1.003이라는 것이다. [표 6-6]에는 다른 경우들이 나와 있다. [표 6-6]에서 볼 수 있듯이, $E[\varepsilon_{(n-1)}]$은 n이 커질수록 커진다.[3] 이 사실은 eBay

3) 순서통계량(order statistics)에 관한 내용은 본장의 부록을 참조하기 바란다.

[표 6-6] **다양한 수의 입찰자들이 있을 때 두 번째로 큰 오차의 기댓값**

n	$E[\varepsilon_{(n-1)}]$
10	1.001
25	1.524
35	1.692
100	2.148

에 참여하는 입찰자들로 하여금 걱정이 들게 할 수도 있다. 주어진 상품에 대해 수천 명의 입찰자들이 있고, 만약 그 상품이 자기 자신에게 얼마만큼의 가치가 있는지 모른다면 입찰가를 상당히 숨겨야 한다. 이러한 상황에서 입찰을 해야 할까 하는 의구심이 든다.

각 입찰자들이 자기 자신의 입찰가를 k만큼 숨겨서 낮추어 입찰에 참여한다고 하자.

$$
\begin{aligned}
y_i &= \lambda^* t_i + (1-\lambda^*)\mu - k \\
&= \lambda^* v + (1-\lambda^*)\mu + \lambda^* \varepsilon_i - k.
\end{aligned}
$$

$\bar{\varepsilon} = E[\varepsilon_{(n-1)}]$이라 하자. 이 값은 일반적으로 컴퓨터 시뮬레이션을 통해서 추정할 수 있다.

두 번째로 높은 입찰자의 기대입찰가는 다음과 같다.

$$
\lambda^* v + (1-\lambda)\mu + \lambda^* \bar{\varepsilon} - k.
$$

따라서 만약 모든 입찰자가 $k = \lambda^* \bar{\varepsilon}$라고 놓는다면 각 입찰자가 이길 경우에 지불해야 하는 기댓값은 다음과 같다.

$$E[\lambda^* v+(1-\lambda^*)\mu]=\mu.$$

이것은 평균적으로 입찰자가 상품의 값어치와 같은 가격을 지불한다는 것을 의미한다.

결론적으로, 각 입찰자는 2차 가격 경매에서 그가 가진 정보에 의거해서 자신이 생각하는 상품의 가치에서 관찰된 신호, 즉 정비공의 예측오차에 있는 두 번째로 큰 기대오차만큼 할인을 한 값으로 입찰한다. 현실 세계에서는 입찰자들은 컨설턴트들을 고용해서 경매를 시뮬레이션하게 한다. 컨설턴트들은 σ_ε^2 과 σ_v^2에 대해서 경험에서 우러난 추측을 이용하여 시뮬레이션을 한다.

참고문헌

Card, David, unpublished lecture notes for Microeconomics, Department of Economics, University of California at Berkeley.

Myerson, Roger B., unpublished lecture notes for "Introduction to Game Theory," Department of Economics, University of Chicago.

Osborne, Martin, *An Introduction to Game Theory*, Oxford U. Press, 2004.

김진옥, 『전략과 정보의 경제학』, 제주대학교 출판부, 2012.

김진옥, 『정보경제학』, 도서출판 해남, 2013.

연습문제

1. 경기자 1이 T 또는 B를 선택하고 경기자 2가 L 또는 R를 선택하는 두 경기자 게임을 생각해 보자. 그들이 게임을 할 때, 경기자 2는 자기의 타입이 A 또는 B인지 알고 있다고 하자. 두 경기자의 보수행렬이 다음과 같이 주어져 있다.

	경기자 2의 타입=A	
	L	R
T	4, 0	0, 2
B	0, 4	2, 0

	경기자 2의 타입=B	
	L	R
T	4, 0	0, 4
B	0, 2	2, 0

(a) 경기자 1은 경기자 2의 타입이 A이거나 B일 확률이 1/2로 동등하게 일어날 것으로 생각한다. 베이스 균형을 구하시오.

(b) 경기자 1이 경기자 2의 타입이 A일 확률을 1/6로, B일 확률을 5/6로 생각한다면 베이스 균형이 어떻게 변하는가?

2. 경기자 1과 2가 값비싼 상(valuable prize)을 갖기 위하여 싸울 것인지 말 것인지를 결정해야 한다고 하자. 두 경기자가 싸울 경우에는 $1를 잃게 되고 아무도 상을 받지 못한다고 하자. 한 경기자가 싸우고 다른 경기자가 싸우지 않을 경우에는 기꺼이 싸움을 택한 경기자가 상을 받게 된다. 싸우지 않은 경기자의 보수는 $0로 보장된다. 경기자들은 경기자 2의 상의 보수가 $2라는 것을 알고 있다. 하지만 상은 경기자 1에게 더 값어치가 나간다고 하자. 경기자 1의 상의 가치를 V_1이라고 하자. 아래에 주어진 보수행렬을 가지고 물음에 답하시오.

		경기자 2	
		싸우지 않음	싸움
경기자 1	싸우지 않음	0, 0	0, 2
	싸움	V_1, 0	−1, −1

(a) 경기자 1의 상의 가치 V_1=\$3라고 하자. 누구나 이 사실을 알고 있다. 혼합전략 균형을 포함하여 모든 내쉬 균형을 구하시오.

(b) 경기자 2가 V_1의 값이 2일 확률이 1/2, V_1의 값이 3일 확률을 1/2로 믿고 있다고 하자. 이 경우 베이스 균형을 구하시오.

(c) 경기자 1의 상의 가치 V_1=\$2+$\hat{t}_1$이라고 하자. 경기자 1은 상의 가치를 알고 있지만 경기자 2는 $\hat{t}_1$가 구간 [0, 1]의 어떤 값을 취하는 일양확률변수(uniform random variable)로 생각하고 있다고 하자. 이 경우 베이스 균형을 구하시오.

3. 상대방의 타입을 알지 못하는 성의 전쟁 게임을 예를 들어 보자. 각 경기자 i의 타입 t_i는 상대방이 선호하는 곳에서 만났을 때 발생하는 경기자 i의 효용을 나타낸다. 경기자 i의 행동 f_i는 경기자 i가 선호하는 장소를 가리킨다. 두 경기자의 보수행렬이 다음과 같이 주어져 있다.

		경기자 2	
		f_2	g_2
경기자 1	f_1	0, 0	0, t_2
	g_1	t_1, 0	−1, −1

각 경기자 i가 자기의 타입 t_i을 알고 있지만 상대방의 타입은 모른다고 하자. 각 경기자는 단지 상대방의 타입이 구간 [1, 2] 사이에서 값을 취하는 일양확률변수로 생각하고 있다고 하자. 이 경우 모든 베이스 내쉬 균형을 구하시오.

부록: 순서 통계량(Order Statistics)

$X_1, \cdots, \varepsilon_n \overset{IID}{\sim} F_X$라 하고 $Y_k = X_{(n-k+1)}$이 $1 \le k \le n$일 때 k번째로 큰 관측값(observed value)을 나타내도록 하자. 그렇다면

$$
\begin{aligned}
F_{Y2}(x) &= P(\text{정확히 하나의 관측값이 } x\text{보다 크다}) + P(\text{모든 관측값이 최대 } x\text{이다}) \\
&= n[1-F_X(x)] \times [F_X(x)]^{n-1} + [F_X(x)]^n \\
&= n[FX(x)]^{n-1} - n[F_X(x)]^n + [F_X(x)]^n \\
&= n[F_X(x)]^{n-1} - (n-1)[F_X(x)]^n.
\end{aligned}
$$

따라서

$$
\begin{aligned}
f_{Y2}(x) &= F'_{Y2}(x) \\
&= n(n-1)[F(x)]^{n-2} f_X(x) - n(n-1)[F_X(x)]^{n-1} f_X(x) \\
&= n(n-1)[F_X(x)]^{n-2} f_X(x) - S_X(x).
\end{aligned}
$$

이때 $S_X(x)$는 $1-F_X(x)$로 정의된다. 그렇다면

$$E[Y_2] = n(n-1) \int_R x[F_X(x)]^{n-2} f_X(x) S_X(x)\, dx.$$

일양분포

만약 $X_1, \cdots, X_n \overset{IID}{\sim} \text{Uniform}(0, 1)$이라면

$$
\begin{aligned}
E[Y_2] &= n(n-1) \int_0^1 x^{n-1}(1-x)\, dx \\
&= n(n-1)\left(\frac{1}{n} - \frac{1}{n+1}\right)
\end{aligned}
$$

$$= \frac{n-1}{n+1}.$$

정규분포

만약 $X_1, \cdots, X_n \overset{IID}{\sim} N(0, 1)$이라면

$$E[Y_2] = n(n-1) \int_R x[\Phi(x)]^{n-2}[1-\Phi(x)]\varnothing(x)dx.$$

이때 Φ는 표준정규 누적분포함수(standard normal CDF)이고

$$\varnothing(x) = \Phi'(x) = \frac{1}{\sqrt{2\pi}} e^{-x^2/2}.$$

이것은 Gaussian quadrature와 다음과 같이 R 프로그래밍 언어를 이용해서 계산할 수 있다.

```
ESB.gq = function(n, CDF, PDF) {
# - computes approx. EV of 2nd biggest observation among n IID draws
from dist. "CDF"
# - corresponding density is "PDF"
f = function(x){x*n(n-1)*(CDF(x))^(n-2)*PDF(x)*(1-CDF(x))}
# - "f" is density of 2nd biggest observation
integrate(f, -Inf, Inf)$value
}
```

체크를 한 번 해 보기 위해서 n=100일 때 $E[Y_2]$를 시뮬레이션을 통해 추정해 보도록 한다. 다음의 R 스크립터(script)는 $E[Y_2] \approx 2.148444$라는 값을 내놓

는데, 이것은 전에 계산된 결과와 상당히 유사하다.

```
EBS.sim = function(n,B){
# - computes EV of 2nd biggest observation among n IID draws from standard normal
x = 0
for(i in 1:B) x = x+ sort(rnorm(n)) [n-1]
x/B
}
print(ESB.sim(100,1e06))
```

R를 통계학적 계산을 위한 프로그래밍 언어로 http://www.r-project.org 에서 무료로 다운받을 수 있다.

7

역선택과 교역계획, 그리고 시장의 균형

7-1 역선택: 두 종류의 숨겨진 정보
7-2 역선택의 일반모형
7-3 역선택: 대리인의 타입이 연속적일 경우

제6장에서 살펴본 베이스 게임은 게임 또는 경제적 거래에 참여하는 모든 당사자가 각각 자기만의 유일한 사적 정보 또는 타입을 갖는 것을 전제하였다. 하지만 두 경기자 1과 2가 게임에 임하는 경우 경기자 1은 사적 타입을 갖고 있고 경기자 2는 사적 타입을 가지지 못한 경우가 있을 수 있다. 두 경기자가 경제적 거래를 하고자 계약을 맺고자 할 때, 고유한 사적 타입을 가지지 못한 경기자 2가 교역계획을 설계한다고 하자. 이때 경기자 2는 경기자 1의 타입을 고려한 계약을 설계하려 할 것이다. 정보경제학에서 계약설계의 수제를 주인(principal)이라고 부르고 계약의 상대방을 대리인(agent)이라고 부른다.

주인이 대리인의 능력 또는 타입을 식별하지 못할 경우 발생할 수 있는 문제와 이를 해결하기 위한 계약의 설계에 관하여 살펴보자. 이를 위하여 고용주와 피고용인의 노동계약 관계를 살펴보자. 고용주가 한 사람의 노동자를 고용하여 이윤을 창출하고자 한다고 하자. 이 고용주는 노동자가 제공하는 노동 또는 노력의 대가로 임금을 제공하고 노동자는 자기를 고용한 고용주의 수입을 창출하기 위하여 노동 또는 노력을 제공한다고 하자. 고용주를 주인이라고 하고 노동자를 대리인이라고 하자. 고용주와 피고용인과의 노동계약에서 계약설계의 주체가 고용주일 경우 고용주는 주인이 되고 피고용인은 대리인이 된다. 주인의 수입은 대리인의 노력의 정도와 대리인의 능력, 즉 대리인이 얼마나 유능한지에 달려 있다고 하자. 대리인의 능력을 대리인의 타입(type)이라고 부르자. 주인이 대리인의 타입 θ를 식별할 수 없다면 주인의 입장에서 대리인의 타입은 주인이 알 수 없는 숨겨진 정보가 되고 주인과 대리인 사이에 정보의 비대칭성(informational asymmetry)이 존재한다. 정보의 비대칭성이 존재하는 생황에서 계약의 설계자인 주인이 당면한 문제는 정보의 비대칭성을 완화하기 위한 계약을 설계하는 것이다.

7-1 역선택: 두 종류의 숨겨진 정보

대리인이 두 종류의 타입을 갖고 있고 이것을 주인이 식별할 수 없다고 하자. 이러한 단순한 상황에서 주인과 대리인 사이에 발생할 수 있는 여러 가지 가능성을 살펴보고 이를 타개하기 위한 계약의 설계를 살펴보자.

최선의 계약(First Best Contract) 설계

주인이 대리인을 고용하여 생산활동을 한다고 하자. 이 경우, 주인의 수입(revenue)은 대리인의 생산성, 즉 타입과 노력(effort)에 달려 있다. 주인의 수입함수(revenue function)를 다음과 같이 정의하자.

$$R=R(e|\theta),\ R(e=0|\theta)=0,\ R'(e|\theta)>0,\ R''(e|\theta)\le 0,\ \forall\theta,\ \forall e,\ R'(e=0|\theta_l)>\theta_l.$$

여기서 R는 수입, e는 대리인의 노력의 정도, θ는 대리인의 타입이다. R'은 θ가 주어진 상태에서 e에 대한 1차 미분을 나타내고, 이것이 0보다 큰 양의 실수라는 사실은 대리인의 노력의 한계수입(marginal revenue)이 0보다 큰 것을 나타낸다. R''은 e에 대한 2차 미분을 나타내고, 이것이 0보다 작거나 같다는 사실은 한계수입이 체감한다는 것을 나타낸다.

고용주인 주인이 노동자인 대리인의 타입을 완전하게 식별할 수 있다고 하자. 주인은 대리인이 제공하는 노력 수준 e를 완전하게 식별할 수 있고, 대리인은 주인이 제공하는 임금 w를 완전하게 관측할 수 있다고 하자. 즉, 주인과 대리인은 계약의 내용(w, e)을 완전하게 관측할 수 있고 문제가 발생했을 경우 법정에서 완전하게 입증할 수 있다고 하자.[1] 이 경우, 주인이 당면한 문제는 대리인의 노력 수준 e와 임금 수준 w를 설정하는 것이다. 임금 수준 w와 대리인의 노력 수준 e가 주인과 대리인 사이에 맺어지는 교역조건, 즉 계약(contract)이다.

계약 설계자인 주인이 계약 (w, e)를 대리인이 수용하도록 하기 위해서 어떻게 계약을 설계해야 되는가? 주인이 설계한 계약을 대리인이 수용하기 위해서는 계약 (w, e)가 가져오는 대리인의 보수가 대리인이 계약을 수용하지 않았을 때 발생하는 다른 대안의 보수(alternative payoff)인 유보임금 w_0 이상이 되어야 한다. w_0는 0 이상이라고 하자.

주인이 설계하는 계약 (w, e)가 가져오는 주인의 이윤은 수입 R에서 대리인에게 지급하는 임금 w를 뺀 것으로 다음과 같이 정의된다.

$$\text{주인의 이윤} = R(e|\theta) - w.$$

주인이 설계하는 계약 (R, e)가 가져오는 대리인의 보수는 대리인이 지급받는 임금에서 노력의 비효용(disutility) θe을 뺀 것으로 다음과 같다.

$$\text{대리인의 보수} = w - \theta e.$$

1) 계약을 맺은 양 당사자가 계약내용의 준수 여부를 완전하게 관측할 수 있지만 법정에서 입증할 수 없는 상황이 발생할 수 있다. 이에 관한 논의는 제11장 불완비계약이론(incomplete contract theory)에서 초보적으로 다루어지고 있다.

계약 (w, e)가 주어진 상태에서 대리인의 타입이 클수록 대리인의 보수는 감소한다. 대리인의 노력의 수준 e가 주어진 상태에서 타입이 클수록 대리인에게 보다 큰 비효용 θe가 발생한다. 물론 비효용 θe는 화폐단위로 표현되어 있다.

주인의 계약설계를 수학적으로 표현하면 다음과 같다.

$$\mathrm{Argmax}_{(w,\,e)}\, R(e|\theta)-w,$$
$$\text{Subject to}\;\; w-\theta e\geq w_0.$$

주인이 대리인과의 계약설계를 위해 선택하는 변수들로는 대리인에게 지급하는 임금 w와 대리인이 주인에게 행하는 대리인의 노력 수준 e이다. 주인이 대리인을 고용할 때 직면한 제약조건은 대리인을 계약에 참여시키는 것이다. 즉, 계약의 설계를 대리인이 받아들였을 때 발생하는 보수 $w-\theta e$가 대리인이 계약을 받아들이지 않았을 때 발생하는 다른 대안의 보수인 유보보수(reservation payoff) w_0 이상이 되어야 한다. 이것이 위 수학적 표현에서 제약조건으로 걸려 있다. 우리는 이 제약조건을 개인의 합리성 제약조건(individual rationality constraint: IR) 또는 참여 제약조건(participation constraint: PC)이라고 부른다. 본서에서는 이것을 대리인의 참여 제약조건이라고 부르자.

제약조건 하에서 극대화 문제를 풀기 위해 라그랑주 함수(Lagrangean function)를 꾸며 보자.

$$L(w, e, \lambda)=R(e|\theta)-w+\lambda(w-\theta e-w_0).$$

여기서 λ는 라그랑주 승수(Lagrangean multiplier)이다. 임금 w가 0보다 크고($w>0$) 노력의 수준 e가 0 이상이 되기 위해서는 다음과 같은 1차 극대화 조건을 만족해야 된다.

$$\frac{\partial L}{\partial w}=-1+\lambda=0, \quad (1)$$

$$\frac{\partial L}{\partial e}=R'(e|\theta)-\lambda\theta\leq 0. \quad (2)$$

위의 1차 필요조건(necessary condition) (1)에서 λ는 1이다. 따라서 필요조건 (2)는 다음과 같이 주어진다.

$$R'(e|\theta)-\theta\leq 0.$$

위 부등식에 의하면, 대리인의 노력이 가져오는 주인의 한계수입 $R'(e|\theta)$가 대리인의 노력의 한계비효용(marginal disutility) θ보다 작다면 주인이 선택하고자 하는 대리인의 노력 수준 e는 0이 된다.

라그랑주 승수 λ가 1이라는 사실은 참여 제약조건의 부등식(inequality)이 등식(equality)이 되어야 하는 것을 의미한다. 따라서 대리인의 노력 수준 e가 0이면 대리인의 보수는 유보임금 w_0가 된다.

이 경우, 주인이 설계하는 계약 $(w, e)=(w_0, e)$이다. 하지만, 이 계약은 주인의 수입함수의 특성상 성립할 없다. 대리인의 노력 수준이 0일 때 주인의 수입은 0이고 주인의 이윤은 음이 되기 때문이다.

주인의 수입: $R(0|\theta)=0,$

주인의 이윤: $R(0|\theta)-w_0<0.$

e가 0보다 큰 경우를 생각해 보자. 이 경우, 식 (2)는 등식이 되어야 한다.

$$R'(e|\theta)-\theta=0.$$

위 식을 성립시키는 e를 e^*라고 하자.

$$R'(e^*|\theta)=\theta.$$

라그랑주 승수 λ가 1이라는 사실은 참여 제약조건의 부등식이 등식이 되어야 하는 것을 의미한다. 따라서 주인이 설정하고자 하는 임금 수준 w^*는 다음과 같이 주어진다.

$$w^*=\theta e^*+w_0.$$

주인이 설계하고자 하는 계약 (w^*, e^*)가 성립하기 위해서는 주인의 이윤이 0 이상이어야 한다.

$$R(e^*|\theta)-w^*\geq 0.$$

주인의 이윤은 두 계약당사자 간에 사전적으로(ex-ante) 발생할 수 있는 사회적 잉여(Social Surplus), 즉 교역의 이익(gains from trade)이다. 사회적 잉여란 두 계약당사자 사이에서 발생하는 수입에서 비용을 뺀 것으로 정의된다. 주인이 설계하고자 하는 계약에 의해서 발생하는 주인의 이윤이 사회적 잉여라는 사실을 알기 위해서는 w^*가 무엇을 의미하는가를 알아야 한다. w^*는 대리인이 계약을 맺지 않았을 때 받을 수 있는 다른 대안의 보수 w_0와 주인을 위한 노력의 정도에 따른 비효용 θe^*를 더한 것으로 대리인의 기회비용이다. 따라서 주인의 수입 R에서 대리인의 기회비용을 뺀 주인의 이윤은 사회적 잉여, 즉 교역의 이익이 된다.

주인이 설계한 계약 (w^*, e^*)를 대리인이 받아들일 경우 대리인의 잉여는 0이다. 대리인의 입장에서는 계약을 받아들였을 때의 보수가 계약을 받아들이지 않았을 때의 유보임금과 같기 때문이다. 따라서 이 계약의 결과 발생하는 모든 교역의 이익은 주인이 독차지한다.

주인이 대리인을 고용하지 않는 경우를 상정해 보자. 주인이 직접 수입을 창출하기 위하여 노력을 한다고 하자. 대리인과 동일한 보수함수를 주인이 갖고 있다고 하자. 여기서 주인이 당면한 문제는 대리인을 고용할 때와 동일한 경우가 된다. 따라서 주인은 대리인을 고용하고자 할 경우 대리인에게 요구하는 노력의 정도와 동일한 e^*만큼의 노력을 할 것이다. 따라서 주인의 이윤은 대리인을 고용했을 때의 이윤과 일치하게 된다. 주인이 대리인을 고용하든 고용하지 않든지 간에 상관없이 주인의 이윤은 무차별하다. 따라서 주인이 대리인을 통하여 일을 맡기는 위임비용(delegation cost)이 발생하지 않는다.

지금까지 우리는 주인이 대리인의 타입을 완전하게 알고 있는 경우를 상정하여 주인이 어떻게 계약을 설계하는지를 수학적 모형을 설정하여 설명하였다. 이것을 그래프를 이용하여 설명해 보자.

위에 주어진 대리인의 보수함수를 대리인의 효용함수라고 하자. 대리인의 효용함수는 다음과 같이 정의된다. 물론 효용단위는 통화단위로 표현되어 있다.

$$U=u(w, e)=w-\theta e.$$

이러한 효용함수는 대리인이 위험중립적(risk neutral)이라는 사실을 나타낸다. 대리인의 효용(보수) 수준이 유보임금 w_0로 주어진 상태에서, w_0의 효

[그림 7-1] 타입 θ 대리인의 무차별곡선

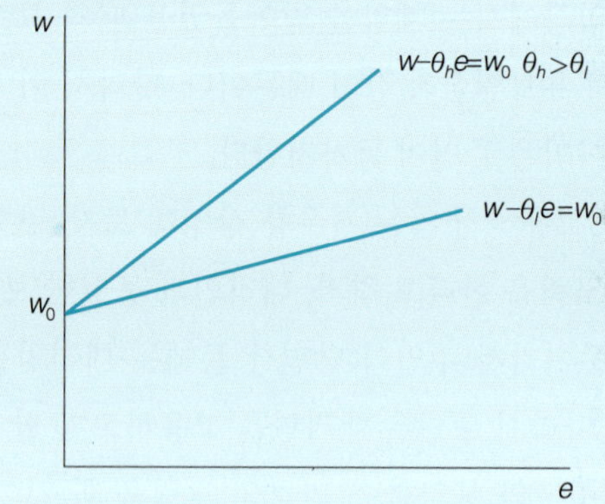

용 수준을 가져오는 (w, e)의 집합 I는 다음과 같이 주어진다.

$$I=\{(w, e): w-\theta e=w_0\}.$$

우리는 집합 I를 무차별곡선(indifference curve)이라고 부른다. 이것이 [그림 7-1]에 나타나 있다. [그림 7-1]에서 대리인의 노력 수준 e가 횡축에 나타나 있고, 임금이 종축에 나타나 있다. 대리인의 타입이 클수록 무차별별곡선의 기울기는 크다. 분석의 편의상 유보임금 w_0가 0이라고 하자.

계약설계의 주체자인 주인의 이윤함수를 가지고 주인의 등이윤곡선(iso-profit curve)을 도출해 보자.

주인의 이윤이 $\bar{R}$로 주어졌을 때 $\bar{R}$와 동일한 이윤을 가져오는 (w, e)의 집합 IP는 다음과 같이 정의된다.

[그림 7-2] **주인의 등이윤곡선**

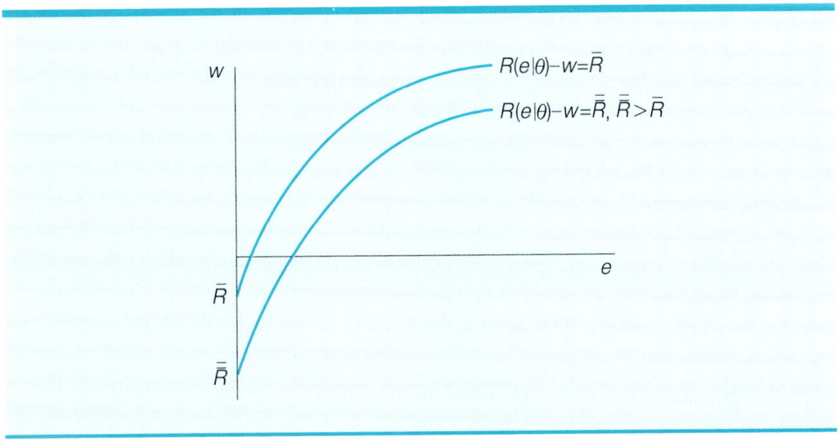

$$IP=\{(w, e): R(e|\theta)-w=\bar{R}\}.$$

우리는 집합 IP를 등이윤곡선이라고 부른다. 이것이 [그림 7-2]에 나타나 있다. [그림 7-2]에서, 주인의 이윤 수준이 크게 주어질수록 등이윤곡선이 아래로 이동하는 것을 알 수 있다.

대리인의 타입이 θ이고 효용 수준이 w_0로 주어진 상태에서 주인은 어떤 계약조건을 선택할 것인가? 대리인의 무차별곡선이 주어진 상태에서 주인의 이윤을 극대화하는 계약이 [그림 7-3]에 나타나 있다.

대리인의 무차별곡선이 주어진 상태에서 주인이 이윤을 극대화하기 위해서는 대리인의 무차별곡선과 주인의 등이윤곡선이 접하도록 하는 계약 (w^*, e^*)를 설계해야 된다. 주인의 등이윤곡선과 무차별곡선이 교차하는 계약들을 주인이 설계한다고 하자. 이 경우, 주인은 이윤을 극대화할 수 없다. 왜냐하면 등이윤곡선이 밑으로 이동할수록 주인의 이윤이 증가하기 때문이다.

주인과 대리인 사이에 일어나는 계약을 동태적 게임의 관점에서 해석해

[그림 7-3] **주인의 최선의 계약설계**

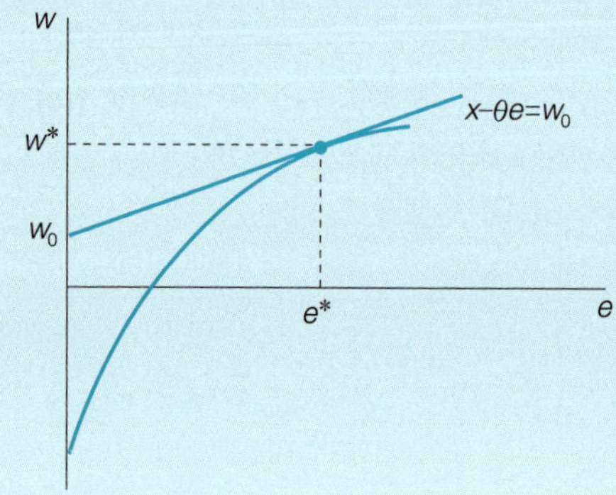

[그림 7-4] **계약게임의 타이밍**

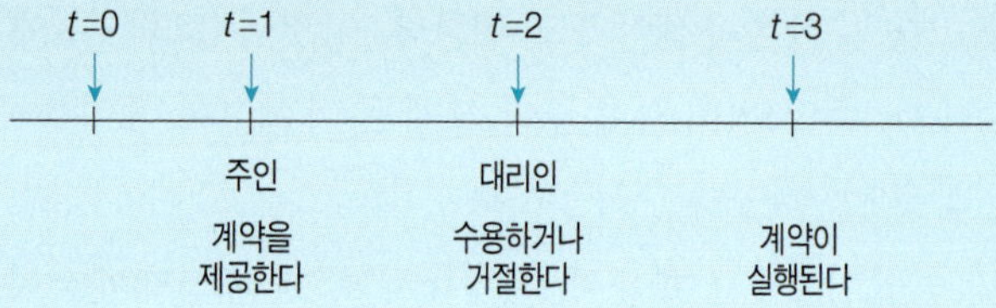

보자. 이 계약게임의 타이밍(timing)이 [그림 7-4]에 나타나 있다. 시점(time: t) 1에서 주인이 대리인의 타입을 완전하게 알고 있다고 하자. 이 상황에서 주인은 계약을 설계해서 대리인에게 제공한다. 대리인은 시점 2에서 이것을 수용할 것인지 거부할 것인지를 결정한다. 시점 3에서 대리인이 계약을 수용할 경우 계약은 실행된다.

이 계약게임에서 주인의 이윤함수, 대리인의 타입과 보수함수, 그리고 게임의 동태적 구조(dynamic structure of game) 등은 주인과 대리인, 두 계약당사자가 모두 알고 있는 주지사실(周知事實, common knowledge)이다. 하지만, 주인이 대리인의 타입을 알지 못하는 경우, 즉 대리인의 타입이 대리인의 사적 정보일 경우에는 대리인의 타입은 주인이 계약을 제공하기 전에 결정된다. 이러한 상황을 계약게임의 타이밍에 표현하고자 할 경우에는 시점 1 이전의 시점 0에 표현되어야 한다. 즉, 시점 0에서 대리인은 자기의 타입을 알게 된다.

이 계약게임은 여러 가지 특성을 갖고 있다. 첫째, 동태적 게임이기는 하지만 두 당사자가 계약을 반복적으로 하는 반복게임(repeated game)은 아니다. 둘째, 주인은 대리인에게 일방적으로 계약을 수용하거나 거절하도록 하는 계약을 제공하고 있다. 계약의 결과 발생하는 사회적 잉여, 즉 교역의 이익에 대하여 대리인은 아무런 교섭능력(bargaining power)을 발휘할 수 없다. 모든 협상능력(bargaining power)을 주인이 갖고 있다. 셋째, 주인과 대리인 사이에 맺어진 계약의 실행 여부는 관측이 가능하고 법정에서 입증될 수 있다. 양 당사자 중 어느 누구도 계약을 어겼을 때에는 벌칙을 피할 수 없다. 이러한 계약을 완비계약(complete contract)이라고 한다. 계약의 실행 여부를 두 계약당사자가 완전하게 관측할 수 있지만 법정에서 제3자에게 입증할 수 없는 경우가 있다. 이러한 경우의 계약을 불완비계약(incomplete contract)이라고 한다.

역선택의 가능성

주인이 대리인의 타입 θ를 식별할 수 없는 경우를 상정해 보자. 주인이 고용시장에서 두 종류의 노동공급자들이 있다고 생각한다고 하자. 주인이 고용하고자 하는 대리인의 타입을 식별하지 못할 경우 주인은 대리인의 타입에 대하여 불확실한 상황에 직면하게 된다. 주인이 대리인의 타입을 식별할 수 없는 경우, 주인의 입장에서 보면, 대리인의 타입 θ는 확률변수(random variable)가 된다. 대리인의 타입은 이산형 확률변수(discrete random variable)로, 두 개의 값 θ_h 또는 θ_l을 취한다고 하자. 여기서 θ_h가 θ_l보다 크다. 즉, $\theta_h > \theta_l$.

주인은 대리인의 타입을 식별할 수 없고, 대리인은 대리인만의 고유한 사적 정보 또는 타입을 갖고 있고 그것을 완전하게 알고 있다. 주인은 대리인의 타입을 식별하지 못하지만 타입의 분포를 알고 있다고 하자. 대리인 역시 주인이 생각하는 타입의 분포를 알고 있다. 따라서 타입의 분포는 주지사실이다.

타입의 분포가 다음과 같이 주어져 있다. 여기서 $P_l + P_h = 1$이다.

타입의 값	확률
θ_h	P_h
θ_l	P_l

대리인의 노력 수준 e와 임금 w는 관측이 가능하다고 하자. 낮은 타입(low type)의 대리인에게서 역선택이 일어나는 것을 보기 전에, 주인이 완비정보(完備情報, complete information) 하에서 설계한 계약을 대리인들에게 제공할 경우를 생각해 보자. 주인은 완비정보 하에서 대리인의 각 타입에 상응하는 계약을 다음과 같이 설정한다고 하자.

타입 θ_l을 목표로 설계한 계약$=(w_l^*, e_l^*)$,

타입 θ_h를 목표로 설계한 계약$=(w_h^*, e_h^*)$.

이것이 [그림 7-5]에 나타나 있다.

완비정보 하에서 주인의 계약설계가 전절에 나타나 있다. 따라서 주인은 대리인의 타입을 알고 있는 경우 [그림 7-5]와 같이 계약을 설계한다. 이

[그림 7-5] 주인이 완비정보 하에서 대리인의 각 타입에 상응하는 계약의 설계

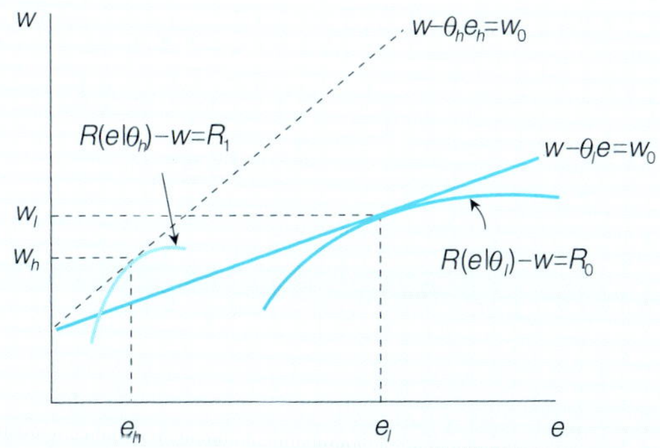

그림에서 대리인의 타입이 클수록 주인의 이윤함수의 곡률(曲律, curvature)이 가파르게 나타나 있다. 이것은 대리인의 타입이 클수록 대리인의 노력 수준이 주어진 상태에서 주인의 한계수입이 증가하는 것을 나타낸다. 이것을 수학적으로 표현하면 다음과 같다.

$$R'(e|\theta_h) \geq R'(e|\theta_l),\ \forall e.$$

위 부등식에 의하면 대리인의 노력 수준 e가 무엇으로 주어지든 이것에 상응하는 주인의 한계수입이 대리인의 타입이 높을수록 크다는 것을 알 수 있다. 전절에서 본 바와 같이 주인이 대리인의 타입을 완전하게 식별할 수 있고 또한 모든 협상능력을 갖고 있다면, 주인은 계약의 결과 발생하는 모든 사회적 잉여, 교역의 이익을 독차지한다.

주인이 대리인의 타입을 식별할 수 없다고 하자. 낮은 타입 θ_l의 대리인은 그를 목표로 설계된 계약 (w_l^*, e_l^*)를 선택하지 않고 계약 (w_h^*, e_h^*)를 선

택한다. 왜냐하면 이 대리인의 경우 계약 (w_h^*, e_h^*)를 선택하는 것이 계약 (w_l^*, e_l^*)를 선택하는 것보다 더 높은 보수를 가져오기 때문이다. 낮은 타입 θ_l의 대리인이 높은 타입 θ_h의 대리인을 위해 설계된 계약 (w_h^*, e_h^*)를 선택할 경우 [그림 7-5]에서 낮은 타입의 대리인의 무차별곡선이 위로(북쪽으로) 이동하여 다음 부등식이 성립함을 알 수 있다.

$$w_h^* - \theta_l e_h^* > w_l^* - \theta_l e_l^* = w_0.$$

이것을 우리는 대리인의 역선택이라고 부른다. 타입 θ_h의 대리인은 자기를 목표로 한 계약 (w_h^*, e_h^*)를 선택한다. 왜냐하면 타입 θ_h의 대리인이 θ_l의 대리인을 목표로 한 계약 (w_l^*, e_l^*)를 선택할 경우 [그림 7-5]에서 높은 타입의 대리인의 무차별곡선이 아래로(남쪽으로) 이동하여 다음 부등식이 성립함을 알 수 있다.

$$w_0 = w_h^* - \theta_h e_h^* > w_l^* - \theta_h e_l^*.$$

이 경우에는 높은 타입의 대리인의 역선택이 발생하지 않는다. 역선택은 타입이 높은 대리인보다 타입이 낮은 대리인에게서 일어난다. 타입, 즉 생산성이 낮은 대리인은 일(노력)을 덜하고 타입이 높은 대리인을 목표로 하여 설계된 임금을 받고자 한다. 계약설계에 있어 대리인의 역선택이 발생할 경우에는 역선택이 발생하지 않는 경우에 비하여 주인이 손해를 보게 된다. 타입이 낮은 대리인에게서 역선택이 일어날 경우 [그림 7-5]에서 주인의 등이윤곡선이 위로 이동하여 주인의 이윤이 감소함을 알 수 있다.

스크리닝: 역선택의 방지

전절에서 우리는 타입이 낮은 대리인에게서 역선택이 일어날 가능성을 살펴보았다. 주인이 대리인의 역선택을 방지하기 위한 계약의 설계를 생각해 보자. 이것을 정보경제학에서 스크리닝(screening)이라고 부른다. 수학적 모형을 가지고 보다 이것을 엄밀하게 살펴보자.

주인이 각 대리인의 타입에 상응하는 계약을 다음과 같이 설계한다고 하자.

타입 θ_l의 대리인을 목표로 설계한 계약 = (w_l, e_l),

타입 θ_h의 대리인을 목표로 설계한 계약 = (w_h, e_h).

주인이 설계한 계약들에 대하여 고유한 사적 타입을 갖고 있는 대리인은 보다 나은 보수를 가져오는 계약을 선택하려고 할 것이다. 타입 θ_l의 대리인을 목표로 한 계약 (w_l, e_l)을 타입 θ_l의 대리인이 수용하기 위해서는 다음과 같은 대리인의 참여 제약조건(participation constraint: PC)과 유인양립 제약조건(incentive compatibility constraint: IC)을 만족해야 된다.

참여 제약조건: $U_l = w_l - \theta_l e_l \geq w_0$,

유인양립 제약조건: $w_l - \theta_l e_l \geq w_h - \theta_l e_h$.

여기서 U_l은 타입 θ_l 대리인의 효용을 가리킨다.

참여 제약조건이란 대리인이 계약을 수용하게 하기 위해서는 대리인이 그 계약을 수용했을 경우 발생하는 보수를 수용하지 않고 유보보수를 가질 경우보다 높아야 함을 말한다. 유인양립 제약조건이란 어느 특정 타입의 대리인이 다른 어떤 특정 타입을 위한 계약을 선택하지 못하도록 하는 제약조건을 말한다.

마찬가지로 타입 θ_h 대리인의 참여 제약조건과 유입양립 제약조건을 다음과 같이 정의할 수 있다.

$$\text{참여 제약조건: } U_h = w_h - \theta_h e_h \geq w_0.$$
$$\text{유인양립 제약조건: } w_h - \theta_h e_h \geq w_l - \theta_h e_l\,.$$

두 개의 유인양립 제약조건식을 조작하면 다음 관계식을 얻을 수 있다.

$$\theta_h(e_l - e_h) \geq w_l - w_h \geq \theta_l(e_l - e_h).$$

θ_h가 θ_l보다 크기 때문에 위 관계식은 $(e_l - e_h)$가 0 이상이라는 사실을 함축한다. 또한 이것은 $(w_l - w_h)$가 0 이상이라는 사실을 함축한다.

$$e_l - e_h \geq 0 \Rightarrow e_l \geq e_h,$$
$$w_l - w_h \geq 0 \Rightarrow w_l \geq w_h.$$

$(e_l - e_h)$가 0보다 크면 다음 관계식이 성립한다.

$$w_h - te_h \geq w_l - te_l \Leftrightarrow t \geq \frac{w_l - w_h}{e_l - e_h}.$$

따라서 대리인은 자기의 타입 t가 θ_h보다 크거나 같을 경우, 계약 (w_l, e_l)보다는 계약 (w_h, e_h)를 선택한다. 마찬가지로 대리인은 자기의 타입 t가 θ_l보다 작거나 같을 경우에는 계약 (w_h, e_h)보다는 계약 (w_l, e_l)을 선택한다.

이 계약설계로 주인이 창출하는 사전적 기대이윤은 다음과 같다.

$$P_h(R(e_h \mid \theta_h)-w_h)+P_l(R(e_l \mid \theta_l)-w_l).$$

주인의 문제는 위에 주어진 각 타입의 대리인의 참여 제약조건과 유인양립 제약조건 하에서 사전적 기대이윤을 극대화하기 위해 각 타입에 상응하는 계약 메뉴 (w_h, e_h, w_l, e_l)을 설계하는 것이다.

제약조건 하에서 주인의 이윤을 극대화하기 위한 라그랑주 함수를 꾸며보자.

$$\begin{aligned} L(w, e; \lambda, \alpha) =& P_h(R(e_h \mid \theta_h)-w_h)+P_l(R(e_l \mid \theta_l)-w_l)+\lambda_l(w_l-\theta_l e_l-w_0)+\lambda_h(w_h - \theta_h e_h-w_0) \\ &+\alpha_{H|L}(w_l-\theta_l e_l-w_h+\theta_l e_h)+\alpha_{L|H}(w_h-\theta_h e_h-w_l+\theta_h e_l) \\ =& P_h R(e_h \mid \theta_h)-e_h[(\lambda_h+\alpha_{L|H})\theta_h-\alpha_{H|L}\theta_l]+P_l R(e_l \mid \theta_l)-e_l[(\lambda_l+\alpha_{H|L})\theta_l-\alpha_{L|H}\theta_h] \\ &+w_h[-P_h+\lambda_h+\alpha_{L|H}-\alpha_{H|L}]+w_l[-P_l+\lambda_l+\alpha_{H|L}+\alpha_{L|H}]. \end{aligned}$$

여기서 λ_l은 타입 θ_l의 참여 제약조건을 위한 라그랑주 승수, λ_h는 타입 θ_h의 참여 제약조건을 위한 라그랑주 승수, $\alpha_{H|L}$은 타입 θ_l의 유인양립 제약조건, $\alpha_{L|H}$는 타입 θ_h의 유인양립 제약조건을 가리킨다.

각 타입에 따른 임금 w_l과 w_h가 양의 실수(positive real number)라는 조건 하에서 라그랑주 최적 1차 필요조건은 다음과 같다.

$$\frac{\partial L}{\partial w_l}=-P_l+\lambda_l+\alpha_{H|L}-\alpha_{L|H}=0, \text{ 따라서 } \lambda_l+\alpha_{H|L}=P_l+\alpha_{L|H}.$$

$$\frac{\partial L}{\partial w_h}=-P_h+\lambda_h+\alpha_{L|H}-\alpha_{H|L}=0, \text{ 따라서 } \lambda_h+\alpha_{L|H}=P_h+\alpha_{H|L}.$$

위에 주어진 1차 조건들을 조작하면 다음 관계식을 구할 수 있다.

$$\lambda_l+\lambda_h=P_l+P_h=1.$$

위 1차 조건을 이용하여 라그랑주 함수를 다음과 같이 단순화시켜 보자.

$$L(e;\alpha)=$$
$$P_h\Big\{R(e_h|\theta_h)-e_h\Big[\theta_h+\frac{(\theta_h-\theta_l)\alpha_{H|L}}{P_h}\Big]\Big\}+P_l\Big\{R(e_l|\theta_l)-e_l\Big[\theta_l+\frac{(\theta_l-\theta_h)\alpha_{L|H}}{P_l}\Big]\Big\}. \qquad (3)$$

위 라그랑주 함수에서 λ_l과 λ_h가 소거되었다. 하지만 라그랑주 승수들은 다음 조건들을 만족해야 된다.

$$\lambda_l=P_l+\alpha_{L|H}-\alpha_{H|L}\geq 0,\ \lambda_h=P_h+\alpha_{H|L}-\alpha_{L|H}\geq 0,\ \alpha_{L|H}\geq 0,\ \alpha_{H|L}\geq 0.$$

그리고 상응하는 제약조건과 함께 보완적인 느슨함 조건(complementary slackness condition)을 만족해야 된다.[2)]

θ_h가 θ_l보다 크고 e_h가 0 이상인 상태에서, 타입 θ_h의 참여 제약조건과 타입 θ_l을 위한 유인양립 제약조건의 만족은 타입 θ_l의 참여조건을 함축한다. 왜 그런가? 이러한 조건들은 다음의 관계식을 함축한다.

$$w_l-\theta_l e_l\geq w_h-\theta_l e_h\geq w_h-\theta_h e_h\geq w_0.$$

2) 보완적인 느슨함 조건이란 다음에 열거되는 조건을 말한다.

$$\frac{\partial L}{\partial\lambda_l}\lambda_l=0,\ \frac{\partial L}{\partial\lambda_h}\lambda_h=0,\ \frac{\partial L}{\partial\alpha_{H|L}}\alpha_{H|L}=0,\ \frac{\partial L}{\partial\alpha_{L|H}}\alpha_{L|H}=0.$$

위 식에서 첫 번째 부등식은 타입 θ_l을 목표로 하는 유인양립 제약조건식이고, 두 번째 부등식이 성립하는 이유는 θ_h가 θ_l보다 크기 때문이고, 세 번째 부등식은 타입 θ_h의 참여 제약조건을 나타내고 있다. 타입 θ_l을 위한 유인양립 제약조건과 타입 θ_h의 참여 제약조건이 만족되는 한, 타입 θ_l의 참여 제약조건식은 중복되는 식이 되어 라그랑주 승수 λ_l은 0이 된다. 이 경우, $\alpha_{H|L}$이 0보다 크다는 사실을 다음 관계식을 통하여 알 수 있다.

$$\lambda_l + \alpha_{H|L} = P_l + \alpha_{L|H} \Rightarrow \alpha_{H|L} = P_l + \alpha_{L|H} > 0.$$

이것은 타입 θ_l 대리인의 유인양립 제약조건식이 구속되어, 이 조건식이 등식이 됨을 의미한다. $\alpha_{L|H}$가 0보다 크면 타입 θ_h의 대리인의 유인양립 제약조건이 구속되어 유인양립 제약조건의 부등식이 등식이 된다. 이와 같이 두 개의 유인양립 제약조건식들이 구속되면 타입별 대리인을 위한 교역계획은 다음과 같은 비분리계획(pooling plan)을 낳는다.

$$(w_l, e_l) = (w_h, e_h).$$

$\alpha_{L|H}$가 0이고 $\alpha_{H|L}$이 P_l로 0보다 크게 되는 비분리계획이 아닌 경우, [사례 1]을 살펴보자. 이 경우, 낮은 타입 θ_l의 대리인은 그를 목표로 하는 계약 (w_l, e_l)을 선택하든지 또는 높은 타입의 대리인을 목표로 하는 계약 (w_h, e_h)를 선택하든지 그의 보수가 무차별하게 된다. 하지만 높은 타입 θ_h의 대리인의 경우에는 그를 위해서 설계된 계약 (w_h, e_h)를 선택하는 것이 그렇지 않은 경우에 비하여 보수가 크다. 따라서 각 타입의 대리인은 타입별로 설계된 계약을 택하게 된다. 우리는 이러한 계획을 비분리계획이 아닌 경우라고 부른다. 이것을 보다 구체적으로 살펴보자.

[사례 1] 비분리계획이 아닌 경우

이 경우, $\lambda_l=0$, $\lambda_h=1$, $\alpha_{H|L}=P_l$, $\alpha_{L|H}=0$이다.

각 타입에 따른 임금 w_l과 w_h가 양의 실수라는 조건 하에서 라그랑주 함수를 최적화한 1차 조건을 활용하여 단순화시킨 라그랑주 함수 (3)을 극대화시키기 위한 1차 조건을 구해 보자.

$$\frac{\partial L}{\partial e_l}=P_l\Big\{R'(e_l|\theta_l)-\Big[\theta_l+\frac{(\theta_l-\theta_h)\alpha_{L|H}}{P_l}\Big]\Big\}=P_l\{R'(e_l|\theta_l)-\theta_l\}\le 0,$$

$$\frac{\partial L}{\partial e_h}=P_h\Big\{R'(e_h|\theta_h)-\Big[\theta_h+\frac{(\theta_h-\theta_l)\alpha_{H|L}}{P_h}\Big]\Big\}\le 0.$$

위 첫 번째 1차 조건에서 e_l이 0보다 커야 한다. 즉, $e_l>0$.[3] 왜냐하면 e_l이 0일 경우 다음 관계식이 항상 성립하기 때문이다.

$$\frac{\partial L}{\partial e_l}=P_l\{R'(0|\theta_l)-\theta_l\}>0 \Leftrightarrow R'(0|\theta_l)>\theta_l.$$ [4]

$\partial L/\partial w_h=0$이라는 1차 조건을 이용하여 우리는 라그랑주 승수 λ_h가 1이라는 사실을 알 수 있다.

$$\frac{\partial L}{\partial w_h}=-P_h+\lambda_h+\alpha_{L|H}-\alpha_{H|L}=0 \Rightarrow \lambda_h+\alpha_{L|H}=P_h+\alpha_{H|L}$$
$$\Rightarrow \lambda_h=P_h+P_l=1.$$

따라서 타입 θ_h 대리인의 참여 제약조건은 항상 등식이 성립한다.

---

3) $e_l>0$인 경우 $\partial L/\partial e_l=0$이다. 따라서 $R'(e_l|\theta_l)=\theta_l$이다. 이 관계식을 이용하여 비분리계획이 아닌 경우 e_l의 값을 찾아 낼 수 있다.

4) 주인의 수입함수의 가정에 의해서 $R'(0|\theta_l)>\theta_l$이다.

$$U_h = w_h - \theta_h e_h = w_0.$$

타입 θ_h의 대리인을 위한 계약 (w_h, e_h)가 가져오는 보수는 유보임금 w_0를 보장해야 된다. 타입 θ_h의 대리인이 계약에 참여하여 얻는 기대이윤은 그의 유보임금이 된다. e_h가 0보다 큰 경우를 살펴보자. 이 경우 식 (3)을 e_h에 편미분(partial differentiation)한 것이 다음과 같이 주어져야 한다.

$$\frac{\partial L}{\partial e_h} = P_h + \left\{ R'(e_h | \theta_h) - \left[\theta_h + \frac{(\theta_h - \theta_l)\alpha_{H|L}}{P_h} \right] \right\} = 0.$$

$\alpha_{H|L} = P_l$이므로 이것을 위 관계식에 대입하면 다음 관계식을 얻게 된다.

$$\Rightarrow R'(e_h | \theta_h) - \left[\theta_h + \frac{(\theta_h - \theta_l)P_l}{P_h} \right] = 0$$

$$\Rightarrow R'(e_h | \theta_h) = \left[\theta_h + \frac{(\theta_h - \theta_l)P_l}{P_h} \right] > \theta_h.$$

주인이 대리인의 타입을 완전하게 식별할 수 있는 경우, 즉 최선의 계약 설계(first best contract)에서, 타입 θ_h의 대리인에게 요구되는 노력 수준은 주인의 한계수입과 타입 θ_h를 같게 하는 수준에서 결정되었음을 상기하자. 따라서 위 관계식은 타입 θ_h의 대리인이 노력 수준 e_h를 과소 공급하도록 야기하여 비효율성이 발생한다.

타입 θ_l 대리인의 유인양립 제약조건이 구속된다는 사실, 즉 $\alpha_{H|L} = P_l$은 타입 θ_l의 대리인이 자신을 목표로 설정한 계약을 선택하든지 또는 타입 θ_h의 대리인을 목표로 설정한 계약을 선택하든지 관계없이 보수가 동일하다는 것을 의미한다. 따라서 타입 θ_l의 대리인에게서 역선택이 일어날 수 없다. 타입 θ_l의 대리인은 유보임금 w_0보다 높은 보수를 실현하고 있다. 즉,

$$U_l = w_l - \theta_l e_l = w_h - \theta_l e_h > w_0.$$[5]

타입 θ_l 대리인의 역선택을 방지하기 위해서, 주인은 대리인에게 유보임금 이상의 보수를 실현할 수 있게 해 주고 있다. 이것을 우리는 정보지대(information rent)라고 부른다.

$$\text{정보지대} = U_l - w_0.$$

이러한 해가 타입 θ_h의 유인양립 제약조건을 만족시키면 실현가능한 해가 된다. 이것은 또한 e_l이 e_h보다 크거나 같은 경우에만 성립한다. 두 타입의 대리인을 완전하게 분리할 수 있는 계약을 [그림 7-6]을 가지고 생각해 보자.

[그림 7-6]에서 타입 θ_l의 대리인은 타입 θ_h의 대리인을 유인하기 위하여 설계된 계약 (w_h, e_h)를 선택할 유인을 갖지 못한다. 왜냐하면 그가 그렇게 선택했을 경우 그의 보수가 증가하지 않기 때문이다. 또한 타입 θ_h의 대리인은 타입 θ_l의 대리인을 목표로 한 계약 (w_l, e_l)을 선택할 유인이 존재하지 않는다. 왜냐하면 그렇게 선택했을 경우 그의 보수가 감소하기 때문이다.

주인이 대리인의 타입을 식별하지 못하는 경우 낮은 타입의 대리인의 역선택을 방지하기 위하여 비분리가 아닌 계획을 주인이 설계하게 되는데, 이것과 주인이 대리인의 타입을 완전하게 식별할 수 있는 경우의 최선의 계약(first-best contract)을 독자 스스로 비교하기 바란다.

[사례 2] 비분리계획의 경우

두 타입의 대리인을 완전하게 분리할 수 없는 경우가 있다. 대리인의 각

5) $U_l = w_l - \theta_l e_l = w_h - \theta_l e_h > w_h - \theta_h e_h = w_0$가 성립하는 이유는 e_h가 0보다 크고 타입 θ_h의 참여 제약조건식이 구속되기 때문이다.

[그림 7-6] 두 타입의 대리인을 완전하게 분리할 수 있는 계약

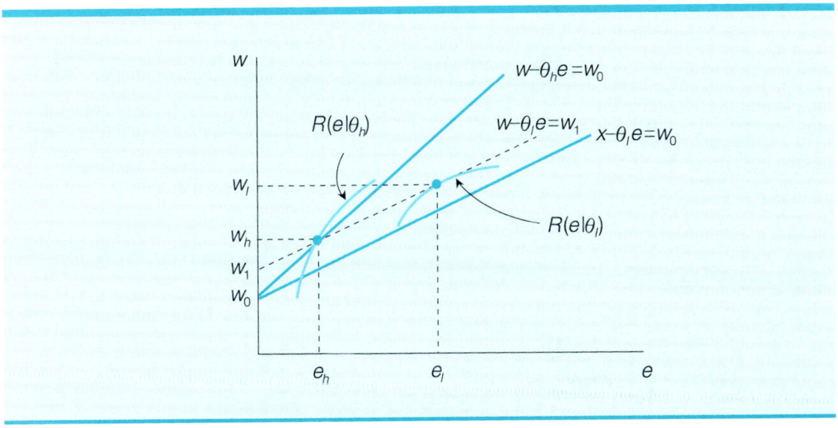

타입에 따라 계약을 설계할 수 없다면 동일한 계약을 모든 타입의 대리인에게 제공할 수밖에 없다. 이것을 우리는 비분리계획(pooling plan)이라 부른다. 이것을 지금까지 소개한 수학적 모형을 가지고 설명해 보자.

라그랑주 승수 $\alpha_{L|H}$가 0보다 큰 경우를 생각해 보자. 이 경우 $\alpha_{H|L}$과 $\alpha_{L|H}$ 모두 0보다 커 두 개의 유인양립 제약조건에서 각각 등식이 성립한다.

$$w_l-\theta_l e_l=w_h-\theta_l e_h,$$
$$w_h-\theta_h e_h=w_l-\theta_h e_l.$$

위의 식들로부터 우리는 다음 사실을 알 수 있다.

$$e_h=e_l=e^*.$$

e^*가 0보다 크다고 하자. 비분리(pooling)된 대리인의 노력 정도 e^*는 단순화시킨 라그랑주 함수 (3)의 1차 필요조건을 다음과 같이 만족시켜야 한다.

$$\frac{\partial L}{\partial e_l}=P_l\left\{R'(e^*\mid\theta_l)-\left[\theta_l+\frac{(\theta_l-\theta_h)\alpha_{L|H}}{P_l}\right]\right\}=0,$$

$$\frac{\partial L}{\partial e_h}=P_h\left\{R'(e^*\mid\theta_h)-\left[\theta_h+\frac{(\theta_h-\theta_l)\alpha_{H|L}}{P_h}\right]\right\}=0.$$

위 두 식을 정리하면 다음과 같다.

$$R'(e^*\mid\theta_l)=\theta_l+\frac{(\theta_l-\theta_h)\alpha_{L|H}}{P_l},$$

$$R'(e^*\mid\theta_h)=\theta_h+\frac{(\theta_h-\theta_l)\alpha_{H|L}}{P_h}.$$

$\alpha_{H|L}-\alpha_{L|H}=P_l=1-P_h$라는 사실을 이용하여 위 두 관계식을 조작하면 다음 식을 얻을 수 있다.

$$P_hR'(e^*\mid\theta_h)+P_lR'(e^*\mid\theta_l)=\theta_h.$$

이와 같이 우리는 비분리된 e^*를 찾아 낼 수 있다. 단순화시킨 라그랑주 함수 (3)을 극대화시키기 위한 1차 필요조건에서 $\alpha_{L|H}$는 다음과 같이 표현된다.

$$\alpha_{L|H}=\frac{P_l[\theta_L-R'(e^*\mid\theta_l)]}{\theta_h-\theta_l}>0.$$

위 식을 만족시키기 위해서는 다음 부등식이 성립해야 된다.

$$\theta_L>R'(e^*\mid\theta_l).$$

이것은 비분리계획의 e^*가 비분리계획이 아닌 경우, 즉 분리계획의 e_l보다 크다는 것을 의미한다. 왜냐하면 비분리계획이 아닌 경우 다음 관계식이 성립하기 때문이다. $e_l>0$ 인 경우,

$$\frac{\partial L}{\partial e_l}=0 \Rightarrow R'(e_l|\theta_l)=\theta_l.$$

이것을 예를 들어 설명해 보자. 타입이 다음과 같이 이산형 확률변수 (discrete random variable)인 경우를 생각해 보자.

타입의 값	확률
$\theta_h=2$	1/2
$\theta_l=1$	1/2

대리인의 타입을 식별할 수 없는 주인의 수입함수가 다음과 같이 주어져 있다.

$$R=R(e|\theta)=(1+\theta)e^{0.5}.$$

주인의 가치함수는 노력 수준 e와 타입 θ의 증가함수이다. 대리인이 제공하는 노력 수준 e에 대하여 주인이 w를 지불할 경우, 대리인의 타입에 상응하는 주인의 잉여는 다음과 같다.

$$2e^{1/2}-w_l \text{ if } \theta=\theta_l=1,$$
$$3e^{1/2}-w_h \text{ if } \theta=\theta_h=2.$$

먼저 $\alpha_{L|H}$가 0인 경우, 즉 타입 θ_h 대리인의 유인양립 제약조건이 불필요

한 경우를 살펴보자. 이 경우 $\alpha_{H|L}=p_l=1/2$이다. 각 타입에 따른 임금 w_l과 w_h가 양의 실수라는 조건 하에서 라그랑주 최적 1차 조건을 활용한 단순화시킨 라그랑주 함수는 다음과 같다.

$$L=0.5\left\{3e_h^{0.5}-e_h\left[2+\frac{(2-1)0.5}{0.5}\right]\right\}+0.5\{2e_l^{0.5}-e_l[1]\}.$$

위 라그랑주 함수를 극대화시킨 타입별 노력 수준은 다음과 같다.

$$e_l=1,\ e_h=0.25.$$

여기서 e_l이 e_h보다 크므로 [사례 1](비분리계획이 아닌 경우)의 유인양립 제약조건 가정들이 함축하는 바를 충족시키고 있음을 알 수 있다.

분리계획 계약의 설계를 위해서 타입 θ_h 대리인의 참여제약 조건을 구속시키는(binding) w_h와 타입 θ_l 대리인의 유인양립 제약조건을 구속시키는 w_l을 다음과 같이 설정하여야 한다. 대리인의 유보보수는 타입에 상관없이 0으로 주어졌다고 하자.

$$w_h=\theta_h e_h=2\times 0.25=0.5,$$
$$w_l=\theta_l e_l+w_h-\theta_l e_h=1\times 1+0.5-1\times 0.25=1.25.$$

주인의 가치함수를 변화시켜 보자. 타입 θ_h 대리인을 고용했을 때 주인의 가치함수가 다음과 같다고 하자.

$$R=R(e|\theta_h)=A_h e^{0.5},\ A_h>6.$$

이 경우 위의 분석은 $e_h > e_l$이라는 것을 보이게 된다. 이 경우에는 비분리 e^*를 고려해야 된다.

교역계획 설계의 예와 시장의 균형

앞에서 우리는 노동을 고용하는 고용주와 노동 또는 노력을 제공하는 피고용인 간의 계약의 설계에서 고용주가 피고용인의 생산성, 즉 타입을 식별하지 못하는 상태에서 발생하는 차선의 계약(second-best contract)에 관하여 살펴보았다. 노동과 같은 용역 대신에 단 하나의 불가분의 재화(indivisible good)를 판매(공급)하고자 하는 판매자와 이를 구매하고자 하는 구매자 간의 쌍방교역의 문제를 살펴보자.

판매자는 두 종류의 사적인 비용타입을 가지고 있는 반면에, 구매자는 사적 정보를 갖지 않다고 하자. 판매자의 비용타입 Θ는 다음과 같다. 여기서 판매자의 비용타입은 판매자가 평가하는 자산의 가치를 말한다.

생산비용이 적게 들 경우: $\theta_l=20$.

생산비용이 많이 들 경우: $\theta_h=40$.

재화 생산비용의 각 타입에 상응하는 구매자의 가치 S는 다음과 같다.

$$\theta_l=20 \Rightarrow S_l=30,$$

$$\theta_h=40 \Rightarrow S_h=50.$$

구매자는 이 재화의 가치를 생산자보다 10 이상 높게 평가하고 있다. 판매자의 타입에 대한 구매자의 믿음은 다음과 같은 확률분포를 갖는다.

타입의 값	확률
θ_h	P_h
θ_l	θ_l=1−P_h

위에 주어진 비용타입의 분포는 구매자와 판매자의 주지사실이다. 판매자의 각 타입에 상응한 교역계획 (x, q)는 다음과 같다.

타입의 값	확률
θ_H	(x_h, q_h)
θ_l	(x_l, q_l)

여기서 q_h=타입 θ_h의 판매자가 재화를 판매할 확률, q_l=타입 θ_l의 판매자가 재화를 판매할 확률, x_h=타입 θ_h판매자의 기대수입, x_l=타입 θ_l 판매자의 기대수입이다.

이 계획 하에서 판매자의 각 타입에 상응하는 보수 U와 구매자의 기대이득(expected gain) V는 다음과 같다.

$$U_l = x_l - \theta_l q_l,\ U_h = x_h - \theta_h q_h,$$
$$V = P_h(S_h q_h - x_h) + P_l(S_l q_l - x_l).$$

여기서 U_l은 낮은 타입 θ_l 판매자의 보수, U_h는 높은 타입 θ_h의 보수를 나타낸다.

이 교역계획은 다음과 같은 유인양립 제약조건과 참여 제약조건을 만족해야 한다.

$x_l - \theta_l q_l \geq 0$: 타입 θ_l 판매자의 참여 제약조건

$x_h - \theta_h q_h \geq 0$: 타입 θ_h 판매자의 참여 제약조건

$x_l - \theta_l q_l \geq x_h - \theta_l q_h$: 타입 θ_l 판매자의 유인양립 제약조건

$x_h - \theta_h q_h \geq x_l - \theta_h q_l$: 타입 θ_h 판매자의 유인양립 제약조건

유인양립적인 계획(incentive compatible plan)은 각 타입의 판매자의 유인양립 제약조건을 만족해야 되고, 이 조건들이 만족되면 유인양립적인 계획이 된다. 이 계획이 실행가능한 교역계획이 되기 위해서는 위에 주어진 제약조건들과 판매자가 자산을 판매할 확률 q_l과 q_h가 0보다 크거나 같고 1보다 작거나 같아야 한다.

$$0 \leq q_l \leq 1,\ 0 \leq q_h \leq 1.$$

유인효율적인 교역계획

사적 정보를 가진 판매자의 역선택을 차단하면서 사적 정보를 갖지 못한 구매자의 기대이윤을 극대화하는 유인효율적인(incentive efficient) 교역계획을 설계해 보자.

하나의 교역계획 (x, q)가 다른 어떤 교역계획 $(\hat{x}, \hat{q})$에 의해 (강하게) 잠정적으로 파레토 열등한 계획((strongly) interim pareto dominated plan)이 되면 다음 조건을 만족해야 된다.

$$U_h(x, q) < U_h(\hat{x}, \hat{q}),\ U_l(x, q) < U_l(\hat{x}, \hat{q}),$$
$$V(x, q) < V(\hat{x}, \hat{q}).$$

즉, 교역계획 $(\hat{x}, \hat{q})$가 교역계획 (x, q)보다 모든 교역당사자에게 보다 나은 보수를 가져온다면 교역계획 (x, q)가 교역계획 $(\hat{x}, \hat{q})$에 비하여 열등한 계획

이 된다. 하나의 교역계획은 그 계획이 실현가능하고 다른 실현가능한 계획에 비하여 잠정적으로 파레토 열등한 계획이 되지 않을 때 (약하게) 유인효율적인 교역계획((weakly) incentive efficient trading plan)이 된다.[6)]

하나의 유인양립적인 교역계획 $(\bar{x}, \bar{q})$가 유인효율적인 교역계획이 되면 다음 조건을 만족하고, 다음 조건을 만족하면 이 계획은 유인효율적인 계획이 된다.

[조건] 교역계획 $(\bar{x}, \bar{q})$가 실행가능한 계획이 되어야 한다는 제약조건 하에서 음이 아닌 가중치(non-negative weight) 벡터 $(\lambda_l, \lambda_h, \lambda_s)$가 존재하여, 이 계획이 다음과 같이 사회적 후생함수를 극대화해야 한다.

$$(\bar{x}, \bar{q}) \in \text{Argmax}_{(x,\, q)} \lambda_h U_h(x, q) + \lambda_l U_l(x, q) + \lambda_s V(x, q).$$

일반화의 손실을 범하지 않으면서 가중치 벡터를 다음과 같이 놓을 수 있다.

$$\lambda_s = 1 = \lambda_l + \lambda_h\,.$$

이러한 최적화 문제를 풀기 위해서 다음과 같이 라그랑주 함수를 구축해 보자.[7)]

6) 유인효율적인 계획의 정의와 설계에 대한 보다 자세한 논의는 홀름스트롬과 마이어슨(B. Holmstrom and R. Myerson, Econometrica, 1983)을 참조하기 바람.

7) 라그랑주 함수는 사회적 후생함수에서 구매자에게 주어진 가중치를 λ_s를 1로 하고 대리인의 유인양립 제약조건을 만족해야 한다는 것을 전제로 꾸며졌다. 일반화의 손실(loss of generality)이 없이 $(\lambda_l + \lambda_h)$를 1로 놓을 수 있다.

$$L(x, q; \lambda, \alpha)=V(x, q)+\lambda_h U_h+\lambda_l U_l$$

$$=[P_h(S_h q_h-x_h)+P_l(S_l q_l-x_l)]+\lambda_h(x_h-\theta_h q_h)+\lambda_l(x_l-\theta_l q_l)$$

$$+\alpha_{H|L}(x_l-\theta_l q_l-x_h-\theta_l q_h)+\alpha_{L|H}(x_h-\theta_h q_h-x_l-\theta_h q_l).$$

비용타입별 판매자(대리인)의 기대수입 (x_h, x_l)이 유한한 양의 실수라는 전제 하에서 최적화를 위한 1차 필요조건은 다음과 같다.

$$\frac{\partial L}{\partial x_l}=-P_l+\lambda_l+\alpha_{H|L}-\alpha_{L|H}=0,$$

$$\frac{\partial L}{\partial x_h}=-P_h+\lambda_h+\alpha_{L|H}-\alpha_{H|L}=0.$$

위 1차 조건을 조작하면 $\lambda_l+\lambda_h=P_l+P_h=1$이라는 사실을 알 수 있다. 이러한 사실들을 활용하여 라그랑주 함수를 단순화시켜 보자.

$$L(x, q; \lambda, \alpha)=P_h q_h\{S_h-[\theta_h+\frac{(\theta_h-\theta_l)\alpha_{H|L}}{P_h}]\}+P_l q_l\{S_l-[\theta_l+\frac{(\theta_l-\theta_h)\alpha_{L|H}}{P_l}]\}.$$

위에 주어진 라그랑주 함수는 q_l과 q_h가 0보다 크거나 같고 1보다 작거나 같다는 다음과 같은 조건 하에서 극대화되어야 한다.

$$0\le q_l\le 1, 0\le q_h\le 1.$$

만약에 유인양립 제약조건이 모두 구속되면 라그랑주 승수 $\alpha_{L|H}$와 $\alpha_{H|L}$은 0보다 커야 한다. 또한 이 승수들은 다음 조건을 만족해야 된다.

$$\lambda_l=P_l+\alpha_{L|H}-\alpha_{H|L}\ge 0, \lambda_h=P_h+\alpha_{H|L}-\alpha_{L|H}\ge 0, \alpha_{L|H}\ge 0, \alpha_{H|L}\ge 0.$$

이 예에서 모든 유인효율적인 교역계획은 위에 주어진 조건들을 만족하는 하나의 (λ, α) 벡터에 의해서 지지될 수 있다. 이러한 보편적인 (λ, α) 벡터를 구축해 보자.

모든 실행가능한 교역계획은 q_l이 q_h보다 크거나 같아야 하는 조건을 충족해야 된다. 이것은 낮은 비용타입의 판매자와 높은 비용타입의 판매자의 유인양립 제약조건을 만족해야 되는 조건을 말한다. 따라서 q_h가 1보다 작을 수 있고, 이것은 높은 타입의 판매자의 유용한 신호가 될 수 있다. 높은 타입의 판매자가 자산을 양도할 확률이 0보다 크고 1보다 작다는 조건이 라그랑주 함수를 최적화하기 위한 필요조건은 다음과 같다.

$$S_h = \theta_h + \frac{(\theta_h - \theta_l)\alpha_{H|L}}{P_h}.$$

위에 주어진 조건은 단순화시킨 라그랑주 함수를 극대화시키기 위한 q_h의 선택과 관련한 1차 필요조건이다. 위 관계식은 $\alpha_{H|L}$을 다음과 같이 설정할 때 달성된다.

$$\alpha_{H|L} = \frac{P_h(S_h - \theta_h)}{\theta_h - \theta_l} = 0.5P_h > 0. \tag{4}$$

어느 분리계획이든지 그것이 성립하기 위해서는 단 하나의 유인양립 제약조건이 구속되어야 한다. 왜냐하면 주어진 두 개의 유인양립 제약조건이 성립하면 비분리계획이 성립하기 때문이다. 즉, $q_l = q_h$, $x_l = x_h$.

이것은 $\alpha_{H|L}$이 0보다 크게 주어진 상태에서 분리계획을 성립시키기 위해서는 $\alpha_{L|H}$가 0이 되어야 한다는 사실을 내포한다. 이 사실을 이용하면 높은 타입의 판매자와 낮은 타입의 판매자에게 할당된 가중치(라그랑주 승수)가 다음과 같이 주어진다.

$$\lambda_h = P_h + \alpha_{H|L} = 1.5P_h,\ \lambda_l = P_l - \alpha_{H|L} = 1 - P_h - \alpha_{H|L} = 1 - 1.5P_h .$$

라그랑주 승수들이 0 이상이 되어야 하는 사실을 만족시키기 위해서는 λ_l이 0 이상이어야 하고 이를 위해서 P_h가 다음 조건을 만족해야 된다.

$$P_h \leq \frac{\theta_h - \theta_l}{S_h - \theta_l} = \frac{2}{3}.$$

즉, 시장에 높은 비용타입을 가진 사람들의 비중이 2/3 이하가 되어야 한다.

$P_h \leq 2/3$일 경우, 위에 주어진 라그랑주 승수들 $\alpha_{H|L}$과 $\alpha_{L|H}$를 단순화시킨 라그랑주 함수에 대입해 보자.

$$L(x, q; \lambda, \alpha) = P_h q_h \{S_h - S_h\} + P_l q_l \{S_l - \theta_l\}.$$

따라서 위에 주어진 라그랑주 함수를 극대화시키기 위해서 q_l을 1로 설정해야 한다. $P_h \leq 2/3$일 경우, 분리계획 하에서 설정된 라그랑주 승수들($\alpha_{H|L} = 0.5P_h$, $\alpha_{L|H} = 0$, $\lambda_h = 1.5P_h$, $\lambda_l = 1 - 1.5P_h$)은 모든 실행가능한 계획 (x, q)가 아래에 주어진 조건을 만족한다는 전제 하에 유인효율성(incentive efficiency)을 입증한다.

$$q_l = 1,\ x_l - \theta_l q_l = x_h - \theta_l q_h .$$

이러한 모든 유인효율적인 분리계획이 가져오는 사회적 후생은 다음과 같다.

$$\text{사회적 후생} = (P_h + \alpha_{H|L}) U_h(x_h, q_h) + (P_l - \alpha_{H|L}) U_l(x_l, q_l) + V$$
$$= P_l q_l (S_l - \theta_l) = (1 - P_h) 10.$$

$P_h>2/3$인 경우 유인효율적인 분리계획을 설계할 수 없다. 왜냐하면 이 경우 λ_l이 0보다 작기 때문이다. $P_h>2/3$인 경우 $\alpha_{H|L}$에 관한 공식 (4)는 $\alpha_{L|H}$가 0보다 클 때에만 유인효율성을 달성하기 위한 라그랑주 승수 조건, 즉 λ_l이 0보다 크거나 같기 위한 조건을 만족시킨다.[8] 따라서 우리는 유인효율적인 비분리계획을 갖게 된다. 이 경우 두 개의 유인 제약조건은 구속되고 $q_h=q_l$, $x_h=x_l$이다. 유인효율성을 달성하기 위한 라그랑주 승수는 다음과 같다.[9]

$$\alpha_{H|L}=\frac{P_h(S_h-\theta_h)}{\theta_h-\theta_l}=0.5P_h>0,\ \lambda_l=0,\ \alpha_{L|H}=\alpha_{H|L}-P_l,\ \lambda_h=1.$$

위와 같이 라그랑주 승수가 주어진 상태에서 라그랑주 함수는 다음과 같이 단순화된다.

$$\begin{aligned}L(x,q;\lambda,\alpha)&=P_hq_h\{S_h-S_h\}+P_lq_l\{S_l-[\theta_l+\frac{(\theta_l-\theta_h)\alpha_{L|H}}{P_l}]\}\\&=q_l\{P_hS_h+P_lS_l-\theta_h\}=q_l\{20P_h-10\}.\end{aligned}$$

위 라그랑주 함수는 $q_l=1$일 때 극대화된다. 따라서 유인효율적인 계획은 ($q_l=q_h=1$, $x_l=x_h$)인 비분리계획이 된다. 그리고 계약당사자들의 총기대보수는 다음과 같이 주어진다.

$$V(x,q)+U_h(x,q)=P_hS_h+P_lS_l-\theta_h=20P_h-10.$$

이러한 사회적 최적화의 문제(social optimization problem)는 사적 정보를 갖

8) 라그랑주 승수 λ_l이 0보다 크거나 같기 위한 조건, $\lambda_l=P_l+\alpha_{L|H}-\alpha_{H|L}\geq 0$이 성립하기 위해서는 라그랑주 승수 $\alpha_{L|H}$가 0보다 커야 한다.

9) λ_l이 0이 되는 이유는 판매자의 타입별 유인양립 제약조건이 구속되고 비용타입이 높은 판매자의 참여 제약조건이 성립하면 낮은 비용타입의 판매자의 참여 제약조건이 느슨해지기 때문이다.

지 못한 구매자의 이윤함수를 제약조건들 하에서 극대화하는 것이다. 여기서 제약조건들이란 판매자의 타입별 참여 제약조건과 유인양립 제약조건을 말한다. 이러한 상황 하에서 판매자의 타입을 분별할 수 없는 구매자의 최적 교역계획의 설계는 판매자의 가능한 타입들 중에서 어느 하나의 타입을 대상으로 하거나 모든 타입들을 대상으로 교섭의 여지가 없는 양자택일의 구매가격을 제시하는 것이다. 즉, 구매자의 최적의 유인양립적인 계획은 낮은 비용타입의 판매자를 대상으로 구매가격을 제시하거나 또는 높은 비용타입의 판매자를 대상으로 구매가격을 제시하는 것이다. 즉, 구매자는 다음과 같은 분리계획 또는 비분리계획을 제시할 수 있다.

$$\text{분리계획: } q_l=1,\ x_l=20,\ q_h=0,\ x_h=0,$$
$$\text{비분리계획: } q_l=q_h=1,\ x_l=x_h=40.$$

판매자의 비용타입을 모르는 구매자가 비분리계획을 분리계획보다 선호하기 위해서는 다음 조건을 만족해야 된다.

$$V(Pooling\ plan) \geq V(Separation\ plan) \Rightarrow P_hS_h+P_lS_l-\theta_h \geq P_l(S_l-\theta_l).$$

하지만 이 부등식은 다음 부등식과 등가가 된다.

$$P_h \geq \frac{\theta_h-\theta_l}{S_h-\theta_l}=\frac{2}{3}.$$

$P_h>2/3$인 경우 유인효율적인 계획의 설계에서 비분리계획을 설계한 것에 주목하자. 유인효율적인 비분리계획에서 $q_l=q_h=1$이고, 또한 이 계획은 $V(x,q)+U_h(x,q)$를 극대화한 것이 된다.[10] 여기서 높은 타입의 판매자의 보수

$U_h(x, q)$는 0이 된다. 따라서 이 비분리계획은 판매자의 참여조건을 만족하는 모든 실행가능한 계획들 중에서 구매자의 보수를 극대화시키는 가장 최적의 계획이 된다. 물론 이 계획은 낮은 타입의 판매자의 보수가 0보다 크게 하는 것을 허용한다.

$P_h \leq 2/3$인 경우, 낮은 타입의 판매자를 유인하는 분리계획이 최적이라는 사실을 증명하여 보자. 이 분리계획이 낮은 타입의 판매자의 유인양립 제약조건을 구속하고 q_l이 1이라는 사실을 주목하자. 이것은 사회적 후생함수 $(P_h+\alpha_{H|L})+U_h(x, q)+(P_l-\alpha_{H|L})U_l(x, q)+V(x, q)$를 극대화시킨다. 물론 $U_l(x, q)=U_h(x, q)=0$이다. 따라서 이 분리계획은 판매자의 참여조건을 만족하는 모든 실현가능한 계획들 중에서 구매자의 보수를 극대화하는 계획이다.

사적 비용타입을 가진 판매자가 시장지배력을 가진 경우

지금까지 우리는 재화 또는 용역을 공급하는 판매자의 비용타입을 구매자가 식별하지 못하는 상태에서 구매자의 최적 계약설계를 살펴보았다. 시장에 비용타입이 높은 판매자가 많이 존재하는 경우에는 판매자의 타입을 구분하지 않는 비분리계획이 분리계획에 비하여 타입을 분별하지 못하는 구매자의 이윤을 극대화하는 데 반하여, 시장에 비용타입이 높은 판매자가 적게 존재할 경우에는 분리계획이 비분리계획보다 구매자에게 이윤을 보다 크게 가져다준다는 것을 알 수 있었다. 시장에 비용타입이 높은 판매자가 적게 존재하는 경우 분리계획은 모든 타입의 판매자에게 0의 이윤을 가져오고, 시장에 비용타입이 높은 판매자가 많은 경우 비분리계획은 낮은 타입의 판매자에게는 0보다 큰 이윤을 높은 타입의 판매자에게는 0의 이윤을 가져온다는 것을 알 수 있었다. 이것은 적어도 구매자에 비하여 판매자가 교섭력을 적게 갖고 있다는 것을 전제하여 도출한 결과라고 할 수 있다.

10) 유인효율적인 비분리계획의 설정에서 $\lambda_l=0$, $\lambda_h=1$로 설정하였음을 상기하자.

사적 비용타입을 가진 판매자가 시장지배력(market power)을 가질 경우 교역계획은 어떻게 설계되어야 하는 것인가? 이러한 상황을 전제한 상태에서 교역의 설계를 강구해 보자. 이 경우는 많은 구매자들이 있고 각 구매자는 그와 교역하고자 하는 많은 판매자들이 시장에 있을 때 일어난다. 이러한 시장을 가정해 보자.

이것을 살펴보기 전에 먼저 시장균형에 관한 왈라스의 개념(Walras's concept)을 상기해 보자. 이 개념에 의하면 모든 교역당사자들은 왈라스의 경매자(Walrasian auctioneer)가 부르는 동일한 가격에 직면하게 된다. 판매자들의 타입을 알지 못하는 많은 구매자들이 있는 상황에서, 왈라스의 경매자가 부른 가격에서 구매자의 기대이윤이 0보다 크다면 초과수요가 발생한다. 따라서 시장균형 상태에서 구매자의 기대이윤은 0이 되어야 한다.

시장에서 높은 타입의 판매자가 존재할 확률 P_h가 어떻게 주어지든 낮은 비용타입을 가진 판매자만이 시장에 재화를 공급하는 왈라스의 균형(Walrasian equilibrium)이 존재할 수 있다. 이때 시장에 공급되는 재화의 가격 $x/q=S_l=30$이다. 이 균형은 높은 타입의 판매자를 배제함에 따라 유인효율적인 균형이 되지 못한다.[11]

양 타입의 판매자 모두 교역에 참여하는 왈라스의 균형을 찾아보자. 왈라스의 균형은 구매자의 기대이윤을 0으로 하므로 균형가격이 다음과 같이 주어진다.

$$\frac{x}{q}=P_hS_h+(1-P_h)S_l=P_h50+P_l30.$$

높은 비용타입의 판매자를 교역에 참여하게 하기 위해서는 위에 주어진

11) 높은 타입의 판매자가 존재할 확률 P_h가 2/3보다 클 경우 비분리계획이 유인효율적인 기제가 된다는 것을 상기하자.

가격이 판매자의 참여 제약조건을 만족해야 된다.

$$x-\theta_h q \geq 0 \Leftrightarrow \frac{x}{q} \geq \theta_h \Rightarrow P_h \geq \frac{\theta_h - S_l}{S_h - S_l} = 0.5.$$

시장에 높은 비용타입을 가진 판매자가 존재할 확률이 0.5 이상일 때 양 타입의 판매자 모두 시장에 참여하는 왈라스의 균형이 존재한다. 이 경우 낮은 비용타입과 높은 비용타입의 판매자 모두 구매자의 기대이윤을 0으로 하는 보다 높은 가격으로 시장에 재화를 공급하게 된다. 이 경우 낮은 비용타입을 가진 판매자의 역선택이 일어난다. 이와 같이 우리는 역선택이 존재하는 왈라스 균형들 간에 파레토 순위(Pareto ranking)를 구별할 수 있다.

판매자의 사전적 기대이윤을 극대화하는 교역계획을 찾아보자. 판매자의 사전적 기대이윤이란 판매자의 타입분포가 주어진 상태에서 시장에 참여하는 구매자 또는 제3자가 기대하는 사전적 이윤을 말한다. 이 경우 목적함수와 제약조건은 다음과 같다.

목적함수: 판매자의 사전적 기대이윤$=P_h U_h(x_h, q_h)+P_l U_l(x_l, q_l)$

제약조건: $x_l-\theta_l q_l \geq x_h-\theta_l q_h$, 타입 θ_l 판매자의 유인양립 제약조건: $\alpha_{H|L}$

$x_h-\theta_h q_h \geq x_l-\theta_h q_l$, 타입 θ_h 판매자의 유인양립 제약조건: $\alpha_{L|H}$

$U_l(x_l, q_l) \geq 0$, 타입 θ_l 판매자의 참여 제약조건: λ_l

$U_h(x_h, q_h) \geq 0$, 타입 θ_h 판매자의 참여 제약조건: λ_h

$V(x, q) \geq 0$, 구매자의 참여 제약조건: μ_2

$0 \leq q_l \leq 1,\ 0 \leq q_h \leq 1$

여기서 $U_l=x_l-\theta_l q_l$, $U_h=x_h-\theta_h q_h$, $V=P_h(S_h q_h-x_h)+P_l(S_l q_l-x_l)$이다.

제약조건들이 주어진 상태에서 목적함수를 극대화하기 위한 라그랑주 함수를 다음과 같이 꾸며 보자.

$$L=P_h(x_h-\theta_h q_h)+P_l(x_l-\theta_l q_l)+\alpha_{H|L}(x_l-\theta_l q_l-x_h+\theta_h q_h)+\alpha_{L|H}(x_h-\theta_h q_h-x_l+\theta_h q_l)$$
$$+\lambda_l(x_l-\theta_l q_l)+\lambda_h(x_h-\theta_h q_h)+\mu_2(P_h(S_h q_h-x_h)+P_l(S_l q_l-x_l)).$$

위에 주어진 라그랑주 함수를 x_l과 x_h에 대하여 각각 편미분하여 0으로 놓으면 다음과 같은 균형방정식을 도출할 수 있다.

$$P_h+\lambda_h+\alpha_{L|H}=\alpha_{H|L}+\mu_2 P_h,\ P_l+\lambda_l+\alpha_{H|L}=\alpha_{L|H}+\mu_2 P_l.$$

위에 주어진 균형방정식을 이용하여 라그랑주 함수를 단순화시키면 다음과 같다.

$$q_h(50\mu_2 P_h-P_h 40-\lambda_h 40-\alpha_{L|H}40+\alpha_{H|L}20)+q_l(30\mu_2 P_l-20-\lambda_l 20-\alpha_{H|L}20+\alpha_{L|H}40$$
$$=\mu_2 P_h q_h[50-40-\frac{\alpha_{H|L}(40-20)}{\mu_2 P_h}]+\mu_2 P_l q_l[30-20-\frac{\alpha_{L|H}(20-40)}{\mu_2 P_l}]. \qquad (5)$$

사적 정보를 가진 판매자의 사전적 기대이윤을 극대화하는 최적의 교역계획은 높은 타입의 판매자가 시장에 존재할 확률 P_h에 달려 있다. 우리는 $P_h \geq 0.5$일 경우 양 타입의 판매자 모두 시장에 참여하는 왈라스 균형이 존재한다는 것을 알고 있다. $P_h \geq 0.5$일 경우 판매자의 사전적 기대이윤을 극대화하는 교역계획으로 비분리계획을 시도해 보자.

$$q_l=q_h=1,\ x_l=x_h=P_h S_h+P_l S_l=P_h 50+P_l 30 \geq 40.$$

우리는 이러한 비분리계획의 최적을 다음에 주어지는 라그랑주 승수와 함께 증명할 수 있다.

$$\alpha_{H|L}=\alpha_{L|H},\ \lambda_h=\lambda_l=0,\ \mu_2=1.$$

이 비분리계획은 구매자의 기대보수를 0으로 하기 때문에 그의 참여 제약조건에 상응하는 라그랑주 승수 μ_2를 1로 놓을 수 있다. 또한 이 비분리계획은 모든 타입의 판매자에게 유보보수보다 큰 보수를 보장하므로 그의 타입에 상응하는 라그랑주 승수들 λ_l과 λ_h를 0으로 한다.

$P_h \leq 0.5$일 경우, 판매자의 사전적 기대이윤을 극대화하는 교역계획으로 다음과 같은 분리계획을 시도해 보자.

$$q_l=1,\ x_h=40q_h,\ x_l=30+\frac{10q_hP_h}{P_l},\ q_h=\frac{1}{2-P_H/P_l}.$$ [12)]

이러한 분리계획에서 구속되는 제약조건들은 낮은 타입의 판매자를 위한 유인양립 제약조건($\alpha_{H|L}$), 높은 비용타입을 가진 판매자의 참여 제약조건(λ_h), 그리고 구매자의 참여 제약조건(μ_2)이다. 이러한 분리계획을 지지하기 위한 라그랑주 승수들은 다음과 같다.

$$\mu_2>0,\ \lambda_h>0,\ \alpha_{H|L}>0,\ \alpha_{L|H}=0,\ \lambda_l=0.$$

q_h가 0과 1 사이의 값을 갖으면서 분리계획이 최적이 되기 위해서는 단

12) 이 분리계획은 낮은 타입의 판매자의 유인양립 제약조건을 구속시켜야 되고 구매자의 기대이윤을 0으로 하여야 한다. 즉, $x_l-\theta_l=q_h(\theta_h-\theta_l)$, $P_l(S_l-x_l)+P_hq_h(S_h-\theta_h)=0$. 따라서 $x_l=20+20q_h$. 이것을 구매자의 기대이윤에 대입하면 q_h를 다음과 같이 구할 수 있다. $q_h=1/(2-P_h/P_l)$. x_l을 다시 정리하여 쓰면 다음과 같다. $x_l=20+20q_h=30+10q_h(2-(1/q_h))$.

순화시킨 라그랑주 함수에서 q_h의 계수(coefficient)가 0이 되어야 한다.

$$[50-40-\frac{\alpha_{H|L}(40-20)}{\mu_2 P_h}]=0 \Rightarrow \frac{\alpha_{H|L}}{\mu_2 P_h}=\frac{30-20}{40-20}=0.5.$$

$\alpha_{L|H}$가 0이므로 단순화시킨 라그랑주 함수에서 q_l의 계수는 0보다 크다. 따라서 $0<q_h<1$과 $q_l=1$은 단순화시킨 라그랑주 함수를 극대화시킨다. 이때 $\alpha_{H|L}=0.5\mu_2 P_h$이다. 이 경우 균형방정식은 다음과 같이 주어진다.

$$P_h+\lambda_h+0=0.5\mu_2 P_h+\mu_2 P_h \text{ 그리고 } P_l+0+0.5\mu_2 P_h=0+\mu_2 P_l.$$

따라서 $\mu_2-P_l/(P_l-0.5P_h)$, 그리고 $\lambda_h=P_h(1.5\mu_2\ \ 1)$이다. 사전적 최적을 입증하기 위해서는 μ_2와 λ_h가 0보다 커야 된다. 이 경우는 $P_h \leq 0.5$일 때 성립한다.

시장에 높은 타입의 판매자가 존재할 확률 P_h가 작을 경우에는, 판매자의 사전적 기대이윤을 극대화하는 교역계획은 타입이 높은 판매자의 기대이윤을 0으로 하고 타입이 낮은 판매자의 기대이윤을 0보다 크게 한다. 비용타입이 높지 않은 판매자를 구매자가 만날 경우 구매자의 기대이윤 $30q_l-x_l$이 음이 된다. 타입을 알고 있는 판매자가 교역계획을 선택하는 경우, 구매자는 판매자의 타입이 낮은 타입이라고 추론하게 되어 판매자의 교역계획을 거절하게 된다.

판매자들이 사적 정보를 갖고 있고, 구매자들이 사적 정보를 갖고 있지 못하지만 교역으로 인한 그들의 기대이익이 음이 아닌 상황에서, 교역계획이 유인양립적이면서 각 타입의 판매자와 교역하는 구매자에게 양의 기대이윤을 가져온다면, 그리고 그런 경우에만 이 교역계획을 분리할 수 있는 계획(separable plan)이라고 말한다.[13] 따라서 분리할 수 있는 교역계획은 유인양

13) 비분리계획이 아닌 분리계획과 분리할 수 있는 계획은 서로 다른 개념이다. 분리할 수 있는 계획

립적이고 구매자가 어느 타입의 판매자와 교역을 하든지 그의 기대이윤을 0 이상으로 하는 다음과 같은 제약조건을 만족한다.

$$S_h q_h - x_h \geq 0,\ S_l q_l - x_l \geq 0.$$

[사실] 사적 정보를 가진(타입을 알고 있는) 모든 타입의 판매자들은 분리할 수 있는 계획들 중에서 어떤 계획이 최선인가에 대하여 동의할 수 있다.

[증명] 명제와 다르게 판매자의 타입별로 최선의 분리할 수 있는 교역계획(best separable trading plan)을 다음과 같이 정의하자.

$$\theta_h \rightarrow (x, q),$$
$$\theta_l \rightarrow (\hat{x}, \hat{q}).$$

교역계획 $(\bar{x}, \bar{q})$를 다음과 같이 정의하자.

$$\theta_h \rightarrow (\bar{x}, \bar{q}) = (x, q),$$
$$\theta_l \rightarrow (\bar{x}, \bar{q}) = (\hat{x}, \hat{q}).$$

$(\bar{x}, \bar{q})$가 θ_h 판매자의 참여 제약조건과 유인양립 제약조건을 만족시키는 것을 증명해 보자.

교역계획의 정의에 의해서 다음 등식이 성립한다.

은 유인양립적이고 구매자가 어느 타입의 판매자와 교역을 하든지 구매자의 기대이윤을 0 이상으로 하는 계획을 말한다.

$$\bar{x}_h - \theta_h \bar{q}_h = x_h - \theta_h q_h.$$

위 식은 교역계획 $(\bar{x}, \bar{q})$가 타입 θ_h 판매자의 참여 제약조건을 만족시키는 것을 함축한다. 타입 θ_h가 교역계획 (x, q)를 교역계획 $(\hat{x}, \hat{q})$보다 선호하므로 다음 부등식이 성립한다.

$$x_h - \theta_h q_h \geq \hat{x}_h - \theta_h \hat{q}_h.$$

교역계획 $(\hat{x}, \hat{q})$는 유인양립 제약조건을 만족시켜야 하므로 다음 식을 만족시켜야 한다.

$$\hat{x}_h - \theta_h \hat{q}_h \geq \hat{x}_l - \theta_h \hat{q}_l.$$

교역계획 $(\hat{x}, \hat{q})$과 교역계획 $(\bar{x}, \bar{q})$는 판매자의 타입이 θ_l일 때 동일하므로 다음 식이 성립한다.[14)]

$$\hat{x}_l - \theta_h \hat{q}_l = \bar{x}_l - \theta_h \bar{q}_l.$$

위 일련의 과정은 교역계획 $(\bar{x}, \bar{q})$가 θ_h 판매자의 유인양립 제약조건을 만족시키는 것을 보여 주고 있다. 즉, $\bar{x}_h - \theta_h \bar{q}_h \geq \bar{x}_l - \theta_h \bar{q}_l$.

$(\bar{x}, \bar{q})$가 θ_l 판매자의 참여 제약조건과 유인양립 제약조건을 만족시키는 것을 증명해 보자. 교역계획 $(\bar{x}, \bar{q})$의 정의에 의해서 다음 등식이 성립한다.

14) 판매자의 타입이 θ_l일 때 교역계획 $(\hat{x}, \hat{q})$과 교역계획 $(\bar{x}, \bar{q})$가 동일하다는 사실은 다음 사실을 함축한다.

$$\hat{x}_l = \bar{x}_l,\ \hat{q}_l = \bar{q}_l.$$

$$\bar{x}_l - \theta_l \bar{q}_l = \hat{x}_l - \theta_l \hat{q}_l.$$

따라서 교역계획 $(\bar{x}, \bar{q})$가 타입 θ_l 판매자의 참여 제약조건을 함축한다. 타입 θ_l의 판매자의 교역계획 $(\hat{x}, \hat{q})$의 유인양립 제약조건은 다음과 같다.

$$\hat{x}_l - \theta_l \hat{q}_l \geq x_l - \theta_h q_l.$$

교역계획 (x, q)는 유인양립 제약조건을 만족시켜야 하므로 다음 식을 만족시켜야 한다.

$$x_l - \theta_l q_l \geq x_h - \theta_l q_h.$$

교역계획 $(\bar{x}, \bar{q})$의 정의에 의하여 다음 등식이 성립한다.[15)]

$$x_h - \theta_l q_h = \bar{x}_h - \theta_l \bar{q}_h.$$

위 일련의 과정은 교역계획 $(\bar{x}, \bar{q})$가 θ_l 타입 판매자의 유인양립 제약조건을 만족시키는 것을 보여 주고 있다. 즉,

$$\bar{x}_l - \theta_l \bar{q}_l \geq \bar{x}_h - \theta_l \bar{q}_h.$$

따라서 교역계획 $(\bar{x}, \bar{q})$가 유인양립 제약조건을 만족시킨다. 교역계획

15) 판매자의 타입이 θ_h일 때 교역계획 (x, q)와 교역계획 $(\bar{x}, \bar{q})$가 동일하다는 사실은 다음 사실을 함축한다.

$$x_h = x_h,\ q_h = q_h.$$

$(\bar{x}, \bar{q})$는 각 타입의 판매자의 기대이윤을 0 이상으로 하기 때문에 분리할 수 있는 계획이 된다.

교역계획 $(\bar{x}, \bar{q})$는 각 타입의 판매자에게 상응하는 최선의 분리계획이 가져오는 기대이윤을 가져오기 때문에 모든 분리할 수 있는 계획들 중에서 모든 타입의 판매자들에게 최선의 분리할 수 있는 계획이 된다. □

위에 주어진 수치 예를 가지고 판매자의 각 타입에 상응하는 최선의 분리할 수 있는 계획을 구축해 보자. 낮은 타입의 판매자는 구매자에게 구매자가 평가하는 가치 30을 받고 확률 1로 배달하고자 한다. 왜냐하면 이 분리계획은 구매자가 이상으로 지불할 수 없다는 제약조건 하에서 판매자의 이익을 극대화하는 것이기 때문이다. 따라서 낮은 타입의 판매자를 위한 교역계획은 다음과 같다.

$$q_l=1,\ x_l=30.$$

이 경우 높은 타입의 판매자를 위한 최선의 분리할 수 있는 계획을 다음과 같이 설계해 보자.

$$\begin{aligned}&\text{Max}_{(x_h,\ q_h)} x_h-40q_h\\&\text{subject to } 50q_h-x_h \geq 0\\&\qquad\qquad x_h-20q_h \leq x_l-20q_l=30-20.\end{aligned}$$

위 제약조건들 중에서 첫 번째 조건은 재화가치를 높게 평가하는 구매자의 기대이윤이 0 이상이어야 한다는 제약조건이다. 판매자가 이윤을 극대화시키기 위해서는 첫 번째 제약조건을 구속(binding)시켜야 한다. 두 번째 제약조건은 낮은 타입의 판매자의 유인양립 제약조건이다. 즉, 낮은 타입의 판매자가 높은 타입의 판매자를 타깃(target)으로 하여 설계된 계약을 선택하지 못하게 하는 제약조건이다. 높은 타입의 판매자의 이윤을 극대화시키기 위해서는 두 번째 제약조건을 구속시켜야 한다. 따라서 최선의 분리할 수 있는 계획은 다음과 같다.

$$x_l=30q_l,\ q_l=1,\ x_h=50q_h,\ q_h=\frac{1}{3},\ U_l=30-20,\ U_h=\frac{50-40}{3},\ V=0.$$

위에 주어진 최선의 분리할 수 있는 계획은 높은 비용타입의 확률 P_h에 의존하지 않음에 주목하자.

시장에서 높은 타입의 판매자의 비중이 낮은 경우, 즉 $P_h<2/3$일 때, 최선의 분리할 수 있는 계획은 잠정적으로 유인효율적인 계획이 된다.[16] 왜냐하면 이 최선의 분리할 수 있는 계획이 낮은 타입의 판매자의 유인양립 제약조건을 만족하고 $q_l=1$이기 때문이다.

시장의 균형

최선의 분리할 수 있는 계획은 그것이 유인효율적일 때, 구매자가 판매자의 타입을 분별하지 못하고 판매자의 역선택이 존재하는 시장에서 균형으로 간주될 수 있다. 그 이유는 다음과 같은 사실에 의해서 설명될 수 있다.

[사실] 최선의 분리할 수 있는 계획이 유인효율적인 경우에, 판매자가 이 계획보다 다른 유인양립적인 계획을 선호한다면 구매자는 판매자로부터 손실을 입을 수밖에 없다. 만약에 그렇지 않다면, 각 타입의 판매자로 하여금

16) 이 계획이 유인효율적인 계획이 되는 이유는 q_l이 1이고 낮은 비용타입을 가진 판매자의 유인양립 제약조건을 만족하기 때문이다.

다른 대안의 계획들 중에서 자기의 선호를 극대화하는 계획을 선택하게 하고 이렇게 생성된 최선의 분리할 수 있는 계획은 본래의 최선의 분리할 수 있는 계획을 파레토 압도하는(Pareto dominating) 계획이 된다. 이것은 본래의 최선의 분리할 수 있는 계획이 유인효율적이라는 가정에 모순되는 결과를 초래한다.

시장에서 판매자의 타입이 높을 확률이 2/3보다 크면, 즉 $P_h > 2/3$인 경우 최선의 분리할 수 있는 계획은 비분리계획에 의해서 일시적으로 열등한 계획이 된다. 왜 그런가? 이 경우 비분리계획은 다음과 같다.[17)]

$$\hat{q}_l = \hat{q}_h = 1 \quad \hat{x}_l = \hat{x}_h = 50P_h + 30(1-P_h) > 43.3 \text{ when } P_h > \frac{2}{3}.$$

위 비분리계획은 최선의 분리할 수 있는 계획보다 모든 타입의 판매자에게 보다 높은 이윤을 가져온다.[18)] 비분리계획이 가져오는 판매자의 타입별 소득은 다음과 같다.

$$\hat{U}_l(\hat{x}, \hat{q}) = \hat{x}_l - \theta_l \hat{q}_l = 30 + 20P_h - 20 = 10 + 20P_h,$$
$$\hat{U}_h(\hat{x}, \hat{q}) = \hat{x}_h - \theta_h \hat{q}_h = 30 + 20P_h - 40 = -10 + 20P_h,$$
$$V = 0.$$

경쟁적인 구매자들이 많고, 또한 구매자들 중에서 누구든지 모든 공급업자들이 공급하는 재화를 사용할 수 있는 시장에서, 구매자들의 경쟁이 균

17) 비분리계획 $(\hat{x}, \hat{q})$은 $(\hat{x}_l = \hat{x}_h, \hat{q}_l = \hat{q}_h)$을 의미한다. $\hat{q}_l = \hat{q}_h = 1$로 놓고, 구매자의 기대이득을 0으로 놓으면 $\hat{x}_l = \hat{x}_h = 50P_h + 30(1-P_h)$가 된다.

18) 비분리계획이 분리할 수 있는 계획보다 우월하기 위해서는 다음 부등식이 성립해야 된다.

$$\hat{U}_h > U_h = \frac{50-40}{3} = \frac{10}{3} \Leftrightarrow P_h > \frac{2}{3}.$$

형 상태에서 그들의 기대이윤을 0이 되도록 한다는 것을 우리는 예상할 수 있다. 만약에 구매자들의 기대이윤이 0보다 크다면 한 구매자가 일탈하여 균형 상태에서 벗어나 판매자들에게 보다 나은 가격을 제안하게 되면 모든 판매자들을 유인하게 되어 보다 큰 이윤을 도모할 수 있다.

시장에서 높은 타입의 판매자의 비중이 낮은 경우, 즉 $P_h \leq 2/3$일 때 판매자의 최선의 분리할 수 있는 계획(q_l=1, x_l=30, q_h=1/3, x_h=50/3)은 유인효율적이고 이것이 또한 경쟁적 균형으로 간주될 수 있음을 이미 살펴보았다.

$P_h \geq 2/3$인 경우, 무엇이 시장균형이 되어야 하는지를 단정하기가 쉽지 않다. 이러한 경우에 유일한 유인효율적인 계획은 비분리계획이 되지만, 이 계획은 구매자들로 하여금 사후적으로 비용타입이 높은 판매자와의 교역에서는 이익을 보게 하는 데 반하여 낮은 타입의 판매자와의 교역에서는 손실을 보게 한다.

시장에서 구매자들에 의해서 제시되는 교역계획이 유인효율적이 못하다면, 한 구매자가 지배적인 일탈(dominating deviation)에 의해서 이득을 꾀할 수 있다. 즉, 이 구매자는 모든 타입의 판매자들을 유인하는 잠정적인 파레토 우월계획을 제시함으로써 보다 큰 기대이윤을 꾀할 수 있다. 이 기대이윤은 판매자의 비용타입의 분포에 따라 평균하여 계산한 것이다.

반면에, 시장에서 교역계획이 비분리계획이거나 구매자가 낮은 타입의 판매자와의 교역에서 손해를 보는 교역계획이라면, 하나의 일탈하는 구매자가 낮은 타입의 판매자에게는 약간 불리하게 하고 높은 타입의 판매자에게는 약간 유리하게 하는 교역계획을 제안함으로써 이득을 취할 수 있다. 구매자는 이렇게 함으로써 높은 비용타입을 가진 판매자를 유인하게 된다. 이것을 구체적으로 설명해 보자. 일탈할 가능성이 있는 구매자를 제외한 다른 구매자들이 유인양립적인 교역계획 (q_l, x_l, q_h, x_h)를 제시한다고 하자. 이 계획이 구매자에게 가져오는 판매자 타입에 상응하는 기대이윤은 다음과 같다.

$$50q_h - x_h > 0,\ 30q_l - x_l < 0.$$

이때 한 일탈하는 구매자가 다음과 같은 구매계획을 제안한다고 하자.

$$\hat{q} = q_h - \varepsilon,\ \hat{x} = x_h - \delta.$$

여기서 ε은 작은 수이고 양(positive)이면서 $40\varepsilon > \delta > 20\varepsilon$이다.

이 경우 높은 타입의 판매자는 일탈하는 구매자의 제안을 선호하게 되고 구매자는 높은 타입의 판매자와의 교역을 통해서 이득을 꾀할 수 있다. 이들의 기대이윤이 다음과 같이 주어진다.

$$\hat{x} - 40\hat{q} > x_h - 40q_h,\ 50\hat{q} - \hat{x} > 0.$$

낮은 타입의 판매자는 일탈하는 구매자가 아닌 다른 구매자들과 교역을 선호한다. 왜냐하면 다음 부등식이 성립하기 때문이다.

$$\hat{x} - 20\hat{q} < x_h - 20q_h \leq x_l - 20q_l.$$

한 일탈하는 구매자는 이윤이 나지 않는 낮은 타입의 판매자와의 교역을 피함으로써 이득을 꾀할 수 있다. 낮은 타입의 판매자들로 하여금 시장에서 다른 구매자들과 교역을 하도록 내버려 두는 이 전술(tactic)은 크림 스키밍(cream skimming: 좋은 것을 걷어내는)이라고 불린다.

판매자의 타입을 구별할 수 없는 경쟁적인 구매자들이 많이 있는 상황에서 균형을 정의하는 문제에 대한 다른 접근은, 두 명의 구매자가 독립적으로 유인양립적인 계획 $(\hat{q}_h, \hat{x}_h, \hat{q}_l, \hat{x}_l)$을 발표하는 게임모형을 구축하여 사적 타입을 가진 판매자로 하여금 그의 타입이 주어진 상태에서 그가 선호하는 계획을 선택하도록 하는 것이다. 하지만 위에 주어진 논거에 의하면, $P_h >$ 2/3인 경우, 이 게임은 순수전략 내쉬 균형(pure strategy Nash equilibrium)을 가지지 못한다는 것을 보여 주고 있다. 이 경우 대칭적인 무작위적 균형(symmetric randomized equilibrium)을 찾아보자. P_h=0.8이라고 하자. 이 균형에서 각 구매자는 자기의 $\hat{q}_h$을 1/3과 1 사이에서 값을 취하는 일양분포로부터 선택한다. 각 구매자가 제시하는 교역계획이 다음과 같다고 하자.

$$\hat{x}_h=2+44\hat{q}_h,\ \hat{q}_l=1,\ \hat{x}_l=20\hat{q}_l+\hat{x}_h-20\hat{q}_h=22+24\hat{q}_h,\ \hat{q}_h\sim U[\frac{1}{3}, 1].$$

위 교역계획은 $\hat{q}_h$가 증가할수록 구매자들이 지급하는 가격이 증가하게 되고, 이에 따라 판매자의 타입별 기대이윤이 증가하는 것을 보여 주고 있다. $\hat{q}_h$=1/3은 모든 타입의 판매자들에게 최선의 분리계획이 된다. 이 경우 판매자의 타입별 기대이윤은 다음과 같다.

$$U_l=10,\ U_h=\frac{10}{3}.$$

$\hat{q}_h$=1은 비분리계획이 되고 구매자들이 지급하는 가격과 타입별 판매자의 기대이윤은 다음과 같다.

$$\hat{x}=P_hS_h+P_lS_l=46,\ U_l=26,\ U_h=6.$$

모든 판매자들은 보다 큰 $\hat{q}_h$를 제시하는 구매자를 선택하게 되고, 이 구매자의 기대이윤은 0이 된다. 왜냐하면 위에 제시한 교역계획들에서 구매자의 기대이윤은 0이 되기 때문이다.

$$0.2(30\hat{q}_l - \hat{x}_l) + 0.8(50\hat{q}_h - \hat{x}_h) = 0.2(8 - 24\hat{q}_h) + 0.8(6\hat{q}_h - 2) = 0.$$

승리하는 구매자는 비용타입이 높은 판매자와의 교역에서 이득을 보고, 낮은 타입의 판매자와의 교역에서는 손실을 보게 된다. 다른 구매자의 제안이 불확실할 때 다른 대안의 제안은 그것을 선호하는 판매자의 타입들로부터 양의 이윤을 기대할 수 없게 한다. 그러나 사후적으로는, 구매자 1이 제안하는 계획이 무엇이든, 구매자 2가 그것을 관측할 때 구매자 2는 모든 타입의 판매자들을 끌어들이는 이익이 나는 지배적인 계획을 제안하거나 또는 높은 타입의 판매자들만 걷어내고 이익이 나지 않는 낮은 타입의 판매자들을 방치하는 계획을 일탈하여 제안할 수 있다. 따라서 이러한 문제의 접근은 불만족스러워 보인다. 왜냐하면 이것은 구매자들이 그들 스스로를 수정할 수 없는 계약에 속박되는 가정에 의존하기 때문이다.

일반적 시장균형의 존재에 관한 개념을 세우기 위해서, 우리는 이러한 지배적이거나 크림 스키밍과 같은 일탈을 저지하는 균형을 찾아야 한다. 두 개의 일반적인 방법들이 제시되고 있다. 하나의 방법은 구매자들로 하여금 예상된 균형으로부터 서로간의 일탈에 반응하는 능력을 허용하는 것이다. 다른 하나의 방법은 일탈한 구매자의 제안을 수용하는 스스로 선택된 판매자들이 모든 판매자들을 대표하는 것이 아니라는 것을 허용하는 것이다. 이것들을 순서대로 살펴보자.

경쟁적인 반응들에 대한 위협들은 어떤 시장이든 비경쟁적으로 만든다. 구매자들은 일탈하는 구매자가 누구든 그에 대항하여 그들의 제안을 증가시킬 것이라고 위협할 수가 있다면 독점적 담합(monopolistic collusion)을 유지할 수 있다. 그러나 그러한 담합은 구매자들이 하나의 일탈에 대응하여 그들의 제안을 철회하도록 단지 허용된다면 유지될 수 없다. 역선택이 존재하지 않는 전형적인 시장에서, 한 구매자의 이윤은 어떤 경쟁적인 제안들을 철회하는 다른 구매자들에 의해서 경감될 수 없다.

하지만 역선택이 존재하는 시장에서는 이득이 발생할 것 같은 크림 스키밍 일탈들은, 그 일탈 스스로가 이익이 나지 않도록 만드는 경쟁적인 제안들을 철회함으로써 이익이 나지 않을 수 있다. 이것을 예를 들어 설명해 보자. P_h=0.8이라고 하자. 구매자의 기대이윤을 0으로 하는 효율적인 비분리계획은 q=1, $x=P_hS_h+P_lS_l$=46이다. 이득을 가져오는 높은 타입의 판매자를 유인하고 이득이 나지 않는 낮은 타입의 판매자를 방치하는 크림 스키밍 도전은, 즉 교역계획은 다음과 같아야 한다.

$$\hat{q}=1-\varepsilon, \text{ and } \hat{x}=46-\delta \text{ where } 40\varepsilon>\delta>20\varepsilon.$$

이때 단위당 평균가격은 다음과 같아야 한다.

$$\frac{\hat{x}}{\hat{q}}=\frac{46-\delta}{1-\varepsilon}>\frac{46-40\varepsilon}{1-\varepsilon}>46.$$

따라서 이러한 일탈은, 다른 구매자들이 이득이 발생하지 않는 낮은 타입의 판매자들을 유인하도록 되어 있는 그들의 제안을 철회한다면, 이득이 나지 않는 것이 된다. 문제는, 낮은 타입의 판매자들을 잘 다룸으로써, 효율적인 비분리계획들은 경쟁적인 도전자가 이득이 발생할 수 있는 타입이 높은 판매자들에게만 호소력이 있는 교역조건을 설계한다는 것이다. 교역계획들의 방어적 철회(defensive withdrawal)의 가능성은 크림 스키밍 일탈을 저지할 수 있고 구매자의 기대이윤을 0으로 하는 효율적인 비분리계획을 유지할 수 있다.

균형을 유지하는 다른 방법은 일탈하는 구매자가 그의 제안을 선호하는 타입의 판매자가 누구든 모두 유인할 수 있다고 자신 있게 예상할 수 있다는 가정을 기각하는 것이다. 우리는 통상적으로 경쟁적 균형을 작은 경쟁자들이 많이 존재하는 것으로 특징짓고, 이 작은 경쟁자들이 각각 작은 부분을 감당하는 것으로 생각하고 있다. 시장에 구매자들이 적게 있고, 그들이 각각 시장의 큰 부분을 차지하고 있다면 그들이 상호간에 반응하지 않는다는 가정을 정당화할 수 없다.

한 작은 구매자에게 있어, 하나의 일탈은 그것이 시장에서 모든 판매자들을 갑작스럽게 모집할 수 있다고 희망할 수 없다고 하더라도, 그것이 시장에서 구매자의 몫을 증가시킬 수 있다면, 값어치가 있을 수 있다. 그러한 일탈이 있은 후에, 한 작은 구매자는 그 새로운 제안에 의해 유인된 스스로 선택된 판매자들의 표본을 모집할 수 있게 된다. 그리고 그들의 타입들은 전반적인 타입의 분포를 대표하지 않는다. 물론 시장균형을 선호하는 타입들은 일탈자와 교역을 하지 않을 것이다. 하지만 다른 타입들은 일탈자에 의해서 유인된 표본에서 정상보다 많거나 적게 나타난다. 두 개 또는 그 이상의 타입들을 유인하는 데 있어, 그들 중 어느 누구도 일탈자에게 이롭지 못하다면, 그러한 일탈은 이롭지 못한 타입들을 과도하게 추출하게 되는 두려움에 의해 저지될 수 있다. 비효율적인 분리계획에 대항하여 비분리계획에 의한 지배적인 일탈은, 일탈자의 표본에서 낮은 타입들이 역으로(adversely) 과도하게 나타내진다는 두려움에 의하여 저지될 수 있다. 이와 같이 일탈자에게 반하는 이러한 역선택의 가능성은 지배적 일탈을 저지할 수 있고 또한 균형 상태에서 최적의 분리계획이 비효율적이라고 하더라도 그것을 유지할 수 있다.

사적인 비용타입의 정보를 갖고 있는 판매자들이 연속적으로 시장에 진입하면서 자기에게 적절한 구매자를 찾고, 경쟁적으로 최적의 구매제안을 찾게 되면 시장을 떠난다고 하자. 매 시간 구간마다, 시장에 진입하는 판매자들이 높은 비용타입을 가질 확률은 80%이고, 낮은 비용타입을 가질 확률은 20%라고 하자. 모든 구매자들의 제안은 최선의 분리할 수 있는 계획의 일정 부분과 아주 유사하다고 하자. 하지만 대부분의 구매자들은 높은 비용타입의 판매자들을 목표로 한 교역계획 $q_h=(1/3)-\varepsilon$, $x_h=50[(1/3)-\varepsilon]$을 제안하고 낮은 비용타입의 판매자들은 교역계획 $(q_l, x_l)=(1, 30)$을 오랫동안 찾는다고 하자. 따라서 매 시점에서, 일탈하는 구매자가 반드시 표본으로 삼는, 구매자를 찾고 있는 판매자들의 군락은 대부분 낮은 타입의 판매자들로 구성되어 단기적 일탈자들은 비분리계획에 의해서 이득을 취할 수 없다. 이와 같이 최선의 분리할 수 있는 계획은 그레샴의 법칙(Gresham's Law)에 따라 균형으로 지지될 수 있다: 시장에서 낮은 타입들이 높은 타입들을 구축한다.

[사실] 일탈자들에 대항하여 방어적 철회와 역선택이 모두 가능하다면, 최선의 분리할 수 있는 계획을 잠정적으로 약하게 압도하는 실행가능한 계획은 그것이 무엇이든 그 계획은 유지될 수 있다. 이러한 지탱할 수 있는 균형이 되기 위해서는, 구매자들 역시 최선의 분리할 수 있는 계획을 제안할 수 있어야 하고, 판매자들 중 어느 누구도 이것을 수용하게 되는 것을 기대할 수가 없어야 한다. 왜냐하면 주어진 실행가능한 계획이 그것을 파레토 지배하기(Pareto-dominates) 때문이다. 그러나 어느 구매자가 다른 제안으로 일탈하여, 다른 구매자들이 최선의 분리계획 쪽으로 물러나게 되면, 그 일탈자는 스스로 선택된 판매자들 가운데 높은 타입의 판매자들의 비중이 2/3보다 낮으면 그들로부터 이득을 취할 수 없다. 왜냐하면 높은 타입의 판매자들의 비중이 2/3보다 낮으면 이러한 분리할 수 있는 계획은 다른 계획에 의하여 지배될 수 없기 때문이다.

신호보내기

사적 정보를 가진 자(대리인)의 역선택을 차단하고 대리인으로 하여금 계약에 자발적으로 참여시키기 위한 계약의 설계, 즉 스크리닝(screening)은 사적 정보를 분별할 수 없는 주인이 자기의 이윤을 극대화하기 위하여 대리인의 타입별로 계약을 설계하여 대리인에게 제시하여 대리인 스스로 계약을 선택하도록 하는 것이다. 여기서 계약설계의 주도권을 대리인의 사적 정보를 갖지 못한 주인이 갖고 있다. 사적 정보를 갖고 있는 대리인이 주인에게 자기의 타입을 알리기 위해 신호(signal)를 보내는 경우를 상정해 보자. 전 절들의 주어진 예에서 사적 타입을 갖고 있는 판매자들이 구매자들에게 신호를 보낼 수 있고, 신호를 보내는 데 소요되는 비용은 판매자의 타입에 의존한다고 하자. 판매자의 비용타입별 신호보내기 비용은 다음과 같다.

비용이 높은 타입의 신호보내기 비용: $C_h > 0$,
비용이 낮은 타입의 신호보내기 비용: $C_l > 0$.

사적 정보를 가진 판매자와 구매자들이 그들을 상대로 경쟁을 하기 전에 비용이 들어가는 신호를 보내야 하는지를 선택해야 하는 시장게임에 순차적 균형(sequential equilibrium)을 적용해 보자. 시장에 초과수요가 존재하고, 경쟁적인 구매자들이 제시하는 교역조건은 구매자가 관측한 판매자의 신호에 의존한다고 하자. 관측할 수 있는 각각의 신호가치(signal value)에 대하여, 경쟁적인 구매자들은 판매자의 신호가 주어진 상태에서 판매자의 재화 또는 자산에 대하여 구매자가 기대하는 조건부 기대가치(conditional expected value)만을 지불하게 된다고 하자. 즉, 구매자의 기대이윤은 0이다.

판매자가 낮은 비용타입일 때는 신호를 보내지 않고 높은 비용일 때 신호를 보내게 되는 균형의 존재를 가능하게 하는 C_h와 C_l의 값의 범역을 찾아보자. 낮은 타입의 판매자가 분리될 때, 구매자들이 경쟁적으로 제시하는 가격 x_l은 30이다. 즉, 낮은 타입의 판매자에게 제시하는 구매자의 재화 또는 자산의 가격은 이것에 대한 구매자의 가치이다. 따라서 낮은 타입의 판매자는 신호를 보내지 않음으로써 그가 기대하는 이득은 10이다. 즉, 그의 기대이득은 구매자의 가치 S_l에서 그의 비용 타입 θ_l을 뺀 것이다. 이러한 분리하는 시나리오(separating scenario)에서 판매자가 신호를 보낸다는 것은 그가 스스로 높은 비용타입이라는 것을 밝히는 증거가 된다. 따라서 신호를 보내는 판매자들은 구매자들에게 그들이 평가하는 가치로 재화를 판매할 수 있게 된다. 높은 비용타입의 판매자에게 제시되는 가격 x_h는 S_h가 된다. 우리의 예에서 S_l는 30이고 S_h는 50이라는 것을 상기하자. 낮은 타입의 판매자가 신호를 보내지 않기 위해서는 다음 제약조건을 만족해야 된다.

$$S_h - \theta_l - c_l \leq S_l - \theta_l \Rightarrow 50-20-c_l \leq 30-20 \Rightarrow c_l \geq 20.$$

높은 타입의 판매자가 신호를 보내기 위한 제약조건은 다음과 같다.

$$S_h - \theta_h - c_h \geq \max\,[0,\, S_l - \theta_h\,] \Rightarrow 50-40-c_h \geq 0 \Rightarrow c_h \leq 10.$$

이러한 분리하는 시나리오가 우리가 이전에 발견했던 최선의 분리할 수 있는 계획보다 비용타입이 높은 판매자에게 유리하게 하기 위해서는 다음 조건을 만족해야 된다.

$$50-40-c_h > \frac{50-40}{3} \Rightarrow c_h \leq 6.67.$$

이 조건과 함께 c_l이 20보다 크거나 같아야 한다.

라그랑주 분석은 비용을 수반하는 신호(costly signal)가 판매자의 최선의 분리할 수 있는 계획을 변화시킬 수 있기 위해서는 $(c_h/c_l\,)$가 3보다 클 때에만

가능한지 그 이유를 설명하고 있다. 유인효율적인 교역의 설계에서 보았듯이 라그랑주 승수 $\alpha_{H|L}$은 $0.5P_h$이고, 높은 비용타입의 판매자의 재화 또는 자산의 가치는 θ_h에서 다음과 같은 가상의 가치(virtual value)로 변형된다.

$$\text{가상의 가치}=\theta_h+\frac{(\theta_h-\theta_l)\alpha_{H|L}}{P_h}=1.5\theta_h-0.5\theta_l.$$

이와 같이 높은 비용타입을 가진 판매자의 가상의 가치는 실제가치 θ_h의 1.5배에서 낮은 비용타입을 가진 판매자의 실제가치 θ_l의 0.5배를 뺀 것이다. 따라서 높은 타입의 판매자의 신호의 가상의 비용(virtual cost)은 다음과 같다.

$$\text{신호의 가상 비용}=1.5c_h-0.5c_l.$$

음의 가상의 비용은 양의 가상의 편익이 되는데, 이것이 0보다 크기 위한 조건은 다음과 같다.

$$c_l>3c_h>0.$$

모든 타입의 판매자가 신호보내기를 선택하는 균형이 존재하기 위한 c_l과 c_h값의 범역을 찾아보자. 모든 타입의 판매자가 신호를 보내는 것이 예상될 경우, 그들이 자산을 팔아서 기껏 받을 수 있는 최대 금액은 다음과 같다.

$$P_hS_h+P_lS_l.$$

구매자들이 하나의 판매자에 대해서 추론할 수 있는 최악의 경우는 판매자의 타입이 낮은 타입이라는 것이고, 이때 구매자들이 지불할 수 있는 최대 금액은 S_l로 30이 된다. 따라서 판매자는 신호보내기에 대한 두 개의 대안을 갖고 있다. 자산을 30에 팔든지 아니면 재화를 팔지 않고 교역으로 인한 이득을 갖지 않는 것이다. 이와 같이 두 타입의 판매자가 균형 상태에서 이러한 신호보내기를 실제적으로 원하기 위해서는 다음과 같은 조건을 만족해야 된다.

$$(P_hS_h+P_lS_l)-\theta_h-c_h \geq \max\,[S_l-\theta_h,\,0] \Rightarrow P_h50+(1-P_h)30-40-c_h \geq 0$$
$$\Rightarrow 20P_h-10 \geq c_h.$$

위에 주어진 조건은 모든 타입의 판매자가 신호를 보낸다는 전제 하에 높은 타입의 판매자가 신호를 보냈을 때 그렇게 하지 않았을 경우에 비하여 이득이 크거나 같아야 한다는 것을 나타내고 있다.

$$(P_hS_h+P_lS_l)-\theta_l-c_l \geq \max\,[S_l-\theta_l,\,0] \Rightarrow P_h50+(1-P_h)30-c_l \geq 30-20$$
$$\Rightarrow 20P_h \geq c_l.$$

위에 주어진 조건도 모든 타입의 판매자가 신호를 보낸다는 전제 하에 낮은 타입의 판매자가 신호를 보냈을 때 그렇게 하지 않았을 경우에 비하여 이득이 크거나 같아야 한다는 것을 나타내고 있다.

위에 주어진 조건들 중에서 첫 번째 조건은 c_h가 양(positive)인 상태에서 P_h가 1/2보다 크지 않다면 성립할 수 없다. 이 예에서 P_h가 0.8이라고 하자. 이 경우 비분리 시나리오(pooling scenario)가 균형이 되기 위한 충분조건은 다음과 같다.

$$c_h \leq 6,\ c_l \leq 16.$$

값비싼 신호보내기는 누구에게도 도움이 되지 않는다. 이러한 균형은 쥐의 경주균형(rat race equilibrium)이라고 불린다.

7-2 역선택의 일반모형(대리인이 여러 개의 타입을 가진 경우)

재화 또는 용역을 판매하고자 하는 판매자(sellers)들이 사적 정보를 갖고 있는 하나의 큰 시장을 상정해 보자. 각 판매자는 한 명의 구매자와 짝을 짓지만, 각 구매자는 한 명 이상 여러 명의 판매자와 짝을 지을 수 있다고 하자. 판매사들을 노동 용역을 판매하는 노동자들로 간주하고, 구매자들을 노동자들을 고용하는 고용주(기업)들로 간주할 수 있다.

각 판매자는 자기 자신의 타입 t를 알고 있고, 이 타입은 어떤 가능한 유한 타입집합 T에 속한 원소이다. 하지만 각 판매자는 자기의 타입을 정직하게 말할 유인(incentive)이 주어지지 않는 한 그의 타입을 거짓으로 나타낼 수 있다. 매 기간마다 시장에 새롭게 도착하는 판매자들 가운데 타입 t를 가진 판매자들의 비율을 $p(t)$라고 하자. 짝을 형성한 판매자와 구매자 사이에 이루어지는 교역 또는 거래조건들의 집합을 M이라고 하자. 이러한 M에 속한 각 교역조건 m은 판매량과 가격 또는 판매자에 의해 요구되는 신호보내기 등에 관한 완전한 내역(full specification)을 포함한다. 문제를 단순화시키기 위하여 M은 유한하지만 아주 큰 집합이라고 하자.

판매자 1의 효용가치를 u_1, 구매자 2의 효용가치를 u_2로 나타내자. 그리고 이 효용가치들은 교역조건 m과 판매자의 타입 t의 함수라고 하자. 교역 또는 거래조건의 집합 M은 가치가 없는 공교역조건(null terms of trade) m_0를 포함하고, 이 교역조건이 구매자와 판매자에게 가져오는 효용가치는 0이라고 하자. 즉,

$$u_1(m_0, t)=0,\ u_2(m_0, t)=0,\ \forall t\in T.$$

교역 또는 거래계획 μ는 판매자의 타입집합을 정의역(domain)으로 하고, 교역 또는 거래조건들에 대한 확률분포의 집합을 치역(range)으로 하는 함수이다. 즉, 거래계획 μ는 판매자의 타입에 상응하는 교역 또는 거래조건들에 대한 확률분포를 지명한다.

$$\mu : T \rightarrow \Delta(M).$$

여기서 T는 타입집합, $\Delta(M)$은 교역 또는 거래조건들에 대한 확률분포들의 집합이다. 이러한 교역계획을 정보경제학에서 기제(mechanism)라고 부른다.

이러한 시장에서 예상된 거래계획을 묘사하기 위해, 타입 t의 판매자가 시장에서 거래계획 m을 가질 확률을 $\mu(m|t)$라고 하자. 따라서 거래계획 μ는 다음과 같은 확률제약(probability constraint)조건을 만족해야 된다.

$$\mu(m|t)\geq 0,\ \forall m\in M,\ \forall t\in T;\ \sum_{m\in M}\mu(m|t)=1,\ \forall t\in T. \tag{6}$$

타입 t의 판매자가 계획 μ를 가질 경우 그의 기대효용은 다음과 같다.

$$U_1(\mu, t)=\sum_{m\in M}\mu(m|t)u_1(m, t).$$

판매자들이 타입을 거짓으로 나타낼 수 있기 때문에, 그러한 시장은 판매자의 유인양립 제약조건을 만족해야 된다.

$$\sum_{m\in M}\mu(m|t)u_1(m, t)\geq \sum_{m\in M}\mu(m|s)u_1(m, t),\ \forall t\in T,\ \forall s\in T. \tag{7}$$

판매자들의 타입을 식별하지 못하는 구매자들은 이러한 거래들로부터 손해를 기대할 수가 없어야 한다. 판매자들의 타입분포 p와 거래계획 μ가 주어진 상태에서, 전반적인 시장에서 시장에 참여하는 구매자가 기대하는 사전적 순이윤 $U_2(\mu, p)$가 0 이상이 되어야 하는 제약조건이 다음과 같이 주어진다.

$$U_2(\mu, p) = \sum_{t \in T} \sum_{m \in M} p(t)\mu(m \mid t)u_2(m, t) \geq 0. \tag{8}$$

이것이 구매자의 시장참여 제약조건(participation constraint)이다.

거래계획 μ가 주어진 조건 (6)-(8)을 만족하면, 그리고 그때에만 이 계획을 타입분포 p와 더불어 실행가능한 계획(p-feasible plan)이라고 말한다. 즉, 실행가능한 계획이란 타입분포 p가 주어진 상태에서 구매자의 사전적 기대이윤이 0 이상이어야 하고 판매자로 하여금 자기의 타입을 진실하게 밝히도록 하는 유인양립 제약조건을 만족하면서 확률 제한조건을 만족하는 교역계획을 말한다.

이러한 거래계획 또는 기제 μ는 사적 타입을 가진 판매자가 구매자들이 제안한 메뉴 가운데서 선택한 것에 의해 결정된다. 이것을 구체적으로 살펴보자. 구매자들이 제안하는 거래 또는 교역조건들의 집합을 우리는 이미 M으로 나타내었다. M을 정의역으로 하는 확률분포들의 집합을 $\Delta(M)$이라고 하자. $\Delta(M)$은 볼록집합(convex set)이다. 이것이 볼록집합인 이유는 $\Delta(M)$에 속한 임의의 확률분포 2개를 가지고 볼록결합(convex combination)을 한 확률분포가 $\Delta(M)$의 원소이기 때문이다.

$$\Delta(M) = \{\omega \in R^M \mid \omega(m) \geq 0, \sum_{m \in M} \omega(m) = 1\}.$$

구매자들은 확률분포들의 집합 $\Delta(M)$ 중에서 임의로 하나의 원소(확률분포)를 택하여 판매자들에게 제시할 수 있다. 이것은 구매자들이 임의의 확률분포에 따라 거래계획들을 무작위로 판매자에게 할당할 수 있다는 것을 의미한다. 구매자들이 제안한 교역조건에 관한 확률분포들, 즉 메뉴들 가운데서 사적 타입을 가진 판매자는 자기의 만족을 극대화시키는 메뉴를 선택한다. 즉, 경쟁적인 시장에서 구매자들은 판매자들과 교역하고자 하는 거래내역을 담은 제안들을 공표할 수 있고, 각 판매자는 자기의 타입에 최적인 제안을 선택할 수 있다.

이 경우, 시장에서 판매자들이 선택할 수 있는 것으로, 구매자들이 제시하는 제안들의 메뉴 집합 Ω는 $\Delta(M)$의 부분집합이 될 것이다. 즉, $\Omega \subseteq \Delta(M)$.

시장의 거래계획은 구매자들이 제안한 것들 가운데서 판매자들이 선택한 것들로부터 도출될 것이다. 메뉴 Ω에서 판매자의 타입의존적인 선택은 유인양립적인 거래계획 μ이어야 하고 다음 조건을 만족해야 된다.

$$\mu(\bullet \mid t) \in \text{Argmax}_{\omega \in \Omega} \sum_{m \in M} \omega(m) u_1(m, t),\ \forall t \in T.$$

여기서 $\mu(\bullet \mid t) = (\mu(m \mid t))_{m \in M}$이다.

구매자들이 다른 어느 구매자의 하나의 일탈에 대응하여 어떤 제안들을 취소할 수 있는 가능성을 고려해 보자. 구매자들이 메뉴 Ω에서 어떤 제안들을 취소한다면 메뉴는 작아져 보다 작은 메뉴 Ω'이 된다. 즉, $\Omega' \subseteq \Omega$. 작아진 메뉴 Ω'에서 판매자가 선택한 유인양립적인 거래계획 μ'은 메뉴 Ω에서 선택한 판매자가 선택한 유인양립적인 거래계획 μ보다 판매자에게 더 나은 기대효용을 가져올 수 없다. 즉,

$$U_1(\mu', t) \leq U_1(u, t),\ \forall t \in T.$$

따라서 거래계획 μ로부터 후퇴는 모든 타입의 판매자에게 열등한 유인양립적인 거래계획 μ'을 가져온다. 즉, $U_1(\mu', t) \leq U_1(u, t), \forall t \in T$. 이러한 거래계획 μ'은 메뉴 Ω'에 의해서 실행될 수 있고, Ω'과 Ω는 다음과 같은 관계가 주어진다.

$$\Omega' = \{\mu'(\bullet \mid t) \mid t \in T\}, \text{ 그리고 } \Omega = \Omega' \cup \{\mu(\bullet \mid t) \mid t \in T\}.$$

만약에 구매자들이 어떤 타입들의 판매자들과의 교역에서 손해를 보게 된다면, 각 구매자들은 음의 이윤을 가져오게 하는 판매자 타입들을 회피하려 할 것이다. 따라서 판매자의 타입의존적인 거래계획 μ는 구매자가 교역하고자 하는 판매자의 타입에 상관없이 구매자의 기대효용을 0 이상으로 보장해야 한다. 즉, 구매자가 교역하고자 하는 상대 판매자들 가운데 누구를 만나든 그의 타입에 상관없이 손실을 기대할 수가 없어야 한다. 이것을 구매자를 위한 분리된 손익분기 제약조건(separate break even constraint)이라고 부른다.

$$U_2(\mu, t) = \sum_{m \in M} \mu(m \mid t) u_2(m, t) \geq 0, \ \forall t \in T. \tag{9}$$

우리는 거래계획 μ가 확률 제약조건 (6), 사적 타입을 가진 판매자의 유인양립 제약조건 (7), 그리고 구매자를 위한 분리된 손익분기 제약조건 (9)를 만족하고, 그때에만 μ를 분리할 수 있는 계획이라고 부른다. 즉, 분리할 수 있는 계획 μ는 제약조건 (6), (7), (9)를 만족하고, 거래계획 μ가 제약조건 (6), (7), (9)를 만족할 때에만 분리할 수 있는 계획이 된다.

조건 (9)는 타입분포 p가 무엇으로 주어지든지 간에 상관없이 조건 (8), 즉 구매자의 시장참여 제약조건을 만족한다.

분리할 수 있는 계획은 하나 이상 있을 수 있고, 이러한 분리할 수 있는 계획들 중에서 판매자들에게 최선의 분리할 수 있는 계획 $\bar{\mu}$는 다음 조건을 만족하고, 그때에만 최선의 분리할 수 있는 계획이 된다. 모든 분리계획 μ에 대하여,

$$U_1(\bar{\mu}, t) \geq U_1(\mu, t), t \in T.$$

[사실 1] 모든 타입들의 판매자들에게 최선의 분리할 수 있는 계획 $\bar{\mu}$가 존재한다.

[증명] 교역 또는 거래조건의 집합 M과 타입집합 T가 유한한 집합이 됨과 더불어, 제약조건식 (6), (7), 그리고 (9)를 만족하는 분리할 수 있는 계획들의 집합은 닫혀 있고, 경계가 있고(bounded), 볼록(convex)하다. 이 집합은 거래조건 m_0에 확률 1을 부여한 거래계획 μ_0가 모든 제약조건들을 만족하기 때문에 비공집합(non-empty set)이 된다. 판매자의 각 타입 t에 상응하는 양의 가중치 벡터 $(\lambda(t))_{t \in T}$를 선택하자.

여기서 가중치 $\lambda(t)$는 0보다 큰 수이면 된다. 예를 들어, $\lambda(t)$는 $p(t)$로 놓을 수 있다. 즉, 판매자의 타입 t의 비중이 클수록 가중치가 크게 주어진다. 판매자들에게 최선인 분리할 수 있는 계획 $\bar{\mu}$는 제약조건식 (6), (7), 그리고 (9)를 만족하고 판매자의 타입별 효용을 가중평균한 가치, 즉 판매자들 전체의 사회적 후생 $\sum_{t \in T} \lambda(t) U_1(\mu, t)$를 극대화하기 위하여 선택된 것이다. 이것을 수학적으로 표현하면 다음과 같다.

$$\bar{\mu} \in \text{Argmax}_{\mu} \sum \lambda(t) U_1(\mu, t), \text{ subject to (5), (6), and (8).} \tag{10}$$

식 (10)은 판매자들에게 최적인 분리계획 $\bar{\mu}$를 선택하기 위한 선형계획

(linear programming)의 문제이다.[19)]

이렇게 선택된 $\bar{\mu}$가 모든 타입의 판매자들에게 최선의 분리할 수 있는 계획이라는 것을 증명해 보자. 이를 증명하기 위해서 $\bar{\mu}$가 모든 타입의 판매자들에게 최선의 분리할 수 있는 계획이 아니라고 하자. 이 경우 분리할 수 있는 계획 $\bar{\mu}$보다 다른 분리할 수 있는 계획 $\hat{\mu}$을 선호하는 비용타입들이 시장에 존재하게 된다. 이러한 분리할 수 있는 계획 $\hat{\mu}$을 선호하는 타입들의 집합을 $S(\hat{\mu})$이라고 하자. 따라서 $S(\hat{\mu})=\{s\in T:\ U_1(\hat{\mu}\mid s)>U_1(\bar{\mu}\mid s)\}$. 각 타입의 판매자에게 $\bar{\mu}$와 $\hat{\mu}$가운데 선택하고자 할 경우, 거래계획 μ를 다음과 같이 구축할 수 있다.

$$\mu(m\mid t)=\hat{\mu}(m\mid t) \text{ if } t\subset S(\hat{\mu}),\ \text{그리고}\ \mu(m\mid t)=\bar{\mu}(m\mid t) \text{ if } t\notin S(\hat{\mu}).$$

거래계획 μ가 분리할 수 있는 계획을 위한 조건들을 만족하고 있고, 이 계획은 $S(\hat{\mu})$이 공집합이 아닌 경우 분리할 수 있는 계획 $\bar{\mu}$보다 나은 계획이 된다. □

타입집합에 대한 확률분포들의 집합을 $\Delta(T)$라고 하자.

$$\Delta(T)=\{r\in R^T \mid r(t)\geq 0,\ t\in T,\ \sum_{t\in T} r(t)=1\}.$$

$\Delta(T)$에 속한 임의의 확률분포 r에 대하여, 거래계획 μ가 제약조건들

19) 식 (10)이 선형계획의 문제라는 것을 구체적으로 살펴보기 위해서 타입집합 T와 거래계획들의 집합 M을 다음과 같이 정의하자. $T=\{t_1, t_2\}$, $M=\{m_1, m_2\}$. 제약조건 (6), (7), 그리고 (9)를 $\{\mu(m_1\mid t_1), \mu(m_2\mid t_1), \mu(m_1\mid t_2), \mu(m_2\mid t_2)\}$를 미지수로 갖는 부등식들로 표현된다. 목적함수 $\Sigma\lambda(t)U_1(\mu, t)$도 이러한 미지수들의 선형함수이다. 식 (10)의 문제는 제약조건 (6), (7), 그리고 (9) 하에서 선형 목적함수를 극대화한 미지수들을 찾는 것이다.

(6)-(8)을 타입분포 r와 함께 만족하면 바로 그때 거래계획 μ는 타입분포 r에 의해서 실행가능한(r-feasible) 계획이 된다. 이 경우 제약조건 (8)은 타입분포 p가 r로 대체되어 다음과 같이 주어진다.

$$U_2(\mu, r)=\sum_{t\in T}\sum_{n\in M} r(t)\mu(m|t)u_2(m, t)\geq 0.$$

계획 μ가 분리할 수 있는 계획인 경우, 이 계획은 임의의 타입분포 r와 함께 r에 의해서 실행가능한 계획이 된다.

임의의 타입분포 r에 의해서 실행가능한 계획 μ가 사적 정보를 가진 판매자들에게 r에 의해서 효율적인 계획(r-efficient plan)이 되기 위한 필요충분조건은 다음과 같다.

"모든 타입의 판매들이 μ보다 μ^*를 약하게 선호하고 어떤 타입의 판매자는 μ^*를 강하게 선호하는 r에 의해서 실행가능한 계획 μ^*가 존재하지 않아야 한다. 즉, 다음 조건을 만족하는 μ^*가 존재하지 말아야 한다.

$$U_1(\mu^*, t)\geq U_1(\mu, t)\,\forall\, t\in T, \text{ with } U_1(\mu^*, t)>U_1(\mu, t) \text{ for } \textit{some type } t''.$$

[사실 2] 최선의 분리할 수 있는 계획 $\bar{\mu}$가 모든 사적 정보를 가진 판매자들에게 $\bar{r}$-효율적이 되도록 하는 타입분포 $\bar{r}$가 타입분포들의 집합 $\Delta(T)$ 안에 존재한다.

[증명] 최선의 분리할 수 있는 계획 $\bar{\mu}$를 선택하기 위한 선형계획의 문제는 다음과 같은 라그랑주 함수를 함축한다.

$$L(\mu;\alpha,\gamma)=\sum_{t\in T}\lambda(t)U_1(\mu,t)+\sum_{t\in T}\sum_{s\in T}\alpha(s|t)\sum_{m\in M}[\mu(m|t)-\mu(m|s)]u_1(m,t)$$
$$+\sum_{t\in T}\gamma(t)\sum_{m\in M}\mu(m|t)u_2(m,t).$$

위에 주어진 라그랑주 함수를 극대화한 해 $\bar{\mu}$는 음이 아닌 라그랑주 승수들의 벡터 (α,γ)에 의해서 지지된다. 이러한 해 $\bar{\mu}$는 확률제한조건 (6)을 만족해야 한다. 라그랑주 함수를 극대화하기 위한 보완적인 느슨함 조건(complementary slackness condition)은 다음과 같다.

$$\alpha(s|t)\geq 0,\text{ and }\alpha(s|t)\sum_{m\in M}[\bar{\mu}(m|t)-\bar{\mu}(m|s)]u_1(m,t)=0,\ \forall t\in T,\ \forall s\in T,$$
$$\gamma(t)\geq 0,\text{ and }\gamma(t)[\sum_{m\in M}[\bar{\mu}(m|t)u_2(m,t)]=0,\ \forall t\in T.$$

보완적인 느슨함 조건은 극대화된 라그랑주 함수의 값이 다음과 같아지는 것을 함축한다.

$$L(\bar{\mu};\alpha,\gamma)=\sum_{m\in M}\lambda(t)U_1(\bar{\mu},t).$$

다음 관계식을 만족시키는 타입분포들의 집합 $\Delta(T)$에 속하는 타입분포 $\bar{r}$를 선택하자.

$$\bar{r}(t)\Gamma=\gamma(t),\ \forall t\in T,\text{ where }\Gamma=\sum\gamma(t).$$

Γ가 0인 경우에는 타입분포 $\bar{r}$는 $\Delta(T)$의 임의의 원소로 하고, 그렇지 않은 경우 $\bar{r}(t)=\gamma(t)/\Gamma$이 된다. 만약에 거래계획 μ가 타입분포 $\bar{r}$와 함께 실행가능한 것이라면 다음 두 부등식이 성립한다.

$$\sum_{m\in M}[\mu(m|t)-\mu(m|s)]u_1(m, t)\geq 0,\ \forall t\in T,\ \forall s\in T,$$
$$\sum_{t\in T}\gamma(t)\sum_{m\in M}\mu(m|t)u_2(m, t)=\Gamma\sum_{t\in T}\bar{r}(t)\sum_{m\in M}\mu(m|t)u_2(m, t)\geq 0.$$

따라서 $\bar{\mu}$의 라그랑주 최적성은 다음 관계식을 함축한다.

$$\sum_{t\in T}\lambda(t)U_1(\bar{\mu}, t)=L(\bar{\mu}; \alpha, \gamma)\geq L(\mu; \alpha, \gamma)\geq\sum_{t\in T}\lambda(t)U_1(\mu, t).$$

모든 $\lambda(t)$가 0보다 클 경우, 임의의 타입 s가 $\bar{\mu}$보다 μ를 강하게 선호한다면 다른 타입 t가 μ보다 $\bar{\mu}$를 강하게 선호해야 된다. □

[사실 2]의 타입분포 $\bar{r}$를 예를 가지고 구해 보자. 전절들의 예에서 주어진 바와 같이 판매자의 비용타입과 그것에 상응하는 구매자의 가치가 다음과 같다고 하자.

$$\theta_l=20,\ \theta_h=40,\ S_l=30,\ S_h=50.$$

거래계획 (q, x)들의 집합을 $M=[0, 1]\times R$라고 하자. 이 집합은 무한집합이 되지만 선형의 효용함수의 특성은 식 (10)을 최선의 분리할 수 있는 계획으로 만들면서 다음과 같은 선형계획의 문제로 특성화된다.

$$\begin{aligned}
&\text{Argmax}_{q_h, x_h, q_l, x_l}\ \lambda_h(x_h-40q_h)+\lambda_l(x_l-20q_l) \\
&\text{subject to}\ x_h-40q_h\geq x_l-40q_l \qquad [\alpha_{L|H}] \\
&\qquad x_l-20q_l\geq x_h-20q_H \qquad [\alpha_{H|L}] \\
&\qquad 50q_h-x_h\geq 0 \qquad [\gamma_H]
\end{aligned}$$

$$30q_l - x_l \geq 0 \qquad [\gamma_L]$$

$$1 \geq q_h \geq 0,\ 1 \geq q_l \geq 0.$$

x_l과 x_h에 관한 라그랑주 조건들은 다음과 같다.

$$\lambda_H + \alpha_{L|H} - \alpha_{H|L} - \gamma_H = 0,\ \lambda_L + \alpha_{H|L} - \alpha_{L|H} - \gamma_L = 0.$$

q_h가 0보다 크고 1보다 작은 분리할 수 있는 계획을 지지하기 위해서는 다음 조건을 만족해야 된다.

$$0 = 50\gamma_H + 20\alpha_{H|L} - 40(\lambda_H + \alpha_{L|H}), \text{ and } \alpha_{L|H} = 0.$$

위에 주어진 4개의 방정식을 라그랑주 승수들을 이용하여 나타내 보자.

$$\alpha_{H|L} = \frac{1}{3}\lambda_H, \gamma_H = \lambda_H - \alpha_{H|L} = \frac{2}{3}\lambda_H,$$

$$\gamma_L = \lambda_L + \alpha_{H|L} = \lambda_L + \frac{1}{3}\lambda_H.$$

이때 q_l의 라그랑주 계수는 다음과 같다.

$$30\gamma_L + 40\alpha_{L|H} - 20(\lambda_L + \alpha_{H|L}) = 10\lambda_L + \frac{10}{3}\lambda_H > 0.$$

따라서 q_l=1이다.

라그랑주 승수들은 최선의 분리할 수 있는 계획을 지지할 수 있는 타입 분포 $\bar{r}$를 다음과 같이 정의한다.

$$\bar{r}_H = \frac{\gamma_H}{\gamma_H + \gamma_L} = \frac{2/3}{\lambda_L/\lambda_H + 1},$$

$$\bar{r}_L = \frac{\gamma_L}{\gamma_H + \gamma_L} = 1 - r_H.$$

주어진 λ_L/λ_H가 0에서 무한대의 값들을 취할 수 있기 때문에 $\bar{r}_H$의 영역은 0과 2/3 사이에 있다. 이와 같이 우리는 판매자의 최선의 분리할 수 있는 계획이 높은 타입을 가진 판매자들의 비중이 2/3보다 작을 때 유인효율적인 계획이 된다는 것을 확인할 수 있다.

로스차일드와 스티글리츠(Rothschild-Stiglitz, 1976)는 역선택이 있는 시장에서 경쟁적 균형(competitive equilibrium)에 관한 단순한 개념들은 많은 경우에 균형들을 낳지 못한다는 것을 보여 주었다. 윌슨(Wilson, 1977)과 헬위그(Hellwig, 1987)는, 균형이 존재하기 위해서는 다른 어느 구매자의 일탈에 대항하여 구매자들은 그의 일탈이 이득을 실현할 수 없도록 하는 어떤 제안들을 철회할 수 있어야 한다는 것을 제시하였다. 우리는 구매자들로 하여금 일탈에 반응하여 새로운 제안들을 부가하도록 허용하지 말아야 한다. 왜냐하면 그러한 반응들이 허용될 경우 어느 시장이든 그 시장을 비경쟁적으로 만들기 때문이다. 구매자들은 그들이 다른 구매자의 일탈에 대항하여 그들의 제안들을 증가시킬 것이라고 위협할 수 있다면 독점적 담합을 유지할 수 있다. 하지만, 역선택이 존재하지 않는 전형적인 시장(conventional market)에서, 구매자의 이윤은 그의 경쟁자들이 제안들을 취소함에 의해서 감소될 수가 없고, 따라서 제안과 취소의 위협들은 구매자들 간에 담합(collusion)을 유지하는 데 사용될 수 없다.

구매자들의 교역조건에 관한 제안들이 거래계획 μ를 낳는 시장에서, 한 구매자가 적어도 한 타입의 판매자를 유인할 수 있는 유인양립적인 계획 η

를 제안하면서 일탈을 고려한다고 하자. 이러한 일탈에 반응하여, 다른 구매자들은 자기들의 제안들을 취소할 수 있게 되어 그들의 축소된 메뉴들은 보다 열등한 계획 μ'을 낳을 수 있다. 즉, $U_1(\mu', t) \leq U_1(\mu, t), \forall t \in T$.

이 경우 거래계획 η을 선택하는 것보다 거래계획 μ'을 선택하는 것이 유리한 타입들의 판매자들은 일탈계획 η를 선택할 유인을 갖지 않게 되고, 일탈하는 구매자는 그러한 타입들의 판매자들이 거래계획 μ'을 제안하는 구매자들과 교역하도록 보낸 꼴이 된다. 따라서 교역계획 η를 선택하는 타입들이 μ'보다 η를 선호하지 않는 한, 그 타입들이 차지하는 시장에서의 비중은 0이 된다.

역선택이 발생할 수 있는 상황에서 거래계획 또는 기제 μ가 유지될 수 있는 계획이면 다음 조건을 만족해야 되고, 다음 조건을 만족하면 거래계획 μ는 유지될 수 있는 계획이다.

거래계획 μ가 주어진 타입분포 p와 함께 실행가능한 계획이어야 하고, 어떤 타입의 판매자들이 상하게 선호하는 유인양립적인 거래계획 η에 대하여(즉, $\{t \in T | U_1(\eta, t) > U_1(\mu, t)\} \neq \emptyset$), 타입분포 p에 의해서 실행가능한 후퇴계획(fallback plan) μ'이 존재하고, μ'은 각 타입의 판매자에게 μ보다 열등한 계획(즉, $U_1(\mu' | t) \leq U_1(\mu | t)\} \forall t \in T$)이 되어야 한다. 또한 다음 조건을 만족하는 타입분포 r가 존재하고 거래계획 η가 타입분포 r에 의해서 실행가능한 계획이 될 수 없어야 한다.

$$\{t \in T | r(t) > 0\} \subseteq \{t \in T | U_1(\eta, t) > U_1(\mu', t)\}.$$

거래계획 η가 유인양립적일 때, 타입분포 r와 함께 실행가능하지 않다는 것은 구매자의 이윤이 0보다 작다는 것을 의미한다. 즉, $U_2(\eta, r) < 0$.

[사실 3] 역선택이 발생할 수 있는 상황에서, 하나의 타입분포 p에 의하여 실현가능한 계획 μ가 유지될 수 있는 계획이 되기 위한 필요충분조건은 다음과 같다.

$$U_1(\mu, t) \geq U_1(\bar{\mu}, t)\ \forall t \in T.$$

여기서 $\bar{\mu}$는 최선의 분리할 수 있는 계획이다.

이러한 조건을 만족하는 계획 μ는 그것이 무엇으로 주어지든지, 일탈계획 η에 대항하여 후퇴계획 $\mu'=\bar{\mu}$와 타입분포 r에 의하여 유지될 수 있고 r는 다음과 같이 주어진다.

$$r(t) = \frac{\bar{r}(t)}{\sum_{s \in S} \bar{r}(s)}.$$

여기서 $S=\{s \in T | U_1(\eta, s) > U_1(\bar{\mu}, s)\}$이다.

[증명] 계획 μ보다 계획 $\bar{\mu}$를 선호하는 어떤 타입 t가 있다면, 계획 μ는 유지가 될 수 없다. 왜냐하면 최선의 분리계획 $\bar{\mu}$는 타입분포가 무엇으로 주어지든 실행가능한 일탈계획이 되기 때문이다. 모든 타입의 판매자가 $\bar{\mu}$보다 선호하는 임의의 계획 μ를 고려해 보자. 따라서 $\bar{\mu}$는 μ로부터 후퇴한 계획이 될 수 있다. 일부의 타입집합 N이 μ보다 선호하는 유인양립적인 일탈계획 η을 고려해 보자. $N=\{s \in T | U_1(\eta, s) > U_1(\mu, s)\} \neq \emptyset$. 일탈계획 η가 $\bar{\mu}$보다 선호하는 판매자 타입들을 S라고 하자. $S=\{s \in T | U_1(\eta, s) > U_1(\bar{\mu}, s)\}$. 계획 $\hat{\eta}$을 다음과 같이 정의하자.

$$\hat{\eta}(m | t) = \eta(m | t) \text{ if } t \in S, \text{ 그리고 } \hat{\eta}(m | t) = \bar{\mu}(m | t) \text{ otherwise}.$$

위에 정의된 계획 $\hat{\eta}$은 각 타입의 판매자들로 하여금 유인양립적인 계획들 η와 $\bar{\mu}$ 사이에서 선택하도록 허용하였기 때문에 유인양립적인 계획이 된다. 계획 $\hat{\eta}$은 다음 관계식을 만족한다.

$$U_1(\hat{\eta}, t) > U_1(\mu, t) \geq U_1(\bar{\mu}, t) \ \forall \ t \in S, \ U_1(\hat{\eta}, t) = U_1(\bar{\mu}, t) \ \forall \ t \notin S.$$

따라서 계획 $\hat{\eta}$은 사적 정보를 가진 모든 판매자들을 위한 최선의 분리할 수 있는 계획에 비하여 파레토우위(Pareto-superior) 계획이 된다. 이 계획은 [명제 2]에 의하여 타입분포 $\bar{r}$와 함께 실행가능한 계획이 되지 못한다. 타입분포 $\bar{r}$가 주어진 상태에서 구매자가 기대하는 사전적 기대이윤은 음이 된다. 즉, $\sum_{t\in T}\bar{r}(t)\sum_{m\in M}\hat{\eta}(m|t)u_2(m, t)<0.$

이러한 구매자의 사전적 기대이윤은 다음과 같이 분해된다.

$$\sum_{t\in T}\bar{r}(t)\sum_{m\in M}\hat{\eta}(m|t)u_2(m, t) = \sum_{t\in S}\bar{r}(t)\sum_{m\in M}\eta(m|t)u_2(m, t) + \sum_{t\in T\setminus S}\bar{r}(t)\sum_{m\in M}\bar{\mu}(m|t)u_2(m, t).$$

계획 $\bar{\mu}$를 선택한 타입들 중 각 타입의 효용은 음이 될 수 없기 때문에, 위 식에서 오른쪽의 두 번째 항은 음이 되어야 한다. 따라서 S에 속한 어떤 타입의 확률 $\bar{r}(t)$가 0보다 커야 한다. 타입분포 r를 다음과 같이 구축하자.

$$r(t) = \frac{\bar{r}(t)}{\sum_{s\in S}\bar{r}(s)} \ \forall \ t \in S, \ r(t) = 0 \ \forall \ t \in T \setminus S.$$

따라서 $U_2(\eta, r) < 0$이고 계획 η는 타입분포 r에 의해서 실행가능한 계획이 되지 못한다. 계획 η에 대항하여 계획 μ가 유지되기 위한 요구사항이 충족되었다. □

7-3 역선택: 대리인의 타입이 연속적일 경우

지금까지 우리는 대리인의 타입이 여러 개의 값을 취하는 이산형 확률변수(discrete random variable)를 가정하였다. 대리인의 타입이 구간 [A, B]에서 값을 취하는 연속형 확률변수(continuous random variable)라고 하자. 대리인의 효용함수를 다음과 같이 정의하자.

$$U(x, q \mid t) = x - tq.$$

여기서 x는 소득, q는 대리인의 노력 수준이다.

제1절에서 대리인의 노력 수준을 나타내는 기호를 e로 하였다. 하지만 본절에서는 e를 q로 나타내고자 한다. 왜냐하면 본절의 많은 응용 예에서 q를 재화를 양도하는 확률로 나타내었기 때문이다.

대리인의 타입이 이산형 확률변수인 경우에서와 같이 주인이 대리인에게 지급하는 임금, 즉 대리인의 소득 x와 대리인이 주인에게 제공하는 노력의 수준 q가 대리인의 타입에 의존한다고 하자.

주인이 대리인에게 타입의존적인 계약 $(x(\cdot), q(\cdot))$을 제공한다고 하자. 이 계약은 대리인의 사적 타입의 함수로, 여러 개(여기서는 두 개)의 값을 취하는 함수(multi-valued function)이다.

$$(x(\cdot), q(\cdot)): [A, B] \rightarrow R^2.$$

대리인의 타입이 t로 주어졌을 경우, 타입 t를 목표로 한 계약, 즉 교역조건은 $(x(t), q(t))$가 된다.

구간 [A, B]에서 임의의 두 타입 t와 s를 취해 보자. 대리인의 실제 타입이 t라고 하자. 이 대리인이 자기를 목표로 하여 설계된 계약을 택하지 않고 다른 타입 s를 위한 계약을 택했을 때 효용이 증가하지 않는다고 하자. 이것을 수식으로 표현하면 다음과 같다.[20]

$$U(x, q \mid t)=x(t)-tq(t) \geq x(s)-tq(s).$$

위 관계식을 우리는 $(s|t)$ 정보의 유인양립 제약조건이라고 부른다. 위 관계식을 아래와 같이 정리할 수 있다.

$$U(x, q \mid t)=x(t)-tq(t) \geq x(s)-tq(s)=U(x, q \mid s)+(s-t)q(s).$$

위 관계식에서 세 번째 등식이 성립하는 이유는 다음과 같다.

$$U(x, q \mid s)=x(s)-sq(s) \Rightarrow x(s)=U(x, q \mid s)+sq(s).$$

유사한 방법으로 $(t|s)$ 정보유인양립 제약조건을 다음과 같이 도출할 수 있다.

$$U(x, q \mid s)=x(s)-sq(s) \geq x(t)-sq(t) \geq U(x, q \mid t)+(t-s)q(t).$$

$(s|t)$와 $(t|s)$의 정보유인양립 제약조건을 이용하여 다음 관계식을 도출할 수 있다.

20) 타입 t의 대리인이 타입 s를 위한 계약을 택했을 때, 그의 효용은 $x(s)-tq(s)$이다.

$$(s-t)q(t) \geq U(x, q|t) - U(x, q|s) \geq (s-t)q(s). \tag{11}$$

타입 s가 타입 t보다 크다고 하자. 이 경우 위 관계식에 의해서 $q(t)$가 $q(s)$보다 커야 한다.

$$s > t \Rightarrow q(t) > q(s).$$

대리인의 노력 수준 q는 타입의 감소함수이다. 이 계약은 타입이 낮은 대리인에게 보다 높은 수준의 노력을 요구하고 있다. 대리인은 노력 또는 노동의 제공으로 인한 비용타입이 클수록, 즉 비용이 많이 들수록 이것을 덜 제공하게 된다.

$s=t+\delta$라고 하자. 여기서 δ는 0보다 크다. 이것을 이용하여 식 (11)을 정리하면 다음과 같다.

$$\begin{aligned}
&\delta q(t) \geq U(x, q|t) - U(x, q|t+\delta) \geq \delta q(t+\delta) \\
&\Rightarrow q(t) \geq \frac{U(x, q|t) - U(x, q|t+\delta)}{\delta} \geq q(t+\delta) \\
&\Rightarrow -U'(x, q|t) = q(t)^{21)} \\
&\Rightarrow \int_t^B -U'(x, q|s)ds = \int_t^B q(s)ds \\
&\Rightarrow U(x, q|t) = U(x, q|B) + \int_t^B q(s)ds = U(x, q|B) + \int_0^{q(t)} [q^{-1}(\gamma) - t]d\gamma.^{22)}
\end{aligned}$$

위에 주어진 방정식은 타입 t 대리인의 정보지대(information rent)를 나타

21) $\lim_{\delta \to 0} \frac{U(x, q|t) - U(x, q|t+\delta)}{\delta} = -U'(x, q|t)$, $U'(x, q|t) = \frac{\partial U(x, q|t)}{\partial t}$.

22) $\int_t^B q(s)ds = [q(s)s]_t^B - \int_t^B sq'(s)ds$. $q(s) = \gamma \Leftrightarrow s = q^{-1}(\gamma)$. 따라서
$\int_t^B q(s)ds = [q(s)s]_t^B - \int_t^B sq'(s)ds = \int_0^{q(t)} [q^{-1}(\gamma) - t]d\gamma$. 여기서 $q(B)=0$으로 설정하였다.

낸다.

$$\text{타입 } t \text{ 대리인의 정보지대: } U(x, q \mid t) = U(x, q \mid B) + \int_t^B q(s)ds.$$

따라서 타입 t 대리인의 기대소득은 다음과 같다.

$$x(t) = U(x, q \mid t) + tq(t) = U(x, q \mid B) + \int_t^B q(s)ds + tq(t).$$

대리인이 가장 높은 타입 B를 갖고 있다고 하자. 이 경우, 이 타입의 기대소득은 다음과 같다.

$$x(B) = U(x, q \mid B) + Bq(B) = U(x, q \mid B) + \int_B^B q(s)ds + Bq(B).$$

주인이 대리인의 타입을 식별할 수 없는 상태에서 대리인의 기내소득을 계산해 보자. 이것을 계산하기 위해서, 대리인의 타입의 누적분포함수를 다음과 같이 가정하자. 이 누적분포함수는 대리인의 타입에 대한 주인의 믿음이지만 주인과 대리인이 공통으로 인지하는 주지사실이다.

$F(t) = P(\theta \leq t)$ and $f(t) = F'(t)$; 연속적 확률밀도함수,

그리고 $f(t) > 0$ for all $t \in [A, B]$.

여기서 $F(B)=1$, $F(A)=0$, 그리고 $P(a \leq \theta \leq b) = F(B) - F(a) = \int_a^b f(t)dt$, $b > a$.

위와 같이 누적분포함수가 주어진 상태에서 대리인의 타입을 식별하지 못하는 주인의 입장에서 계산한, 대리인에게 지급하는 대리인의 기대소득 $E(x(\tilde{t}))$는 다음과 같이 표현된다. 여기서 $\tilde{t}$는 타입 t가 확률변수임을 나타내

고 있다.

$$
\begin{aligned}
E(x(\tilde{t})) &= \int_A^B x(t)f(t)dt = \int_A^B [U(x,\ q \mid B) + \int_t^B q(s)ds + tq(t)]f(t)dt \\
&= U(x,\ q \mid B) + \int_A^B \int_t^B q(s)dsf(t)dt + \int_A^B tq(t)f(t)dt \\
&= U(x,\ q \mid B) + \int_A^B \int_A^s f(t)dtq(s)ds + \int_A^B sq(s)f(s)ds \\
&= U(x,\ q \mid B) + \int_A^B F(s)q(s)ds + \int_A^B q(s)sf(s)ds \\
&= U(x,\ q \mid B) + \int_A^B q(s)[F(s) + sf(s)]ds \\
&= U(x,\ q \mid B) + \int_A^B q(t)[t + F(t)/f(t)]f(t)dt.
\end{aligned}
$$

위 식의 두 번째 방정식은 주인이 대리인에게 유인양립 제약조건을 만족시키는 계약을 설계해야 한다는 사실이 나타나 있다. 주인이 대리인에게 지급하는 유인양립적인 사전적 기대소득 $E(x(\tilde{t}))$는 대리인의 각 타입의 비용 t가 가상의 비용 $(t+F(t)/f(t))$로 증가한다면, 주인이 대리인의 유인양립 제약조건에 구속되지 않고 대리인에게 지불해야 되는 것처럼 보인다. 대리인의 가상의 비용의 공식 $(t+F(t)/f(t))$는 대리인의 타입이 무엇이든, 타입 t의 대리인에게 보다 많은 노력을 요구할 때 유인양립 제약조건 때문에 타입 t보다 낮은 타입들을 갖는 대리인에게 지불해야 되는 양(amount)을 증가시켜야 하는 사실을 나타내고 있다.

계약 설계의 예

제1절에서 보았듯이 주인이 대리인을 고용하여 수입을 창출하고자 한다는 것이다. 주인의 수입함수 R는 제1절에서와 같이 주어진다고 하자.

주인이 설계하고자 하는 교역조건 또는 교역계획 $(x(\cdot),\ q(\cdot))$은 대리인의 유인양립 제약조건을 만족한 상태에서 주인의 이윤함수를 극대화시키는 것이 되어야 한다. 대리인의 타입을 식별하지 못하고, 타입의 분포만을 알고 있는 주인의 기대이윤은 다음과 같이 정의된다.

$$\text{주인의 기대이윤}=E[R(q(\tilde{t}), \tilde{t})-x(\tilde{t})].$$

$\tilde{t}$는 주인이 식별할 수 없는 대리인의 타입 t가 확률변수임을 나타내고 있다.

주인이 설계하는 교역의 계획은 유인양립 제약조건을 만족해야 된다. 따라서 주인의 기대이윤은 다음과 같이 표현된다.

$$\begin{aligned} E[R(q(\tilde{t}), \tilde{t})-x(\tilde{t})] &= \int_A^B [R(q(t), t)-x(t)]f(t)dt \\ &= \int_A^B \left[R(q(t), t)-q(t)\frac{t+F(t)}{f(t)}\right]f(t)dt-U(x, q \mid B) \end{aligned}$$

여기서 $E[x(\tilde{t})]=\int_A^B x(t)f(t)dt=U(x, q \mid B)+\int_A^B q(t)[t+F(t)/f(t)]f(t)dt$이다.

대리인의 타입 t가 주어진 상태에서, 위 적분(integrand)을 극대화시키기 위해서는 $R(q(t), t)-q(t)[(t+F(t)/f(t)]$를 극대화시키는 양의 $q^*(t)$를 찾는 것이다. 따라서 $q^*(t)$는 다음 식을 만족해야 된다.

$$\frac{\partial R(q^*(t), t)}{\partial q(t)}-\left[t+\frac{F(t)}{f(t)}\right]=0.$$

만약에 $q^*(t)$가 타입 t의 감소함수라면, 이것은 타입 t 대리인의 기대소득 x^*와 더불어 유인양립 제약조건을 만족시킨다. 타입 t 대리인의 기대소득 x^*는 다음과 같이 주어진다.[23)]

23) 타입 t 대리인의 유인양립 제약조건을 만족시키기 위해서는 다음 부등식을 만족시켜야 한다. $x^*(t)-tq^*(t)\geq x^*(s)-tq^*(s)$. $q^*(t)$가 타입 t의 감소함수이고 x^*가 다음 관계식을 만족하면 타입 t 대리인의 유인양립 제약조건식이 만족된다.

$$x^*(t)=U(x^*, q^* \mid B)+\int_t^B q^*(s)ds+tq^*(t).$$

$$x^*(t)=U(x^*, q^*|B)+\int_t^B q^*(s)ds+tq^*(t).$$

위 식에서 $x^*(B)=Bq^*(B)$이면 $U(x^*, q^*|B)=0$이 된다. 타입 t의 기대효용은 타입 t가 증가할수록 감소함을 알 수 있다.[24] 또한 임의의 타입 t의 기대효용은 가장 높은 타입 B의 기대효용보다 높다. 따라서 모든 타입에 대한 참여 제약조건이 성립함을 알 수 있다.

대리인의 타입이 연속형 확률변수로 구간 [1, 2] 사이에서 값을 취한다고 하자. 이 경우 타입의 누적분포함수와 밀도함수는 다음과 같은 특성을 갖는다고 하자.

$$F(t)=\frac{t-1}{2-1},\ f(t)=\frac{1}{2-1},\ \frac{F(t)}{f(t)}=t-1,\ \forall\theta\in[1, 2].$$

주인의 가치함수가 다음과 같다고 하자.

$$R=R(q|t)=(1+t)q^{0.5}.$$

교역으로 인한 주인의 기대이윤은 다음과 같이 정의된다.

$$\begin{aligned}\int_1^2 (R(q(t)|t)-x(t))f(t)dt &=\int_1^2 \{R(q(t)|t)-q(t)[t+\frac{F(t)}{f(t)}]\}f(t)dt-U(x, q|2)\\ &=\int_1^2 [(t+1)q(t)^{0.5}-q(t)(2t-1)]dt-[x(2)-2q(2)].\end{aligned}$$

모든 타입 t에 대하여 위 적분을 극대화시키기 위해서는 적분의 대상을 극대화시키는 $q(t)$를 찾아야 한다. 이 조건이 아래에 나타나 있다.

24) 여기서 타입 t의 기대효용은 $U(x^*, q^*|t)=x^*(t)-tq^*(t)$이다.

$$0.5(t+1)q(t)^{-0.5}-(2t-1)=0 \Rightarrow q(t)=[\frac{0.5(t+1)}{2t-1}]^2.$$

q가 t에 대하여 감소함수이므로 유인양립 제약조건이 만족되는 것을 알 수 있다. 만약에 q가 구간 [1, 2] 사이의 일부분에서 증가한다면 유인양립 제약조건은 성립하지 않는다. 이 경우는 비정규적 사례이어서 최적 계약을 설계할 수 없게 된다. 이에 대한 논의를 본서에서는 배제하고자 한다.

가장 높은 타입($t=2$)을 가진 대리인의 효용을 0으로 만들기 위해서는 대리인의 기대소득을 다음과 같이 설정해야 된다.

$$x(2)=2q(2)=0.5 \Rightarrow U(x, q|2)=0.$$

따라서 정보지대 방정식(information rent equation)은 다음과 같이 주어진다.

$$U(x, q|t)=\int_t^2 q(s)ds=0.25[0.25s+0.75LN(2s-1)-2.25/(4s-2)]|_t^2.$$

타입 t를 목표로 하는 기대소득은 다음과 같다.

$$x(t)=tq(t)+\int_t^2 q(s)ds,$$

$$x(2)=0.5,\ x(1)=1.456.$$

애컬로프의 레몬(Akerlof's Lemon)

위에서 소개한 주인과 대리인의 모형에서 대리인은 주인에게 노력의 수준, 즉 노동을 공급하고 이에 대한 대가로 주인은 대리인에게 임금을 지불하였다. 여기서 주인은 구매자이고 대리인은 판매자이다.

두 교역당사자 사이에 일어날 수 있는 중고차 매매를 생각해 보자. 중고차를 소유한 개인은 잠재적 판매자이고 중고차를 사고자 하는 개인은 잠재적 구매자이다. 주인과 대리인의 모형에서와 같이 중고차의 잠재적 구매자를 주인이라고 부르고 중고차의 잠재적 판매자를 대리인이라고 부르자.

중고차를 판매하려고 하는 대리인은 중고차의 질 또는 가치, 즉 타입을 잘 알고 있다. 이 타입은 입증할 수 없는 사적 정보이다. 왜냐하면 대리인은 중고차를 소유하고 운전하면서 경험상 중고차의 특성을 잘 알고 있기 때문이다. 하지만 중고차를 구매하려고 하는 구매자, 즉 주인은 중고차의 가치를 식별할 수 없다. 따라서 이 중고차의 가치는 대리인의 고유한 사적 정보 또는 타입이다. 중고차를 구매하고자 하는 주인은 중고차의 타입을 식별할 수 없고 타입의 분포만을 알고 있다. 또한 대리인은 주인이 생각하는 타입의 분포를 알고 있다고 하자. 즉, 대리인의 타입의 분포는 주지사실이다.

중고차를 구매하려고 하는 주인의 교역계획 또는 계약 $(x(\bullet), q(\bullet))$을 다음과 같이 정의하자.

$q(t)$: 중고차를 판매하려고 하는 대리인이 자기의 타입이 t인 것처럼 행동을 했을 때, 중고차를 판매할 확률. $0 \leq q(t) \leq 1$.

$x(t)$: 중고차를 판매하려고 하는 대리인이 자기의 타입이 t인 것처럼 행동을 했을 때 받게 되는 기대수입.

주인은 대리인이 평가하는 가치보다 50% 넘게 평가한다고 하자. 대리인의 타입 t가 주어진 상태에서 교역으로 인한 주인의 기대이윤은 다음과 같다.

$$1.5tq(t) - x(t).$$

주인이 설계하고자 하는 교역계획 $(x(\bullet), q(\bullet))$이 유인양립 제약조건과 참여 제약조건을 만족시킬 경우, 주인의 사전적 기대이윤은 다음과 같다.

$$E[1.5\tilde{t}\,q(\tilde{t})-x(\tilde{t})].$$

중고차를 판매하려고 하는 대리인의 타입이 구간 [0, 100]에서 정의되는 확률변수로 일양분포(uniform distribution)를 가진다고 하자. 이 경우 주인의 기대이윤은 다음과 같이 표현된다.

$$\begin{aligned}E[1.5\tilde{t}\,q(\tilde{t})-x(\tilde{t})]&=\int_0^{100}[1.5tq(t)-x(t)]f(t)dt\\&=\int_0^{100}[1.5t-t-\frac{F(t)}{f(t)}]q(t)f(t)dt-U(x,q|100)\\&=\int_0^{100}\frac{[1.5t-2t]q(t)dt}{100}-U(x,q|100).\end{aligned}$$

대리인이 중고차를 판매할 확률 $q(t)$가 0보다 크게 주어지기만 하면 주인의 기대이윤은 음이 된다. 중고차를 사고자 하는 구매자인 주인의 기대이윤은 거래가 이루어질 확률이 0보다 크면 음이 된다. 즉, 거래가 이루어질 확률이 0보다 클 경우 거래로 인한 주인의 사전적 기대수익이 0보다 작게 된다. 이 예는 중고차의 구매자가 판매자의 타입을 식별하지 못하는 경우, 중고차 시장에서 거래가 성립될 수 없어 중고차 시장이 붕괴될 수 있다는 사실을 보여 주고 있다.

지금까지 우리는 주인, 즉 구매자가 대리인의 타입을 식별할 수 없는 상태, 즉 정보의 비대칭성이 존재하는 상태에서 주인의 이윤을 극대화시키는 최적 계약의 설계에 관하여 설명하였다.

중고차의 구매자를 대리인이라고 상정하고 분석을 해 보자. 이 대리인의 타입 t는 중고차에 대한 그의 사적 가치평가이다. 다음과 같은 교역계획을 상정해 보자.

$q(t)$: 대리인의 타입이 t일 때, 대리인이 중고차를 구매할 확률.

$x(t)$: 대리인의 타입이 t일 때, 대리인이 판매자에게 지급하는 기대가격.

타입 t의 대리인이 중고차를 구매할 때 지급하는 가격을 $w(t)$라고 하자. 이 경우 거래가 이루어질 경우, 대리인이 지불하는 금액 $x(t)$는 $w(t)q(t)$가 된다. 거래가 이루어지지 않을 경우 대리인은 지불하는 금액은 0이 된다.

따라서 타입 t 대리인, 구매자의 교역으로 인한 기대잉여는 다음과 같다.

$$U(x, q \mid t) = tq(t) - x(t).$$

타입 t 대리인의 유인양립 제약조건을 만족하기 위해서는 다음 식을 만족시켜야 한다.

$$U(x, q \mid t) = tq(t) - x(t) \geq \max_{s \in [A, B]}(tq(s) - x(s)) = \max_{s \in [A, B]} U(x, q \mid s) + (t - s)q(s).$$

위 식의 두 번째 부등식은 타입 t 대리인의 유인양립 제약조건을 나타내고 있다. 타입 t의 대리인은 자기의 잉여를 극대화하기 위하여 타입 t를 선택하는 것이 자기의 잉여를 극대화하는 것이 된다. 이것이 다음 식에 나타나 있다.

$$0 = \frac{\partial[tq(s) - x(s)]}{\partial s}\Big|_{s=t} = tq'(t) - x'(t).$$

따라서 $x'(t) = tq'(t)$이다. 이것의 양변을 t에 대해서 미분하면 다음 관계식을 얻는다.

$$x''(t)=tq''(t)+q'(t).$$

우리는 이 사실과 효용함수의 2차미분이 0보다 작거나 같다는 사실을 이용하여 구매자가 재화를 구매할 확률 q가 증가함수라는 사실을 보일 수 있다.[25)]

위 관계식은 봉투정리(envelope theorem)를 함축한다.

$$\frac{dU(x, q|t)}{dt}=q(t)+tq'(t)-x'(t)=q(t).$$

위 관계식에서 적분을 취하면 정보지대 방성식을 얻을 수 있다.

$$U(x, q|t)=U(x, q|A)+\int_A^t q(s)ds.$$

이것은 가장 낮은 타입의 대리인에게 가장 낮은 수준의 교역동기가 부여되고 있다는 것을 나타내고 있다.

구매자가 자기의 타입이 t일 때 솔직하게 타입 t인 것처럼 행동하도록 유도하는 유인양립 제약조건이 함축하는 다음 관계식을 다시 살펴보자.

$$\frac{\partial[tq(s)-x(s)]}{\partial s}=tq'(s)-x'(s)=tq'(s)-sq'(s)=(t-s)q'(s).$$

위 식에서 두 번째 방정식이 성립하는 이유는 타입 t의 대리인이 자기의 잉여를 극대화시키기 위하여 솔직하게 타입 t인 것처럼 행동하는 것이 자기의 잉여를 극대화할 수 있다는 다음 조건을 이용한 것이다.

25) $0\geq\partial^2[tq(s)-x(s)]/\partial s^2|_{s=t}=tq''(t)-x''(t)=-q'(t)$.

$$0=\frac{\partial[tq(s)-x(s)]}{\partial s}\Big|_{s=t}=tq'(t)-x'(t) \Rightarrow x'(t)=tq'(t) \Leftrightarrow x'(s)=sq'(s).$$

대리인이 중고차를 구매할 확률 q가 증가함수이기 때문에 다음 관계식이 성립한다.

$$s>t \rightarrow \frac{\partial[tq(s)-x(s)]}{\partial s}=(t-s)q'(s)<0,$$

$$s<t \rightarrow \frac{\partial[tq(s)-x(s)]}{\partial s}=(t-s)q'(s)>0.$$

타입 t의 대리인이 중고차를 구매하면서 지불하고자 하는 금액 $x(t)$는 다음과 같다.

$$x(t)=q(A)A+\int_{q(A)}^{q(t)} q^{-1}(\gamma)d\gamma-U(x, q|A).$$

중고차를 구매하고자 하는 대리인이 자기의 타입을 알기 전에 대리인이 지불하고자 하는 기대가격은 다음과 같다.

$$\begin{aligned}\int_A^B x(t)f(t)dt&=\int_A^B[tq(t)-\int_A^t q(s)ds-U(x, q|A)]f(t)dt\\ &=\int_A^B tq(t)f(t)dt-\int_A^B\int_A^t q(s)dsf(t)dt-U(x, q|A)\\ &=\int_A^B sq(s)f(s)ds-\int_A^B\int_s^B f(t)dtq(s)ds-U(x, q|A)\\ &=\int_A^B[sf(s)-(1-F(s))]q(s)ds-U(x, q|A)\\ &=\int_A^B q(t)[t-\frac{1-F(t)}{f(t)}]f(t)dt-U(x, q|A).\end{aligned}$$

경매에서의 수입등가정리와 정부조달

수입등가정리

n명의 구매의향자(입찰자)가 하나의 재화를 사기 위해 경매에 참여한다고 하자. 각 입찰자의 재화에 대한 사적 평가는 독립적이어서 다른 입찰자들의 가치평가에 영향을 받지 않고, 각 입찰자 i의 재화에 대한 사적 가치평가 θ_i는 구간 [A, B] 사이에서 값을 취하는 일양분포를 갖고, 모든 구매자들은 동일한 분포를 갖고 있다. 따라서 분포함수는 다음과 같은 특성을 갖는다.

$$F(\theta_i)=\frac{\theta_i-A}{B-A},\ f(\theta_i)=\frac{1}{B-A},\ \frac{F(\theta_i)}{f(\theta_i)}=\theta_i-A,\ \forall\,\theta_i\in[A,B].$$

판매자가 설계하는 경매의 교역계획 또는 기제를 다음과 같이 정의해 보자.

$q_i(\theta_1, \cdots, \theta_n)$: 입찰자들의 타입 벡터(vector)가 $(\theta_1, \cdots, \theta_n)$으로 주어졌을 때, 입찰자 i가 재화를 획득할 확률.

$w_i(\theta_1, \cdots, \theta_n)$: 입찰자들의 타입 벡터가 $(\theta_1, \cdots, \theta_n)$으로 주어졌을 때, 입찰자 i가 지불하는 조건부 기대금액.

입찰자 i의 타입이 θ_i일 때 재화를 획득할 확률은 다음과 같이 정의된다.

$$Q_i(\theta_i)=\int_A^B\int_A^B\cdots\int_A^B q_i(t_1,\cdots,t_{i-1},\theta_i,t_{i+1},\cdots,t_n)dt_1\cdots dt_n.$$

입찰자 i의 타입이 θ_i일 때 입찰자가 지불하는 조건부 기대금액은 다음과 같다.

$$W_i(\theta_i)=\int_A^B \int_A^B \cdots \int_A^B w_i(t_1, \cdots, t_{i-1}, \theta_i, t_{i+1}, \cdots, t_n)dt_1\cdots dt_n.$$

이러한 교역계획 하에서 입찰자 i의 타입이 θ_i일 때 그의 기대효용은 다음과 같다.

$$U(W_i, Q_i|\theta_i)=\theta_I Q_i(\theta_i)-W_i(\theta_i).$$

이러한 교역계획이 유인양립적인 계획이라면 이미 전절들에서 살펴본 바와 같이 다음과 같은 정보지대 방정식을 가져온다.

$$\begin{aligned}
&U(W_i, Q_i|\theta_i)= U(W_i, Q_i|A)+ \int_A^t Q_i(\theta_i)d\theta_i \\
&\Rightarrow W_i(\theta_i)=\theta_I Q_i(\theta_i)-U(W_i, Q_i|\theta_i)=\theta_i Q(\theta_i)- \int_A^{\theta_i} Q_i(t_i)d_{t_i}-U(W_i, Q_i|A) \\
&\Rightarrow E[W_i(\theta_i)]=\int_A^B [\theta_i Q(\theta_i)- \int_A^{\theta_i} Q_i(t_i)d_{t_i}-U(W_i, Q_i|A)]f(\theta_i)d\theta_i \\
&\qquad =\int_A^B [Q_i(\theta_i)\{\theta_i -\frac{1-F_i(\theta_i)}{f(\theta_i)}\}]f(\theta_i)d\theta_i-U_i(W_i, Q_i|A).
\end{aligned}$$

입찰자 i의 타입 θ_i가 이미 정의된 일양분포를 따른다는 사실을 활용하여 위에 주어진 방정식을 정리하면 다음과 같다.

$$E[W_i(\theta_i)]=\int_A^B Q_i(\theta_i)(2\theta_i-B)f(\theta_i)d\theta_i-U_i(W, Q|A).$$

경매로 인하여 발생하는 판매자의 총기대수익은 다음과 같다.

$$\begin{aligned}
\sum_i E[W_i(\theta_i)]&=\sum_i \int_A^B Q_i(\theta_i)(2\theta_i-B)f(\theta_i)d\theta_i-U_i(W, Q|A) \\
&= E[\sum_i Q_i(\theta_1, \theta_2, \cdots, \theta_n)(2\theta_i-B)]-\sum_i U_i(W, Q|A).
\end{aligned}$$

일반적으로 하나의 재화를 경매를 통하여 판매할 경우, 재화의 가치를 가장 높게 평가하는 입찰자가 재화를 획득한다. 입찰자 i의 타입이 θ_i로 주어졌을 때 그가 재화를 획득할 확률은 다음과 같이 주어진다.

$$Q_i(\theta_i)=(\frac{\theta_i-A}{B-A})^{n-1}, \text{ for all } \theta_i\in[A, B].$$

만약에 경매가 입찰자가 누구든 상관없이 그가 가장 낮은 타입을 가질 경우 그에게 이윤을 허락하지 않는다면,[26] 이러한 사실들은 경매의 다른 세부적인 내용에 상관없이 판매자의 기대이윤을 결정한다. 위에 주어진 판매자의 총기대수입에 관한 공식에 의하면, 판매자의 기대수입은 입찰자들의 타입 벡터가 주어진 상태에서 각 입찰자가 재화를 취득할 확률을 모두 합한 확률이 1이 되어야 한다는 전제조건 하에서 극대화된다. 즉,

$$\sum_i Q_i(\theta_1, \theta_2, \cdots, \theta_n)=1, \ \forall \ (\theta_1, \theta_2, \cdots, \theta_n).$$

판매자는 재화의 가치를 가장 높게 평가하는 자에게 재화를 판매하고 다음과 같은 조건이 성립할 때 재화를 판매하지 않는다.

$$\max_i(2\theta_i-B)<0.$$

위에 주어진 판매자의 총기대수입에 관한 공식은 "하나의 재화를 여러 사람에게 판매하는 경우 여러 종류의 경매절차 또는 타입이 있을 수 있다. 하지만 경매에 참여하는 입찰자들이 재화에 대하여 평가하는 가치가 독립적이고 동일한 분포를 갖고 있고, 판매자는 판매하려는 재화의 가치를 가장

26) 이 경우, $U_i(W, Q|\theta_i)=0 \ \forall \ i$.

높게 평가하는 입찰자에게 재화를 판매하고자 한다면 경매의 타입 또는 절차에 상관없이 동일한 수입을 가져온다"라는 사실을 내포하고 있다.

이러한 사실을 우리는 수입등가정리(revenue equivalence theorem)라고 부른다.

정부조달

정부가 n개의 민간 공급업자들로부터 용역을 구매하려고 한다고 하자. 구매자인 정부는 이 용역의 가치를 V로 평가하고 있다. 각 공급업자의 공급비용은 사적 정보이고 구간 [A, B] 사이에서 값을 취하는 일양분포를 갖는다고 하자. 따라서 분포함수는 다음과 같은 특성을 갖는다.

$$F(\theta_i)=\frac{\theta_i-A}{B-A},\ f(\theta_i)=\frac{1}{B-A},\ \frac{F(\theta_i)}{f(\theta_i)}=\theta_i-A,\ \forall\theta_i\in[A, B].$$

여기서 θ_i는 공급업자 i의 비용타입이다.

정부는 가장 싸게 공급하는 공급업자로부터 용역을 공급받고 싶어한다. 이 목적을 달성하기 위한 최적의 교역계획을 다음과 같이 설계해 보자.

$q_i(\theta_1, \cdots, \theta_n)$: 공급업자들의 타입 벡터가 $(\theta_1, \cdots, \theta_n)$으로 주어졌을 때, 공급업자 i가 용역을 정부에 공급할 확률.

$w_i(\theta_1, \cdots, \theta_n)$: 공급업자들의 타입 벡터가 $(\theta_1, \cdots, \theta_n)$으로 주어졌을 때, 정부가 공급업자 i에게 지불하는 조건부 기대금액.

공급업자 i의 타입이 θ_i일 때 정부에 용역을 공급할 확률은 다음과 같이 정의된다.

$$Q_i(\theta_i)=\int_A^B\int_A^B\cdots\int_A^B q_i(t_1, \cdots, t_{i-1}, \theta_i, t_{i+1}, \cdots, t_n)dt_1\cdots dt_n.$$

공급업자 i의 타입이 θ_i일 때 정부가 공급업자 i에게 지불하는 조건부 기대금액은 다음과 같다.

$$W_i(\theta_i)=\int_A^B \int_A^B \cdots \int_A^B w_i(t_1, \cdots, t_{i-1}, \theta_i, t_{i+1}, \cdots, t_n)dt_1 \cdots dt_n.$$

정부가 공급업자 i에게 지불하는 기대금액은 다음과 같다.

$$\begin{aligned} EW_i(\tilde{\theta}_i) &= U_i(W_i, Q_i \mid B) + \int_A^B Q_i(\theta_i)[\theta_i + \frac{F(\theta_i)}{f(\theta_i)}]f(\theta_i)d\theta_i \\ &= U_i(W_i, Q_i \mid B) + E[Q_i(\tilde{\theta}_i)(2\tilde{\theta}_i - A)]. \end{aligned}$$

여기서 $U_i(W_i, Q_i \mid B)$ 는 비용타입 B를 갖고 있는 공급업자 i의 기대이윤을 가리킨다.

만약에 정부가 B보다 크게 지불할 수 없다면 $U_i(W_i, Q_i \mid B)=0$이 된다. 구매자인 정부의 기대가치는 다음과 같이 정의된다.

$$\sum_{i=1}^n V\int_A^B \cdots \int_A^B q_i(\theta_1, \cdots, \theta_n)f(\theta_1)\cdots f(\theta_n)d\theta_1 \cdots d\theta_n = \sum_{i=1}^n VEQ_i(\tilde{\theta}_i).$$

따라서 정부의 기대이윤은 다음과 같이 정의된다.

$$\sum_{i=1}^n E\{Q_i(\tilde{\theta}_i)[V-(2\tilde{\theta}_i - A)]\} = \sum_{i=1}^n \int_A^B \cdots \int_A^B q_i(\theta_1, \cdots, \theta_n)[V-(2\theta_i - A)]f(\theta_1)\cdots f(\theta_n)d\theta_1 \cdots d\theta_n.$$

정부의 기대이윤을 극대화하기 위해서는 가장 낮은 타입의 공급업자로부터 용역을 공급받는 것이다. 즉, 가장 낮은 타입의 공급업자에게 용역을 공급할 확률 1을 부여하는 것이다. 이것을 수식으로 표현하면 다음과 같다.

$$q_i=1 \text{ when } \theta_i=\min(\theta_1, \cdots, \theta_n)<\frac{V+A}{2}.$$

쌍방(구매자와 판매자)의 교섭

구매자와 판매자 모두 교역하고자 하는 상품에 대하여 각각 독립적인 사적 가치를 갖고 있다고 하자. 구매자를 2라고 지칭하고 그의 사적 가치, 즉 타입을 t_2라고 하자. 판매자를 1이라고 지칭하고 그의 타입을 t_1이라고 하자. 구매자는 판매자의 타입을 식별하지 못하지만 타입의 분포를 알고 있다. 마찬가지로 판매자는 구매자의 타입을 식별하지 못하지만 타입의 분포를 알고 있다. 각 타입은 동일한 분포를 갖고 있고 누적분포함수는 다음과 같다.

$$F(t)=P(\theta \leq t).$$

연속적 확률밀도함수 $f(t)=F'(t)$. 그리고 $f(t)>0$ for all $t\in[A, B]$이다.

두 사람 간의 교역계획을 다음과 같이 정의하자.

$[q_1(t_1), x_1(t_1)]$: 판매자 1의 타입이 t_1일 때 거래가 이루어질 조건부 확률과 조건부 기대가격.

$[q_2(t_2), x_2(t_2)]$: 구매자 2의 타입이 t_2일 때 거래가 이루어질 조건부 확률과 조건부 기대가격.

두 사람의 타입을 모를 때 사전적 기대가격은 다음과 같다.

$$\int_A^B x_1(t_1)f(t_1)dt_1=\int_A^B x_2(t_2)f(t_2)dt_2.$$

상품을 공급하고자 하는 사람(판매자)의 사전적 기대소득에 관한 공식과 상품을 구매하고자 하는 사람의 사전적 기대가격을 상기해 보자. 이 사실을 반영하면, 위 식은 다음과 같이 표현된다.

$$U_1(x, q|B)+\int_A^B q_1(t_1)[t_1+\frac{F(t_1)}{f(t_1)}]f(t_1)dt_1=\int_A^B q_2(t_2)[t_2-\frac{1-F(t_2)}{f(t_2)}]f(t_2)dt_2-U_2(x, q|A).$$

여기서 $U_1(x, q|B)$는 가장 높은 타입을 가진 판매자의 교역으로 인하여 발생한 기대잉여이고, $U_2(x, q|A)$는 가장 낮은 타입을 가진 구매자의 교역으로 인하여 발생한 기대잉여이다.

판매자 1의 타입이 t_1이고 구매자 2의 타입이 t_2일 때 교역이 일어날 확률을 $Q(t_1, t_2)$라고 하자. 이것을 가지고 우리는 교역계획에서 소개한 조건부 확률을 다음과 같이 정의할 수 있다.

$$q_1(t_1)=\int_A^B Q(t_1, t_2)f(t_2)dt_2, \text{ 그리고 } q_2(t_2)=\int_A^B Q(t_1, t_2)f(t_1)dt_1.$$

이 조건부 확률을 위 식에 대입하면 다음 관계식을 도출할 수 있다.

$$\begin{aligned}0 &\le U_1(x, q|B)+U_2(x, q|A)\\ &=\int_A^B\int_A^B Q(t_1, t_2)\{[t_2-\frac{1-F(t_2)}{f(t_2)}]-[t_1+\frac{F(t_1)}{f(t_1)}]\}f(t_1)f(t_2)dt_1dt_2.\end{aligned}$$

위 관계식에서 첫 번째 부등식은 교역의 의욕이 가장 낮은 타입의 판매자 또는 구매자의 참여 제약조건을 반영하였다. 타입의 분포가 구간 [0, 1] 사이의 값을 취하는 일양분포를 갖는다고 하자. 이 경우, 위 관계식은 다음과 같이 표현된다.

$$0 \leq \int_A^B \int_A^B Q(t_1, t_2)\{[2t_2-1]-[2t_1]\} dt_1 dt_2 = 2E\left\{Q(\tilde{t}_1, \tilde{t}_2)[\tilde{t}_2-\tilde{t}_1-\frac{1}{2}]\right\}.$$

위 식의 오른쪽 항은 교역이 일어날 경우 총교역의 잉여 (t_2-t_1)의 기대가치가 1/2 이상이어야 한다는 것을 나타내고 있다. 교역이 일어날 경우 총교역의 잉여 (t_2-t_1)의 기대가치는 얼마인가? 이것이 아래에 나타나 있다.

$$\mathrm{E}(\tilde{t}_2-\tilde{t}_1 \mid \tilde{t}_2 > \tilde{t}_1) = \int_0^1 \int_0^{t_2} \left[\frac{1}{\mathrm{prob}(\tilde{t}_2 > \tilde{t}_1)}\right](t_2-t_1) dt_1 dt_2 = \frac{1}{3}.$$

여기서 $\mathrm{prob}(\tilde{t}_2 > \tilde{t}_1) = \int_0^1 F_{\tilde{t}_1}(t_2) f_{\tilde{t}_2}(t_2) dt_2 = 1/2$ $F_{\tilde{t}_1}(\bullet)$은 누적분포함수, $f_{\tilde{t}_2}(\bullet)$은 확률밀도함수이다.

따라서 교역계획은 참여 제약조건을 만족하지 못하고 있다. 두 교역당사자가 교역을 원하는 물건에 대하여 각각의 고유의 사적 가치를 가질 경우에는 참여 제약조건과 유인양립 제약조건을 동시에 만족하는 교역계획을 설계하는 것은 불가능하다.

참고문헌

Akerlof, George, "The Market for Lemons: Quality Uncertainty and the Market Mechanism," *Quarterly Journal of Economics*, 84, 1970, pp. 488-500.

Cho, In-Koo and David M. Kreps, "Signaling Games and Stable Equilibria," *Quarterly Journal of Economics*, 102, 1987, pp. 179-221.

Harsanyi, "Games with Incomplete Information Played by Bayesian Players," *Management Science*, 14, 1967-1968, pp. 159-182, 320-334, 486-502.

Holmstrom, Bengt, "Moral Hazard and Observability," *Bell Journal of Economics*, 10, 1979, pp. 74-91.

Milgrom, Paul and John Roberts, "Limit Pricing and Entry under Incomplete Information: An Equilibrium Analysis," *Econometrica*, 50, 1982, pp. 443-460.

Mussa, Michael and Sherwin Rosen, "Monopoly and Product Quality," *Journal of Economic Theory*, 18, 1978, pp. 301-317.

Myerson, Roger B., unpublished lecture notes for "Economics of Information," Department of Economics, University of Chicago.

Myerson, Roger B., unpublished lecture notes for "Economics of Information" for graduate and undergraduate, Department of Economics, University of Chicago.

Myerson, Roger and Mark Satterthwaite, "Efficient Mechanisms for Bilateral Trading," *Journal of Economic Theory*, 29, 1983, pp. 265-281.

Rothschild, Michael and Joseph Stiglitz, "Equilibrium in Competitive Insurance Markets: An Essay in the Economics of Imperfect Information," *Quarterly Journal of Economics*, 90, 1976, pp. 629-649.

Spence, Michael, "Job Market Signaling," *Quarterly Journal of Economics*, 87, 1973, pp. 355-374.

김진옥, 『전략과 정보의 경제학』, 제주대학교 출판부, 2012.

김진옥, 『정보경제학』, 도서출판 해남, 2013.

연습문제

1. 하나의 유일한 재화를 가지고 있는 개인 1과 그 재화를 사고자 하는 개인 2가 있다고 하자. 개인 1이 잠재적 판매자이고, 개인 2는 잠재적 구매자이다. 개인 1의 타입은 H거나 L이다. H일 확률은 p_H이고 L일 확률 $p_L=1-p_H$이다. 개인 1의 타입이 L일 때 개인 1의 재화의 가치는 \$100이고, 개인 2의 재화의 가치는 \$190이다. 개인 1의 타입이 H일 때 개인 1의 재화의 가치는 \$200이고, 개인 2의 재화의 가치는 \$220이다.
   (a) 가장 최선의 분리할 수 있는 교역계획을 구하시오.
   (b) 개인 1의 타입 $p_H=0.9$일 때 비분리계획이 분리계획보다 잠정적으로 우세함을 보이시오.
   (c) 문제 (b)의 비분리계획과는 다른 대안의 교역계획 (x, q)를 생각해 보자. 이 교역계획이 단지 높은 타입의 판매자들만을 교역계획에 참여시키고 그들과 교역하는 구매자들에게 양의 이윤을 가져온다고 하자. 이 교역계획을 보이시오.
   (d) 구매자의 최적 교역계획이 두 타입의 판매자로부터 구매하도록 하는 조건을 만족하는 p_H의 가장 작은 값을 구하시오.
   (e) 판매자가 구매자에게 접근하기 전에 공개적으로 비용을 수반하는 신호를 보낼 수 있다고 하자. 판매자의 타입이 L일 때 비용은 c_L이고 타입이 H일 때 비용은 c_H이다. 그리고 $c_L>0$, $c_H>0$이다. 판매자는 신호를 보내야 할지 말지를 결정한 후에 구매자에게 접근하고 판매가격을 제시한다. 구매자는 이에 대하여 수용 여부를 결정한다. 구매자의 판매자에 대한 믿음이 가격 제시가 아니고 판매자가 보내는 신호에 의존하는 균형을 고려해 보자.

[e1] 판매자가 타입이 L일 때는 신호를 보내지 않고 타입이 H일 때 신호를 보내는 균형이 존재하기 위해서 c_L과 c_H가 만족해야 하는 조건을 보이시오.

[e2] 두 타입의 판매자 모두 신호를 보내기 위한 균형이 존재하기 위해서 c_L과 c_H가 만족해야 하는 조건을 보이시오.

2. 각 노동자의 재능은 노동자의 타입 t_1에 의하여 측정되고, 그의 타입은 구간 [0, 1]에서 값을 취하는 확률변수로 일양분포를 갖는다고 하자. 각 노동자는 자기의 타입을 알고 있지만 다른 사람들은 그것을 관측하지 못한다고 하자. 타입 t_1의 노동자를 고용했을 때 $10t_1$의 생산가치가 노동자를 고용한 기업에 발생한다고 하자. 기업들 사이의 경쟁 때문에 각 노동자가 받는 임금은 그에 대하여 관측이 가능한 것이 주어진 상태에서 조건부 생산의 기대가치와 동일하다고 하자. 노동자가 받은 교육은 그의 생산성에 영향을 미치지 못하지만 그의 교육적 성과는 관측이 가능하다고 하자. 노동자가 지불하는 실제적인 교육비용은 노동자의 재능이 낮을수록 높다고 하자. 타입 t_1의 노동자가 d년 동안 교육을 받았을 때 발생하는 실제적 비용은 d/t_1이라고 하자. 노동자의 목표는 받는 임금에서 교육비용을 뺀 것을 극대화하는 것이다.

(a) 타입 t_1의 노동자는 타입 t_1이 구간 [0, .5)에 있을 때 교육을 받지 않고, 즉 d는 0이고, 타입 t_1이 구간 (.5, 1]에 있을 경우 D년의 교육을 받는 균형을 구하시오. 여기서 $D>0$이다. 따라서 0년의 교육을 받은, 즉 교육을 받지 않은 노동자의 조건부 기대임금은 $E(10t_1 \mid t_1 < 0.5)=2.5$이고, D년의 교육을 받은 노동자의 조건부 기대임금은 $E(10t_1 \mid t_1 > 0.5)=7.5$이다. 균형을 가져오는 D를 구하시오.

(b) 어떤 숫자 θ 이상의 타입을 가진 노동자들은 4년의 교육을 받고 높은 임금 H를 받는다고 하자. 그리고 모든 낮은 타입의 노동자들은 0년의 교육을 받고 낮은 임금 L을 받는다고 하자. 이것을 균형이 되기 위한 θ, H, L의 값을 구하시오.

(c) 노동자는 각 타입 t_1에 상응하는 $d(t_1)$의 교육을, $10t_1$의 임금을 받는 분리균형을 구하시오.

3. 숙련된 기능공의 서비스를 구매하려고 하는 주인의 최적 계약을 설계해 보자. 서비스를 제공하는 데 소요되는 기능공의 비용은 주인에게 알려져 있지 않다. 기능공의 비용타입이 t일 때 q시간의 서비스를 공급하고 임금 x를 받는 기능공의 순효용 $u(x, q|t)=x-tq$이다. q시간의 서비스를 공급받고 임금 x를 지급하는 주인의 순이윤 $\pi=6q^{1/2}-x$이다. 일을 한 시간 q와 임금 x는 기능공의 비용타입에 달려 있다. 기능공의 노동공급시간 q를 주인은 관측할 수 있다. 기능공은 자기의 타입을 거짓으로 나타낼 수 있다. 기능공은 양의 효용 이득이 발생하지 않는 일을 하지 않는다.

(a) 기능공의 비용타입이 3 또는 5라고 하자. 주인은 기능공의 타입 t가 3일 확률 $p(t=3)=2/3$이고, 타입 t가 5일 확률 $p(t=5)=1/3$로 생각하고 있다고 하자. 주인의 순이윤을 극대화하는 계약을 찾아보자. 기능공의 각 타입 t에 따른 임금 $x(t)$와 $q(t)$를 구하시오.

(b) 기능공의 타입이 높을 때(high: H) 주인의 순이윤은 $A_H q^{1/2}-x$이다. 기능공의 타입이 낮을 때(law: L) $A_L=6$이다. 주인의 최적 계약을 위해 구속된 제약조건이 동일하게 남아 있기 위한 A_H의 경계를 구하시오.

(c) 기능공의 타입이 구간 [3, 5]에서 값을 취하는 확률변수로 일양분

포를 갖는다고 하자. 주인의 순이윤함수는 문제 (a)에서와 같이 $\pi=6q^{1/2}-x$이다. 주인의 최적 계약을 설계하시오. 또한 타입에 따른 $x(t)$와 $q(t)$를 구하시오.

4. 두 타입의 기업가가 있다고 하자. 타입 A가 인구의 60%를 차지하고 타입 B가 인구의 40%를 차지한다고 하자. 타입 A의 기업가는 성공확률 P_A가 0.5인 새로운 벤처(venture)에 대한 제안을 갖고 있고, 그것의 화폐수익 R_A는 성공했을 경우 5라고 하자. 타입 B는 성공확률 P_A가 0.25인 새로운 벤처에 대한 제안을 갖고 있고, 이것의 화폐수익 R_B는 성공했을 경우 8.4라고 하자. 타입에 상관없이 모든 벤처는 기업가에게서 초기의 노동투자를 필요로 하고, 이것의 비용 C는 1이라고 하자. 또한 이 벤처는 은행으로부터 금융투자 I를 필요로 하고, 이것의 가치는 1이라고 하자. 기업가는 은행이 금융투자를 하는 경우에만 노동투자를 한다고 하자. 모든 벤처는 성공하지 못했을 경우 수익이 0이라고 한다. 각 기업가는 자기의 타입을 알고 있고 은행으로부터 금융자본을 조달할 때 자기의 타입을 거짓으로 나타낼 수 있다고 하자. 금융조달에 대한 계약 조항들은 벤처가 성공할 경우 기업가가 은행에 갚아야 하는 빚 D를 명시할 수 있다고 하자. 벤처가 성공적이지 못하면 빚을 갚지 않는다고 하자. 모든 사람이 위험중립적이고 할인율은 0이라고 하자.

(a) 각 타입의 기업가가 이러한 투자를 수용하는 최대의 빚 D를 계산하시오.

(b) 각 타입의 기업가에 대해서 은행의 기대수익이 투지비용만을 감당하는 최소의 빚 D를 계산하시오.

(c) 한 기업가에 투자하는 은행의 기대수익을 극대화는 최적의 유인

양립적인 계획을 찾아 내시오.

(d) 많은 기업가들이 제한된 자금을 갖고 있는 은행들로부터 투자자금을 찾고 있다. 따라서 은행은 일부 소수의 기업가들에게만 자금을 공급할 수 있다. 이 경우 은행이 자기의 이윤을 극대화하기 위한 빚의 수준 D는 얼마가 되어야 하는가?

(d′) 많은 은행들이 소수의 기업가들에게 투자자금을 빌려 주기 위하여 경쟁을 한다고 하자. 각 기업가는 임의의 은행과 계약을 체결할 수 있다고 하자. 이러한 계약은 은행에게 기업가의 새로운 벤처에 금융자본을 공급하는 배타적 권리를 부여하고 금융자본을 공급할 확률이 q로 계약에 명시된다고 하자. 또한 이 계약은 새로운 벤치에 금융자본이 조달되고, 성공적인 경우 기업가가 은행에 지불하는 빚 D를 명시할 수 있다고 하자. 이러한 계약 조항들은 기업가가 보고한 타입에 의존한다. 기업가들에게 최선의 분리할 수 있는 계획을 찾아 내시오.

(e) 타입 A의 기업가의 인구 대비 비중이 60%일 때, 문제 (c)의 최선의 분리할 수 있는 계획이 비분리계획에 의하여 잠정적으로 파레토 열등한 계획이 될 수 있는가?

(f) 경쟁적인 은행들이 기업가들에세 최신의 비분리계획을 제공하게 되는 것이 기대된다면 하나의 은행이 한 타입의 기업가를 유인할 수 있고, 은행에게는 양의 이윤을 가져오는 다른 계약을 광고할 수 있다는 것을 보이시오.

5. 애컬로프(Akerlof)의 레몬 문제의 변형을 고려해 보자. 노동자의 유보임금 θ는 다음과 같은 일양분포를 갖는다고 하자.

$$\theta \sim U[240, 1000].$$

노동자의 유보임금 θ는 그를 고용하는 기업에게 1.5에 상응하는 가치를 가져온다고 하자. 노동자의 유보임금 θ는 그의 사적 정보이다. 따라서 노동자는 자기의 타입으로 거짓으로 나타낼 수 있다. 임금은 실제적으로 생산된 수입에 조건부로 구속될 수 없다고 하자.

(a) 하나의 노동자가 하나의 요소독점 기업에 의해서만 고용될 수 있다면 기업의 기대이윤을 극대화하는 임금은 얼마가 되어야 하는가? 만약 노동자가 이러한 임금을 수용한다면 노동자의 기대생산성은 얼마가 되는가?

(b) 모든 거래가 왈라스 경매자(Walrasian auctioneer)에 의하여 규제된다면 시장균형을 가져오는 균형임금 수준은 얼마가 되어야 하는가? 왈라스 경매자는 순초과수요를 0으로 하는 가격을 설정한다.

1. 선형계획법(Linear programming)

선형계획 문제들은 제약조건 하에서 극대화 문제의 특별한 사례이다. 선형계획 문제에서는 제약조건과 목적함수가 모두 선형변수들(x_1, ⋯, x_n)로 이루어져 있다.

일반적인 선형계획 문제는 다음의 형태로 나타낼 수 있다.

$$\max_{(x_1, \cdots, x_n) \geq 0} \quad f_1x_1+\cdots+f_nx_n \quad \text{s.t. } a_{11}x_1+\cdots+a_{1N}x_N \leq c_1 \quad \vdots \quad a_{K1}x_1+\cdots+a_{KN}x_N \leq c_K \qquad [1]$$

또는 행렬을 사용하면

$$\max_{x \in R^N_+} \quad f \cdot x \quad \text{s.t. } Ax \leq c.$$

여기서 A는 일반항 a_{kn}을 가지고 있는 $K \times N$ 행렬이고 $f \subset R^N$, $x \in R^N$, $c \in R^K$는 열벡터들이다.

그림 (1)은 N=2인 선형계획 문제를 나타낸다. 두 제약조건은 $2x_1+x_2 \leq 4$와 $x_1+3x_2 \leq 7$이고, 목적함수는 x_1+x_2이다.

선형계획 문제 [1]에 관한 가장 흥미로운 사실 중 하나는 쌍대 문제(dual problem)라고 하는 또 다른 선형계획 문제와 연관을 지을 수 있다는 것이다. (원래의 극대화 문제를 원시 문제(primal problem)라고도 한다). 이때 이 쌍대 문제는 극소화 문제의 형태를 가지고 있고 원시 문제의 제약조건의 수와 같은 K개

[부도 7-1] **원시 문제와 쌍대 문제**

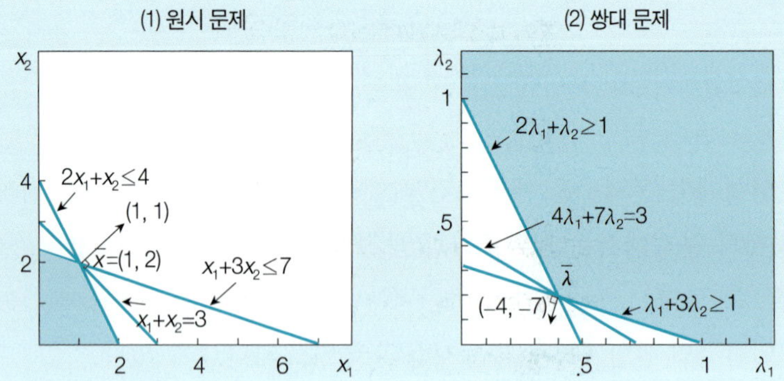

의 변수를 가지고 있고, 원시 문제의 변수의 수와 같은 N개의 제약조건을 가지고 있다.

$$\max_{(\lambda_1, \cdots, \lambda_K) \geq 0} \; c_1\lambda_1 + \cdots + c_K\lambda_K \qquad \text{s.t. } a_{11}\lambda_1 + \cdots + a_{K1}\lambda_K \leq f_1, \; \vdots \; , a_{1N}\lambda_1 + \cdots + a_{KN}\lambda_K \leq f_N \qquad [2]$$

또는 행렬을 이용해서 나타내면

$$\max_{x \in R^K_+} \; c \cdot \lambda \qquad \text{s.t. } A^T\lambda \leq f.$$

이때 $\lambda \in R^K$는 열벡터이다.

그림 (2)는 그림 (1)과 연관되어 있는 쌍대 문제를 나타낸다. 이 문제에서 제약조건은 $2\lambda_1+\lambda_2 \geq 1$과 $\lambda_1+3\lambda_2 \geq 1$이고 목적함수는 $4\lambda_1+7\lambda_2$이다.

만약 $x \in R^N_+$와 $x \in R^K_+$가 각각 원시 문제와 쌍대 문제의 제약조건들을 만

족시킨다고 가정한다면

$$f \cdot x \leq (A^T\lambda) \cdot x = \lambda \cdot (Ax) \leq \lambda \cdot c = c \cdot \lambda. \qquad [3]$$

따라서 원시 문제의 해는 더이상 쌍대 문제의 해가 될 수 없다. 다음에 제시될 선형계획법의 쌍대정리는 이 두 값들이 사실은 동일하다는 것을 말한다. 이 사실을 이해하는 열쇠는 그 표기법에서도 알 수 있듯이 쌍대변수들 $(\lambda_1, \cdots, \lambda_K)$가 라그랑주 승수로 해석될 수 있다는 사실이다.

[정리 1] (선형계획법의 쌍대 정리) 원래 문제 1이 극대값 $v \in R$를 갖는다고 가정을 하자. 그리면 v는 쌍대 문제 2의 극소값이다.

[증명] $\bar{x} \in R^N$이 문제 1을 극대화시키는 벡터라고 하자. 이 문제와 연관된 라그랑주 승수들을 $\bar{\lambda} = (\bar{\lambda}_1, \cdots, \bar{\lambda}_K) \geq 0$으로 나타내자. 우리는 $\bar{\lambda}$를 열 벡터라고 생각할 것이다. Kuhn-Tucker 조건을 적용하면 $A^T\bar{\lambda} = f$ 그리고 $\bar{\lambda} \cdot (c - A\bar{x})$이다. 따라서 $\bar{\lambda}$는 쌍대 문제의 제약조건들을 만족시킨다($A^T\bar{\lambda} \geq f$이므로).

또한

$$c \cdot \bar{\lambda} = \bar{\lambda} \cdot c = \bar{\lambda} \cdot A\bar{x} = (A^T \bar{\lambda}) \cdot \bar{x} = f \cdot \bar{x}. \qquad [4]$$

식 [3]에 의해서 우리는 $A^T\lambda \geq f$인 모든 $\lambda \in R_+^K$에 대해서 $c \cdot \lambda \geq f \cdot \bar{x}$라는 것을 알고 있다. 따라서 만약 $A^T\lambda \geq f$에서 $c \cdot \bar{\lambda} \leq c \cdot \lambda$이다.

그러므로 식 [4]는 만약 $\bar{\lambda}$가 쌍대 문제 식 [2]의 해이고 따라서 쌍대 문제의 목적함수의 값인 $c \cdot \bar{\lambda}$는 원래 문제의 목적함수의 값인 $f \cdot \bar{x}$와 같다.

우리는 그림 (1)과 그림 (2)에 나와 있는 원래 문제와 쌍대 문제에서 쌍대

정리를 확인할 수 있다. 원래 문제의 극대화 벡터는 $\bar{x}=(1, 2)$이고 목적함수의 값은 1+2=3이 된다. 쌍대 문제의 극소화 벡터는 $\bar{\lambda}=(\frac{2}{5}, \frac{1}{5})$이고 목적함수의 값은 $4(\frac{2}{5})+7(\frac{1}{5})=3$이다.

2. 제약조건 하에서 최적화의 문제: 라그랑주 접근법을 사용한 최적화

소비자가 주어진 소득(income: M)과 가격(price: p) 하에서 두 종류의 재화를 소비하고자 한다고 하자. 주어진 소득과 재화들의 가격(가격 벡터)은 소비자가 처한 경제적 환경이다. 이 경제적 환경에 의해 그는 다음과 같은 예산제약에 직면하게 된다.

$$p_1x_1+p_2x_2 \leq M.$$

소비자는 예산제약 하에서 자기의 효용을 극대화하고자 한다. 이것을 수학적으로 표현하면 다음과 같다.

$$\max_{\{x_1, x_2\}} u(x_1, x_2), \text{ s.t. } p_1x_1+p_2x_2 \leq M.$$

여기서 x_1은 재화 1의 소비량, x_2는 재화 2의 소비량, p_1은 재화 1의 가격, p_2는 재화 2의 가격, u는 효용함수이다.

이 문제를 하나의 게임으로 생각해 보자. 소비자를 경기자 1로 지칭하고 다른 사람인 경기자 2는 경기자 1이 예산제약 하에서 소비하는지 여부를 감시한다고 하자. 경기자 1은 어린아이로, 경기자 2는 부모로 간주할 수 있다. 경기자 1이 예산제약 하에서 행동하도록 유인하기 하기 위해서, 경기자 2는 경기자 1이 예산제약을 어겼을 때 처벌을 할 수 있어야 한다. 예산을 초과하는 화폐 1단위마다 λ의 비율로 경기자 1을 처벌할 수 있다고 하자. 경기자 1이 예산을 초과하여 재화를 소비하고자 할 경우 그가 지불하는 비용은 다음과 같다.

$$\lambda(M-p_1x_1-p_2x_2).$$

소비자 1(경기자 1)의 효용과 그가 지불하는 처벌비용을 합하여 라그랑주 함수를 다음과 같이 정의하자.

$$L(x_1, x_2, \lambda)=u(x_1, x_2)+\lambda(M-p_1x_1-p_2x_2)\cdots. \qquad [5]$$

위에 주어진 라그랑주 함수를 극대화한다는 것은 음의 라그랑주 함수를 극소화한 것에 (−1)을 곱한 것과 같다.

$$\max L(x_1, x_2, \lambda)=-\min\{-L(x_1, x_2, \lambda)\} \Rightarrow$$
$$\max L(x_1, x_2, \lambda)+\min\{-L(x_1, x_2, \lambda)\}=0.$$

위에 주어진 방정식에서 첫 번째 항은 경기자 1의 보수 또는 효용을, 두 번째 항은 경기자 2의 보수를 가리킨다. 두 경기자의 보수의 합은 0이다. 따라서 이 게임은 영합 게임(zero-sum game)이다. 영합 게임에서 경기자 1은 식 [5]를 극대화하기 위해서 최적 수준의 소비 벡터 (x_1, x_2)를 선택하고 경기자 2는 식 [5]를 최소화하기 위하여 최적 수준의 λ를 선택한다.

$$\min_{\lambda} \max_{x_1, x_2} L(x_1, x_2, \lambda)=u(x_1, x_2)+\lambda(M-p_1x_1-p_2x_2). \qquad [6]$$

균형 상태에서 최적적으로 선택된 소비 벡터 $x^*=(x_1^*, x_2^*)$는 최적 수준의 λ^*에 대한 최선의 반응(best response)이다. 마찬가지로 최적 수준의 λ^*는 최적적으로 선택된 소비 벡터 $x^*=(x_1^*, x_2^*)$에 대한 최선의 반응이다. 즉, $(x^*; \lambda^*)$는 내쉬 균형이다. 균형 상태에서는 어느 누구도 균형 상태에서 벗어나려는 유인을 갖지 못한다. 경기자 2(부모)가 아주 큰 λ를 선택하는 것이 균형이 될 수 있는가? 이 경우 소비자 1(어린아이)은 전혀 소비를 하지 않을 것이고 라그랑주 함수를 극대화한 값은 λM이 된다.

식 [6]의 극대화와 극소화를 위한 1차 조건들은 같기 때문에 우리는 다음과 같은 1차 조건들을 갖게 된다.

$$\frac{\partial L}{\partial x_1}=\frac{\partial u}{\partial x_1}-\lambda p_1=0,$$

$$\frac{\partial L}{\partial x_2}=\frac{\partial u}{\partial x_2}-\lambda p_2=0,$$

$$\frac{\partial L}{\partial \lambda}=M-p_1x_1-p_2x_2=0.$$

위에 주어진 선 위에 주어진 1차 조건들은 식 [6]을 최적화시킨 선택변수들(소비 벡터와 라그랑주 승수)의 값이 0보다 크다는 것을 전제한 것이다. 이러한 해를 우리는 내부 해(interior solution)라고 부른다. 라그랑주 함수를 재화 1(2)의 소비량으로 편미분한 값이 1차 0이 되어야 한다는 사실을 음미해 보자. 재화 2의 수량과 라그랑주 승수(Lagrange multiplier)의 값이 주어진 상태에서 재화 1의 증가가 라그랑주 함수에 기여하는 값, 즉 $\partial L/\partial x_1$이 0보다 크면 재화 1의 소비를 증가시키려 할 것이다. 따라서 재화 1의 최적 소비량은 $\partial L/\partial x_1$이 0을 만족하는 수준에서 결정된다. 재화 2의 최적 소비량의 결정에도 마찬가지 논리가 적용된다. 소비 벡터가 주어진 상태에서 라그랑주 함수를 라그랑주 승수로 편미분한 값인 $\partial L/\partial \lambda$가 0이 되어야 한다는 사실을 음미해 보자.

이것이 음인 경우에는 라그랑주 함수를 극소화시키기 위해서 라그랑주 승수 λ를 증가시켜야 한다. 따라서 최적의 λ는 $\partial L/\partial\lambda$가 0을 만족하는 수준에서 결정된다. 이와 같은 1차 조건들은 최적화(극대화 또는 극소화)를 위한 필요조건이라는 것에 주목하자. 하지만 이러한 1차 조건들은 충분조건이 되지 못한다. 하지만 효용함수가 오목할 경우, 소비 벡터에 대한 1차 필요조건은 충분조건이 된다. 이에 대한 자세한 논의는 본서에서 생략하고자 한다.

라그랑주 함수를 최적화한 선택변수들의 값들이 0을 갖는 경우를 생각해 보자. 라그랑주 함수를 재화 1(2)의 소비량으로 편미분한 값이 0보다 작을 경우 재화 1(2)의 최적 소비량은 0이 된다. 즉,

$$\frac{\partial L}{\partial X_i}<0 \Rightarrow x_i=0,\ \forall i\{1, 2\}$$

라그랑주 함수를 라그랑주 승수로 편미분한 것이 0보다 크면 최적의 라그랑주 승수는 0이 된다.

$$\frac{\partial L}{\partial \lambda}>0 \Rightarrow \lambda=0.$$

이러한 해를 우리는 구석 해(corner solution)이라고 부른다. 내부 해와 구석 해를 갖은 것을 모두 고려했을 때 우리는 다음과 같은 보완적 느슨함 조건(complementary slackness condition)을 갖는다.

$$\frac{\partial L}{\partial X_i}X_i=0\quad \forall i\{1, 2\},$$

$$\frac{\partial L}{\partial \lambda}\lambda=0.$$

라그랑주 승수 λ가 0이라는 사실은 무엇을 의미하는가? 이것은 라그랑주 함수를 라그랑주 승수로 편미분한 것이 0보다 큰 것을 의미한다. 또한 이것은 최적으로 선택된 소비 벡터가 수반한 비용이 주어지 소득 M에 미치지 못하는 것으로 예산제약조건이 제약조건으로 작동할 수 없다는 것을 의미한다.

라그랑주 승수 λ가 무엇을 의미하는가? 식 [6]을 최적화한 라그랑주 승수와 소비 벡터를 라그랑주 함수에 대입해 보자.

$$u(x_1^*, x_2^*)=L(x_1^*, x_2^*, \lambda^*)=u(x_1^*, x_2^*)+\lambda^*(M-p_1x_1^*-p_2x_2^*).$$

여기서 $x_1^*=x_1^*(p_1, p_2, M)$, $x_2^*=x_2^*(p_1, p_2, M)$, $\lambda^*=\lambda^*(p_1, p_2, M)$이다.

소비자(경기자 1)의 효용함수가 간접효용함수(indirect utility function)라는 것에 주목하자. 소비자의 간접효용함수를 소득 M으로 편미분한다는 것은 최적화된 라그랑주 함수를 소득 M으로 편미분하는 것과 같다. 최적화된 라그랑주 함수를 소득 M으로 편미분하고 1차 필요조건을 활용하여 정리하면 다음과 같은 결과를 얻는다.

$$\frac{\partial u(x_1^*, x_2^*)}{\partial M}=\frac{\partial L(x_1^*, x_2^*, \lambda^*)}{\partial M}=\lambda^*.$$

라그랑주 승수 λ는 소득의 한계효용이라는 것을 알 수 있다.

8

도덕적 해이와 교역계획의 설계

8-1 임금계약과 도덕적 해이
8-2 도덕적 해이의 차단과 신용의 할당
8-3 도덕적 해이 지대와 투자수익률 그리고 시장의 균형
8-4 효율임금

제2장에서 우리는 위험회피적인 성향의 교역당사자들이 공통의 불확실성에 직면한 상태에서, 파트너십(partnership)을 형성하여 어떻게 위험을 공유하는지를 살펴보았다. 본장에서는 교역당사자들이 직면하는 불확실성이 공통적이 아닐 때, 즉 적어도 한 당사자가 불확실성에 관한 사적 정보를 가졌을 때 차선의 교역계획(second best trading plan)을 어떻게 설계해야 하는지를 살펴보고자 한다. 두 계약당사자가 계약을 맺은 후에, 한 계약당사자의 숨겨진 행동(hidden action)을 다른 계약 당사자가 감시할 수가 없거나 감시하는 데 많은 비용이 소요된다고 하자. 이러한 숨겨진 행동을 갖지 못한 계약의 당사자가 계약을 설계한다고 하자. 이 경우 계약의 설계자는 숨겨진 행동을 사적 정보로 갖고 있는 계약당사자의 행동을 바람직한 방향으로 유인해야 하는 문제에 직면한다. 이 계약의 설계자를 정보경제학에서 주인(principal)이라고 부르고, 숨겨진 행동을 갖고 있는 계약의 당사자를 대리인(agent)이라고 부른다.[1)]

대리인은 주인이 식별하기 어려운 숨겨진 행동을 갖고 있다. 대리인은 주인과의 경제적 거래에서 자기에게 유리한 방향으로 이것을 활용하고자 한다. 이러한 대리인의 행동을 정보경제학에서 도덕적 해이(moral hazard)라고 부른다. 여러 가지 경제적 예를 가지고 이것을 설명해 보자. 한 개인이 자동차보험을 구매하였다고 하자. 그는 보험을 구매하기 전에 비하여 보험을 구

1) 계약의 주체는 정보를 가지지 못한 교역당사자가 될 수도 있지만 제3자, 즉 계약을 중재하는 중재자가 될 수도 있다.

매한 이후에 자동차를 부주의하게 운전하거나 난폭하게 운전할 수 있는 유인(incentive)을 갖게 된다. 왜냐하면 자동차보험이 사고가 발생하였을 경우 사고비용을 감당하기 때문이다. 보험을 갖고 있는 구매자(대리인)의 부적절한 운전(행동)은 사고 발생 빈도를 높이고 보험회사에 손해를 끼치게 된다. 이러한 대리인의 도덕적 해이를 차단하기 위하여 보험회사는 여러 가지 유인책을 구축한다. 이러한 유인책은 사고 발생시 향후 납부해야 되는 보험요율을 올리거나 보험금을 일정 부분 공제하는 등의 부분보험을 포함한다. 노동자와 사용자가 고용계약을 체결한 후에, 노동자는 사용자를 위하여 열심히 일을 하지 않을 가능성이 있다. 노동자의 숨겨진 행동을 사용자는 감시하지 못하거나 감시하는 데 많은 비용이 소요될 수 있다. 따라서 사용자는 노동자가 일을 열심히 하도록 유인하기 위하여 고정임금체계보다는 보너스라든지 일에 대한 권한(authority)을 부여하는 것 등을 포함한 계약을 구축한다.

본장의 제1절과 제2절은 주인이 위험중립적이고 대리인은 위험회피적 경우를 상정하여 차선의 계약설계를, 본장의 나머지 절에서는 주인과 대리인 모두 위험중립적인 성향을 가진 상태에서 차선의 계약설계를 논하였다.

8-1 임금계약과 도덕적 해이

기업(주인)이 한 사람(대리인)을 고용하여 생산 또는 영업을 한다고 하자. 이 경우 기업(주인)의 총수입 또는 소득은 대리인의 노력 수준에 달려 있다고 하자. 이 경우 주인이 당면한 문제는 주인이 대리인의 행동 또는 노력 수준을 감시할 수 없거나 감시하는 데 많은 비용이 발생한다는 것이다. 이것은 주인이 대리인의 노력 수준에 상응하는 임금계약을 설정할 수 없다는 것을 의미한다. 대리인의 노력 수준에 상응하는 임금계약을 설정할 수 없다면 주인은 어떻게 임금계약을 설계해야 하는 것인가? 하나의 방법은 노력의 결과 나타나는 성과 또는 수입에 상응하는 임금계약을 설계하는 것이다. 물론 우리는 기업의 총수입 또는 소득은 대리인의 노력 이외의 다른 상황변수에 의해서 영향을 받는다는 것을 알고 있다. 하지만 주어진 상황에서 주인의 수입은 대리인의 노력 수준에 달려 있다는 사실은 자명하다. 따라서 상황을 통제할 수 없는 기업 또는 주인은 나타나는 성과 또는 수입에 상응하는 임금계약을 설계할 수밖에 없다. 학생을 가르치는 선생 또는 교수 입장에서도 학생들이 얼마나 열심히 공부를 하였는지 여부를 알 방법이 없다. 이 경우 학생들로 하여금 공부를 열심히 하도록 하는 하나의 방법은 가르친 과목에 대한 시험성적 결과를 가지고 성적을 주는 것이다.

선형 임금계약(Linear Wage Rule)

주인의 총소득(gross income or revenue) Y가 정규분포를 갖는 확률변수이고 그것의 기댓값(expected value), 즉 평균이 대리인의 노력에 달려 있다고 하자. 주인의 총소득(Y)은 다음과 같은 정규분포를 갖는다고 하자.

$$Y \sim N(\mu(\bullet), \sigma).$$

여기서 평균 $\mu(\bullet)$은 숨겨진 노력 수준 e의 함수이다. 총소득 Y의 표준편차(standard deviation)는 대리인의 노력에 의해서 좌우되지 않고 단지 평균만이 노력에 의존한다고 가정하자. 대리인이 노력의 수준을 선택함에 따라 발생하는 순비용 C는 노력 수준에 의존한다. 즉, 비용 C는 노력 e의 함수 $C(\bullet)$이다.

대리인은 임금소득 w에서 노력비용 C를 뺀 순소득 $(w-C)$에 대해서 상수의 위험관용(constant risk tolerance) 매개변수 T를 갖고 있다고 하자. 이 경우 대리인의 효용함수는 다음과 같이 주어진다.

$$u(w-C(e))=-EXP\left(-\frac{w-C(e)}{T}\right).$$

그리고 대리인의 유보순소득(reservation net income)을 w_0라고 하자. 여기서 대리인의 유보순소득이란 대리인이 주인과 계약을 맺지 않고 시장에서 벌어들일 수 있는 대안의 소득(alternative income)을 말한다. 주인은 총소득에서 대리인에게 지급하는 노동비용을 뺀 순이윤에 대해서 위험중립적이다.[2)]

대리인을 유인하기 위하여 주인이 설계한 임금 w는 총소득 또는 수입 Y의 선형함수라고 가정하자. 이 가정은 의문의 여지가 있다. 본장의 제2절에, 주인의 비선형 임금함수(nonlinear wage function) 설정이 소개되고 있다. 대리인이 지급받는 임금은 총소득 Y의 선형함수로 다음과 같이 주어진다고 하자.

$$w: R\rightarrow R;\ w(Y)=A+BY.$$

여기서 $B>0$이고 A는 기본임금(base wage)이다.

총소득 Y가 대리인의 노력 수준 e에 상응하는 정규확률변수(normal random variable)이므로 임금도 정규확률변수이다. 따라서 평균임금 $E(w)$와 표준편차(standard deviation) 'Stdev'는 다음과 같이 주어진다.

$$E(w)=A+B\mu(e),\ \text{Stdev}=B\sigma.$$

2) 주인의 위험선호가 위험중립적이라는 것은 그의 효용함수가 선형적이거나 또는 그의 위험관용지수가 무한대일 때이다.

따라서 대리인의 노력 수준 e에 상응하는 대리인의 순소득은 다음과 같다.

$$\text{대리인의 순소득: } w(Y)-C(e)=A+BY-C(e).$$

따라서 대리인의 순소득의 평균과 분산은 다음과 같이 주어진다.

$$\text{대리인의 순소득의 평균: } E(w(Y)-C(e))=A+B\mu(e)-C(e).$$

$$\text{대리인의 순소득의 분산: } B^2\sigma^2.$$

대리인의 순소득이 확률변수라는 것을 주목하자. 또한 대리인의 순소득은 위에 주어진 평균과 분산을 갖는 확률변수로 정규분포를 따른다. 따라서 대리인의 순소득이 가져오는 기대효용과 동일한 효용을 가져오는 확정동등치(certainty equivalent)는 다음과 같다. 확정동등치에 관한 개념에 익숙하지 못한 독자는 제2장의 제2절을 참조하기 바란다.

$$\text{대리인의 순소득의 확정동등치: } A+B\mu(e)-C(e)-\frac{0.5}{T}(B\sigma)^2.$$

주인의 순이윤과 그것의 기댓값은 다음과 같다.

$$\text{주인의 순이윤: } Y-(A+BY).$$

$$\text{주인의 기대순이윤: } \mu(e)-(A+B\mu(e)).$$

이 상황에서 주인이 직면한 문제는 대리인을 계약에 참여시키고, 대리인의 도덕적 해이를 억제하는 임금함수를 설정하는 것이다. 이것을 수학적으로 표현하면 다음과 같다.

$$\text{Max}_{\{A,\ B,\ e\}}(1-B)\mu(e)-A.$$

Subject to

$$A+B\mu(e)-\frac{0.5}{T}(B\sigma)^2-C(e)\geq w_0\text{: 대리인의 참여 제약조건}$$

$$A+B\mu(e)-\frac{0.5}{T}(B\sigma)^2-C(e)\geq A+B\mu(f)-\frac{0.5}{T}(B\sigma)^2-C(f)\text{, for all } f\text{:}$$

대리인의 도덕적 해이 유인 제약조건

기본임금 A는 도덕적 해이 유인 제약조건에 아무런 영향을 미치지 못하고 있다. 주인의 입장에서 A를 가능한 한 낮게 설정하는 것이 유리하지만 대리인의 참여 제약조건을 고려해야 된다. 참여 제약조건을 만족시키는 가장 낮은 수준의 기본임금 A는 다음과 같이 주어진다.

$$A=-B\mu(e)+\frac{0.5}{T}(B\sigma)^2+C(e)+w_0.$$

기본임금 A를 주인의 기대순이윤함수에 대입해 보자. 주인의 기대순이윤함수는 다음과 같다.

$$\text{주인의 기대순이윤함수: } \mu(e)-w_0-C(e)-\frac{0.5}{T}(B\sigma)^2.$$

대리인의 노력 수준이 어떻게 주어지든, 주인은 이윤을 극대화하기 위해서 도덕적 해이 제약조건을 만족시키는 가장 작은 B를 선택하기를 원한다.

분석의 편의를 위해서 대리인이 취할 수 있는 노력 수준을 두 종류로 제한하자. 대리인이 주인을 위하여 낮은 노력 수준 e_L을 선택하거나 높은 노력 수준 e_H를 선택할 수 있다고 하자. 대리인의 노력 수준에 상응하는 숨은 비용(hidden cost)들과 기대총소득 또는 수입은 다음과 같다.

$$\text{숨은 비용: } C(e_L)=c_L < C(e_L)=c_H.$$

$$\text{기대총소득: } \mu(e_L)=m_L < \mu(e_L)=m_H.$$

주인이 대리인에게서 높은 수준의 노력 수준 e_H를 끌어내기 위해서는 다음과 같은 도덕적 해이 제약조건을 충족해야 된다.

$$A+Bm_H-\frac{0.5}{T}(B\sigma)^2-c_H \geq A+Bm_L-\frac{0.5}{T}(B\sigma)^2-c_L.$$

위 제약조건은 다음의 부등식을 함축한다.

$$B \geq \frac{c_H-c_L}{m_H-m_L}.$$

주인은 대리인에게서 높은 노력 수준을 이끌어 내면서 기대이윤을 극대화하기 위하여 가능한 한 B를 최소화해야 한다. 따라서 주인은 대리인의 높은 수준의 노력을 이끌어 내기 위해 다음과 같이 B를 설정한다. 이 B를 B_H라고 하자.

$$B=B_H=\frac{c_H-c_L}{m_H-m_L}.$$

대리인에게서 높은 수준의 노력을 이끌어 내기 위한 주인의 최적 유인계획, 즉 주인이 설계한 임금함수는 다음과 같다.

$$w(y)=A_H+B_H y.$$

여기서 $B_H=(c_H-c_L)/(m_H-m_L)$, $A_H=-B_H m_H+(0.5/T)(B_H\sigma)^2+c_H+w_0$이다.

주인의 기대순이윤과 주인이 대리인에게 지급하는 최소한의 임금비용(대리인의 최소한의 기대소득)은 다음과 같다.

$$\text{주인의 기대순이윤: } m_H-w_0-c_H-\frac{0.5}{T}(B_H\sigma)^2.$$

$$\text{대리인의 최소한의 기대소득}=w_0+c_H+\frac{0.5}{T}(B_H\sigma)^2.$$

주인이 위험중립적이고 대리인이 위험회피적인 상황에서 대리인에게 높은 수준의 노력을 할 수 있도록 강제할 수 있다면 도덕적 해이가 없는 최적의 분배규칙(optimal sharing rule)은 B를 0으로 설정하는 것이다. 따라서 도덕적 해이는 위험회피적인 대리인들이 그들의 전문적인 위험들을 막을 수 없다는 근본적인 이유를 제공하고 있다. 왜냐하면 위험을 공유하는 것이 그들로 하여금 노력을 경주하도록 하는 동기를 부여하는 데 필수적이기 때문이다.

주인은 대리인에게서 낮은 수준의 노력을 이끌어 낼 수 있다. 이 경우 대리인의 도덕적 해이 제약조건은 다음과 같다.

$$A+Bm_H-\frac{0.5}{T}(B\sigma)^2-c_H\leq A+Bm_L-\frac{0.5}{T}(B\sigma)^2-c_L\Rightarrow B\leq\frac{c_H-c_L}{m_H-m_L}.$$

따라서 주인은 이윤을 극대화시키기 위해서 B를 0으로 설정한다. 이 경우 주인의 임금함수와 기대순이윤은 다음과 같이 주어진다.

$$\text{주인의 임금함수: } w(Y)=A_L+BY=A_L=-B\mu(e_L)+\frac{0.5}{T}(B\sigma)^2+C(e_L)+w_0=c_L+w_0.$$

$$\text{주인의 기대순이윤: } E(Y-(A+BY))=\mu(e_L)-A_L=m_L-w_0-c_L.$$

주인은 대리인의 두 종류의 노력 수준 중에서 자신이 원하는 노력 수준을 이끌어 낼 수 있는 임금함수를 설정할 수 있다. 주인이 높은 수준의 노력을 대리인에게서 이끌어 내기 위해서는 다음 조건을 만족해야 된다.

$$m_H - w_0 - c_H - \frac{0.5}{T}(B_H\sigma)^2 \geq m_L - w_0 - c_L.$$

위 부등식이 성립하지 않으면 주인은 대리인에게 최적의 고정임금(w_0+c_L)을 설정함으로써 대리인에게서 낮은 수준의 노력을 이끌어 낸다. 대리인의 입장에서 고정된 임금을 받는다는 것은 주인을 위하여 노력할 인센티브를 갖지 못한 것이 된다. 왜냐하면 대리인의 노력 수준에 상관없이 임금수준이 고정되기 때문이다.

주인의 입장에서 선형의 임금함수를 설정하는 것이 최선인가? 대리인이 노력 수준을 선택하고 총소득 Y가 정규분포를 따르는 1기간(one period) 모형에서 선형 임금(linear wages)은 최적의 임금함수가 될 수 없다. 총소득이 어떤 수준에 미치지 못할 때 대리인에게 매우 큰 벌칙을 가할 수 있는 비선형의 계획이 주인에게 더 나은 계획이 될 수 있다. 하지만 홀름스트롬과 밀그롬(Holmstrom and Milgrom)은 선형 임금이 다기간 동태모형(multi-period dynamic model)에서 최적의 계획이 될 수 있음을 보여 주고 있다. 그들은 이러한 모형에서 총이윤은 긴 기간에 걸쳐 매기의 단기이윤의 합으로 정의되고, 대리인이 매기에 적절한 행동을 하도록 유인하는 것을 전제로 하고 있다.

비선형 임금계약(Nonlinear Wage Rule)

대리인의 노력비용은 그의 소득에서 제할 수 있는 화폐비용이다. 즉, 노력비용이 비효용(disutility)으로 표현되지 않고 화폐로 표현되고 있다. 전절에서와 마찬가지로 대리인을 고용하는 주인이 위험중립적이고 대리인은 위험회피적이라고 하자. 위험중립적인 주인이 위험회피적인 대리인을 위하여 유인계획(incentive plan)을 설계한다고 하자. 대리인은 관측이 불가능한 두 종류의 행동 중에서 하나를 선택한다고 하자. 각 행동이 대리인에게 초래하는 비용은 다음과 같다.

높은 수준의 행동 또는 노력: $e_H \Rightarrow C(e_H)=c_H$.
낮은 수준의 행동 또는 노력: $e_L \Rightarrow C(e_L)=c_L$, $c_L < c_H$.

대리인의 유보임금은 w_0이다. 대리인의 효용은 대리인이 취한 행동 e와 지급받는 임금에 의해서 결정되고 그의 효용함수는 다음과 같다.

$$u(w-C(e))=-EXP\left(-\frac{w-C(e)}{T}\right).$$

여기서 T는 위험관용 상수(constant risk tolerance)로 0보다 크다.

주인은 대리인의 행동을 관측하지 못하고 단지 대리인의 행동의 결과 나타나는 성과(outcome), 즉 총소득 또는 수입(gross income, or revenue)만을 관측한다고 하자. 이 성과 Y는 확률변수로 그것의 분포는 대리인의 행동에 의존하는 조건부 확률분포를 갖는다. 확률변수 Y가 무작위로 실현하는 값들의 집합을 $\hat{Y}$이라고 하자.

$$\hat{Y}=\{y_1, y_2, \cdots, y_n\}.$$

본장의 전절에서 총소득 Y가 연속형 확률변수(continuous random variable)인데 반하여 본절에서는 총소득 또는 성과가 이산형 확률변수(discrete random variable)로 나타나 있다.

대리인의 행동에 의존하는 조건부 확률이 다음과 같이 주어져 있다.

$$\text{높은 수준의 행동 또는 노력: } e_H \Rightarrow P(y_i \mid e_H), \text{ for } y_i \in \hat{Y}$$

$$\sum_{y \in \hat{Y}} P(y \mid e_H) = 1.$$

$$\text{낮은 수준의 행동 또는 노력: } e_L \Rightarrow P(y_i \mid e_L), \text{ for } y_i \in \hat{Y}$$

$$\sum_{y \in \hat{Y}} P(y \mid e_L) = 1.$$

우도비(likelihood ratio)를 다음과 같이 정의해 보자.

$$\text{우도비} = \frac{P(y_i \mid e_L)}{P(y_i \mid e_H)} \ \forall y_i \in \hat{Y}.$$

관측이 가능한 성과 y가 크게 나타날 때 우도비가 감소한다면 이것은 무엇을 의미하는 것일까? 이것을 예를 들어 설명해 보자. 확률변수 Y가 무작위로 실현하는 값들과 대리인의 행동에 의존하는 조건부 확률이 [표 8-1]과 같이 주어져 있다고 하자.

주어진 조건부 확률에 의하면 보다 높은 성과 2가 일어날 확률은 대리인이 보다 높은 수준의 노력을 경주할 때 높게 일어나는 것을 알 수 있다. 성과 y가 크게 주어질수록 우도비가 감소하는 것을 알 수 있다.

주인은 대리인에게 관측이 가능한 성과 y에 의존하는 임금 $w(y)$를 주는 것을 약속할 수 있다고 하자. 대리인이 주인을 위하여 높은 수준의 행동을

[표 8-1]

Y	1	2
$P(y \mid e_H)$	1/3	2/3
$P(y \mid e_L)$	2/3	1/3
$P(y \mid e_L)/P(y \mid e_H)$	2	1/2

하였을 때 주인의 기대보수가 높다고 하자. 이 상황에서 주인은 대리인의 참여 제약조건과 도덕적 해이 유인양립 제약조건을 만족시키면서 기대되는 임금비용을 극소화하는 임금함수 $w(\cdot)$을 설계하고자 한다. 이것을 수학적으로 표현하면 다음과 같다.

Choose $(w(y))_{y\in\hat{Y}}$ to minimize $\sum_{y\in\hat{Y}} P(y|e_H)w(y)$

subject to

$\sum_{y\in\hat{Y}} P(y|e_H)u(w(y)-c_H) \geq u(w_0)$: 참여 제약조건, 라그랑주 승수, $\lambda>0$.

$\sum_{y\in\hat{Y}} P(y|e_H)u(w(y)-c_H) \geq \sum_{y\in\hat{Y}} P(y|e_L)u(w(y)-c_L)$:

도덕적 해이 유인양립 제약조건, 라그랑주 승수, $\mu>0$.

위 수학적 표현에서 참여 제약조건은 구속(binding)되어야 한다. 참여 제약조건이 구속된다는 것은 참여 제약조건이 부등식이 아니고 등식이 되어야 함을 의미한다. 참여 제약조건이 구속이 되지 않을 경우 주인은 모든 성과들에 상응하는 임금을 일률적으로 감소시킴으로써 비용을 감소시킬 수 있다. 또한 이것은 유인양립 제약조건에 아무런 영향을 미치지 못한다. 왜 그런가? 독자 스스로 생각해 보기 바란다. 도덕적 해이 유인양립 제약조건이 구속되지 않는 경우를 살펴보자. 주인은 참여 제약조건을 구속시키는 임금계획을 설정함으로써 비용을 극소화할 수 있다. 참여 제약조건을 구속시키기 위해서는 다음과 같이 임금계획을 설정해야 된다.

$$w(x_i)=w_0+c_H \text{ for all } x_i\in X.$$

이러한 임금계획 하에서 대리인은 높은 수준의 행동보다는 낮은 수준의 행동을 선호한다. 이 임금계획으로는 대리인의 도덕적 해이를 차단할 수 없다. 왜 그런가? 독자 스스로 생각해 보기 바란다. 따라서 위 수학적 표현에서 두 개의 제약조건이 구속되어야 한다.

이러한 제약조건 하에서 주인의 임금비용을 극소화하기 위한 라그랑주 함수를 다음과 같이 꾸며 보자.

$$L(w, \lambda, \mu)=-\sum_{y\in\hat{Y}} P(y\mid e_H)w(y)+\lambda[\sum_{y\in\hat{Y}} P(y\mid e_H)u(w(y)-c_H)-u(w_0)]$$
$$+\mu[\sum_{y\in\hat{Y}} P(y\mid e_H)u(w(y))-c_H)-\sum_{y\in\hat{Y}} P(y\mid e_L)u(w(y)-c_L)].$$

위 라그랑주 함수를 각각의 성과 y에 상응하는 임금 $w(y)$에 대하여 편미분(partial differential)을 하여 최적 조건(optimality condition)을 구해 보자.

$$\forall y \in \hat{Y}$$
$$\frac{\partial L}{\partial w(y)}=-P(y\mid e_H)+(\lambda+\mu)P(y\mid e_H)u'(w(y)-c_H)-\mu P(y\mid e_L)u'(w(y)-c_L)=0. \qquad (1)$$

우리는 효용함수가 일정한 위험관용(risk tolerance)을 갖고 있다고 가정하였다. 따라서 다음 관계식이 성립한다.

$$u'(w-c)=EXP-\frac{(w-c)/T}{T}=-\frac{u(w-c)}{T}.$$

위 식을 최적 조건에 대입하고 모든 y에 대한 최적조건을 모두 합하면 다음 식을 얻을 수 있다.

$$0=1+\frac{(\lambda+\mu)\sum_x P(y\mid e_H)u(w(y)-c_H)}{T}-\frac{\mu\sum_x P(y\mid e_L)u(w(y)-c_L)}{T}=0.$$

참여 제약조건과 유인양립 제약조건이 모두 구속되어야 한다는 사실을 이용하여 위 식을 조작하면 다음 식을 얻을 수 있다.

$$0=1+\frac{(\lambda+\mu)u(w_0)}{T}-\frac{\mu u(w_0)}{T}=1+\frac{\lambda u(w_0)}{T}.$$

따라서 참여 제약조건의 라그랑주 승수 λ는 다음과 같다.

$$\lambda=-\frac{T}{u(w_0)}=T\times EXP\frac{w_0}{T}.$$

일정한 위험관용을 갖고 있는 효용함수의 특성을 이용하여 우리는 다음 사실을 도출할 수 있다.

$$u'(w(y)-c_L)=\eta u'(w(y)-c_H).$$

여기서 $\eta=EXP(-(c_H-c_L)/T)$이다.

위 사실을 이용하여 최적 조건 (1)을 다시 정리하면 다음과 같다.

$$0=1-u'(w(y)-c_H)[\lambda+\mu-\frac{\mu\eta P(y/e_L)}{P(y/e_H)}].$$

따라서 성과 x로 주어진 상태에서 최적 임금은 다음 방정식에 의하여 결정된다.

$$T\times EXP\frac{w(y)-c_H}{T}=\frac{1}{u'(w(y)-c_H)}=\lambda+\mu-\frac{\mu\eta P(y/e_L)}{P(y/e_H)}$$

$$\Rightarrow w(y)=c_H+T\,\text{In}[\frac{\lambda+\mu-\mu\eta P(y/e_L)/P(y/e_H)}{T}].$$

우도비 $P(y/e_L)/P(y/e_H)$가 증가할 때 최적 임금은 단조감소(單調減少, monotone decreasing)한다.[3] 즉, 우도비가 감소할 때 최적 임금은 단조증가(monotonic increasing)한다. 성과가 높게 실현될수록 우도비는 감소한다. 이것은 성과가 높게 실현될수록 임금이 높게 설정되어야 함을 나타내고 있다. 임금함수는 소득의 비선형 함수이다. 위 방정식은 성과 y가 어떻게 주어지든 성립해야 하므로 도덕적 해이 유인양립 제약조건의 라그랑주 승수 μ의 크기를 다음과 같이 제한할 수 있다.

$$\forall y \in \hat{Y} : \lambda + \mu - \frac{\mu \eta P(y|\alpha_L)}{P(y|\alpha_H)} \geq 0 \Leftrightarrow \mu \leq \frac{\lambda}{\eta P(y|\alpha_L)/P(y|\alpha_H) - 1}$$

$$\therefore \mu \leq \frac{\lambda}{\eta \max_{y \in \hat{Y}} P(y|\alpha_L)/P(y|\alpha_H) - 1}.$$

위 조건과 더불어 μ는 도덕적 해이 유인양립 제약조건이 구속되어야 하는 요구조건에 의해서 결정된다.

8-2 도덕적 해이의 차단과 신용의 할당

한 기업가가 금기(this period)에 투자기금 I가 소요되는 하나의 프로젝트를 수행하고자 한다. 다음 기(next period)에, 이 프로젝트는 성공하였을 경우 수익이 RI가 발생하고, 실패하였을 때 수익이 발생하지 않는다고 하자. 즉, 투자의 총수익률은 R이다. 이 기업가는 투자금액 I를 빌려야 하고 금액 C에

3) 우도비 $P(y|e_L)/P(y|e_H)$는 y가 증가할 때 감소해야 한다. 즉, 대리인의 노력의 성과가 증가함에 따라 대리인이 낮은 수준의 노력을 경주하였을 때에 비하여 높은 수준의 노력을 경주하였을 때 그 노력의 성과를 가질 가능성(likelihood)이 높아지기 때문이다.

상응하는 담보물건을 제공한다고 하자. 이 기업인이 투자 프로젝트를 잘 수행할 경우 이것이 성공할 확률을 P_h라고 하자. 투자 프로젝트를 잘 관리하지 않고 투자금액 중 일부분 γI를 도용하면 투자 프로젝트가 성공할 확률이 P_l로 감소한다고 하자. 이렇게 성공확률이 감소하는 현상은 이 기업가가 프로젝트의 성공을 위하여 최선을 다하지 않았다는 징표로 관측될 수 있다고 하자. 여기서 기업가는 대리인이다.

이 기업가는 위험중립적이고 금액 C에 상응하는 담보물건을 잃는 것 이상으로 손실을 볼 수 없다는 의미에서 유한책임(limited liability)을 갖고 있다. 이 기업인이 투자 프로젝트를 수행하지 않을 경우 다음 기에 갖는 대안의 보수(alternative wage)를 W_0라고 하자. 무위험투자에 대한 시장수익률을 ρ라고 하자. 다음 조건이 성립하면 이 기업인이 투자 프로젝트를 잘 수행하고 나쁘게 행동하지 않았을 때 이 프로젝트가 위험중립적인 투자자에게 가치가 있는 것이 되고 그렇지 않으면 가치가 없는 것이 된다.

$$P_hRI > (1+\rho)I > P_lRI + \gamma I \Rightarrow P_hR > 1+\rho > P_lR + \gamma.$$

이 기업가가 투자기금 I를 빌릴 경우 적용되는 이자율이 r라면, 프로젝트가 성공하였을 경우 사후적으로 그가 갖는 잉여는 $(R-(1+r))I$가 되고 프로젝트가 실패하면 그는 금액 C에 상응하는 담보물건을 잃게 된다. 기업인의 투자 프로젝트가 실패하면서 채무불이행을 할 경우 투자자는 담보물건을 확보하고 그것의 가치는 C이다. 투자자는 투자 프로젝트가 $(1+r)I$의 투자원리금이 발생하지만 실패하면 기업인의 담보물건을 확보하게 된다. 따라서 투자자의 기대수익과 투자금액 단위당 기대수익률은 다음과 같다.

$$\text{투자자의 기대수익: } P_h(1+r)I+(1-P_h)C.$$

$$\text{투자금액단위당 투자수익률: } P_h(1+r)+\frac{(1-P_h)C}{I}.$$

무위험투자에 대한 시장수익률이 ρ이므로 투자자가 위험을 동반하는 기업인의 투자 프로젝트에 투자하지 않고 투자금액 I를 무위험투자를 하였을 경우 그의 기대수익은 다음과 같다.

$$\text{무위험투자 기대수익: } (1+\rho)I.$$

투자자가 기업인의 투자 프로젝트에 참여하기 위해서는 그의 투자로 인한 기대수익이 무위험 기대수익보다 커야 한다. 따라서 투자자의 참여 제약조건은 다음과 같다.

$$P_h(1+r)I+(1-P_h)C \geq (1+\rho)I \Leftrightarrow 1+r \geq \frac{1+\rho}{P_h}-\frac{(C/I)(1-P_h)}{P_h}.$$

기업가가 투자 프로젝트의 성공을 위해서 노력을 하였을 경우 그의 기대이윤은 다음과 같다.

$$\text{기업인의 기대이윤: } P_h(R-(1+r))I-(1-P_h)C.$$

기업가가 투자 프로젝트를 수행하지 않을 경우 다음 기에 갖는 대안의 보수가 W_0이므로 그의 참여 제약조건은 다음과 같이 주어진다.

$$P_h(R-(1+r))I-(1-P_h)C \geq W_0 \Rightarrow P_hR-\frac{W_0}{I} \geq P_h(1+r)+\frac{(1-P_h)C}{I}.$$

기업가가 투자 프로젝트를 잘 수행하지 않고 부정행위를 하였을 경우 그의 기대이윤은 다음과 같다.

$$\gamma I+P_l(R-(1+r))I-(1-P_l)C.$$

따라서 기업가, 즉 대리인의 부정행위를 차단하기 위한 도덕적 해이 제약조건은 다음과 같이 주어진다.

$$P_h(R-(1+r))I-(1-P_h)C\geq \gamma I+P_l(R-(1+r))I-(1-P_l)C.$$

위에 주어진 도덕적 해이 제약조건은 기업가, 즉 대리인이 투자 프로젝트가 성공하였을 경우 사후적으로 갖는 지분(stake)의 하방경계(lower bound)를 낳고 있다.

$$C+(R-(1+r))I\geq \frac{\gamma I}{P_h-P_l}.$$

또한 도덕적 해이 제약조건은 투자자의 기대수익률의 상방경계(upper bound)를 다음과 같이 낳고 있다.

$$\frac{C}{I}+P_hR-\frac{P_h\gamma}{P_h-P_l}\geq P_h(1+r)+\frac{(1-P_h)C}{I}.$$

위에 주어진 부등식에서 투자자의 기대수익률의 상방경계는 왼쪽 항을 의미한다. 담보물건의 가치 C와 대리인의 대안의 보수 W_0가 작아서 다음 부등식을 만족한다고 하자.

$$C+W_0<\frac{P_h\gamma I}{P_h-P_l}.$$

이것은 대리인이 가난한 경우를 상정한 것이다.

위에 주어진 부등식을 가난한 대리인조건(poor agent condition)이라고 부르자. 이 조건은 다음 부등식을 함축한다.

$$\frac{C}{I}+P_hR-\frac{P_h\gamma}{P_h-P_l}<P_hR-\frac{W_0}{I}.$$

따라서 투자자 수익률의 상방경계는 기업가(대리인)의 도덕적 해이 제약조건에 의해서 결정된다.

$$P_h(1+r)+\frac{(1-P_h)C}{I}\leq\frac{C}{I}+P_hR-\frac{P_h\gamma}{P_h-P_l}.$$

위 관계식을 이용하여 도덕적 해이를 회피하기 위한 최대의 이자율(maximum interest rate) r^*를 다음과 같이 도출할 수 있다.

$$1+r^*=R+\frac{C}{I}-\frac{\gamma}{P_h-P_l}\Rightarrow r^*=R+\frac{C}{I}-\frac{\gamma}{P_h-P_l}-1.$$

투자자들이 이자율 r^*에서 투자 프로젝트를 실행하고자 하는 기업가에게 대부(loan)하게 하기 위해서는 다음 조건(투자자의 참여 제약조건)을 만족해야 된다.

$$P_h(1+r^*)I+(1-P_h)C=P_h[R+\frac{C}{I}-\frac{\gamma}{P_h-P_l}]I+(1-P_h)C\geq(1+\rho)I.$$

이 조건을 만족하기 위해서는 투자의 총투자수익률 R가 다음 부등식을 만족해야 된다.

$$R \geq \frac{1+\rho}{P_h} + \frac{\gamma}{P_h - P_l} - \frac{C}{P_h I}.$$

$1+r^*$를 기업가의 기대이윤에 대입하면, 기업가의 기대이윤은 다음과 같이 주어진다.

$$\text{기업가의 기대이윤: } P_h(R-(1+r^*))I-(1-P_h)C-W_0=\frac{P_h\gamma}{P_h-P_l}-C-W_0>0.$$

가난한 대리인조건에 의하여 기업가의 기대이윤은 0보다 크다. 여기서 $P_h\gamma/(P_h-P_l)$는 투자자와의 금융거래에서 기업가가 일으킬 수 있는 도덕적 해이를 차단하기 위하여 그에게 지불해야 되는 도덕적 해이 기대지대(expected moral hazard rent)라고 할 수 있다.

이러한 투자 프로젝트들을 수행하고자 하는 기업가들이 많이 있지만 이러한 프로젝트들을 이해하고 대부를 할 수 있는 투자자들에게서 나올 수 있는 자금이 제한되어 있다고 하자. 이 경우 대부이자율은 최대이자율 r^*보다 크게 오를 수 없다. 왜냐하면 이자율이 최대이자율 r^*보다 크게 오를 경우 투자 프로젝트를 관리하는 기업가, 즉 대리인의 도덕적 해이를 차단할 수 없기 때문이다. 만약에 최대이자율 수준에서 자금에 대한 초과수요가 있다면 제한적으로 공급된 자금에 대하여 신용할당(credit rationing)이 이루어질 수밖에 없다.

8-3 도덕적 해이 지대와 투자수익률 그리고 시장의 균형

단기 대리인 관계

전절에서 소개한 모형을 다른 버전으로 수정하여 고려해 보자. 투자 프로젝트를 실행하려고 하는 기업 또는 투자자가 이것을 관리할 수 있는 대리인을 고용한다고 하자. 프로젝트가 성공하였을 때 투자단위당 총수익률(gross rate of return)은 R이고 관리자, 즉 대리인이 주인을 위하여 적절하게 노력을 하였을 경우 프로젝트가 성공할 확률은 P_h이다. 대리인은 투자금액 I에서 γ비율만큼 도용할 수 있고, 이 경우 프로젝트의 성공확률은 P_l로 감소한다고 하자. 여기서 $P_l < P_h$이다. 대리인의 유보보수 또는 대안의 임금 W_0와 담보물건의 가치 C는 무시할 수 있을 만큼 작다고 하자. 즉, $W_0=0$, $C=0$이다. 대리인은 다양한 크기의 투자 프로젝트를 관리할 수 있고, 이 투자자금 I의 상방경계는 1(1 billion dollar)이고 하방경계는 유보임금이나 담보물건에 비해서는 아주 크지만 매우 작다고 하자. 기업들은 이러한 프로젝트들을 관리할 수 있는 대리인들을 고용하여 이익을 볼 수 있다면 투자 프로젝트를 실행할 것이다. 이 경우, 이러한 투자 프로젝트들의 결과물이라 할 수 있는 재화들의 가격이 하락하게 된다. 이러한 일반균형(general equilibrium)을 가정한 상태에서 총투자수익률 R가 거의 이윤을 내지 못하는 하방경계에 머무를 때 최적의 대리인계약을 고려해 보자. 이 프로젝트가 수행되는 동안 기간 간 이자율은 무시하자. 즉, 이자율 ρ는 0이라고 하자.

대리인들에게 유한책임을 가정한 상태에서 대리인의 계약조건은 (I, W_S, W_F)를 명기(specify)하는 것이다. 여기서 I=대리인에 의해서 관리되는 투자의 크기, W_S=성공보수(프로젝트가 성공하였을 때 대리인이 받는 임금), W_F=실패보수(프로젝트가 실패하였을 때 대리인이 받는 임금)이다.

대리인이 위험중립적이라고 하자. 대리인을 고용하려고 하는 기업, 즉 주인이 당면한 제약조건들은 다음과 같다.

$P_h W_S+(1-P_h)W_F \geq 0$: 대리인의 참여 제약조건
$P_h W_S+(1-P_h)W_F \geq \gamma I+P_l W_S+(1-P_l)W_F$: 대리인의 도덕적 해이 제약조건
$W_S \geq 0,\ W_F \geq 0,\ 0 \leq I \leq 1$: 대리인의 유한책임과 투자 경계조건

투자의 실제적인 하방경계는 양(positive)일 수 있지만 0이라고 하자. 투자의 크기가 0이라는 사실은 대리인을 고용하지 않는 상황을 의미한다. 이 제약조건 하에서 기업 또는 주인(principal)은 기대이윤을 극대화하고자 한다. 기업의 기대이윤은 다음과 같다.

$$(P_h R-1)I-[P_h W_S+(1-P_h)W_F].$$

기업은 이윤을 극대화하기 위해서 대리인의 성공보수와 실패보수를 최대한 작게 설정해야 한다. 하지만 이 보수들은 0 이상이어야 한다. 실패보수를 0으로 설정할 경우, 이것은 대리인의 참여 제약조건과 유인양립 제약조건에 아무런 영향을 미치지 못한다. 따라서 이윤을 극대화하고자 하는 주인은 대리인의 실패보수를 0으로 설정할 수 있다.

$$W_F=0.$$

이윤 극대화를 목표로 하는 주인(기업)은 대리인의 유인양립 제약조건을 구속하는 성공보수를 다음과 같이 설정한다.

$$W_S = \frac{\gamma I}{P_h - P_l}.$$

따라서 기업(주인)의 최대 이윤은 다음과 같다.

$$(P_h R - 1)I - [P_h W_S + (1-P_h) W_F] = \left(P_h R - 1 - \frac{P_h \gamma}{P_h - P_l}\right)I.$$

기업은 총투자수익률 R가 $[(1/P_h)+(\gamma/(P_h-P_l))]$ 이상인 경우, 기업이 투자하는 금액은 투자의 상방경계 1이 된다.

$$I = 1.$$

투자 프로젝트를 성공시켰을 경우 대리인이 갖는 투자단위당 도덕적 해이 지대(moral hazard rent)를 G로 나타내자. 대리인이 도덕적 해이를 일으킬 수 없는 경우, 즉 주인이 대리인의 도덕적 해이를 무시할 수 있는 경우에는 주인이 대리인에게 유보보수 0을 성공보수로 지급한다. 즉, 성공보수 W_S는 0이 된다. 하지만 대리인이 도덕적 해이를 일으키고 주인이 그것을 차단하기 위해서는 주인은 대리인에게 위에 제시된 성공보수를 주어야 한다. 따라서 투자단위당 성공보수가 투자단위당 도덕적 해이 지대가 된다. 투자단위당 도덕적 해이 지대 G는 다음과 같이 주어진다.

$$G = \frac{\gamma}{P_h - P_l}.$$

이러한 투자단위당 도덕적 해이 지대가 발생하는 경우는 투자 프로젝트가 성공할 경우이다. 투자 프로젝트가 성공할 확률이 P_h이므로 투자단위당 기대되는 도덕적 해이 지대 g는 다음과 같다.

$$g=P_hG=\frac{P_h\gamma}{P_h-P_l}.$$

경쟁적인 기업들이 많이 존재하는 경쟁적인 시장에서 기업들이 기대하는 이윤은 0이 되어야 한다. 재화시장의 균형을 가져오는 총투자수익률 R^*는 다음과 같이 주어진다.

$$\text{기업의 최대이윤}=\left(P_hR-1-\frac{P_h\gamma}{P_h-P_l}\right)I=0 \Rightarrow R^*=\frac{1}{P_h}+G.$$

이러한 해의 최적을 입증하기 위하여 제약조건 하에서 기업(주인)의 이윤을 극대화하기 위한 최적화의 문제가 선형 계획이라는 것을 주목하자. 대리인의 참여 제약조건과 유인양립 제약조건을 만족하면서 주인의 기대이윤을 극대화시키기 위한 라그랑주 함수를 꾸며 보자.

$$\begin{aligned}L=&(P_hR-1)I-[P_hW_S+(1-P_h)W_F]+\lambda[P_hW_S+(1-P_H)W_F]\\&+\mu[P_hW_S+(1-P_h)W_F-\gamma I-P_LW_S-(1-P_h)W_F].\end{aligned}$$

위에 주어진 해(solution), 즉 $[W_S=\gamma I/(P_h-P_l),\ W_F=0]$은 대리인의 참여 제약조건을 느슨하게 하기 때문에 라그랑주 승수 λ는 0이 된다. 또한 이러한 해는 대리인의 도덕적 해이 제약조건을 위한 라그랑주 승수 $\mu=P_h/(P_h-P_l)$에 의해서 지지된다. 이러한 라그랑주 승수들은 위에 주어진 해를 만족하기 위한 조건들을 낳는다.

$$0=\frac{\partial L}{\partial W_S}=-P_h+\lambda P_h+(P_h-P_l)\mu,$$

$$0>\frac{\partial L}{\partial W_F}=-(1-P_h)+\lambda(1-P_h)-(P_h-P_l)\mu,$$

$$\frac{\partial L}{\partial I}=P_hR-1-\mu\gamma\geq 0 \text{ when } R\geq\frac{1}{P_h}+G.$$

잉여 G는 대리인의 도덕적 해이 지대 비용을 감당하기 위해 요구된다.

장기 대리인 관계(Long-Term Agency Relationship)

대리인이 T기간의 경력기간 동안 각 기간마다 하나의 프로젝트를 관리한다고 하자. 그리고 대리인의 책임은 그의 과거의 성공과 실패에 관한 역사에 의존한다고 하자. 이러한 다기간(multi-period) 대리인 관계로부터 기업들이 음이 아닌 양의 이익을 기대하기 위한 최소한의 총수익률 R^*가 다음과 같이 주어진다는 것을 보여 보자.

$$R^*=\frac{1}{P_h}+\frac{G}{T}.$$

직관적으로 대리인의 투자단위당 도덕적 해이 지대 비용 G가 T기간에 걸쳐 나누어진다는 것을 알 수 있다.

각 기간 t에서 최적의 선택은 새로운 두 개의 모수(parameter) v_t와 λ_{t+1}을 가진 회귀적 최적의 문제(recursive optimization problem)의 견지에서 특성화된다. 여기서 v_t는 $(t-1)$기의 말에 대리인에게 지불하기로 약속되었던 기대되는 화폐보수이다. λ_{t+1}은 미래의 화폐적 보상(monetary reward)에 대한 약속을 실현하는 데 소요되는 화폐 한 단위당 기업의 미래순한계비용을 나타낸다. 기간 t에서 기업의 문제는 기업의 순이윤을 극대화하기 위해서 $(I_t, W_{S,t}, W_{F,t}, x_t)$를 선택하는 것이다. 기업의 순이윤과 당면한 제약조건은 다음과 같다.

$$\text{기업의 순이윤: } (P_hR-1)I_t-\lambda_{t+1}[P_hW_{S,t}+(1-P_h)W_{F,t}]-x_t+\lambda_tv_t.$$

제약조건:

$x_t+P_hW_{S,t}+(1-P_h)W_{F,t} \geq v_t$: 약속을 지키기 위한 라그랑주 승수 λ_t

$P_hW_{S,t}+(1-P_h)W_{F,t}-[\gamma I+P_lW_{S,t}+(1-P_l)W_{F,t}] \geq 0$: 도덕적 해이 라그랑주 승수 μ_t

$x_t \geq 0,\ W_{S,t} \geq 0,\ W_{F,t} \geq 0,\ 0 \leq I_t \leq 1$: 경계조건(bounds)

여기서 $W_{S,t}$는 기간 t에서 선택한 투자 프로젝트가 성공하였을 때 기간 $(t+1)$에서 대리인이 받는 성공보수, $W_{F,t}$는 기간 t에서 선택한 투자 프로젝트가 성공하였을 때 기간 $(t+1)$에서 대리인이 받는 실패보수, x_t는 기간 t가 시작할 때 과거의 약속들을 현금으로 지불할 것을 이행할 것인가에 대한 기업의 선택권(firm's option)이다.

이러한 제약조건 하에서 기업의 순이익을 극대화하기 위한 라그랑주 함수를 꾸미면 다음과 같다.

$$L=(P_hR-1)I_t-\lambda_{t+1}[P_hW_{S,t}+(1-P_h)W_{F,t}]-x_t+\lambda_tv_t+\lambda_t[x_t+P_hW_{S,t}+(1-P_h)W_{F,t}-v_t]$$
$$+\mu_t[P_hW_{S,t}+(1-P_h)W_{F,t}-\gamma I-P_lW_{S,t}+(1-P_l)W_{F,t}] \qquad (2)$$

기간 t가 1일 때 $v_{t=1}=0$ 이다. 왜냐하면 기업이 새로운 대리인에게 지난 기간에 약속한 것을 지켜야 하는 의무가 없기 때문이다. $(t-1)$기에서 실현되는 투자 프로젝트의 성공 여부에 따라 기간 t의 v_t는 다음과 같이 주어진다.

$$v_t=W_{S,t-1}, \text{ or } W_{F,t-1} \text{ for } t \in (2, 3, \cdots, T).$$

마지막 기간 T에서 마지막 한계임금비용 λ_{T+1}은 1이다. 왜냐하면 은퇴하는 대리인에게 지급하는 보수는 현금으로 지급하여야 하기 때문이다. 이전

기에서 그 기간 말의 임금약속에 대한 한계비용은 다음 기의 약속 이행에 대한 제약조건에 상응하는 라그랑주 승수로부터 도출된다. 기업의 순이윤함수의 마지막 항인 $\lambda_t v_t$는 회계상수(accounting constant)로 현재의 의사결정에 영향을 받지 않는다. 이것은 우리로 하여금 계약연한의 최종연도에 가중소득의 증액이 보장되는 임금을 이중 계산하지 않고 기간들에 걸쳐 이윤을 합할 수 있게 해 준다.

투자 프로젝트의 총수익률 $R(R^*)$가 $(1/P_h)+(G/T)$일 때 다음과 같이 주어지는 동태적 선택이 최적이지만 기업의 순이윤은 0이 되고, 기업들은 R보다 낮은 수익률 수준에서 기대이윤을 실현할 수 없다는 것을 보여 보자. 이러한 주인 또는 기업의 최적의 동태적 선택 또는 계획을 정리해 보자.

"마지막 기간 T에서 대리인이 기간 T 이전의 모든 기간에서 프로젝트들을 성공적으로 관리하면, 그는 최대의 가능한 투자금액을 관리하게 된다.

$$I_T=1(1 \text{ Billion Dollars}).$$

프로젝트가 성공할 경우 성공보수 $W_{S,T}$는 $I_T G$, 즉 G가 된다. 마지막 기에 이렇게 큰 보수가 지급될 가능성이 대리인으로 하여금 이전의 모든 기간에서 프로젝트를 잘 관리하도록 하는 유인이 된다. 각 기간 t에서 대리인이 과거에 프로젝트를 실패하지 않고 성공적으로 다루었다면, 그가 관리하는 프로젝트의 크기 I_t는 다음과 같다.

$$I_t=(P_h)^{T-t}1=(P_h)^{T-t}.$$

이 경우 그의 약속된 성공보수는 다음과 같다.

$$W_{S,t}=I_tG=(P_h)^{T-t}G.$$

이것은 그의 잠재적인 마지막 성공보수의 기대가치가 된다. 왜냐하면 기간 t 이후 기간 $(t+1)$에서 기간 T까지 프로젝트가 성공할 확률은 P_h^{T-t}가 되고 기간 T에서의 성공보수가 G이기 때문이다. 따라서 대리인이 기간 t에서 기대하는 마지막 성공보수의 기대치는 $P_h^{T-t}G$가 된다. 만약에 대리인이 어떤 임의의 기간 t에서 실패한다면 그의 보수 $W_{F,t}$는 0이 된다. 그리고 그는 더 이상 프로젝트를 관리하지 못하게 된다. 모든 보상의 후기 이행(back-loading)은 모든 기간에서 x_t가 0이 되는 것에 의해 나타내지고 있다. 즉, $x_t=0\forall t$."

이 계획 하에서, 대리인이 기간 t에서 관리하는 금액은 이전 기간 동안 실패하지 않았다는 것을 전제할 경우 $(P_h)^{T-t}$가 된다. 기간 t 이전에 연속적으로 실패하지 않을 확률은 $(P_h)^{t-1}$이 된다. 각 기간 t에서 투자자 또는 기업의 예상되는 투자는 $(P_h)^{t-1}(P_h)^{T-t}=(P_h)^{t-1}$이다. 따라서 대리인의 기대임금은 $(P_h)^TG$이다. 그리고 기업의 예상순이윤은 $T(P_h)^{T-1}(P_hR-1)-(P_h)^TG$이다.

기간 1이 지난 후에 임의의 기간 t에서 대리인이 프로젝트를 성공적으로 관리하는 한 $(t-1)$기의 말에 대리인에게 지불하기로 약속되었던 기대되는 화폐보수 v_t는 $(t-1)$기의 성공보수가 된다. 즉,

$$v_t=W_{S,t-1}=(P_h)^{T+1-t}G.$$

따라서 약속을 지켜야 하는 제약조건은 v_t가 $P_hW_{S,t}$로 주어진다는 사실에 의해 구속된다. 즉, $v_t=W_{S,t-1}=(P_h)^{T+1-t}G=P_hW_{S,t}$. 도덕적 해이 제약조건 역시 각 기간 t에서 구속된다. 왜냐하면 $W_{S,t}=I_tG=I_t\gamma/(P_h-P_l)$이기 때문이다. 투자의 크기가 0보다 크게 이루어지지만 기업의 예상순이윤이 0이 되는 최적의 해

를 지지하기 위해서는 라그랑주 승수들 μ_t와 λ_t가 0 이상이어야 하고 다음 방정식을 만족해야 된다.

$$0=\frac{\partial L}{\partial I_t}=P_hR-1-\mu_t\gamma,\ 0=\frac{\partial L}{\partial W_{S,t}}=-\lambda_{t+1}P_h+\lambda_tP_h+(P_h-P_l)\mu_t\quad \forall t\in 1,\cdots,T.$$

v_1이 0이 되기 때문에, 기간 $t=1$에서 약속을 지켜야 하는 제약조건은 느슨하게 되어 λ_1은 0이 된다.

위에 주어진 첫 번째 방정식을 풀면, $\mu_t=(P_hR-1)/\gamma,\ \forall t\in 1,\cdots,T$이다. 두 번째 방정식을 풀면 λ_t에 대한 다음과 같은 차분방정식을 낳는다.

$$\lambda_t=\lambda_{t+1}-\frac{\mu_t(P_h-P_l)}{P_h}=\lambda_{t+1}-\frac{P_hR-1}{g}.$$

여기서 $g=P_hG=P_h\gamma/(P_h-P_l)$이다.

λ_{T+1}이 1이라는 사실을 이용하여 λ_t가 다음과 같이 주어짐을 알 수 있다.

$$\lambda_t=1-\frac{(T+1-t)(P_hR-1)}{g},\ \forall t\in 1,\cdots,T+1.$$

λ_1은 0이 된다는 사실을 이용하여 다음 사실을 보일 수 있다.

$$\lambda_1=0\Leftrightarrow 1=T(P_hR-1)g\rightarrow R=\frac{1+g/T}{P_h}=\frac{1}{P_h}+\frac{G}{T}.$$

제약조건 하에서 주인의 이윤함수를 극대화하기 위한 라그랑주 함수 [2]를 x_t와 $W_{F,t}$에 대해서 편미분한 값들이 0보다 작기 때문에 x_t와 $W_{F,t}$는 각각 0이 된다. 즉,

$$\frac{\partial L}{\partial x_t} = \lambda_t - 1 < 0 \Rightarrow x_t = 0,$$

$$\frac{\partial L}{\partial W_{F,t}} = -(\lambda_{t+1} - \lambda_t)(1 - P_h) - (P_h - P_l)\mu_t < 0 \Rightarrow W_{F,t} = 0.$$

총수익률 R가 R^*보다 약간 크다면 이 계획은 여전히 하나의 변화와 더불어 모든 회귀적 최적 조건을 만족한다. 여기서 하나의 변화란 기간 T에서 투자 I_T가 상방경계 1을 갖는 경우로 다음 조건을 만족한다.

$$\frac{\partial L}{\partial I_T} > 0 \Rightarrow \mu_T < \frac{P_h R - 1}{\gamma}.$$

다른 μ_t를 다음과 같이 고정시켜 놓자.

$$\mu_t = \frac{P_h R - 1}{\gamma}, \ \forall t \in 1, \cdots, T-1.$$

이 경우, λ_t를 다음과 같이 가질 수 있다.

$$\lambda_t = 1 - \frac{\mu_T(P_h - P_l)}{P_h} - \frac{(T-t)(P_h R - 1)}{g} \ \forall t.$$ [4)]

λ_1이 0이므로 μ_T는 다음과 같이 주어진다.

$$\mu_T = \frac{[1-(T-1)(P_h R - 1)/g]P_h}{P_h - P_l}.$$

4) $\lambda_t = \lambda_{t+1} - \mu_t(P_h - P_l)/P_h = \lambda_{t+1} - (P_h R - 1)/g \Rightarrow \lambda_T = 1 - \mu_T(P_h - P_l)/g,$
$\lambda_{T-1} = \lambda_T - (P_h R - 1)/g = 1 - (P_h R - 1)/g - \mu_T(P_h - P_l)/P_h \Rightarrow$
$\lambda_{T-2} = 1 - (P_h R - 1)/g - \mu_T(P_h - P_l)/P_h - (P_h R - 1)/g \Rightarrow$
$\lambda_t = 1 - \mu_T(P_h - P_l)/P_h - (T-t)(P_h R - 1)/g.$

이 계획은 R가 커서 μ_T가 음(negative)이 되면 실패하게 된다.

이러한 모형은 대리인들이 기업들과 장기적인 관계를 가질 때 생산적 투자가 가능한 세계를 묘사하고 있다. 기업과 대리인은 장기적 관계를 맺고 있기 때문에 대리인들은 그들이 제공한 서비스에 대하여 기업이 나중에 지불하기로 한 약속을 지킬 것이라는 믿음을 갖고 있다. 지난 시기에 일어난 대리인의 도덕적 해이를 발견하고 나서 오래 전에 약속되었던 임금의 지불을 거부하고자 하는 유혹은 R^*가 G보다 작을 때 극심하게 된다. 따라서 이 경제는 대리인들을 판단하거나 그들에게 보상하는 기업들의 평판에 너무 지나치게 달려 있다.

큰 도덕적 해이 지대는 이러한 모형의 두드러진 특징이다. 하지만 이러한 것들이 대리인들의 보수에 하방경계를 부가하는 유한책임 가정의 결과에 기인한 것이 아닌가 하는 의문을 제기할 수 있다. 투자 프로젝트가 실패하였을 때 대리인에게 벌칙을 부가하는 경우 이러한 모형의 해가 어떻게 변하는지를 살펴보자. 벌칙 z는 0보다 크거나 같고 대리인의 효용을 z만큼 감소시킨다. 하지만 이것은 다른 사람 또는 주인에게 아무런 편익도 가져오지 못한다.

주어진 기간 t에서 주인은 제약조건 하에서 그의 순이윤을 극대화하기 위하여 $(I_t, W_{S,t}, W_{F,t}, z_t)$를 선택하는 문제가 아래에 주어져 있다.

기업의 순이윤: $(P_h R-1)I_t-\lambda_{t+1}[P_h W_{S,t}+(1-P_h)W_{F,t}]+\lambda_t v_t$.

제약조건:

$P_h W_{S,t}+(1-P_h)(W_{F,t}-z_t)\geq v_t$: 참여 제약조건, λ_t

$P_h W_{S,t}+(1-P_h)(W_{F,t}-z_t)\geq \gamma I_t+P_l W_{S,t}+(1-P_l)(W_{F,t}-z_t)$: 도덕적 해이 제약조건, 라그랑주 승수 μ_t

$z_t\geq 0,\ W_{S,t}\geq 0,\ W_{F,t}\geq 0,\ 0\leq I_t\leq 1$

$\lambda_{T+1}=1$, $v_1=1$ 그리고 $v_{t+1}=W_{S,t}$(기간 t까지 투자 프로젝트를 성공시킨 대리인에 대하여)

이러한 제약조건 하에서 기업의 순이익을 극대화하기 위한 라그랑주 함수를 꾸미면 다음과 같다.

$$L=(P_hR-1)I_t-\lambda_{t+1}[P_hW_{S,t}+(1-P_h)W_{F,t}]+\lambda_t v_t+\lambda_t[P_hW_{S,t}+(1-P_h)(W_{F,t}-z_t)-v_t]$$
$$+\mu_t[P_hW_{S,t}+(1-P_h)(W_{F,t}-z_t)-\gamma I+P_lW_{S,t}+(1-P_l)(W_{F,t}-z_t)].$$

전과 같이 기간 T에 이르기까지 투자 프로젝트를 관리할 수 있는 대리인에게서 음이 아닌 기대이윤을 기업(주인)이 벌 수 있도록 총수익률 R가 하방경계에 있거나 그 근처에 있는 경우를 고려해 보자. 투자 프로젝트가 실패하였을 경우 대리인을 처벌할 수 있도록 하는 계약 옵션(contract option)을 확장하는 것은 총수익률의 하방경계를 R^{**}까지 하락시킨다.

$$R^{**}=\frac{1}{P_h}+\frac{G}{T+(P_h/(1-P_h))}.$$

총투자수익률이 R^{**}의 근방에 있을 때 최적의 계약은 기간 1 이후에 대리인에 대한 처벌을 포함하지 않는다는 것을 보여 보자.

투자 프로젝트가 실패하였을 경우 벌칙을 부과하지 않은 모형에서 보았던 바와 같이 기간 T 이전에 대리인이 투자 프로젝트를 성공적으로 관리한 경우에만 기간 T에서 그에게 도덕적 해이 지대를 지불하는 경우를 고려해 보자. 즉, $W_{S,T}=G$. 기간 t에 이르기까지 투자 프로젝트를 성공적으로 관리한 대리인에게 지급하는 성공보수는 $G(P_h)^{T-t}$이다. 즉, $W_{S,T}=G(P_h)^{T-t}$. 주어진 모든 기간에서 실패보수는 0이다. 즉, $W_{F,t}=0$. 기간 1 이후에 모든 기간에서 대리인이 관리하는 투자 프로젝트의 크기 $I_t=W_{S,\,T}/G=(P_h)^{T-t}$이다. 이때 $z_t=0$이다. 또한 $v_t=W_{S,\,t-1}=(P_h)^{T+1-t}G$와 더불어 약속을 지켜야 하는 참여 제약조건이 구속된다. v_1이 0이므로 z_1이 0이면 약속을 지켜야 하는 참여 제약조건은 느슨하게 되지만, z_1을 다음과 같이 설정하면 이 참여 제약조건을 구속시킬 수 있다.

$$z_1=\frac{W_{S,\,1}P_h}{1-P_h}=\frac{G(P_h)^T}{1-P_h}.$$

도덕적 해이 제약조건을 구속시키기 위한 조건은 다음과 같다.

$$\gamma I_1=(P_h-P_l)(W_{S,\,1}+z_1)=\frac{(P_h-P_l)G(P_h)^{T-1}}{1-P_h}.$$

따라서 $I_1=(P_h)^{T-1}/(1-P_h)$이다.

이러한 계획을 낳기 위한 최적의 조건들은 투자 프로젝트가 실패하였을 경우 벌칙을 부과하지 않은 경우와 유사하다. 단 하나의 유일한 변화는 λ_1이 0이 아니라는 것이다. z_1이 0보다 크기 위해서는 제약조건 하에서 주인의 순이유함수를 극대화하기 위한 라그랑주 함수를 z_1에 대해서 편미분한 것이 0이어야 한다. 즉,

$$0=\frac{\partial L}{\partial Z_1}=\mu_1(P_h-P_l)-\lambda_1(1-P_h).$$

기간 1 이후에 z_t가 0이 되기 위해서는 다음 조건을 만족해야 된다.

$$0\geq\frac{\partial L}{\partial Z_t}=\mu_t(P_h-P_l)-\lambda_t(1-P_h).$$

총수익률 $R=R^{***}$에서 기업의 기대이윤이 0이 되면서 투자의 크기가 0보

다 크기 위한 조건 $0=\partial L/\partial I_t$로부터 우리는 μ_t를 다음과 같이 얻을 수 있다.

$$\mu_t=\frac{(P_hR-1)}{\gamma}\ \forall t\in[1, \cdots, T].$$

$0=\partial L/\partial z_1$로부터 $\lambda_1=\mu_1(P_h-P_l)/(1-P_h)$을 얻을 수 있다. 라그랑주 함수를 $W_{S,t}$에 대해서 편미분하여 0으로 놓으면 다음 결과를 얻을 수 있다.

$$\begin{aligned}
&0=\frac{\partial L}{\partial W_{S,t}}=-\lambda_{t+1}P_h+\lambda_tP_h+(P_h-P_l)\mu_t\\
&\Rightarrow \lambda_{t+1}=\lambda_t+\frac{\mu_t(P_h-P_l)}{P_h}\ \forall t\in[1, \cdots, T]\\
&\Rightarrow \lambda_t=\frac{[P_h/(1-P_l)+t-1]\mu_t(P_h-P_l)}{P_h}\\
&\Rightarrow \frac{[P_h/(1-P_h)+t-1](P_hR-1)}{g}\ \forall t\in[1, \cdots, T].
\end{aligned}$$

총수익률 R가 $R^{**}=(1/P_h)+G/[T+(P_h/(1-P_h))]$일 때 λ_{T+1}이 1이 된다. 즉, $1=\lambda_{T+1}=[(P_h/(1-P_h))+T](P_hR-1)/g$.

기간 1 이후에 z_t를 0인 것을 정당화하기 위해서 우리는 다음 조건식을 가져야 한다.

$$0\geq\frac{\partial L}{\partial z_t}=\mu_t(P_h-P_l)-\lambda_t(1-P_h)\ \forall t\in[1, \cdots, T].$$

위 조건식은 μ_t가 상수이고 λ_t가 증가함수라는 사실에 의하여 만족된다. 이 해는 기간 1의 투자의 크기가 1(1 billion)보다 클 경우에는 성립할 수 없다. 이 경우에는 기간 1의 투자의 1이 될 때까지 모든 기간의 투자(I_t)와 성공보수($W_{S,t}$)를 비례적으로 줄여야 한다. 총수익률 R가 R^{**}보다 약간 클 경우에는 I_T

가 1이면 μ_T를 감소키고 I_1이 1이면 μ_1을 감소시켜 해가 최적임을 보일 수 있다.

8-4 효율임금

앞에서 다룬 내용과 유사한 도덕적 해이 문제를 생각해 보자. 대리인이 위험중립적이라고 하자. 대리인이 노력의 정도가 비즈니스 상태의 확률분포를 결정한다고 하자. 비즈니스는 두 개의 상태가 있다고 하자. 사고(accident)가 발생하지 않는 가운데 비즈니스가 정상적으로 되는 상태와 사고가 발생하여 비즈니스가 정상적으로 되지 않는 상태가 있다. 이 상태는 관측이 가능하다고 하자. 비즈니스는 상태 y는 다음과 같이 정의된다.

y=1: 비즈니스가 정상적으로 될 경우,

y=0: 비즈니스가 정상적으로 되지 않을 경우.

비즈니스가 짧은 기간 동안 일어난다고 하자. 이 기간을 ε이라고 하자. 이 기간 동안 사고가 일어날 확률은 대리인의 노력 수준에 달려 있다고 하자. 대리인의 높은 수준의 노력을 e_H, 낮은 수준의 노력을 e_L이라고 하자. 대리인이 높은 수준의 노력을 한다는 것은 주인을 위하여 최선을 다하여 일을 한다는 것이고, 대리인이 낮은 수준의 노력을 한다는 것은 태만하게 일하는 것을 의미한다. 대리인의 노력 수준에 상응하는 사고가 일어날 확률이 다음과 같이 주어져 있다. 여기서 $\beta>\alpha$이다.

대리인의 노력 정도	y=1	y=0
e_H	$1-\alpha\varepsilon$	$\alpha\varepsilon$
e_L	$1-\beta\varepsilon$	$\beta\varepsilon$

대리인이 일을 태만하게 할 경우 대리인에게 숨은 혜택이 발생하는데 이것을 $D\varepsilon$이라고 하자. 여기서 ε은 주어진 짧은 기간을 의미한다. 비즈니스가 정상적인 상태로 되든지 사고가 일어나든지에 상관없이 어느 경우에도 대리인은 사후적으로 자기의 유보보수(reservation payoff) $\bar{v}$ 이상을 받아야 한다고 하자. 우리는 이 조건을 사후적 참여 제약조건이라고 부른다. 여기서 유보보수란 경쟁적인 노동시장에서 대리인이 벌어들일 수 있는 평생소득(lifetime income)의 흐름을 할인한 현재가치를 말한다. 주인은 대리인의 사후적 참여 제약조건과 도덕적 해이 유인양립 제약조건 하에서 대리인에게 지급하는 기대비용을 극소화시키고자 한다. 비즈니스 상태가 관측된 후에 상태에 상응하는 대리인이 취하는 기대보수 V를 다음과 같이 나타내자.

$$y=1 \Rightarrow V_1,$$
$$y=0 \Rightarrow V_0.$$

이러한 상황에서 주인의 최적화 문제는 다음과 같다.

$\mathrm{Min}_{\{V_1,\, V_0\}} (1-\alpha\varepsilon)V_1+\alpha\varepsilon V_0$

Subject to

$(1-\alpha\varepsilon)V_1+\alpha\varepsilon V_0 \geq D\varepsilon+(1-\beta\varepsilon)V_1+\beta\varepsilon V_0$: 도덕적 해이 유인양립 제약조건

$V_1 \geq \bar{v}$, $V_0 \geq \bar{v}$: 사후적 참여 제약조건

우리는 다음과 같은 사전적 참여 제약조건을 부과할 수도 있다.

$$(1-\alpha\varepsilon)V_1+\alpha\varepsilon V_0 \geq \bar{w}.$$

만약에 $\bar{w}$가 $\bar{v}$와 같다면 사후적 참여 제약조건이 있는 상태에서 사전적 참여 제약조건은 불필요한 제약조건이 된다. 여기서 $\bar{w}$는 대리인을 모집하기 위해서 주인이 대리인에게 약속해야 되는 보수를 말한다.

도덕적 해이 유인양립 제약조건은 다음 등식을 함축한다.

$$V_1 - V_0 \geq \frac{D}{\beta - \alpha}.$$

비용을 극소화하고자 하는 주인은 비즈니스의 상태에 상응하는 기대보수를 다음과 같이 설정한다.

$$V_0 = \bar{v},\ V_1 = V_0 + \frac{D}{\beta - \alpha}.$$

따라서 대리인의 기대보수는 다음과 같다.

$$(1-\alpha\varepsilon)V_1 + \alpha\varepsilon V_0 = \bar{v} + \frac{(1-\alpha\varepsilon)D}{\beta - \alpha}.$$

이러한 모형에서 짧은 ε기간 동안 대리인이 벌어들일 수 있는 기대보수는 대리인의 유보보수(reservation payoff) $\bar{v}$보다 크다. ε이 0으로 수렴한다고 하더라도 대리인의 기대보수는 $\bar{v}$보다 크다.

ε기간마다 다른 사람을 대리인으로 반복적으로 고용해야 되는 상황을 고려해 보자. 이러한 상황에서 동태모형으로 반복게임을 고려해 보자. 이 경우 주인이 대리인에게 지급하는 비용은 아주 크게 된다. 하지만 한 번 고용한 대리인을 미래에도 고용하는 유인을 대리인에게 준다면 주인은 비용을 감소시킬 수 있다.

이 동태모형의 안정된 해를 찾아보자. 이 안정된 해는 다음과 같은 보수체계를 갖는다.

- 이 기간에 y가 1이면 대리인은 εw를 받고 다음 기간에 다시 고용된다.
- 이 기간에 y가 0이면 대리인은 해고되어 유보보수 $\bar{v}$를 갖게 된다.

할인율을 r라고 하자. 이 경우 우리는 다음과 같은 회귀방정식(recursion equation)을 갖게 된다.

$$V_1 = w\varepsilon + (1 - r\varepsilon)((1 - \alpha\varepsilon)V_1 + \alpha\varepsilon\bar{v}).$$ [5]

이 동태모형과 1기간 모형을 비교하기 위해서 V_1이 1기간 모형에서 설정된 것과 같다고 하자. 즉,

$$V_1 = \bar{v} + \frac{D}{\beta - \alpha}.$$

위 V_1을 회귀방정식에 대입하면 임금률(wage rate) w를 다음과 같이 구할 수 있다.

$$w = r\bar{v} + \frac{(r + \alpha - \varepsilon r\alpha)D}{\beta - \alpha}.$$

여기서 $r\bar{v}$는 할인된 현재가치 $\bar{v}$에 상응하는 외부의 임금률(outside wage rate)이다. 이것이 성립하는 이유를 생각해 보자. 매 기간 임금률 x가 주어지고 할인율이 r라고 하자. 이 임금흐름의 현재가치가 $\bar{v}$라면 다음 관계가 성

5) 반복게임에서 각 경기자의 보수는 게임이 반복되는 과정에서 발생한 모든 보수를 현재가치로 할인하여 합한 것이다. 보다 자세한 내용은 본서의 제5장 반복게임에 나타나 있다.

립해야 된다.

$$\bar{v} = x + (1-r)x + (1-r)^2 x + \cdots = \frac{x}{r}$$
$$\therefore\ x = r\bar{v}.$$

기간구간(period interval) ε이 0으로 수렴한다고 하자. 이 경우 주인이 대리인에게 주는 임금 w는 외부의 임금률 $r\bar{v}$보다 $(r+\alpha)D/(\beta-\alpha)$만큼 높다. 이 임금 w를 효율임금(efficiency wage)이라고 부른다. 이 동태모형에서 주인은 대리인에게 효율임금을 주지만 사고가 발생하였을 때는 그를 즉각 해고한다.

ε이 0으로 수렴하면, 이 문제는 사고(accident)가 포아송 프로세스로 일어나는 포아송 프로세스를 통세하는 것이 된다. 즉, 대리인이 부지런하게 일하면 포아송 프로세스는 낮은 비율 α를 갖고, 대리인이 태만하게 일하면 포아송 프로세스는 높은 비율 β를 갖는다.

사고들이 비율 λ를 가진 포아송 프로세스를 따를 때 t시점과 $(t+\delta)$ 시점 사이에 사고가 발생한 숫자, $\hat{K}_\delta$은 포아송 확률변수(Poisson random variable)가 된다. 이 포아송 확률변수는 평균이 $\lambda\delta$이고 t시점 이전에 일어난 사고들의 숫자에 의존하지 않는다. 이 기간구간 δ에서 일어나는 발생한 사고들의 숫자 $\hat{K}_\delta$의 확률은 다음과 같다.

$$P(\hat{K}_\delta = k) = e^{-\lambda\delta}(\lambda\delta)^k / k! \text{ for } k = 0, 1, 2, \cdots,$$
$$E(\hat{K}_\delta) = \lambda\delta = \mathrm{Var}(\hat{K}_\delta),\ \mathrm{Stdev}(\hat{K}_\delta) = (\lambda\delta)^{0.5}.$$

기간구간 δ가 작을 때 다음 사실이 성립한다.

$$P(\hat{K}_\delta = 0) \approx 1 - \lambda\delta,\ P(\hat{K}_\delta = 1) \approx \lambda\delta.$$

참고문헌

Becker, G. and G. Stigler, "Law enforcement, malfeasance, and compensation of enforcers," *J. Legal Studies*, 3, 1974, pp. 1-18.

Holmstrom, B. and P. Milgrom, "Aggregation and linearity in the provision of intertemporal incentives," *Econometrica*, 55, 1987, pp. 303-328.

Jensen, M. and W. Meckling, "Theory of the firm: managerial behavior, agency costs, and ownership structures," *J. Financial Economics*, 3, 1976, pp. 305-360.

Myerson, Roger B., unpublished lecture notes for "Economics of Information" for graduate and undergraduate, Department of Economics, University of Chicago.

Shapiro, C. and J. Stiglitz, "Equilibrium unemployment as a worker discipline device," *American Economic Review*, 74(3), 1986, pp. 433-444.

김진옥, 『전략과 정보의 경제학』, 제주대학교 출판부, 2012.

김진옥, 『정보경제학』, 도서출판 해남, 2013.

연습문제

1. 대리인이 위험중립적이고 유한책임을 갖고 있는 도덕적 해이 모형을 고려해 보자. 요구되는 투자 수준 K는 20이고, 프로젝트가 성공했을 때 수입 R=50이고 실패했을 때 수익은 0이다. 대리인이 주인을 위하여 성심성의를 다하여 노력을 했을 때 프로젝트가 성공할 확률 P_H=0.6이고, 노력을 하지 않았을 때 프로젝트가 성공할 확률 P_L=0.2이다. 대리인의 유보보수 W_0=0이고 대리인이 주인을 위하여 노력을 하지 않았을 때 발생하는 혜택 B=8이다.
   (a) 대리인은 담보물건(collateral: C)을 가지고 있지 못하고 대리인의 투자 프로젝트가 성공하지 못하였을 경우 대리인을 처벌할 수 없다고 하자. 대리인이 자발적으로 계약에 참여하고 주인을 위하여 노력을 기울이도록 하는 최대의 가능한 순이윤을 구하시오.
   (b) C=0이지만 처벌은 가능하다고 하자. 이 경우, 최적의 계약을 구하시오.
   (c) 처벌이 가능하지 않은 상태에서 문제 (b)의 경우와 동일한 기대이윤을 가져오기 위한 최적 계약을 설계하는 데 있어 얼마나 많은 담보를 요구해야 하는가?

2. 주인을 위하여 가계를 운영하는 대리인은 두 개의 숨은 행동 d_H와 d_L이 있다고 하자. 행동 d_H에 상응한 비용 c_H는 1,000이고, 행동 d_L에 상응한 비용 c_L은 0이다. 기업의 조수입(gross profit) $\hat{y}$은 정규확률변수(normal random variable)로 표준편차 σ는 3,000이고 평균 m은 대리인의 행동에 의존하고 다음과 같이 주어져 있다.

$$d_H \rightarrow m_H = 9{,}000, \quad d_L \rightarrow m_L = 6{,}800.$$

대리인의 위험관용 상수 T=1,500이다. 주인은 위험중립적이라고 하자. 대리인의 유보임금 w_0는 5,000이다. 대리인의 유보임금은 대리인이 다른 고용주에게 고용되었을 때 노력을 기울이지 않고도 받을 수 있는 임금이다.

(a) 주인이 대리인에게 지급하는 임금은 기업의 조수입 $\hat{y}$에 다음과 같이 선형적으로 의존한다고 하자.

$$w(\hat{y}) = A + B\hat{y}.$$

여기서 A와 B는 주인에 의해서 선택되는 어떤 상수이다. 대리인의 참여를 유도하고 대리인이 행동 d_H를 선택하도록 해야 하는 제약조건 하에서 주인의 기대비용을 최소화하기 위한 A와 B를 선택하시오. 이러한 선형적인 최적 유인계획 하에서 주인의 순기대이윤 $E(\hat{y} - w(\hat{y}))$은 얼마인가?

(b) 대리인이 자발적으로 계약에 참여하면서 행동 d_L을 유도하는 제약조건 하에서 주인의 기대비용을 극소화하기 위한 최적 계약 하에서 주인의 기대순이윤을 구하시오. 주인의 입장에서 대리인의 어떤 행동을 유도해야 하는가?

(c) 주인이 대리인의 행동을 d_L보다는 d_H를 유도하기 위하여 선형 임금을 사용하기 위한 최소의 대리인의 위험관용 상수를 구하시오.

3. 대리인이 직무 1과 직무 2를 수행한다고 하자. 직무 1에 투입하는 노력의 수준을 α_1, 직무 2에 투입하는 노력의 수준을 α_2라고 하자. 대리

인은 음이 아닌 수들 α_1과 α_2를 선택할 수 있고, 이러한 선택들이 가져오는 노력단위시간당 노력비용함수는 다음과 같다.

$$C(\alpha_1, \alpha_2)=2(\alpha_1+\alpha_2)^2+(\alpha_1)^2+(\alpha_2)^2.$$

주인은 직무 1과 직무 2에 상응하는 비즈니스의 성과 Y_1과 성과 Y_2를 관측한다고 하자. 이것들은 정규확률변수로 동일한 분산 σ^2을 갖고 있고, 각각의 기댓값은 다음과 같다.

$$E(Y_1)=\alpha_1,\ E(Y_2)=\alpha_2.$$

주인의 수입함수는 다음과 같다.

$$R(Y_1, Y_2)=24Y_1+24Y_2.$$

홀름스트롬과 밀그롬이 제안한 것처럼 주인이 대리인에게 지급하는 임금 스케줄은 다음과 같다.

$$w(Y_1, Y_2)=A+B_1Y_1+B_2Y_2.$$

주인의 수입함수와 임금 스케줄이 주어진 상태에서 주인의 이윤함수는 다음과 같이 주어진다.

$$\text{주인의 이윤함수}=R(Y_1, Y_2)-w(Y_1, Y_2).$$

대리인의 효용함수 $u(w-C)$는 위험관용 상수 T는 2이고 대리인의 대안의 보수 $\bar{w}$는 0이다.

(a) 대리인의 확정동등치를 대리인의 행동들 (α_1, α_2)와 임금 스케줄의 모수들 (A, B_1, B_2)의 함수로 표현하시오.

(b) 대리인의 최적 행동들 (α_1, α_2)가 임금 스케줄의 모수들 (A, B_1, B_2)에 의존함을 보이시오.

(c) 대리인의 도덕적 해이를 차단하고 대리인의 확정동등치가 그의 대안의 보수 $\bar{w}$ 이상이어야 한다는 사전적 참여조건을 만족하는 주인의 유인계획을 논하시오. 이 계획 하에서 주인의 기대이윤은 얼마인가?

(d) B_2가 0인 경우 대리인은 직무 1에 전념하게 된다. 이 경우 주인의 유인계획을 논하시오. 주인의 기대이윤은 얼마인가?

4. 하나의 프로젝트에서 발생하는 수입이 확률변수라고 하자. 이 확률변수가 취하는 값들의 집합 Y는 유한하다고 하자. 하지만 이것의 분포는 대리인의 숨은 노력에 달려 있다고 하자. 대리인의 노력 수준은 높거나 낮을 수 있다. 집합 Y에 속한 원소 y가 일어날 확률은 대리인의 노력 수준에 달려 있다. 이것을 다음과 같이 나타내자.

대리인의 노력 수준이 높을 때 y가 일어날 확률: $p(y|H)$,
대리인의 노력 수준이 낮을 때 y가 일어날 확률: $p(y|L)$.

대리인의 임금은 수입 y에 의존하는 함수 $w(y)$이다. 하지만 임금은 항상 음이 아니어야 한다. 즉, $w(y) \geq 0,\ y \in Y$.

대리인이 낮은 노력 수준을 택했을 때 얻는 편익 B는 0보다 크고 주인은 이것을 관측할 수 없다고 하자. 또한 대리인이 높은 노력 수준을 택했을 때 발생하는 비용은 없다. 대리인의 대안의 보수를 w_0라고 하자. 대리인과 고용주는 위험중립적이라고 하자. 고용주의 최적 임금계획은 대리인이 높은 노력 수준을 가지고 프로젝트에 참여할 의향이 있어야 하고, 대리인에게 음이 아닌 임금을 지불해야 되는 제약조건 하에서 기대임금비용을 극소화하는 것이어야 한다.

(a) w_0가 0이거나 0과 가까운 수라고 하자. 최적의 임금은 우도비 $[p(y|L)/p(y|H)]$를 극소화한 수입 y_1에 대하여 0보다 큰 임금을 지급하는 것이라는 것을 보이시오. 이것을 증명하기 위해서 이러한 해의 최적을 증명하는 도덕적 해이와 참여 제약조건에 상응하는 라그랑주 승수를 보이시오. 라그랑주 승수는 위에 제시되고 있는 모수들의 공식으로 나타내진다.

(b) 문제 (a)의 해가 최적인 상태를 유지하는 상태에서 가장 높은 w_0의 값은 무엇인가? w_0가 확실하게 크다면 도덕적 해이와 참여 제약조건에 상응하는 라그랑주 승수는 어떤 값을 가져야 하는가?

(c) 고용주는 실현되는 모든 수입 $y \in Y$에 대하여 양의 임금을 지불하고, 또 그것에 대하여 양의 벌칙 $z(y)$를 부가한다고 하자. 대리인의 순효용은 $[w(y)-z(y)]$이고 고용주의 비용은 $w(y)$이다. w_0가 0이거나 0과 가까운 수라고 하자. 대리인이 우도비를 극소화한 수입 y_1에 대하여 0보다 큰 임금을 받고, 우도비를 극대화한 수입 y_2에 대하여 양의 벌칙 $z(y)$를 갖는 최적의 임금-벌칙 계획을 보이시오. 라그랑주 승수들의 공식을 보이시오.

1. 브라운 운동의 통제

본장의 제1절에서 총소득 또는 성과가 정규분포를 따르고 대리인이 위험회피적이지만 위험관용지수가 상수라는 가정 하에 선형의 임금함수를 설정하고 임금함수를 규정하는 모수들을 찾아 내었다. 주인의 입장에서 선형의 임금함수를 설정하는 것이 최선인가? 총소득 또는 성과 Y가 대리인이 선택한 노력 수준에 따라 평균 수준이 달라지는 확률변수로 정규분포를 따르는 1기간 모형에서 선형 임금(linear wages)은 최적의 임금함수가 될 수 없다. 총소득이 어떤 수준에 미치지 못할 때 대리인에게 매우 큰 벌칙을 가할 수 있는 비선형의 계획(nonlinear plan)이 주인에게 더 나은 계획이 될 수 있다. 하지만 홀름스트롬과 밀그롬(1987)은 선형 임금이 다기간 동태모형(multi-period dynamic model)에서 최적의 계획이 될 수 있음을 보여 주었다.

위험관용 상수 T를 갖고 있는 위험회피적인 대리인이 사전적(ex-ante) 참여조건 하에 놓여 있다고 하자. 그의 대안의 유보보수는 W_0라고 하자. 관측이 가능한 변수(성과)가 정규확률변수로 이것의 평균 μ는 대리인의 행동 α에 달려 있고 분산 σ^2은 그의 행동에 의존하지 않는다고 하자. 상이한 평균과 동일한 분산을 가지고 있는 두 개의 정규확률변수에 대해서, 우도비는 꼬리 부분(tail)들에서 무한대가 되어 도덕적 해이 제약조건에 상응하는 라그랑주 승수는 0이 된다. 왜 그런가? 이를 이해하기 위해서 본장의 제2절을 참조하기 바란다. 이 경우 도덕적 해이 제약조건은 아무런 비용을 발생시키지 못한다. 최적의 해는 관측할 수 있는 변수에 비선형적으로 연관된 보수체계를 설정하는 것이다. 즉, 미소한(infinitesimal) 확률로 일어나는 사건이 발생할 경우에는 대리인에게 무한대의 벌칙을 부과하고 그렇지 않은 경우에는 대안의 유보보수 W_0를 지급하는 것이다. 하지만 이러한 해는 무엇인가 조금 잘못된 해가 아닌가 싶다.

홀름스트롬–밀그롬은 정규확률변수가 시간에 걸쳐 진화해 감에 따라 대리인이 피드백(feedback)을 할 수 있도록 허용함으로써 문제를 변화시켰다. 즉, 그들은 브라운 운동(Brownian motion)의 표류(drift)를 조절하는 문제를 고려하였다. 이러한 문제에 대하여 그들은 선형의 유인 보수체계가 최적임을 보여 주었다.

홀름스트롬–밀그롬은 선형의 유인 보수체계가 최적임을 보여 주기 위하여 다차원의 브라운 운동을 명시적으로 고려하였다. 관측 가능한 변수가 하나가 아닌 여러 개를 상정하였다. 다차원의 브라운 운동 $[Y_1(t), \cdots, Y_n(t)]$를 주목해 보자. 이것의 각 구성요소 $Y_i(t)$는 상호 독립적이고 동일한 변동성(volatility)을 가진다고 하자. 시간 t에서 시간 $(t+\delta)$까지 임의의 기간이 주어졌을 때, 다차원의 브라운 운동의 각 구성요소의 변화 $[Y_i(t+\delta)-Y_i(t)]$는 정규확률변수로 상호간에 독립적이고 시간 t에 이르는 경로에 상호 독립적이다. 이것의 분포는 다음과 같은 정규분포를 따른다고 하자.

$$[Y_i(t+\delta)-Y_i(t)] \sim N(\mu_i(\alpha)\delta, \sigma^2\delta).$$

이것의 평균은 대리인의 행동 α에 달려 있고, 시간 간격 δ에 선형적으로 의존한다. 또한 이것의 분산은 대리인의 행동 α에 의존하지는 않지만 시간 간격 δ에 선형적으로 의존한다.

대리인은 매 시간당 $c(\alpha)$의 비율로 숨겨진 비용을 지불한다. 시간 t 이후에 대리인이 취하는 행동의 선택은 시간 t까지 일어난 과거의 다차원의 브라운 운동 $[Y_1(t), \cdots, Y_n(t)]$에 달려 있다. 시점 0에서 다차원의 브라운 운동 $[Y_1(t), \cdots, Y_n(t)]$는 $[Y_1(t=0)=0, \cdots, Y_n(t=0)=0]$라고 가정하자. 기간 $[0, \Omega]$ 동안 대리인에게 지급하고자 하는 선형의 유인 임금계획은 다음과 같다.

$$w(Y)=A+\sum_{i=1}^{n} B_i Y_i(\Omega).$$

즉, 주인의 문제는 제약조건(참여 제약조건과 도덕적 해이 제약조건) 하에서 선형 임금계획의 모수 $(A, B_1, \cdots, B_n)$을 명기하는 것이다. 대리인의 효용은 다음과 같이 주어진다.

$$u(w(Y)-C(\alpha)), \text{ where } C(\alpha)=\int_0^{\Omega} c(\alpha(t))dt.$$

효용함수 $u(\cdot)$은 위험관용 상수 T를 갖고 있다. 우리는 마지막 끝나는 시간 Ω를 1로 할 수 있다. 따라서 임의의 고정된 행동 α가 주어진 상태에서 $Y_i(\Omega)$는 평균이 $\mu_i(\alpha)$이고 분산은 σ^2이다.

홀름스트롬과 밀그롬은 위에 주어진 선형의 유인 임금계획이 마지막 기간에 주어진 다차원의 브라운 운동 $[Y_1(\Omega), \cdots, Y_n(\Omega)]$의 선형 함수를 극대화한다는 것을 보여 주었다. 물론 이 경우 주인은 대리인의 참여 제약조건과 도덕적 해이 제약조건을 만족해야 된다. 이것을 수학적으로 표현하면 다음과 같다.

$$\text{Argmax}_{w(\cdot), \alpha^*} E(\sum_{i=1}^{n} \pi_i Y_i(\Omega)-w(Y) \mid \alpha^*)$$

subject to

$\alpha^* \in \text{Argmax}_\alpha Eu(w(Y)-C(\alpha)|\alpha)$: 도덕적 해이 제약조건

$E(u(w(Y)-C(\alpha^*))|\alpha^*) \geq u(W_0)$: 참여 제약조건

여기서 π_i는 성과 Y_i가 총수입 또는 소득에 기여하는 가중치이다.

정규확률변수들의 선형의 조합은 정규확률변수가 된다. 따라서 선형의 임금유인 계획 $w(Y)$는 정규확률변수가 된다. 따라서 위험관용 상수 T를 갖고 있는 대리인의 도덕적 해이 제약조건과 참여 제약조건은 다음과 같이 쓰여진다.

$$\alpha^* \in \text{Argmax}_\alpha A+\sum_{i=1}^{n} B_i\mu_i(\alpha)-C(\alpha)-\frac{0.5}{T}\sigma^2\sum_{i=1}^{n} B_i^2\text{: 도덕적 해이 제약조건}$$

$$A+\sum_{i=1}^{n} B_i\mu_i(\alpha^*)-C(\alpha^*)-\frac{0.5}{T}\sigma^2\sum_{i=1}^{n} B_i^2 \geq W_0\text{: 참여 제약조건}$$

주인의 이윤을 극대화시키기 위해서는 대리인의 참여 제약조건을 구속시켜야 한다. 따라서 A는 다음과 같이 주어진다.

$$A=-\sum_{i=1}^{n} B_i\mu_i(\alpha^*)+C(\alpha^*)+\frac{0.5}{T}\sigma^2\sum_{i=1}^{n} B_i^2+W_0.$$

A를 주인의 이윤함수에 대입하면 다음과 같다.

$$\begin{aligned} E(\sum_{i=1}^{n}\pi_i Y_i(\Omega)-w(Y)|\alpha^*) &= \sum_{i=1}^{n}\pi_i\mu_i(\alpha^*)-\sum_{i=1}^{n} B_i\mu_i(\alpha^*)-A \\ &= \sum_{i=1}^{n}\pi_i\mu_i(\alpha^*)-C(\alpha^*)-\frac{0.5}{T}\sigma^2\sum_{i=1}^{n} B_i^2-W_0. \end{aligned}$$

주인은 다음과 같은 도덕적 해이 제약조건 하에서 자기의 기대이윤을 극대화하고자 한다.

$$\alpha^* \in \text{Argmax}_{\alpha} A + \sum_{i=1}^{n} B_i \mu_i(\alpha) - C(\alpha) - \frac{0.5}{T}\sigma^2 \sum_{i=1}^{n} B_i^2 \Rightarrow \alpha^* \in \text{Argmax}_{\alpha} \sum_{i=1}^{n} B_i \mu_i(\alpha) - C(\alpha).$$

관측 가능한 성과를 여러 개로 상정한 것처럼 대리인의 행동도 여러 개의 행동요소들로 이루어진 벡터라고 하자. 벡터 α의 각 구성요소 α_k에 대하여 1차 조건(first order condition)은 다음과 같다.

$$\sum_{i=1}^{n} \frac{B_i \partial \mu_i(\alpha^*)}{\partial \alpha_k} = \frac{\partial C(\alpha^*)}{\partial \alpha_k}.$$

또는 α_k가 0 이상이라는 제약조건 하에서 우리는 다음과 같은 1차 조건을 갖는다.

$$\sum_{i=1}^{n} \frac{B_i \partial \mu_i(\alpha^*)}{\partial \alpha_k} \leq \frac{\partial C(\alpha^*)}{\partial \alpha_k} \text{ if } \alpha_k = 0.$$

이러한 브라운 운동은 다차원의 포아송 프로세스(multidimensional Poisson process)의 선형 함수의 극한(limit)으로 간주될 수 있다. 평균이 큰 포아송 프로세스는 정규확률변수에 근사하게 된다. ε이 0보다 약간 큰 경우를 고려해 보자. 임의의 행동 α에 대하여 포아송 프로세스의 각각의 구성요소 X_i가 시간 0에서 0이라고 하자. 즉, $X_i(t=0 \mid \alpha, \varepsilon)=0$.

임의의 시간 t와 시간 $t+\delta$ 사이에서 $[X_i(t+\delta \mid \alpha, \varepsilon) - X_i(t \mid \alpha, \varepsilon)]$은 타입 i가 도착하는 횟수로 포아송 확률변수이다. 이 포아송 확률변수는 시간 t 이전의 과거로부터 독립적이고 다차원 포아송 프로세스의 각 구성요소 사이에 독립적이고 그것의 평균은 다음과 같다고 하자.

$$[X_i(t+\delta \mid \alpha, \varepsilon) - X_i(t \mid \alpha, \varepsilon)]\text{의 평균} = \delta \Lambda_i(\alpha, \varepsilon) = \frac{\delta(\sigma^2 + \varepsilon \mu_i(\alpha))}{\varepsilon^2}.$$

포아송 확률변수의 분산은 그것의 평균과 같음을 상기해 보자. 새로운 확률변수 $Y_i(t)$를 다음과 같이 정의해 보자.

$$Y_i(t|\alpha, \varepsilon)=\varepsilon X_i(t|\alpha, \varepsilon)-\frac{t\sigma^2}{\varepsilon}.$$

따라서 Y_i는 크기가 ε인 빈번한 불연속적인 상방 점프(upward jumps)를 갖고 있다. 이 점프들 사이에서 Y_i는 $-\sigma^2/\varepsilon$의 비율로 감소하고 있다. $[Y_i(t+\delta|\alpha, \varepsilon)-Y_i(t|\alpha, \varepsilon)]$의 평균과 분산은 다음과 같이 주어진다.

$$\begin{aligned}
&E(Y_i(t+\delta|\alpha, \varepsilon)-Y_i(t|\alpha, \varepsilon))=\mu_i(\alpha)\delta \\
&\mathrm{Var}(Y_i(t+\delta|\alpha, \varepsilon)-Y_i(t|\alpha, \varepsilon))=\frac{\varepsilon^2\delta(\sigma^2+\varepsilon\mu_i(\alpha))}{\varepsilon^2} \\
&\qquad=\sigma^2\delta+\varepsilon\mu_i(\alpha)\delta \\
&\qquad\Rightarrow \sigma^2\delta \text{ as } \varepsilon\rightarrow 0.
\end{aligned}$$

따라서 ε이 0으로 근접함에 따라, 프로세스 Y는 우리가 관심을 갖고 있는 다차원 브라운 운동 Y로 수렴한다. 다차원 브라운 운동 Y에 대한 선형 임금계획 $A+\sum_{i=1}^{n}B_iY_i$는 포아송 프로세스 X에 대해서도 선형적이다. 즉,

$$\begin{aligned}
A+\sum_{i=1}^{n}B_iY_i(t|\alpha, \varepsilon)&=A+\sum_{i=1}^{n}B_i\left[\varepsilon X_i(t|\alpha, \varepsilon)-\frac{t\sigma^2}{\varepsilon}\right] \\
&=\frac{A-nt\sigma^2}{\varepsilon}+\sum_{i=1}^{n}(B_i\varepsilon)X_i(t|\alpha, \varepsilon).
\end{aligned}$$

ε이 0보다 큰 포아송 프로세스를 불연속적인 별개의 시간에 상응하는 프로세스로 근사시켜 보자. 임의의 아주 짧은 δ(즉, $\delta=\varepsilon^3$) 기간 동안 $(n+1)$개의 사건들이 일어날 수 있다고 하자. 즉, 이 기간 동안 사건이 아주 일어나지 않거나 n개의 타입들 $\{1, \cdots, n\}$ 중에서 어떤 타입 i가 일어

난다고 하자. 이 기간 동안 어떤 타입 i가 도착할 확률은 $\delta\sigma^2/\varepsilon^2+\delta u_i(\alpha)/\varepsilon$이다.[6] 주어진 짧은 기간 동안 두 개 이상이 도착할 확률은 사라질 정도로 아주 작다. 참여 제약조건이 어떻게 주어지든 주어진 짧은 기간 동안 최적의 유인계획은 이러한 가능한 사건들 각각에 대하여 약간의 임금을 지불하는 것이다. 참여 제약조건을 변경시키는 것은 모든 임금지불에 대하여 일정 부분을 더하는 것이 된다. 왜냐하면 대리인이 위험관용 상수를 갖는 효용함수를 갖고 있기 때문이다.

시간이 어떻게 주어지든 모든 시점에서 과거에 지불된 돈은 부가되는 소득과 노력비용에 관한 갬블에 대한 대리인의 선호에 영향을 미치지 못한다. 왜냐하면 대리인이 위험관용 상수의 효용함수를 가지고 있기 때문이다. 따라서 동태모형을 위한 최적 임금 지불계획은 사전적 참여 제약조건을 만족하기 위하여 일정 부분을 지불하는 것과 더불어 각각의 짧은 시간 간격마다 동일한 유인 문제로 분해될 수가 있다. 그러나 $X_i(\Omega)$는 타입 i가 일어난 숫자를 측정하고, 그리고 그것이 일어날 때마다 동일한 금액이 지불된다. 따라서 대리인에게 최후에 지불되는 임금은 $(X_1(\Omega|\alpha, \varepsilon), \cdots, X_n(\Omega|\alpha, \varepsilon))$의 선형 함수이다. 따라서 이것 또한 $(Y_1(\Omega|\alpha, \varepsilon), \cdots, Y_n(\Omega|\alpha, \varepsilon))$의 선형 함수이다. ε이 0으로 가는 극한을 택해 보자. 그리하면 최적 계획의 극한은 대리인에게 브라운 운동의 종점(Brownian motion endpoint)의 선형 함수로써 지불한다.

6) 포아송 확률변수 X가 양의 정수 k를 취할 확률은 다음과 같다. $\Pr\{X=k\}=(\lambda^k/k!)e^{-\lambda}$. 여기서 λ는 확률변수 X의 기댓값(평균)이다. 확률변수 X가 1을 취할 확률은 $\lambda e^{-\lambda}$이다. 테일러 확장(Taylor expansion)을 이용하여 $\lambda e^{-\lambda}$를 정리하면 다음과 같이 주어진다. $\lambda e^{-\lambda}=\lambda(1-\lambda+(\lambda^2/2)+\cdots)$. 만약 λ가 아주 작은 값이라면 확률변수 X가 1을 취할 확률은 λ가 된다.

2. 포아송 프로세스의 통제

위험관용 상수 T를 갖고 있는 대리인이 $\beta\tilde{X}$을 지급받는다고 하자. 여기서 $\tilde{X}$는 포아송 확률변수로 그것의 평균은 λ이다. 대리인의 기대효용(EU)은 다음과 같다.

$$EU=\sum_{k=0}^{\infty}\frac{e^{-\lambda}\lambda^k}{k!}(-e^{-k\beta/T})=-e^{-\lambda}\sum_{k=0}^{\infty}\frac{(\lambda e^{-\beta/T})^k}{k!}=-e^{-\lambda T(1-e^{-\beta/T})/T}.$$

따라서 대리인의 소득 $\beta\tilde{X}$의 확정동등치는 $\lambda T(1-e^{-\beta/T})$이다.

대리인은 그의 가능한 행동집합 A에서 하나의 행동 α를 취한다고 하자. 이 행동은 n개의 독립적인 포아송 확률변수들 $\tilde{X}_1, \cdots, \tilde{X}_n$의 평균들 $\Lambda_1(\alpha), \cdots, \Lambda_n(\alpha)$에 영향을 미친다. 대리인은 자기의 행동에 따른 비용 $C(\alpha)$를 지불한다. 대리인의 비용은 대리인 이외에는 관측되지 않는다. 하지만 주인은 포아송 확률변수들 $\tilde{X}_1, \cdots, \tilde{X}_n$이 실현한 값들을 관측한다. 위험중립적인 주인의 수입은 포아송 확률변수들의 선형 함수로 주어진다. 즉,

$$\text{주인의 수입: } \tilde{X}_1\pi_1+\tilde{X}_2\pi_2+\cdots+\tilde{X}_n\pi_n.$$

주인이 대리인에게 주고자 하는 임금계획 w는 포아송 확률변수들의 선형 함수로 다음과 같이 주어진다고 하자.

$$w(\tilde{X}_1, \cdots, \tilde{X}_n)=\alpha+\tilde{X}_1\beta_1+\cdots+\tilde{X}_1\beta_n.$$

대리인이 위험관용 상수를 갖고 있기 때문에 n개의 상호 독립적인

확률변수들의 실현에 의해서 지불되는 임금의 합에 대한 확정동등치는 이것들에 상응하는 확정동등치들의 합과 같다. 대리인이 다른 곳에서 벌 수 있는 최대의 대안보수를 $\bar{w}$라고 하자.

이 경우 주인이 당면한 문제를 수학적 모형을 이용하여 표현하면 다음과 같다.

$$\text{Argmax}_{\alpha,\beta_1,\cdots,\beta_n,\alpha*}\Lambda_1(\alpha^*)\pi_1+\cdots+\Lambda_n(\alpha^*)\pi_n-[a+\Lambda_1(\alpha^*)\beta_1+\cdots+\Lambda_n(\alpha^*)\beta_n].$$

subject to

$$\text{Argmax}_{\alpha\in A}\, a+\Lambda_1(\alpha)T(1-e^{-\beta_1/T})+\cdots+\Lambda_n(\alpha^*)T(1-e^{-\beta_n/T})-C(\alpha)$$
$$=a+\Lambda_1(\alpha^*)T(1-e^{-\beta_1/T})+\cdots+\Lambda_n(\alpha^*)T(1-e^{-\beta_n/T})-C(\alpha^*)\geq\bar{w}.$$

대리인의 참여 제약조건을 구속시켜 a를 도출하여 주인의 기대이윤함수에 대입하자.

$$\text{주인의 기대이윤함수: }\sum_{i=1}^{n}\Lambda_i(\alpha^*)[\pi_i-\beta_i+T(1-e^{-\beta_i/T})]-\bar{w}-C(\alpha^*).$$

도덕적 해이 제약조건을 행동 α에 대해서 미분하면 다음과 같은 1차 조건을 얻는다.

$$\sum_{i=1}^{n}\Lambda_i'(\alpha^*)[T(1-e^{-\beta_i/T})]=C'(\alpha^*).$$

포아송 프로세스를 시간에 걸쳐 확장시키면, 시간 간격 δ 동안 타입 i가 도착한 개수는 $\tilde{X}_i(\delta)$로 나타내지고 이것은 포아송 확률변수가 되어 평균은 $\delta\Lambda_i(\alpha)$가 된다. 이것의 분산은 평균과 동일하다. 분리된 시간 간격들의 결과들은 상호 독립적이다. 대리인이 위험관용 상수를 가질 경우 최적의 임금계획은 전 기간에 걸쳐 $\tilde{X}_1(\Omega), \cdots, \tilde{X}_n(\Omega)$의 선형 함수가 된다.

$\mu_i(\alpha)$와 σ^2을 고정시키고 작은 양의 실수 ε을 고려해 보자. 주어진 어떤 $\varepsilon>0$에 대하여 $\Lambda_i(\alpha)$와 $\tilde{Y}_i(\delta)$를 다음과 같이 나타내자.

$$\Lambda_i(\alpha)=\frac{\sigma^2+\varepsilon\mu_i(\alpha)}{\varepsilon^2},$$

$$\tilde{Y}_i(\delta)=\varepsilon\tilde{X}_i(\delta)-\frac{\delta\sigma^2}{\varepsilon}.$$

이 경우, $\tilde{Y}_i(\delta)$의 평균과 분산은 다음과 같다.

$$E(\tilde{Y}_i(\delta))=\delta\mu_i(\alpha)=\frac{\sigma^2+\varepsilon\mu_i(\alpha)}{\varepsilon^2},$$

$$\mathrm{Var}(\tilde{Y}_i(\delta))=\varepsilon^2\mathrm{Var}(\tilde{X}_i(\delta))=\delta[\sigma^2+\varepsilon\mu_i(\alpha)] \to \delta\sigma^2 \text{ as } \varepsilon \to 0.$$

ε이 0에 근접함에 따라 $\Lambda_i(\alpha)$는 크게 되고, 평균이 큰 포아송 확률변수는 근사적으로 정규확률변수가 된다. 따라서 ε이 0에 근접함에 따라 $\tilde{Y}_i(\delta)$는 정규확률변수가 되고, 그것은 이동(drift) $\mu_i(\alpha)$와 변동성(volatility) σ를 갖는 브라운 운동 프로세스가 된다. $\tilde{Y}_i(\delta)$에 선형적인 임금, 즉 $A\delta+\sum_{i=1}^{n}B_i\tilde{Y}_i(\delta)$는 $\tilde{X}_i(\delta)$에 대해서도 선형적이다. 즉,

$$A\delta+\sum_{i=1}^{n}B_i\tilde{Y}_i(\delta)=A\delta+\sum_{i=1}^{n}B_i\left[\varepsilon\tilde{X}_i(\delta)-\frac{\delta\sigma^2}{\varepsilon}\right]=\left(A\delta-\frac{n\delta\sigma^2}{\varepsilon}\right)\sum_{i=1}^{n}(B_i\varepsilon)\tilde{X}_i(\delta).$$

9

공공재와 외부성

순수한 공공재(pure public good)는 공공방송(public radio) 서비스와 같은 재화 또는 용역을 말한다. 공공재는 아래와 같은 두 가지 특성을 갖는다.

① 한 사람의 소비가 다른 사람의 소비를 감소시키지 않는다(no rivalry in consumption).
② 가격을 지불하지 않는다고 해서 그 어느 누구도 소비에서 배제되지 않는다(non-excludability).

공공재는 소비의 비경합성과 비배제성을 특성으로 갖고 있다.

전통적인 공공재의 예들로 환경(깨끗한 공기, 물)과 국방(national defense)을 들 수 있다. 이들의 예에서, 시민들이 소비하는 공공재의 물량이 서로 다르다는 것은 상상할 수가 없다. 즉, 시민들 각자가 소비하는 공공재의 물량은 동일하다. 누군가가 공공재를 사용하면서 가격을 지불하지 않을 경우 그를 공공재 소비에서 배제하는 방법은 그를 국외에 추방하는 방법밖에 없다. 인터넷을 통하여 분배되고 있는 지적 재산(intellectual property)일 경우 누군가를 소비에서 배제할 수는 있지만 그 사람이 소비한다고 해서 다른 사람의 소비에 영향을 미치지 못한다. 하지만 현실적으로 순수한 공공재는 없다. 유사공공재(near public good)의 예로는 국립 또는 도립 공원 등을 들 수 있다. 학교는 공공재로 간주되기도 하지만 실상은 그렇지 못하다. 왜냐하면 누군가를 교육 서비스에서 배제하기 때문이다.

9-1 무임승차

공공재의 공급에 있어 중요한 이슈는 무임승차(free riding)이다. 사람들이 공공재를 사용하면서 사용가격을 지불하지 않는다고 해서 그들을 공공재 소비로부터 배제할 수 없다. 따라서 시장은 공공재를 효율적인 수준(efficient level)으로 공급할 수 없다. 이것은 마치 당신의 가게에 들어와서 가격을 지불하지 않고 재화를 가져가는데도 막지 못하는 경우와 같다. 이러한 경우 당신은 재화와 용역을 거의 팔지 못하거나 재화와 용역을 공급할 수 있는 다른 방법을 고안하려 할 것이다. 하나의 방법은 공공재의 공급을 사람들의 자발적인 행동에 맡기는 것이다. 예를 들면, 마을 주민 모두가 마을에 살고 있는 모든 사람들에게 영향을 미치는 공공재를 사용하는 것에 대하여 그 사용료를 공동으로 징수하는 방법을 고안할 수 있다. 여기서의 문제는 각 개인은 공공재의 생산에 기여한 것과 상관없이 모든 사람에게 동일하게 주어지는 수준의 공공재를 소비할 수 있다는 것이다. 이 경우 각 개인은 공공재 생산에 기여하지 않으면서 공공재를 소비하려 할 것이다. 모든 사람들이 이와 같이 행동한다면 가능한 수준의 최소한의 공공재가 공급될 것이다. 이것은 모든 사람의 후생 수준을 감소시키는 결과가 된다. 이것은 마치 용의자의 딜레마 게임(prisoner's dilemma game)과 유사하다. 용의자의 딜레마 게임에서 한 경기자 상대방에게 우호적인(협력적인) 행동을 했을 때, 이 우호적인 행동은 비우호적인 행동에 비하여 상대방에게 혜택(양의 외부경제, positive externality)을 준다. 하지만 상대방은 이것과 상관없이 자기의 이익을 극대화하기 위하여 비우호적인 행동을 한다.

[표 9-1] **보수행렬**

		경기자 B	
		clean	don't clean
경기자 A	clean	$20-c$, $20-c$	$10-c$, 10
	don't clean	10, $10-c$	0, 0

하나의 방을 공유하는 두 명의 룸메이트(roommates) A와 B가 있다고 하자. 두 명 모두 방 청소를 위해 노력한다면 방은 최고 수준의 청결을 유지할 것이다. 이 경우 두 사람이 각각 느끼는 만족 수준을 20이라고 하자. 여기서 방의 청결 수준이 공공재이다. 방이 청결할수록 두 사람에게 공급되는 공공재의 양 또는 수준은 증가한다. 방청소를 위한 노력비용은 각각 c라고 하자. 한 사람만 방 청소를 위해 노력할 경우 그는 사기가 주로 사용하는 쪽을 청소한다고 하자. 이때 두 사람이 각각 느끼는 만족 수준을 10이라고 하자. 두 사람 모두 청소를 하지 않을 경우, 방은 불결하게 되고 각자가 느끼는 만족 수준은 0이라고 하자. 이 상황을 보수행렬로 나타내 보면 [표 9-1]과 같다.

경기자 A가 방 청소를 하지 않을 경우(don't clean)에 비하여 방청소를 했을 경우(clean), 경기자 B의 보수는 그의 모든 행동 또는 전략에 대하여 10이 증가한다. 마찬가지로 경기자 A의 보수도 경기자 B가 청소를 했을 경우 증가한다. 한 경기자가 청소를 하는 행동은 다른 경기자에게 양의 외부성(positive externality)을 가져온다. 노력비용 c가 20보다 작고 10보다 크다고 하자.

$$20 > c > 10.$$

이 경우 각 경기자의 강하게 우월한 전략(strictly dominant strategy)은 don't clean이다. 따라서 전략 프로필 (don't clean, don't clean)이 내쉬 균형 전략 프

로필이 된다. 이것은 마치 용의자 딜레마 게임에서 어느 경우에도 상대방에게 협조하지 않는 우월전략 프로필이 내쉬 균형이 되는 것과 같은 경우이다. 각 경기자는 상대방의 우호적인 행동에 대하여 보상하려고 하는 것보다는 보상하지 않고 무임승차하여 자기의 이익을 극대화하기 위하여 행동한다.

이 게임에서 두 사람의 만족 수준의 합은 0으로 사회적 잉여는 0이다. 용의자 딜레마 게임에서처럼 두 사람의 협조한다면, 전략 프로필은 (clean, clean)이 되고 사회적 잉여는 $(40-2c)$가 된다. 하지만 이 전략 프로필은 내쉬 균형이 될 수 없다. 이러한 문제를 풀기 위한 대안을 생각해 보자.

- 청소부를 고용하는 것이다. 하지만 이것의 문제는 누가 청소용역비를 지불할 것인가이다. 식탁에 청소용역비를 넣는 박스를 올려놓고 자발적으로 돈을 박스에 넣도록 할 경우, 이것은 동일한 문제로 돌아가기 때문에 문제의 해가 될 수 없다. 청소비를 아파트 임대료에 포함시킬 경우 비배제성(none-excludability)의 문제를 풀 수 있다.
- 아파트를 칸막이를 만들어 분리하는 것이다. 칸막이를 만들기 전에는 각 경기자는 자기가 주로 생활하는 쪽만 청소를 하고 상대방이 청소를 하지 않을 경우 방의 반쪽만 청결하여지는데 어느 누구도 이 반쪽만의 청결에서 배제할 수 없다. 하지만 칸막이를 할 경우에는 한 사람이 청소하는 행위가 다른 사람의 만족에 아무런 영향을 미치지 못한다. 이러한 상황이 [표 9-2]의 보수행렬에 나타나 있다.

[표 9-2]에서 방 청소를 위한 노력비용 c가 10보다 작을 경우 전략 프로필 (clean, clean)이 내쉬 균형 프로필이 되고 두 사람이 모두 청소를 하는 것이 사회적으로도 최적을 달성할 수 있다. 방 청소를 위한 노력비용 c가 10보다 클 경우에는 두 사람 모두 청소를 하지 않는 것이 내쉬 균형이 된다. 주어진

[표 9-2] **보수행렬**

		경기자 *B*	
		clean	don't clean
경기자 *A*	clean	$10-c$, $10-c$	$10-c$, 0
	don't clean	0, $10-c$	0, 0

[표 9-3] **보수행렬**

	경기자 *A*의 편익	경기자 *B*의 편익	경기자 *A*의 비용
게임 1	10	10	c
게임 2	10	0	c

[표 9-3]을 고려해 보자.

게임 1에서 경기자 *A*가 취한 행동은 경기자 *B*에게 혜택을 주지만 경기자 *B*는 받은 혜택에 대해서 아무런 보상도 하지 않는다. 이것은 경기자 *A*로 하여금 자기가 행한 행동의 결과 상대방에게 미치는 혜택을 전혀 고려하지 않게 하여 보다 낮은 수준의 노력을 하게 한다.

게임 2에서 경기자 *A*의 행동은 경기자 *B*에게 아무런 혜택을 미치지 못한다. 따라서 경기자 *A*는 최적 수준의 노력을 하게 된다.

이러한 두 게임의 차이점은 공공재의 특성을 강조한 것이다. 한 개인의 이윤극대화 행위는 이러한 외부성(externalities)의 존재로 인하여 비효율성(inefficiency)을 야기한다. 사람들은 경제행위를 하는 데 있어서 그들의 행동이 다른 사람들에게 미치는 영향을 고려하지 않는다. 이것은 사적 재화(private goods)의 경우와는 다른 양상이다. 한 개인의 사적인 재화, 즉 보통 재화(ordinary goods)의 소비는 다른 소비자에게 직접적으로 아무런 영향을 미치지 못하고 소비로 인한 편익과 비용을 전적으로 한 개인이 감당한다. 이러한 이

유로 그는 최적 수준의 소비를 하게 된다.

첫 번째 게임에서 한 개인이 집을 청소할 때마다 그 혜택은 모든 사람에게 돌아간다. 이것은 청소 결과 나타나는 혜택이 비경합적(non-rivalry)임을 나타낸다. 다른 사람들이 누리는 혜택에 대하여 그 대가를 징수할 방법이 없다. 여기서 적용되는 가정은 방 청소를 한 당사자는 상대방이 방 청소를 하지 않는다고 하더라도 부엌이라든가 공동의 영역을 사용하지 못하게 할 방법이 없다. 만약에 그렇게 할 수 있는 경우에는 방을 청소하지 않는 사람을 배제할 수 있고, 결과적으로 효율성을 달성할 수 있다. 두 사람 모두 각각 다른 집에서 사는 경우에는 집 청소를 하는 행위는 어떤 비경합적 혜택들은 낳지 못한다.

이러한 무임승차의 문제를 해결하는 하나의 수단으로 입장료(entry fee)를 받는 것이다. 학교나 병원 또는 극장을 생각해 보자. 이러한 재화 또는 용역들의 혜택은 어느 정도 비경합적이다. 이러한 재화나 용역들을 공급하기 위해서는 개인의 혜택에 반하는 집단적 혜택을 고려해야 된다. 이러한 재화나 용역들로 인하여 혜택을 보면서 비용을 지불할 용의는 없으면서 다른 사람들에게 무임승차하려는 사람들을 배제하기 위해서는 용역비(service fee)나 입장료를 부과하는 것이다. 하지만 극장이나 병원이 제공하는 용역과 달리 공기나 물의 경우에는 무임승차하려는 사람들을 배제할 수 없다. 이러한 재화나 용역에 대해서는 제삼자(third party) 또는 정부가 강제력을 가지고 사용료를 세금을 부과하여 징수하면서 공급하는 것이다.

무임승차를 차단할 수 있는 최적의 공공재 공급에 관하여 보다 일반화된 모형을 가지고 살펴보자.

9-2 공공재의 최적 공급

비경합적인 공공재의 최적 공급을 생각해 보자. 1단위의 공공재 공급비용은 p이다. 즉, 공공재 공급의 한계비용(marginal cost)과 평균비용(average cost)은 p로 고정되어 있다. 경제는 n명의 소비자로 구성되어 있다.

$$소비자 집합(N)=\{1, 2, \cdots, N\}.$$

개별 소비자 i의 소득은 y_i이고, 공공재 소비를 위하여 지불하는 세금은 t_i이다. 개별 소비자의 소득이 외생적으로(exogenously) 주어져 있다. 따라서 공공재 공급물량 x는 소비자들로부터 거두어들인 세금을 단위당 공급비용 p로 나눈 것에 의해 결정된다.

$$x=\frac{\sum_{i \in N} t_i}{p}.$$

소비자의 효용함수는 다음과 같이 주어진다.

$$U^i(c_i, x)=U^i(y_i-t_i, x).$$

소비자의 효용함수 $U(c, x)$는 사적 소비재 소비량 c와 공공재 소비량 x의 함수이다 사적 소비재의 가격을 1이라고 하자. 가처분소득(disposable income)으로 사적 소비재를 구매할 경우 구매량은 y_i-t_i가 된다. 사적 소비재의 가격을 1이라고 하자. 경제에 한 명의 소비자만 있는 경우를 생각해 보자. 이 경우 공급되는 공급재의 양 x는 다음과 같다.

$$x = \frac{t_1}{p}.$$

소비자가 세금을 많이 낼수록 공공재의 공급물량은 많아지지만 소비자의 가처분소득은 감소하여 사적 소비재의 소비는 감소한다. 경제는 한 명의 소비자로 구성되므로 소비자의 후생극대화는 경제의 후생극대화를 하는 것과 같다. 소비자의 효용은 사적 소비재의 양 $(y_i - t_i)$와 공공재 공급물량 $x = t_1/p$의 함수이다. 공공재와 사적 소비재의 한계효용은 각각 체감한다고 하자. 소비자의 효용함수에 상응하는 무차별곡선이 원점에서 볼 때 볼록하다고 하자. 사적 소비재와 공공재 소비물량은 세금 징수 수준에 달려 있다. 소비자의 효용을 극대화하는 세금의 선택은 다음과 같이 수식으로 표현된다.

$$\max_{t_1} U^1\left(y_i - t_1, \frac{t_1}{p}\right).$$

1차 필요조건은 다음과 같다.

$$-U_c^1\left(y_i - t_1, \frac{t_1}{p}\right) + \frac{1}{pU_x^1(y_1 - t_1, t_1/p)} = 0.$$

이것을 정리하면 다음 식을 얻는다.

$$\frac{U_x^1(y_1 - t_1, t_1/p)}{U_c^1(y_1 - t_1, t_1/p)} = p.$$

즉, 한계대체율(marginal rate of technical substitution: *MRS*)은 p이다. *MRS*는 공공재의 마지막 1단위를 얻기 위해 소비자가 지불할 용의가 있는 가격을 말한다. 이 경우 공공재의 최적 공급량이 [그림 9-1]에 나타나 있다. 이때 [그림 9-1]에

[그림 9-1] **공공재의 최적 공급량(소비자가 1명인 경우)**

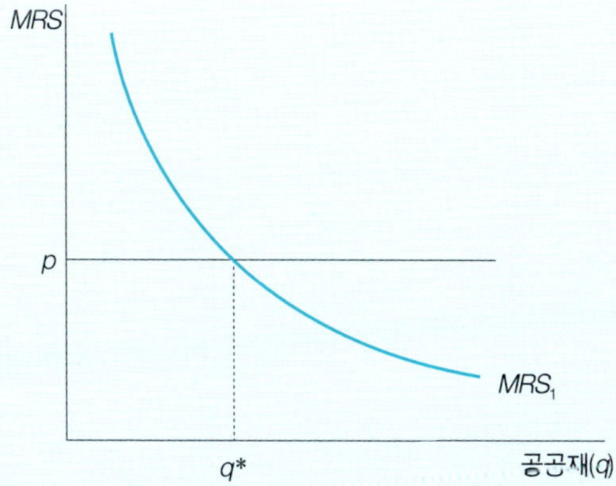

서 공공재의 최적 공급량은 q^*이다.

2명의 소비자가 있는 경제를 생각해 보자. 소비자 1이 내는 세금은 t_1이고 소비자 2가 내는 세금은 t_2이다. 이때 공공재의 공급량은 $x=(t_1+t_2)/p$이다. 사회적으로 최적의 공공재 공급량을 결정하기 위한 최적화 문제는 다음과 같이 수학적으로 표현된다.

$$\max_{t_1,\, t_2} U^1\left(y_1-t_1,\ \frac{t_1+t_2}{p}\right)$$

$$\text{s.t. } U^2\left(y_2-t_2,\ \frac{t_1+t_2}{p}\right) \geq k_2.$$

사회적 최적화 문제는 소비자 2의 효용을 일정 수준 이상을 보장해 주어야 한다는 제약 하에서 소비자 1의 효용을 극대화하는 문제가 된다. 이것을 [그림 9-2]를 가지고 설명해 보자.

[그림 9-2] **공공재의 공급량과 사적 소비재의 공급량**

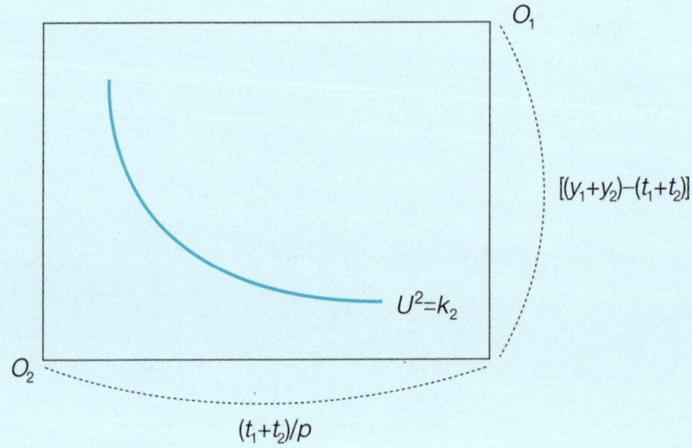

그림에서 왼쪽 하단의 원점 O_2는 소비자 2의 원점을 가리키고 있다. 경제에 주어지는 사적 소비재의 공급량과 공공재 공급량은 다음과 같다.

$$\text{사적 소비재의 공급량: } [(y_1-t_1)+(y_2-t_2)]=[(y_1+y_2)-(t_1+t_2)],$$
$$\text{공공재의 공급량: } \frac{t_1+t_2}{p}.$$

소비자 1의 원점은 그림의 오른쪽 상단의 모서리 O_1에 나타나 있다. 소비자 1의 원점은 정부가 거두는 세금징수 수준에 달려 있다. 소비자 2의 만족 수준이 k_2로 주어진 상태에서 소비자 1의 만족 수준을 극대화한다는 것은 소비자 1의 원점의 위치를 찾는 것을 의미한다. 왜 그런가? 독자 스스로 생각해 보기 바란다.

이러한 문제는 파레토 최적(pareto optimum)을 달성한다. 소비자 2에게 보장하는 효용 수준을 변화시킴으로써, 이에 상응하는 소비자 1의 극대효용 수준을 찾아 낼 수 있다. 이와 같이 우리는 파레토 최적 배분을 찾아 낼 수 있다. 위 제약조건 하에서의 최적화 문제를 제약이 없는 상태에서의 최적화 문제로 바꾸기 위하여 라그랑주 방법(Lagrangean method)을 도입해 보자.

$$L(t_1, t_2, \lambda; k_2)=U^1(y_1-t_1, \frac{t_1+t_2}{p})+\lambda[U^2(y_2-t_2, \frac{t_1+t_2}{p})-k_2].$$

1차 필요조건은 다음과 같다.

$$L_{t_1}=-U_c^1+\frac{1}{p}U_x^1+\frac{\lambda}{p}U_x^2=0,$$

$$L_{t_2}=-\lambda U_c^2+\frac{1}{p}U_x^1+\frac{\lambda}{p}U_x^2=0.$$

1차 필요조건을 조작하면 다음과 같다.

$$U_c^1=\lambda U_c^2,\ MRS_2=\frac{U_x^2}{U_c^2}.$$

위 식은 공공재의 공급량이 일정하게 주어진 상태에서 소비자 2의 효용 1단위의 증가는 소비자 1의 효용이 λ단위 증가함을 의미한다. 이 λ를 라그랑주 함수를 t_1에 대하여 1차 미분한 필요조건에 대입하면 우리는 다음 시을 얻는다.

$$MRS_1+MRS_2=P,\ MRS_1=\frac{U_x^1}{U_c^1}\ MRS_2=\frac{U_x^2}{U_c^2}.$$

위 식은 두 소비자의 공공재 1단위의 주관적 가치를 합한 것이 공공재의 가격 p가 될 때 최적으로 공공재가 공급된다는 것을 의미한다. 이것을 [그림 9-3]을 가지고 설명해 보자. 소비자 1과 2의 한계대체율(MRS)곡선과 두 소비

[그림 9-3] **공공재의 최적 공급량**

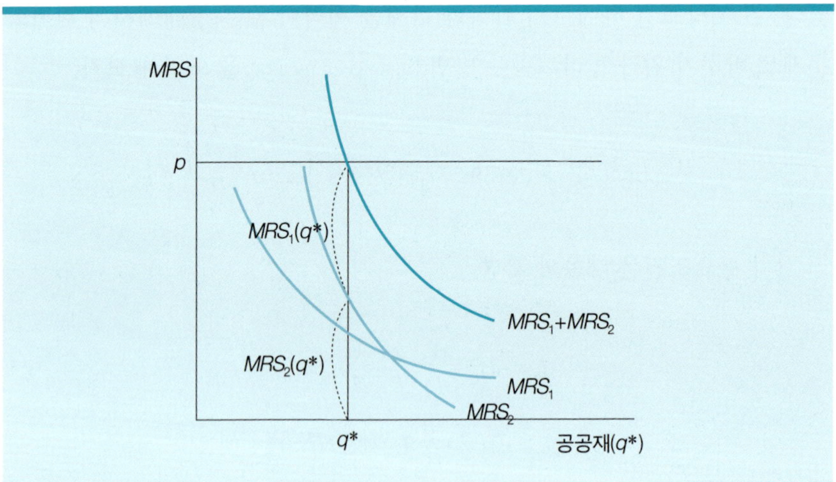

자의 한계대체율곡선을 수직적으로 합한 곡선이 [그림 9-3]에 나타나 있다.

소비자의 한계대체율(MRS)은 소비재 수량으로 평가한 공공재의 주관적 가치이다. 공공재의 공급가격 p가 주어진 상태에서 최적 공공재 공급물량은 x^*가 된다. 공공재의 공급물량 x^*가 주어진 상태에서 두 소비자의 한계대체율을 합하면 공공재 공급가격 p가 된다. 이것을 사무엘슨 조건(Samuelson condition)이라고 부른다. 단순한 시장기구(market mechanism)를 가지고는 사회적으로 적정한 공공재를 공급할 수 없다. 사람들은 공공재에 대하여 자기들이 판단하는 주관적 가치를 자발적으로 드러내지 않을 가능성이 있기 때문이다. 특히, 공공재를 공급하는 측(정부)이 소비자의 주관적 가치를 정확하게 알 수 없기 때문이다. 소비자의 공공재에 대한 주관적 가치는 소비자의 고유한 타입(type)이기 때문에 정부와 소비자들 사이에 정보의 비대칭성이 존재한다. 따라서 순수한 공공재의 경우 정치적 메커니즘에 의하여 공급된다.

9-3 보통 재화의 최적 공급

보통 재화(ordinary good; 보통재)의 최적 공급을 생각해 보자. 보통재가 어떻게 배분되는지를 생각해 보자. 정부는 소비자들로부터 세금을 거두고 각각의 소비자에게 보통의 소비재를 배분한다고 하자. 정부의 예산제약은 다음과 같다.

$$\tau = p\chi,\ \tau = \sum_{i=1}^{n} t_i,\ \chi = \sum_{i=1}^{n} x_i.$$

여기서 p는 보통재의 가격, t_i는 소비자 i가 지불하는 세금, x_i는 소비자 i의 보통재 소비량이다.

소비자 i는 소득이 y_i이고 외생적으로(exogenously) 주어진다고 하자. 소비자는 가처분소득 $(y_i - t_i)$를 가지고 기초소비재(numeraire good)를 소비한다고 하자. 기초소비재의 가격을 1이라고 하자. 따라서 소비자 i가 소비하는 기초소비재의 물량은 $(y_i - t_i)$이다. 소비자들에게서 거둔 세금을 예산으로 하여 보통의 재화를 공급하는 정부의 최적 의사결정은 다음과 같은 수식으로 표현될 수 있다. 여기서 정부의 선택변수는 각 소비자에게서 거두는 세금과 각 소비자에게 공급하는 보통 재화의 양이다.

$$
\begin{aligned}
&\max_{(t_1, \cdots, t_n), (x_1, \cdots, x_n)} U^1(y_1 - t_1, x_1) \\
&\text{s.t. } U^2(y_2 - t_2, x_2) \geq k_2\text{: 라그랑주 승수 } \lambda_2 \\
&\quad U^3(y_3 - t_3, x_3) \geq k_3,\text{: 라그랑주 승수 } \lambda_3 \\
&\quad\quad \vdots \\
&\quad U^n(y_n - t_n, x_n) \geq k_n\text{: 라그랑주 승수 } \lambda_n \\
&\quad \tau = p\chi\text{: 라그랑주 승수 } \mu .
\end{aligned}
$$

위에 주어진 제약조건 하에서 소비자 1의 효용극대화 문제는 소비자 1 이외의 효용 수준을 어떤 주어진 수준으로 묶어 놓고 소비자 1의 효용을 극대화하기 위하여 각 소비자에게 부과하는 세금과 각 소비자에게 공급하는 보통의 재화의 물량을 선택하는 것이다. 여기서 소비자 1 이외의 효용 수준은 다음과 같이 주어진다.

$$U^i = k_i,\ \forall i \in \{2, \cdots, n\}.$$

λ_1을 1로 k_1을 0으로 정의하여 다음과 같이 라그랑주 함수를 정의할 수 있다.

$$L = \sum_{i=1}^{n} \lambda_i [U^i(y_i - t_i, x_i) - k_i] + \mu(\tau - px).$$

1차 필요조건은 다음과 같다.

$$L_{t_i} = -\lambda_i U_c^i + \mu = 0,\ 1 \le i \le n,$$
$$L_{x_i} = \lambda_i U_x^i - \mu p = 0,\ 1 \le i \le n.$$

여기서 U_c^i는 소비자 i의 효용함수를 기초소비재로 편미분한 것이다. 첫 번째 필요조건은 다음 식을 의미한다.

$$U_c^i = \mu,\ \lambda_i = \frac{U_c^1}{U_c^i},\ 2 \le i \le n.$$

위에 주어진 사실을 이용하여 우리는 다음 식을 얻을 수 있다.

$$MRS^i = \frac{U_x^i}{U_c^i} = p,\ 1 \le i \le n.$$

이것은 완전경쟁시장 기구에 의해서 얻어지는 결과와 같다. 완전경쟁시장 하에서 소비자들이 직면하는 가격 p와 각 소비자의 한계대체율은 같게 된다. 이것은 소비자들 사이의 한계대체율을 같게 만들어 소비자들 간에 더 이상 교환의 유인이 존재하지 않음으로써 교환의 효율성을 달성하게 한다. 된다. 여기서 우리는 세금 부과를 통한 소득의 재분배(income redistribution)와 더불어 교환의 효율성을 달성하는 사회적 최적(social optimality)을 추구하고 있다.

어떤 특정한 사회적 최적 배분은 보통재를 자유시장경제를 통하여 배분하고 동시에 세금 부과를 통한 소득배분에 의해서 가능하나. 소득분배가 주어신 상내에서 세금을 부괴히지 않는다고 할지라두 파레토 최적을 달성할 수 있다. 왜 그런가? 독자 스스로 생각해 보기 바란다.

9-4 외부성

외부성(externality) 문제를 생각해 보자. 외부성은 한 경제주체의 소비나 생산이 다른 사람들에게 부작용(side effect)을 일으킬 때 일어난다. 한 예로 누군가가 화석 연료를 태운다든가 또는 소음을 일으키는 것을 들 수 있다. 외부성은 긍정적일 수 있다. 과실을 열리게 하는 꿀벌의 예가 이에 해당한다.

소비의 외부성

소비의 외부성(consumption externality)을 고려해 보자. 소비자의 효용함수를 살펴보자. 소비자는 기본소비재 c를 소비하는데, 이 소비재의 한계효용은 0보다 크다. 소비자는 기본소비재 이외에 다른 소비 재화 x를 소비하는데, 이 재화의 한계효용도 0보다 크다. 하지만 이 소비재 x의 소비는 음의 외부성(negative externality)을 수반한다. 외부성의 수준 z의 한계효용은 음이다. 재화 x를 가솔린(gasoline)으로 생각하자. 또한 z는 공기 중에 있는 스모그(smog)의 양으로 생각할 수 있다. 경제는 n명의 소비자로 구성되고 소비자 i의 소득은 y_i로 외생적으로 주어진다. 소비자 i의 기본소비재 c의 소비량과 외부성이 있는 소비재 x의 소비량은 각각 c_i, x_i이다.

외부성의 수준 z는 다음과 같이 정의된다.

$$z=\alpha x.$$

여기서 $x=\sum_{i=1}^{n} x_i$이고 α는 사용되는 가솔린 1단위당 발생되는 스모그의 양이다.

외부성이 있는 소비재 가솔린의 가격은 p이다. 소비자 i의 효용함수는 다음과 같이 정의된다.

$$U^i(c_i, x_i, z)=U^i(y_i-px_i, x_i, \alpha x).$$

우리는 효용함수가 다음과 같은 특성을 갖는다고 가정한다.

$$U_c^i>0,\ U_x^i>0, \text{ and } U_z^i<0.$$

외부성의 수준 z는 음의 효용의 가져오는 나쁜 재화(bad good)이다. 외부성의 수준 z는 공공재와 유사한 특성을 갖는다. 소비자 i가 소비하는 외부성의 수준 z는 다른 사람의 외부성 소비 수준 z에 아무런 영향을 미치지 못한다. 즉, 외부성의 수준 z, 다시 말해 스모그의 양은 모든 소비자들에게 동일하게 주어지기 때문에 소비의 비배제성을 갖는다.

소비자 i가 가솔린의 시장가격 p를 주어진 것으로 받아들인다고 하자. 또한 그는 다른 사람들의 가솔린 소비량 $(x_2, x_3, \cdots, x_n)$을 주어진 것으로 간주한다고 하자. 소비자 1의 목적함수는 다음과 같다.

$$\max_{x_1} U^1(y_1 - px_1, x_1, \alpha x).$$

1차 필요조건은 다음과 같다.

$$-pU_c^1 + U_x^1 + \alpha U_z^1 = 0 \Rightarrow \frac{U_x^1}{U_c^1} = p - \alpha\frac{U_z^1}{U_c^1}.$$

위에 주어진 1차 필요조건에 의하면 소비자의 x재(가솔린)의 주관적 가치(MRS)가 X재의 시상가격보다 높다. 즉, 소비자는 마치 x재의 값이 실제적으로 높은 것처럼 행동한다. $\alpha(U_z^1/U_c^1)$는 무엇을 의미하는가? 이것은 α(가솔린 소비 1단위가 가져오는 외부성 수준의 증가량)에 청정한 공기를 미시기 위해 지불할 용의가 있는 한계적 가치(the marginal willingness to pay for clean air)를 곱한 것이다. 이것이 [그림 9-4]에 나타나 있다.

소비자는 외부성을 고려하지 않고 소비할 경우에 비하여 외부성을 고려하여 소비물량을 감소시킨다.

위에 주어진 1차 필요조건에 의하면 개별 소비자 i의 소비량 x는 다른 소비자들의 소비량들과 자기의 소득 수준, 소비재 1단위의 외부성 증가 비용, 그리고 그의 효용함수의 특성에 달려 있다.

$$x_i = x_i^*(y_i, x_2, x_3, \cdots, x_{i-1}, x_{1+1}, \cdots, x_n, \alpha).$$

[그림 9-4]

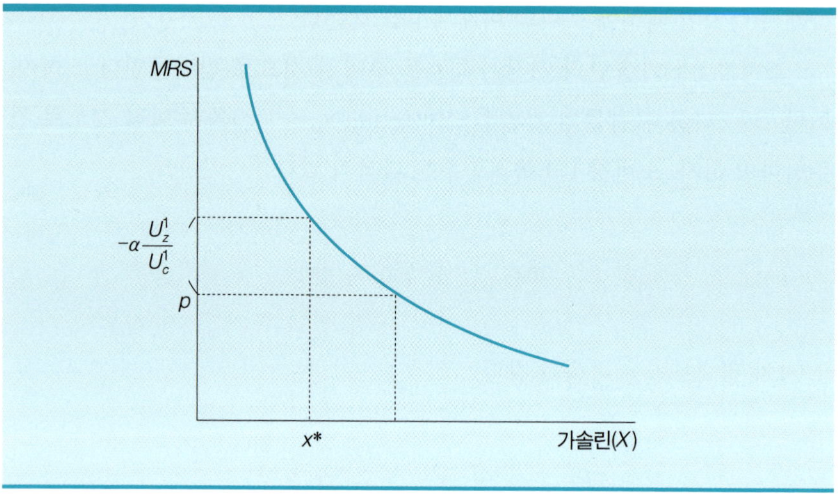

모든 소비자들의 소비함수들을 모아 연립방정식 체계로 나타내면 다음과 같다.

$$x_1 = x_1^*(y_1, x_2, x_3, \cdots, x_n, \alpha),$$
$$x_2 = x_2^*(y_2, x_1, x_3, \cdots, x_n, \alpha),$$
$$\vdots$$
$$x_i = x_i^*(y_i, x_2, x_3, \cdots, x_{i-1}, x_{i+1}, \cdots, x_n, \alpha),$$
$$\vdots$$
$$x_n = x_n^*(y_n, x_1, x_2, \cdots, x_{n-1}, \alpha).$$

위에 주어진 연립방정식 체계를 만족하는 소비자들의 소비량 벡터를 x^*라고 하자.

$$x^* = (x_1^*, x_2^*, \cdots, x_n^*).$$

위에 주어진 소비벡터 x^*는 내쉬 균형 프로필(소비벡터)이 된다. 용의자의 딜레마 게임에서 보았듯이 내쉬 균형 프로필이 항상 파레토 최적을 달성하는 균형 프로필이 되지 않는다는 것을 상기하자.

파레토 최적을 달성하기 위한 자원(가솔린)의 배분을 강구해 보자. 정부(social planner)가 소비자들에게 세금을 부과하여 징수한 예산을 기반으로 하여 가솔린 x를 소비자들에게 배분한다고 하자. 가솔린의 단위당 공급비용은 p이다. 정부는 균형재정을 꾀한다고 할 때 예산의 균형은 다음과 같이 표현된다.

$$\tau = p\chi,\ \chi = \sum_{i=1}^{n} x_i,\ \tau = \sum_{i=1}^{n} t_i.$$

파레토 최적 상태를 실현하기 위한 정부의 목표는 다음과 같다.

$$\begin{aligned}
&\max_{(t_1, \cdots, t_n), (x_1, \cdots, x_n)} U^1(y_1 - t_1, x_1, \alpha\chi) \\
&\text{s.t. } U^2(y_2 - t_2, x_2, \alpha\chi) \geq k_2, \\
&\quad U^3(y_3 - t_3, x_3, \alpha\chi) \geq k_3, \\
&\quad \vdots \\
&\quad U^n(y_n - t_n, x_n, \alpha\chi) \geq k_n, \\
&\quad \tau = p\chi.
\end{aligned}$$

위에 정의된 최적화 문제는 소비자 1을 제외한 다른 소비자들의 후생 수준들을 어떤 일정한 수준으로 구속시킨(묶어 놓은) 상태에서 그의 후생을 극대화하기 위한 문제이다. 즉,

$$U^i = k_i,\ \forall i \in \{2, 3, \cdots, n\}.$$

위에 주어진 최적화 문제에서 소비자 1이 달성한 후생 수준을 k_1^*라고 하자. 이 최적화 문제에서 각 소비자의 효용 수준은 다음과 같이 주어진다.

$$U^i = k_i,\ \forall i \in \{2, 3, \cdots, n\},\ U^1 = k_1^*.$$

소비자들에 주어진 이와 같은 효용 수준이 사회적 관점에서 바람직한 것인가? 이것은 모두가 동의하는 사회적 후생함수를 정의해야 하는 지난한 문제에 봉착하게 된다. 소비자 1을 제외한 다른 소비자들의 후생 수준들이 다르게 주어진 상태에서 소비자 1의 후생을 극대화하는 최적화의 문제도 파레토 효율, 즉 자원의 최적 배분을 달성한다.

λ_1을 1로 k_1을 0으로 정의하여 다음과 같이 라그랑주 함수를 정의할 수 있다.

$$L = \sum_{i=1}^{n} [\lambda_i U^i(y_i - t,\ x_i,\ ax) - k_i] + \mu(\tau - px).$$

1차 필요조건은 다음과 같다.

$$L_{t_i} = -\lambda_i U_c^i + \mu = 0,\ 1 \le i \le n, \tag{1}$$
$$L_{x_i} = \lambda_i U_x^i + \alpha \sum_{i=1}^{n} \lambda_i U_z^i - \mu p = 0,\ 1 \le i \le n. \tag{2}$$

식 (1)은 다음 식을 의미한다.

$$\mu = \lambda_i U_c^i,\ 1 \le i \le n,\ \text{특히}\ \mu = U_c^1. \tag{3}$$

결과적으로,

$$\lambda_i = \frac{U_c^1}{U_c^i},\ 1 \le i \le n. \tag{4}$$

식 (2)는 다음 식을 의미한다.

$$\lambda_i U_x^i = -\alpha \sum_{i=1}^{n} \lambda_i U_z^i + \mu p$$

$$\Rightarrow \frac{\lambda_i}{\mu} U_x^i = -\alpha \sum_{i=1}^{n} \frac{\lambda_i}{\mu} U_z^i + p$$

$$\Rightarrow \frac{\lambda_i}{U_c^1} U_x^i = -\alpha \sum_{i=1}^{n} \frac{\lambda_i}{U_c^1} U_z^i + p, \text{ by} \qquad \text{by (3)}$$

$$\Rightarrow \frac{U_c^1/U_c^i}{U_c^1} U_x^i = -\alpha \sum_{i=1}^{n} \frac{U_c^1/U_c^i}{U_c^1} U_z^i + p, \text{ by} \qquad \text{by (4)}$$

$$\Rightarrow \frac{U_x^i}{U_c^i} = -\alpha \sum_{i=1}^{n} \frac{U_z^i}{U_c^i} + p,\ 1 \le i \le n.$$

위의 식은 다음과 같이 쓰여진다.

$$\text{MRS} = p + \tau,\ \tau = -\alpha \upsilon, \text{ and } \upsilon = \sum_{i=1}^{n} \frac{U_z^i}{U_c^i}.$$

여기서 υ은 청정한 공기를 얻기 위해 사회 전체가 지불할 용의를 나타낸다.

시장의 균형과 사회적 최적을 비교해 보자.

시장균형: $MRS^i(x, c) = p - \alpha \dfrac{U_z^i}{U_c^i}$,

사회적 최적: $MRS^i(x, c) = p - \alpha \sum \dfrac{U_z^i}{U_c^i} = p + \tau$, 여기서 $\tau = -\alpha \sum \dfrac{U_z^i}{U_c^i}$.

시장균형에서 개별 소비자는 가솔린 소비가 자기에게 미치는 영향만을 고려하는 데 빈하여 사회석 최적을 추구할 경우에는 자기에게 미치는 영향뿐만이 아니고 다른 사람들에게 미치는 영향까지도 고려하게 된다. $p+\tau$는 가솔린 소비에 따른 사회적 비용이다. α가 0이 아니고 청정 공기를 갖고 싶다면 사회적 비용은 사적 비용(private cost) P를 능가한다. 실제적으로는 α는 아주 작은 값을 갖고 n(population in society: 인구)은 아주 큰 값을 갖기 때문에 $\alpha(U_z^1/U_c^1)$은 무시될(negligible) 수 있는 반면에 τ는 무시될 수 없다.

1920년대 영국의 경제학자 피구(Arthur C. Pigou)는 외부성을 야기하는 경제적 행위에 대하여 세금을 부과함으로써 외부성을 교정(correction)할 수 있다고 주장하였다. 이 경우 우리가 보여 준 바와 같이 정부가 부과하는 가솔린 한 단위당 세금징수 τ는 다음과 같다.

$$\tau=-\alpha\upsilon, \text{ and } \upsilon=\sum_{i=1}^{n}\frac{U_z^i}{U_c^i}.$$

이것은 각 소비자가 해악을 가져오는 외부성을 감소시키기 위해서 지불할 용의가 있는 금액을 합하고 여기에 α를 곱한 것으로 가솔린 한 단위당 세금을 징수하는 것을 의미한다. 소비의 외부성에 세금을 부과해야 되는 정당성은 정부 조세정책에 응용된다.

생산의 외부성

생산의 외부성에 대해 살펴보자. 석탄을 사용하여 전력을 생산하는 전력산업의 예를 생각해 보자. n개의 공장($i=1, 2, \cdots, n$)이 있다. 공장 i의 비용함수는 $C^i(s_i, y_i)$이다. 여기서 y_i는 생산된 전력의 양이고 s_i는 이산화황(sulfur dioxide) 배출량에 영향을 미치는 요소의 선택을 나타내는 선택변수이다. s_i는 어떤 종류의 석탄을 사용할 것인가 또는 어떤 종류의 가스 세정기(scrubber)를 선택할 것 등을 나타내는 선택변수이다. 공장 i에서 배출되는 이산화황의 양 z_i는 다음과 같이 나타난다.

$$z_i=y_i\alpha_i(s_i).$$

여기서 $\alpha_i'(s_i)<0$ 이고, $\alpha_i''(s_i)>0$이다.

이것은 y_i가 주어진 상태에서 s_i의 수준이 증가할수록 이산화황의 양 z_i가 증가하는 것을 나타내고 있다. 물론 y_i가 증가할수록 이산화황의 양 z_i가 증가한다.

v은 이산화황을 피하기 위해 경제 전체적으로 지불할 용의(the aggregate willingness to pay)를 나타내는 이산화황 1단위의 가격이다. P는 전력 1단위의 가격이다. 정부가 석탄산업을 규제할 수가 있다고 하자. 즉, 정부는 산업 내 각 기업의 선력 생산량 y_i와 이산화황 배출량에 영향을 미치는 요소 s_i를 통제할 수 있다고 하자. 이 경우 산업을 규제하는 정부의 목적함수는 다음과 같이 주어진다.

$$\pi-v\zeta.$$

여기서 $\pi=\sum_{i=1}^{n}\pi_i$, $\pi_i=py_i-C^i(s_i,\ y_i)$, $\zeta=\sum_{i=1}^{n}z_i=\sum_{i=1}^{n}y_i\alpha_i(s_i)$: 산업 전체의 이산화황 배출량이다.

정부는 위와 같이 주어진 목적함수를 극대화하기 위해서 $(y_i)_{i\in\{1,\,2,\,\cdots,\,n\}}$와 $(s_i)_{i\in\{1,\,2,\,\cdots,\,n\}}$을 선택한다. 즉,

$$\max_{(y_1,\,y_2,\,\cdots,\,y_n),\,(s_1,\,s_2,\,\cdots,\,s_n)}\pi-v\zeta.$$

선택변수 y_i에 1차 필요조건은 다음과 같다.

$$p - C^i_{y_i} - \upsilon\alpha_i(s_i) = 0,\ 1 \le i \le n. \tag{5}$$

위 식은 공장 i의 생산량은 다음과 같이 선택되어야 함을 나타낸다.

$$p = C^i_{y_i} + \upsilon\alpha_i(s_i).$$

여기서 오른쪽 항은 공장 i의 사회적 한계비용을 의미한다. 정부는 전력 생산의 사회적 한계비용으로 전력가격을 설정하고자 한다.

선택변수 s_i에 대한 1차 필요조건은 다음과 같다.

$$-C^i_{s_i} - \upsilon y_i \alpha_i'(s_i) = 0,\ 1 \le i \le n. \tag{6}$$

위 식을 y_i로 나누면 다음 식을 얻게 된다.

$$\frac{1}{y_i} C^i_{si} = -\upsilon\alpha_i'(s_i). \tag{7}$$

여기서 왼쪽 항은 평균비용을 s_i에 대하여 편미분한 것이다. s_i가 증가할 때 평균비용이 체증한다고 하자. 오른쪽 항은 s_i 1단위가 한계적으로 증가할 때 이것이 기여한 오염 감소의 한계적 가치이다. α_i가 체감하는 함수이므로 s_i가 증가할 때 이것이 기여한 오염감소의 한계적 가치는 감소한다. 사회적 적정 생산량 s_i^*는 방정식 (7)을 만족해야 된다. 이것이 [그림 9-5]에 나타나 있다.

개별 공장이 사회적 입장에서 최적으로 전력을 생산하도록 하기 위해서는 이산화황 1단위 배출당 υ을 세금으로 내게 하고 전력 1단위당 p의 가격으

[그림 9-5] s_i의 사회적 적정 생산량

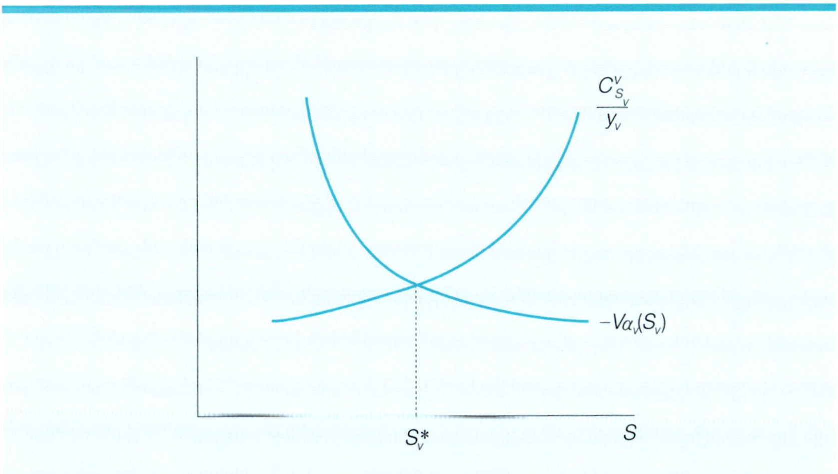

로 사주는 것이다. 이 경우 공장 i의 이윤함수는 다음과 같다.

$$\pi_i = py_i - C^i(s_i, y_i) - vy_i\alpha_i(s_i).$$

공장 i의 이윤극대화를 위한 1차 필요조건은 사회적 후생 극대화를 위한 1차 필요조건과 동일한 조건이 된다. 이것이 사회적 후생을 극대화하기 위한 피구의 세금(Pigouviam tax) 아이디어다.

개별 공장이 사회적으로 최적의 전력 생산을 유도하기 위한 다른 방법을 생각해 보자. 각 공장에게 일정량의 이산화황 배출 권한을 부여하고 이 권한을 공장들 간에 사고 팔 수 있게 만들고 전력 1단위를 p의 가격으로 사주는 경우를 생각해 보자. 이산화황 1단위 배출 권한의 가격을 q라고 하자. 각 공장은 갖고 있는 배출 권한은 K로 주어져 있다. 이 경우 공장 i의 이산화황 배출 권한의 시장가치 v는 다음과 같다.

$$v=kq-qy_i\alpha_i(s_i).$$

공장 i의 이윤함수는 다음과 같이 주어진다.

$$\pi_i=py_i-C^i(s_i, y_i)+v.$$

v이 q와 같다면 공장 i의 이윤 극대화를 위한 1차 필요조건은 사회적 후생 극대화를 위한 1차 조건과 동일하다.

참고문헌

Card, David, unpublished lecture notes for Microeconomics.

10

기제의 설계

지금까지 우리는 정보의 비대칭성 하에서 일어나는 역선택(adverse selection)과 도덕적 해이(moral hazard)의 문제를 살펴보았다. 여기서 주인은 대리인이 가지고 있는 숨겨진 정보와 숨겨진 행동을 끌어내야 하는 제약조건 하에서 자기의 이윤을 극대화할 수 있는 계약을 설계하였다. 본장에서는 이러한 계약의 설계를 포함하는 보다 포괄적인 기제의 설계(mechanism design)를 살펴보고자 한다. 기제의 설계를 이해하기 위해서 기제 설계의 예를 몇 가지 들어보자. 당신이 여러 명의 친구들과 디불이 같이 어울릴 장소를 물색한다고 하자. 선택이 가능한 장소들로 주점(bar), 식당(restaurant), 극장, 그리고 나이트 클럽 등이 있다고 하자. 당신과 더불어 친구들의 선호가 서로 다른 상태에서 친구들 간에 합의를 이끌어 내는 것은 쉽지 않다. 합의를 이끌어 내는 데 더욱더 어려운 점은 각 개인의 선호가 공개적으로 알려지지 않은 사적 정보라는 것이다. 이 문제를 풀기 위한 기제는 여러 가지가 있을 수 있다. 하나의 가능한 기제는 여러 개의 선택 가능한 장소들 중에서 두 개를 선택하고 사람들로 하여금 하나를 선택하게 하고, 이것과 다른 선택 가능한 것을 선택하도록 하면서 이 과정을 되풀이하여 최종적으로 장소를 선택하는 것이다. 이 기제가 첫 번째 당면한 문제는 기제를 선택하는 사람이 누가 되어야 하는가이다. 즉, 기제의 설계자(mechanism designer)를 누가 할 것인가에 대해 결정해야 되는 친구들 간의 교섭 문제가 대두된다. 두 번째 당면한 문제는 각 개인이 장소 선택의 각 과정에서 자기의 사적 효용, 즉 사적 정보를 자기의 만족을 극대화시키기 위해서 활용한다는 점이다.

지금 n명의 주민이 교량(bridge)이라고 하는 공공재(public good)를 건설할 것인지를 결정하는 상황에 있다고 하자. 교량의 건설비용은 n명의 주민들이 부담한다고 하자. 교량 건설과 관련한 주민들, 각자의 선호를 알고 있는 상황에서는 의사결정은 쉽게 일어날 수 있다. 즉, n명의 주민들이 교량 건설로 갖는 혜택이 주민들이 부담하는 비용보다 크다고 하자. 이 경우 교량 건설의 결정은 경제적으로 효율적인 의사결정이 된다. 하지만 주민들 각자가 교량 건설의 비용을 덜 부담하기 위하여 자기의 선호를 낮게 표출한다면 교량 건설로 인하여 주민들이 갖는 혜택이 그들이 부담하는 비용보다 큰데도 불구하고 교량을 건설하지 못하는 경제적 비효율성이 발생한다. 여기서 교량 건설을 주도하는 기제의 설계자가 당면한 첫 번째 문제는 주민들 각자에게 교량 건설에 관한 각자의 선호를 묻는 것이다. 주민들 각자는 자기의 선호를 정직하게 밝히는 것이 자기의 이익에 부합할 때에만, 선호를 정직하게 기제의 설계자에게 밝힐 것이다. 따라서 기제의 설계자는 주민들 각자가 자기의 선호를 정직하게 밝히도록 유도할 수 있게 기제를 설계해야 된다. 따라서 기제는 정보의 유인양립 제약조건(informational incentive compatibility constraint)을 만족해야 된다.

판매자가 하나의 불가분의 재화를 여러 명의 구매자들을 대상으로 판매한다고 하자. 재화를 획득한 당사자는 판매자에게 돈을 지불해야 된다. 물론 판매자는 구매자들 중에서 가장 높은 가격을 지불할 용의가 있는 구매자에게 재화를 판매하기 원할 것이다. 여기서 판매자인 주인이 당면한 문제는 구매자들 중에서 누가 재화의 가치를 가장 높게 평가하는지 모른다는 것이다. 즉, 주인은 재화를 구매하기 위하여 시장에 참여하는 사람들의 선호를 모르고 있는 반면에 구매의 용의가 있는 사람들은, 각 사람이 재화의 가치에 대한 자기의 사적 정보를 갖고 있다. 이 사적 정보를 우리는 구매자의 타입이라고 부른다. 이 경우에도 주인, 즉 기제의 설계자가 직면한 문제는 구매자들로 하여금 그들이 가지고 있는 사적 정보를 정직하게 밝힐 수 있도록 기제를 설계하는 것이다. 교량 건설의 예에서와 같이 기제는 정보의 유인양립 제약조건을 만족해야 된다.

또한 기제설계의 예는 민주적 제도에서 행해지는 투표제도의 설계에서 찾아볼 수 있다.

10-1 간접기제와 베이스 내쉬 균형

교역게임(trading game)의 예를 가지고 베이스 균형과 간접기제를 살펴보자. 하나의 재화를 판매하고자 하는 판매자와 그 재화를 구매할 의향이 있는 잠재적인 구매자가 있다고 하자. 이 예에서 각 개인은 재화의 가치에 대한 사적 정보를 가지고 있다고 하자. 판매자가 재화의 가치를 0달러 또는 80달러로 평가하고 있는 반면에, 구매자는 재화의 가치를 20달러 또는 100달러로 평가하고 있다고 하자.

각 개인은 재화의 가치에 대한 상대방의 평가를 알지 못하지만 상대방의 재화가치 평가에 대한 분포를 알고 있다고 하자. 구매자는 판매자가 재화의 가치를 0달러로 평가할 확률이 1/2이고 80달러로 평가할 확률이 1/2이라고 생각한다고 하자. 또한 판매자는 구매자가 재화의 가치를 20달러로 평가할 확률이 1/2이고 100달러로 평가할 확률이 1/2이라고 생각한다고 하자. 상대방의 재화가치 분포에 대한 믿음은 주지의 사실(common knowledge)이라고 하자.

각 교역자에게 있어, 보다 많은 가격들에서 교역을 하고자 하는 당사자는 약한 타입의 사람이라고 할 수 있다. 반면에 보다 많은 가격들에서 교역을 하기를 원하지 않는 당사자는 강한 타입의 사람이라고 할 수 있다.

판매자가 재화의 가치를 80달러로 평가하고 있다고 하자. 이 경우 판매자는 재화의 값이 80달러보다 높을 경우에 교역을 하려고 할 것이다. 반면에 판매자가 재화의 가치를 0달러로 평가하고 있다면, 그는 재화의 값이 0달러보다 높을 경우 교역을 하려고 할 것이다. 따라서 판매자가 재화의 가치를 80달러로 평가할 경우, 그는 강한 타입이 된다. 반면에 판매자가 재화의 가치를 0달러로 평가하고 있다면, 그는 약한 타입이 된다. 마찬가지 논리로 구매자가 재화의 가치를 100달러로 평가하고 있다면 그는 약한 타입이라고 할 수 있고, 반면에 20달러로 평가하고 있다면 그는 강한 타입이라고 할 수 있다.

판매자와 구매자 사이에 거래를 중재하는 중재자(mediator)가 있다고 하자. 이 중재자는 각 교역당사자에게 재화의 가치를 묻고 구매자의 재화가치가 판매자의 것보다 높을 때 확률 1로 거래를 성사시키고 거래가격은 두 당사자의 가치를 평균한 것으로 설정한다고 하자. 구매자의 재화가치가 판매자의 것보다 낮을 경우에는 거래가 성사될 확률은 0이고 거래가격은 정해지지 않는다고 하자. 이것이 중재자의 중재계획(mediation plan)이다. 이 중재계획이 [표 10-1]에 나타나 있다.

[표 10-1]에서 네 개의 칸은 두 교역당사자가 중재자에게 보고한 타입의 조합에 상응하여 거래가 일어날 확률과 거래가격을 나타내고 있다. 각 칸(cell)의 첫 번째 숫자는 거래가 일어날 확률이고 두 번째 숫자는 거래가격이다.

중재자의 중재계획이 주어진 상태에서, 이 게임은 베이스 게임(bayesian game)이 된다. 왜냐하면 각 교역당사자는 자신의 타입은 알지만 상대방의 타

[표 10-1] 중재자의 중재계획

		구매자의 가치	
		$20	$100
판매자의 가치	$80	(0, *)	(1, $90)
	$0	(1, $10)	(1, $50)

입을 모르고 있기 때문이다.

각 교역당사자는 상대방의 타입의 분포를 알고 있다. 이 게임에서 베이스 내쉬 균형은 여러 개가 있을 수 있다. 이 중에서 하나의 균형은 구매자가 정직하게 자기의 가치를 밝히는 데 반하여, 판매자는 자기가 강한 타입, 즉 재화의 가치가 80달러라고 중재자에게 밝히는 것이다. 두 교역당사자의 베이스 내쉬 균형전략을 수식으로 표현하면 다음과 같다.

$$B_s(\theta=0)=80,\ B_s(\theta=80)=80,$$
$$B_b(\theta=20)=20,\ B_b(\theta=100)=100.$$

여기서 B_s는 판매자의 타입의존적인 전략을 나타내고, B_b는 구매자의 타입의존적인 전략을 나타낸다. 또한 θ는 타입을 나타낸다.

위에 주어진 두 교역당사자의 베이스 전략이 균형전략 프로필이 되는 이유는 다음과 같다. 구매자의 전략이 주어진 상태에서, 구매자가 재화의 가치를 20달러라고 중재자에게 보고할 확률은 1/2이고, 또한 구매자가 재화의 가치를 100달러라고 보고할 확률은 1/2이다.

이 경우 판매자의 최적 전략은 자기의 타입에 관계없이 항상 중재자에게 80달러라고 보고하는 것이다. 판매자가 약한 타입인 경우, 중재자에게 재화의 가치가 0달러라고 보고할 경우 판매자의 기대보수는 0.5(10−0)+0.5(50−0)=30이 되는 데 반하여, 강한 타입인 척하면 그의 보수는 0.5(90−0)=45가 된다. 따라서 판매자는 자기의 타입이 약한 타입일 경우 강한 타입인 것처럼 위장하여 재화의 가치가 80달러라고 중재자에게 보고하게 된다. 마찬가지 논리로 판매자는 강한 타입일 경우 약한 타입인 것처럼 위장할 필요가 없다. 판매자의 전략이 주어진 상태에서 구매자의 최적 전략은 자기의 타입을 정직하게 중재자에게 보고하는 것이다. 왜냐하면 구매자는 자기의 타입을 중재자에게 정직하게 보고하는 것이 그렇지 않은 경우에 비하여 자기에게 이익이 되기 때문이다.

판매자가 자기의 타입을 중재자에게 정직하게 보고하는 반면에 구매자는 주어진 자기의 타입에 상관없이 항상 강한 타입인 것처럼 위장하여 재화의 가치가 20달러라고 중재자에게 보고하는 전략 프로필도 베이스 내쉬 균형이라는 것을 우리는 보일 수 있다. 이 경우 베이스 내쉬 균형 프로필은 다음과 같이 주어진다.

$$B_s(\theta=0)=0,\ B_s(\theta=80)=80,$$
$$B_b(\theta=20)=20,\ B_b(\theta=100)=20.$$

위에 주어진 전략 프로필이 베이스 내쉬 균형 프로필이 된다는 사실을 독자 스스로 보여 주기 바란다. 두 교역당사자가 각각 타입이 주어진 상태에서 혼합전략을 쓸 경우에도 우리는 베이스 내쉬 균형을 찾아 낼 수 있다. 이것 역시 독자 스스로 찾아보기 바란다.

지금까지 설명한 중재자의 중재계획은 간접기제(indirect mechanism)라고 할 수 있다. 중재자는 두 교역자 각각의 보고를 토대로 재화가 거래될 확률과 가격을 결정한다. 이 중재계획을 일반화시켜 보자. 중재자 또는 기제설계자의 간접기제에 다수의 개인들이 참여한다고 하자. 기제의 설계자 또는 주인이 설계한 간접기제 또는 베이스 게임의 형태가 주어진 상에서 사적 정보를 가진 개인들은 각자의 사적 정보 또는 타입에 의존하는 메시지를 주인에게 보내고 주인은 개인들로부터 받은 메시지에 따라 게임의 결과를 확정한다. 두 교역상대자를 대상으로 하는 기제의 경우 게임의 결과는 거래확률과 가격이다. [그림 10-1]은 간접기제 또는 베이스 게임 형태를 나타내고 있다.

[그림 10-1] **간접기제**

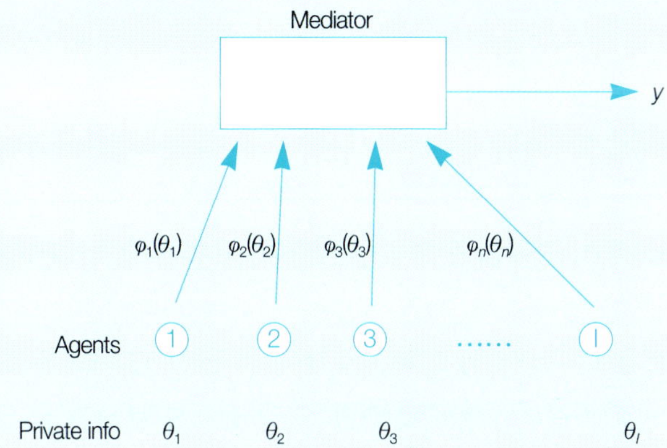

각 개인 i는 자기의 타입에 상응하는 베이스 전략 $\varphi_i(\theta_i)$를 기제의 설계자에게 보내고 있다. 기제의 설계자는 이것들에 상응하는 게임의 결과를 확정하고 있다.

10-2 현시원리와 직접기제

본장의 전절에서 본 바와 같이, 우리는 중재자의 중재계획, 즉 간접기제가 주어진 상태에서 각 교역당사자의 보고전략(reporting strategy), 즉 베이스 전략을 살펴보았다. 다시 말해, 간접기제, 즉 게임의 형태가 주어진 상태에서 여러 개의 베이스 내쉬 균형이 존재하고 있음을 보았다. 이 중에서 하나의 균형, 즉 구매자는 중재자에게 자기의 타입을 정직하게 보고하는 데 반하여, 판매자는 자기의 타입에 관계없이 항상 강한 타입인 것처럼 중재자에게 보

[표 10-2] 유인양립적인 중재자의 중재계획 1

		구매자의 가치	
		$20	$100
판매자의 가치	$80	(0, *)	(1, $90)
	$0	(0, *)	(1, $90)

고하는 전략 프로필의 결과와 동일한 결과를 가져오는 중재자의 중재계획이 [표 10-2]에 나타나 있다.

위 중재계획 하에서 판매자는 자기의 타입이 약한 경우 자기의 타입을 위장하여 중재자에게 보고할 유인이 없다. 이 중재계획 하에서 양 교역당사자는 각각 자기들의 타입을 위장할 유인이 존재하지 않는다. 이것을 보다 구체적으로 살펴보자. 구매자가 자기의 타입을 중재자에게 정직하게 보고하는 한 판매자는 자기의 타입을 위장할 필요가 없다. 판매자의 타입이 약할 경우, 판매자는 자기의 타입이 강하다고, 즉 재화의 가치가 80달러라고 중재자에게 보고할 유인이 존재하지 않는다. 왜냐하면 약한 타입의 판매자가 강한 타입인 것처럼 위장하여 중재자에게 보고한다고 하더라도 정직하게 보고하는 것에 비하여 보수가 증가하지 않기 때문이다. 물론 강한 타입의 판매자도 약한 타입인 것처럼 위장하여 중재자에게 재화의 가치를 보고할 유인을 갖고 있지 못하다. 판매자가 자기의 타입을 중재자에게 정직하게 보고하는 한 구매자 역시 자기의 타입을 위장하여 판매자에게 보고할 유인을 가지고 있지 못하다. 따라서 이 중재계획은 정보의 유인양립 제약조건을 만족하고 있다. 또한 이 중재계획은 두 교역당사자의 참여 유인조건(participational incentive constraint)을 만족하고 있다. 왜냐하면 각 교역당사자는 자기의 타입이 주어진 상태에서, 상대방이 정직하게 자기의 타입을 중재자에게 보고하는 한, 교역계획에 참여하는 것이 참여하지 않는 경우에 비하여 이롭기 때문이다.

지금까지의 설명을 요약하면, 교역계획의 간접기제, 즉 베이스 게임의 형태가 주어지면, 이에 상응하는 베이지언 균형 프로필이 존재한다는 것이고, 이 균형 프로필이 가져오는 결과와 동일한 결과를 가져오는 기제, 즉 직접기제(direct mechanism)를 구축할 수 있다는 것이다. 이 직접기제는 모든 교역당사자가 자기의 타입을 위장하지 않고 정직하게 중재자에게 보고하는 유인양립 제약조건을 만족시키면서 동시에 두 교역당사자들의 참여 제약조건을 만족한다. 간접기제의 결과를 동일하게 재현할 수 있는 직접기제가 존재한다는 사실을 우리는 현시원리(revelation principle)라고 부른다.

현시원리를 보다 공식적으로 설명하여 보자. 경제주체(economic agent)는 주어진 경제 상황 하에서 사적 정보를 포함한 모든 가용자원을 활용하여 자기의 후생을 극대화시킨다. 경제주체들이 가지고 있는 각각의 사적 정보가 문제가 되는 상황에서, 주인 또는 기제의 설계자가 그와 경제 주체들 사이에 소통의 통로를 갖는 기제 또는 게임의 형태를 설계한다고 하자. 이 게임을 우리는 간접기제라고 부르고, 이 간접기제는 여러 개의 베이스 내쉬 균형 메시지 프로필을 갖는다. 만약에 우리가 베이스 내쉬 균형 메시지 프로필의 치역(range)을 경제주체들의 사적 정보, 즉 타입 공간(type space)으로 제한하면 직접기제를 얻을 수 있다. 이 직접기제에서 베이스 내쉬 균형은 각 경제주체가 자기의 타입을 정직하게 기제의 설계자에게 보고하는 것이다.

전절에서 설명한 바와 같이 기제의 설계자가 다수의 개인들을 대상으로 하는 직접기제를 설계한다고 하자. 이 경우 사적 정보를 가지고 있는 개인들은 각각 자기의 사적 정보를 기제의 설계자에게 보고하고 기제의 설계자는 각 개인의 베이스 보고전략(bayesian reporting strategy)을 계산하여, 이에 근거한 게임의 결과를 확정한다. 따라서 각 개인은 자기의 사적 정보를 위장하여 거짓된 정보를 주인에게 보고할 유인을 갖지 못한다. 즉, 다른 개인들이 정직하게 그들의 타입을 주인에게 보고하는 한, 한 개인은 자기의 타입을 위장하

[그림 10-2] **직접현시기제**

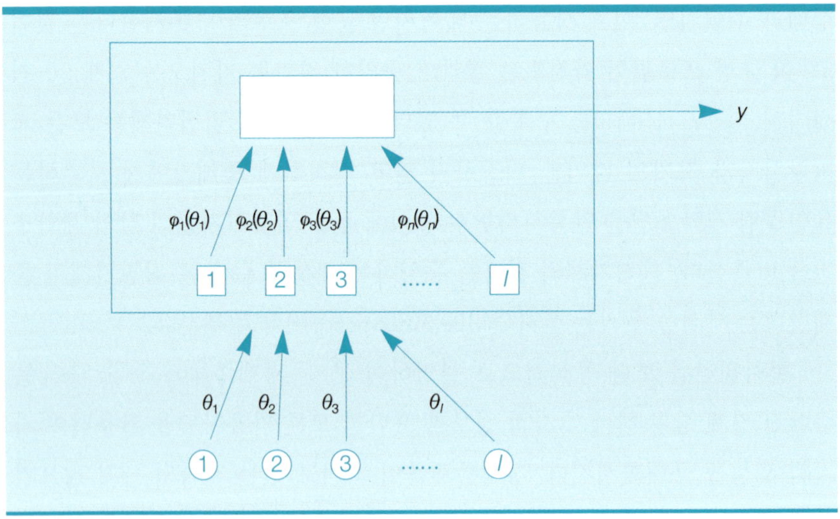

여 부정직하게 주인에게 보고할 유인이 없다. 이 직접기제에서 베이스 내쉬 균형 프로필은 각 개인이 정직하게 자기의 타입을 기제의 설계자에게 보고하는 것이다. 지금까지 설명한 직접현시기제(direct revelation mechanism)를 [그림 10-2]에 나타내었다.

10-3 유인효율적인 기제

현시원리에 의해서 우리는 기제를 설계하는 데 있어, 간접기제 대신에 정보의 유인양립 제약조건과 참여 제약조건을 만족하는 직접기제의 설계에 초점을 맞출 수 있게 되었다. 두 교역당사자를 대칭적으로 취급한 중재자 또는 기제 설계자의 중재계획, 즉 기제의 예를 들어 보자. 이 예가 [표 10-3]에

[표 10-3] **두 교역당사자를 대칭적으로 취급한 중재자의 중재계획**

		구매자의 가치	
		$20	$100
판매자의 가치	$80	$80 (0, *)	(q, $100-y)
	$0	$0 ($q$, $y)	(1, $50)

나타나 있다.

[표 10-3]에서 네 개의 칸은 두 교역당사자의 타입의 조합에 상응하여 거래가 일어날 확률과 거래가격을 나타내고 있다. 각 칸의 첫 번째 숫자는 거래가 일어날 확률이고 두 번째 숫자는 거래가격이다. 예를 들어, 판매자의 재화의 가치가 80달러이고 구매자의 재화의 가치가 100달러일 때 교역이 일어날 확률은 q이고, 거래가격은 $(100-y)$달러이다. 강한 타입의 판매자(구매자)가 약한 타입의 구매자(판매자)를 만났을 때 교역이 일어날 확률은 q이다. 이 경우 교역당사자가 누구이든 약한 타입의 기대수입은 y달러이고 강한 타입의 기대수입은 $(20-y)$달러이다. 두 교역당사자가 약한 타입일 경우, 즉 판매자의 재화가치가 0이고 구매자의 재화가치가 100달러인 경우, 교역이 일어날 확률은 1이고 거래가격은 50달러이다. 이 경우 두 교역당사자는 각각 50달러의 기대보수를 갖게 된다. 따라서 [표 10-3]의 중재계획은 두 교역당사자를 대칭적으로(symmetrically) 취급한 기제이다.[1)]

이 기제가 유인양립적인 기제(incentive compatible mechanism)가 되기 위해서

1) 중재계획이 대칭적이라는 사실을 수식으로 표현하면 다음과 같다. 두 교역당사자의 메시지 프로필에 상응하는 거래가 일어날 확률과 각 교역당사자의 효용은 다음과 같다.

- 메시지 프로필들 (80, 100)과 (0, 20)에 상응하여 거래가 일어날 확률은 q이고 메시지 프로필 (0, 100)에 상응하여 거래가 일어날 확률은 1이다. 또한 메시지 프로필 (80, 20)에 상응하여 거래가 일어날 확률은 0이다.
- $u_1(80, 100)=u_2(0, 20)=20-y$, $u_1(0, 20)=u_2(80, 100)=y$, $u_1(0, 100)=u_2(0, 100)=50$, $u_1(80, 20)=u_2(80, 20)=0$. 여기서 u_1은 판매자의 효용, u_2는 구매자의 효용이다.

는 첫째 확률 제한조건(probability constraint)을 만족해야 된다.

$$0 \leq q \leq 1.$$

여기서 확률 q는 구매자가 획득할 수 있는 재화의 조건부 기대수량으로 해석될 수 있다. 따라서 확률 제한조건은 자원 제약조건으로 해석될 수 있다.

강한 타입의 교역자, 그가 판매자이든 구매자이든, 교역에 참여하기 위해서는 다음 조건을 만족해야 된다.

$$y \leq 20.$$

위 조건을 판매자가 강한 타입인 경우를 예를 들어 설명해 보자. 판매자의 재화의 가치, 즉 사적 정보가 80달러인 경우 교역계획에 참여했을 때 기대되는 0달러 이상의 보수가 발생하는 경우는 약한 타입의 구매자를 만나는 경우인데, 그의 기대보수는 $(100-y-80)$달러이다.

따라서 강한 타입의 판매자의 기대보수가 0달러 이상이 되기 위해서는 y가 20달러보다 작거나 같아야 한다. 강한 타입의 구매자의 경우에도 마찬가지 논리가 적용된다. 교역당사자가 약한 타입일 경우에는, 그가 판매자이든 구매자이든 상관없이 항상 교역계획에 참여하게 된다.

마지막으로 유인양립 제약조건을 찾아보자. 위에 주어진 중재계획에서 교역당사자가 자기의 타입을 위장하는 경우는 자기의 타입이 약한 경우이다. 구매자가 자기의 타입을 정직하게 밝히는 경우 약한 타입의 판매자가 자기의 타입을 정직하게 밝히기 위해서는 다음 조건을 만족해야 된다.

$$0.5qy+0.5(50)\geq 0.5q(100-y)\Rightarrow q\leq \frac{25}{50-y}.$$

약한 타입의 구매자가 자기의 타입을 정직하게 밝히기 위한 조건도 위의 오른쪽의 조건과 동일하다는 것을 보일 수 있다.

교역의 중재자 또는 기제의 설계자가 설계한 기제(mechanism)가 위에 열거한 조건 중 정보의 유인양립 제약조건을 만족하는 한, 즉 상대방이 정직하게 그의 타입을 밝히는 한 교역당사자는 정직하게 중재자에게 자기의 타입을 밝히는 것이 최적의 전략이 된다. 이 직접기제에서 베이스 내쉬 균형은 각 경제주체가 자기의 타입을 정직하게 기제의 설계자에게 보고하는 것이다.

기제의 설계자가 기제를 설계할 때 각 교역당사자가 가지고 있는 재화의 가치에 대한 사적 정보를 알지 못한다. 기제의 설계자는 단지 각 교역당사자의 재화가치에 대한 사적 정보의 분포를 알고 있다. 각 교역당사자의 재화의 가치에 대한 사적 정보가 결정되기 전에 위에 주어진 교역계획이 가져오는 각 교역당사자의 기대보수는 다음과 같다.

판매자의 기대보수: $\frac{1}{4}\{q(100-y-80)\}+\frac{1}{4}(qy)+\frac{1}{4}(50)=5q+12.5.$

구매자의 기대보수: $\frac{1}{4}\{q(100-(100-y))+\frac{1}{4}\{q(20-y)\}+\frac{1}{4}(50)=5q+12.5.$

구매자와 판매자의 사전적 기대보수(ex-ante expected payoff)는 동일하다. 두 교역당사자의 사전적 기대보수를 극대화시키기 위해서는 q를 극대화시켜야 한다. 참여 제약조건과 유인양립조건을 동시에 만족하면서 q를 극대화시키기 위해서는 y가 20이 되어야 한다. 이 경우 q는 5/6이다.

교역당사자의 사전적 기대보수를 극대화시키는 교역계획 또는 기제가 [표 10-4]에 나타나 있다. 이 기제를 우리는 홀름스트롬과 마이어슨(Holmstrom

[표 10-4] 교역당사자의 사전적 기대보수를 극대화시키는 교역계획

		구매자의 가치	
		$20	$100
판매자의 가치	$80	(0, *)	(5/6, $80)
	$0	(5/6, $20)	(1, $50)

and Myerson)을 따라 사전적으로 효율적인 기제(ex-ante efficient mechanism)라고 부른다. 물론 이 기제는 위에 제기된 유인양립적인 기제가 되기 위한 조건들을 만족해야 된다. 두 교역자의 타입이 결정되기 전, 즉 사전적으로 계산된 각 교역자의 기대효용은 [0+0+(5/6)20+(1)50]/4=16.67이다. 사실상, 두 교역당사자에게 보다 높은 사전적 기대효용을 가져오는 유인양립적인 기제는 있을 수 없다.

유인효율적인 기제(incentive efficiency mechanism)의 개념은 특정한 자원배분에 응용되는 개념이 아니고, 자원의 배분이 사람들이 가지고 있는 사적 정보에 어떻게 의존하는지를 결정하기 위한 기제에 응용된다. 또한 이 개념은 사람들에게 어떤 다른 기제가 더 나은지를 찾아 내는 데 있어 유인 제약조건을 고려한다. 사전적 유인효율적인 기제(ex-ante incentive efficiency mechanism)에서 각 개인의 후생은 누구든 그의 타입을 알기 전에 사전적으로 평가된다.

[표 10-4]에 주어진 사전적 유인효율적인 기제는 판매자가 자기의 타입이 강하다는 것을 아는 경우에는 그에게 불리한 계획이 된다. 왜냐하면 이 기제는 강한 타입의 판매자에게 0달러의 기대보수를 가져오기 때문이다. 따라서 기제에 참여하는 사람들이 자기들의 타입들을 사적 정보로 가지고 있을 경우에는 다른 개념의 유인효율적인 기제를 허용해야 된다.

[표 10-3]과 같은 기제가 주어진 상태에서, 이 기제가 위에 열거한 유인제한 조건들(incentive constraints)을 만족시킨다고 하자. 이 기제 하에서 각 교역

자의 타입에 상응하는 기대보수는 다음과 같다.

$$S_{80}=\frac{1}{2}q(100-y-80)=\frac{1}{2}q(20-y),\ S_0=\frac{1}{2}qy+\frac{1}{2}(1)50=\frac{1}{2}qy+25,$$

$$B_{20}=\frac{1}{2}q(20-y),\ B_{100}=\frac{1}{2}q(100-(100-y))+\frac{1}{2}(1)50=\frac{1}{2}qy+25.$$

여기서 S_{80}은 재화의 가치를 80달러로 평가하고 있는 판매자의 기대보수, S_0는 재화의 가치를 0달러로 평가하고 있는 판매자의 기대보수, B_{20}은 재화의 가치를 20달러로 평가하고 있는 구매자의 기대보수, B_{100}은 재화의 가치를 100달러로 평가하고 있는 구매자의 기대보수이다.

교역자가 누구든 강한 타입의 기대보수는 동일하다. 마찬가지로 교역자가 누구든 약한 타입의 기대보수는 동일하다. 재화의 가치에 대한 사적 정보를 교역자들을 상대로 기제를 설계하고자 하는 기제설계자의 목적함수를 다음과 같이 정의하자.

기제설계자의 목적함수: $\lambda_1 S_{80}+\lambda_2 S_0+\lambda_3 B_{20}+\lambda_4 B_{100}.$

여기서 $\lambda_i(i=1, 2, 3, 4)$는 각 교역자의 각 타입에 상응하는 가중치이다.

교역자가 누구이든 강한 타입의 기대보수가 동일하고, 약한 타입의 보수가 동일하기 때문에 위 목적함수를 다음과 같이 쓸 수 있다.

기제설계자의 목적함수: $\gamma_1 S_{80}+\gamma_2 S_0=\gamma_1\frac{1}{2}q(20-y)+\gamma_2\frac{1}{2}qy+25.$

여기서 $\gamma_1=\lambda_1+\lambda_3,\ \gamma_2=\lambda_2+\lambda_4$이다.

기제의 설계자는 유인제한조건 하에서 위 목적함수를 극대화시키기 위해 y와 q를 선택한다. 분석의 편의를 위해서 가중치 γ_1과 γ_2의 합이 1이라고 하자. 정보의 유인양립조건이 주어진 상태에서 라그랑주 함수를 꾸며 보자.

$$L=\gamma_1\frac{1}{2}q(20-y)+\gamma_2\frac{1}{2}qy+25+\lambda\left(\frac{25}{50-y}-q\right)$$
$$=-qy\gamma_1+\frac{1}{2}qy+10q\gamma_1+25+\lambda\left(\frac{25}{50-y}-q\right).$$

위 라그랑주 함수에서 라그랑주 승수가 0보다 크기 위해서는, 즉 정보의 유인양립 제약조건이 의미가 있기 위해서는 $q=25/(50-y)$가 되어야 한다. 이 사실을 이용할 경우 라그랑주 함수는 다음과 같이 쓰여진다.

$$L=-\frac{25y}{50-y}\gamma_1+\frac{1}{2}\cdot\frac{25y}{50-y}+10\cdot\left(\frac{25}{50-y}\right)\gamma_1+25$$

$$=\frac{1}{2}-\gamma_1\cdot\frac{25y}{50-y}+10\gamma_1\cdot\frac{25}{50-y}+25.$$

위 목적함수를 극대화시키기 위해서 선택변수 y에 관한 1차 조건을 만족해야 된다. 이 조건식을 만족하기 위해서는 γ_1이 0.625가 되어야 한다는 것을 보일 수 있다. 따라서 γ_2는 0.375가 되어야 한다. γ_1을 위 목적함수에 대입하여 보자.

$$L=-0.125(25)\left(\frac{y}{50-y}\right)+6.25\cdot\frac{25}{50-y}+25$$
$$=0.625(5)\frac{50-y}{50-y}+25=28.125.$$

참여 제약조건을 만족하는 y의 모든 값에 대하여 정보의 유인양립조건을 구속하는(binding) y는 다음 등식을 만족해야 된다.

$$\forall y<20 \Rightarrow q=\frac{25}{50-y}.$$

이 기제는 강한 타입의 교역자에게 사전적 유인효율적인 기제에 비하여 보다 높은 기대보수를 가져온다. 이 기제를 홀름스트롬과 마이어슨은 잠정적인 유인효율적인 기제(interim incentive efficient mechanism)라고 명명하였다. 여기서 '잠정적'이라는 형용사는 각 교역당사자가 자기 자신의 타입을 알고 있지만 다른 교역당사자의 타입을 모르는 상황에서, 우리가 각 개인의 후생을 평가하는 사실을 언급한다.

위에서 살펴본 바와 같이 잠정적인 유인효율적인 기제는 셀 수 없을 만큼 많은 기제가 있다. 기제의 설계자는 이 기제들 중 어느 것을 선택해야 되는가? 기제의 설계자가 내쉬의 일반화된 교섭의 해(natural generalization of Nash's bargaining solution)를 이용하여 기제를 설계할 경우 $y=0$, $q=1/2$이 된다. 이 기제가 [표 10-5]에 나타나 있다. 이 기제 하에서 강한 타입의 교역자의 기대보수는 5달러이고, 약한 타입의 교역자의 기대보수는 25달러이다.

[표 10-5] **내쉬의 일반화된 교섭이 해를 이용한 중새자의 중재계획**

		구매자의 가치	
		\$20	\$100
판매자의 가치	\$80	(0, *)	(1/2, \$100)
	\$0	(1/2, \$0)	(1, \$50)

10-4 기제설계의 일반모형

계약 또는 게임에 참여하는 경기자 또는 대리인들이 I명이 있고, 이 집합을 I라고 하자. $I=\{1, \cdots, I\}$. 경기자 또는 대리인 i의 가능한 타입집합을 Θ_i라고 하자. 대리인 i의 사적 정보인 타입 θ_i는 타입집합 Θ_i의 원소이다. 타입 프로필 θ는 타입집합들의 카티지언 곱(cartesian product) Θ의 원소이다. 즉,

$$\Theta=\Theta_1 \times \cdots \times \Theta_I,$$
$$\theta=(\theta_1, \cdots, \theta_I)=(\theta_{-i}, \theta_I)\in\Theta, \theta_{-i}\in\Theta_{-i}=\times_{j\neq i}\Theta_j.$$

대리인들의 타입이 상호 독립적인 확률변수들이라고 가정하자. P_i는 대리인 i의 타입분포를 가리킨다. 타입 프로필 θ가 일어나 확률 또는 확률밀도(probability density)를 $P(\theta)$라고 하자. 즉,

$$P(\theta)=\Pi_{i\in I}P_i(\theta_i).$$

대리인 i 이외의 사람들의 타입 프로필 θ_{-i}의 확률 또는 확률밀도는 다음과 같이 주어진다.

$$P_{-i}(\theta_{-i})=\Pi_{j\neq i}P_j(\theta_j).$$

기제의 설계자에 의하여 할당된 것들 또는 교역조건들의 집합을 X라고 하자. 경기자 i의 효용함수(utility function)는 X와 Θ의 카티지언 곱을 정의역(domain)으로 하고 실수집합을 치역(range)으로 한다. 즉,

$$u_i : X \times \Theta \rightarrow R.$$

하나의 직접현시기제(direct revelation mechanism) μ는 Θ를 정의역으로 하고 X를 치역으로 하는 함수이다.

$$\mu : \Theta \rightarrow X.$$

직접현시기제 μ가 유인양립적인 기제가 되기 위해서는 대리인 i가 자기의 타입이 θ_i일 때 자기의 타입을 솔직하게 밝힐 경우 그렇지 않은 경우에 비하여 효용이 높아야 한다. 직접현시기제 μ가 실행될 때 대리인 i의 기대효용은 자기의 주어진 타입과 기제에 달려 있다.

대리인 i가 자기의 타입을 솔직하게 밝힐 때의 기대효용은 다음과 같다.

$$U_i(\mu | \theta_i) = \sum_{\theta_{-i} \in \Theta_{-i}} P_{-i}(\Theta_{-i}) u_i(\mu(\theta), \theta).$$

대리인 i가 자기의 타입을 솔직하게 밝히지 않을 때 그의 기대효용은 다음과 같다.

$$\hat{U}_i(\mu, s_i | \theta_i) = \sum_{\theta_{-i} \in \Theta_{-i}} P_{-i}(\Theta_{-i}) u_i(\mu(\theta_{-i}, s_i), \theta), s_i \neq \theta_i.$$

직접현시기제 μ가 유인양립적인 기제가 되기 위한 필요충분조건은 다음과 같다.

$$\forall i \in 1, \cdots, I, \ \forall \theta_i \in \Theta_i, \ \forall s_i \in \Theta_i, \ U_i(\mu | \theta_i) \geq \hat{U}_i(\mu, s_i | \theta_i).$$

일반화된 기제 또는 간접기제 γ는 각 대리인 또는 경기자의 전략집합들의 카티지언 곱을 정의역으로 하고 X를 치역으로 하는 함수이다.

$$\gamma: S_1 \times \cdots \times S_I \rightarrow X.$$

이러한 간접기제의 베이스 내쉬 균형전략 프로필은 다음과 같다.

$$(\sigma_1 : \Theta_1 \rightarrow S_1,\ \sigma_2 : \Theta_2 \rightarrow S_2,\ \cdots,\ \sigma_I : \Theta_I \rightarrow S_I).$$

간접기제 γ의 임의의 내쉬 균형 프로필에 대하여, 직접현시기제를 다음과 같이 정의하자.

$$\mu(\theta)=\gamma(\sigma_1(\theta_1),\ \sigma_2(\theta_2),\ \cdots\sigma_I(\theta_I)),\ \forall\theta\in\Theta.$$

이것은 임의의 타입 프로필에 대하여 간접기제와 동등한 결과를 가져오는 유인양립적인 직접현시기제를 나타내고 있다. 이것이 전절에서 설명한 현시원리이다.

하나의 기제 μ가 다른 기제 $\hat{\mu}$에 의하여 잠정적으로 강하게 파레토 열등한 기제가 되기 위한 필요충분조건은 다음과 같다.

$$U_i(\hat{\mu}\mid\theta_i) > U_i(\mu\mid\theta_i),\ \forall i\in 1,\ \cdots,\ I,\ \forall\theta_i\in\Theta_i.$$

기제 μ가 약하게 잠정적으로 유인효율적인 기제가 되기 위한 필요충분조건은 그것이 유인양립적인 기제가 되어야 하고 다른 기제 $\hat{\mu}$에 의하여 잠정적으로 강하게 파레토 열등한 기제가 되지 말아야 한다는 것이다.

[사실] $\bar{\mu}$가 잠정적으로 유인효율적인 기제가 되기 위한 필요충분조건은 다음과 같다. 모든 대리인의 각 타입에 상응하는 가중치 $\lambda_i(\theta_i)$가 음이 아니어야 하고, 적어도 대리인들 중 누군가의 타입에 상응하는 가중치 $\lambda_i(\theta_i)$가 0보다 커야 하고, 기제 $\bar{\mu}$가 다음과 주어지는 수학적 모형의 최적 해(optimal solution)가 되어야 한다.

$$\bar{\mu} \in \text{Argmax}_{\mu:\Theta\to X} \sum_{i=1}^{I} \sum_{\theta_i \in \Theta_i} \lambda_i(\theta_i) U_i(\mu \mid \theta_i)$$

$$\text{subject to } U_i(\mu \mid \theta_i) \geq \hat{U}_i(\mu, s_i \mid \theta_i) \, \forall i \in 1, \cdots, I, \, \forall \theta_i \in \Theta_i, \, \forall s_i \in \Theta_i :$$

$(s_i \mid \theta_i)$ 유인양립 제약조건

위에 주어진 수학적 모형을 가지고 라그랑주 함수를 꾸며 보자.

$$L(\mu; \alpha) = \sum_{i=1}^{I} \sum_{\theta_i \in \Theta_i} \lambda_i(\theta_i) U_i(\mu \mid \theta_i) + \sum_{i=1}^{I} \sum_{\theta_i \in \Theta} \sum_{s_i \in \Theta_i} \alpha_i(s_i \mid \theta_i)(U_i(\mu \mid \theta_i) - \hat{U}_i(\mu, s_i \mid \theta_i))$$

$$= \sum_{\theta \in \Theta} P(\theta) \sum_{i=1}^{I} \frac{\lambda_i(\theta_i) u_i(\mu(\theta), \theta) + \sum_{s_i \in \Theta_i} \alpha_i(s_i \mid \theta_i)(u_i(\mu(\theta), \theta) - u_i(\mu(\theta_{-i}, s_i), \theta))}{P_i(\theta_i)}$$

$$= \sum_{\theta \in \Theta} P(\theta) \sum_{i=1}^{I} \frac{[\lambda_i(\theta_i) + \sum_{s_i \in \Theta_i} \alpha_i(s_i \mid \theta_i)] u_i(\mu(\theta), \theta) - \sum_{s_i \in \Theta_i} \alpha_i(s_i \mid \theta_i) u_i(\mu(\theta_{-i}, s_i), \theta)}{P_i(\theta_i)}$$

$$= \sum_{\theta \in \Theta} P(\theta) \sum_{i=1}^{I} \frac{[\lambda_i(\theta_i) + \sum_{s_i \in \Theta_i} \alpha_i(s_i \mid \theta_i)] u_i(\mu(\theta), \theta) - \sum_{s_i \in \Theta_i} \alpha_i(\theta_i \mid s_i) u_i(\mu(\theta), \theta_{-i}, s_i)}{P_i(\theta_i)}$$

$$= \sum_{\theta \in \Theta} P(\theta) \sum_{i=1}^{I} v_i(\mu(\theta), \theta, \lambda, \alpha).$$

여기서 $[\alpha_i(s_i \mid \theta_i) \geq 0, \forall i, \forall \theta_i, \forall s_i]$는 유인양립 제약조건에 상응하는 라그랑주 승수이다. 그리고 v_i는 대리인 i의 가상의 효용함수(virtual utility function)이다. v_i는 다음과 같이 정의된다.

$$v_i(x, \theta, \lambda, \alpha) = \frac{(\lambda_i(\theta_i) + \sum \alpha_i(s_i \mid \theta_i))u_i(x, \theta) - \sum_{s_i \in \Theta_i} \alpha_i(\theta_i \mid s_i)u_i(x, (\theta_{-i}, s_i)}{P_i(\theta_i)}.$$

라그랑주 승수들 $[\alpha_i(\theta_i \mid s_i),\ s_i \in \Theta_i]$는 이것들에 상응하는 유인양립 제약조건이 구속될 때에만 0보다 크다. 유인효율적인 기제 μ가 주어진 상태에서, 유인양립 제약조건이 구속되어 그에 상응하는 라그랑주 승수가 0보다 크고 그때에만 타입 s_i가 타입 θ_i를 위태로운 지경에 빠뜨린다.[2)] 타입 θ_i를 가진 대리인 i의 가상의 효용은 타입 θ_i의 실제적 효용과 차이가 나는데, 이 차이는 대리인 i의 다른 타입 s_i가 타입 θ_i를 위태롭게 하여 발생하는 차이를 과장하는 것에 기인한다. 유인효율적인 기제 μ는 이러한 가상의 효용의 관점에서 사후적으로 효율적인 것처럼 보인다.

대리인 i의 효용함수를 다음과 같이 정의하자.

$$u_i(x, \theta) = u_i(q_i, w_i, \theta) = u_i(q_i, 0, \theta) + w_i.$$

여기서 x는 사회적 선택으로 (q_i, w_i)로 분해된다. 이 경우 대리인은 화폐 w_i에 대하여 분리할 수 있는 선형의 효용을 갖는다. 또한 화폐의 양도 w_i는 구속되지 않아 유동성의 제약이 부과되지 않는다.

효용함수가 위와 같이 주어진 경우 모든 대리인들의 모든 타입들은 동일한 화폐의 한계가상효용(same marginal virtual-utility of money)을 가져야 한다. 이렇게 되지 않을 경우 라그랑주 함수의 최적성은 화폐의 낮은 한계효용을 가진 대리인들에게서 보다 높은 효용을 가진 대리인들에게 무한대의 화폐

2) 대리인 i의 타입이 s_i일 때 θ_i라고 거짓되게 보고하지 못하도록 하는 유인양립 제약조건은 다음과 같다.

$$U_i(\mu \mid s_i) > \hat{U}_i(\mu, \theta_i \mid s_i).$$

위 부등식이 구속될 경우, 이에 상응하는 라그랑주 승수 $\alpha_i(\theta_i \mid s_i)$가 0보다 크다.

양도를 요구할 것이기 때문이다. 이러한 고정된 상수의 화폐의 한계가상효용을 1이라고 하자. 그렇지 않을 경우, 가중치 λ를 다시 설계하면 된다. 이러한 조건은 다음과 같은 균형방정식(balance equation)을 낳는다.

$$\frac{\partial v_i((q_i, w_i), \theta, \lambda, \alpha)}{\partial w_i}=1$$

$$\rightarrow \lambda_i(\theta_i)+\sum_{s_i \in \Theta_i}\alpha_i(s_i | \theta_i)-\sum_{s_i \in \Theta_i}\alpha_i(\theta_i | s_i)=P_i(\theta_i),\ \forall i,\ \forall \theta_i.$$

이 방정식들을 가상의 (λ, α)효용함수에 대입하여 이것을 단순화시켜 보자.

$$v_i(x, \theta, \lambda, \alpha)=v_i(x, \theta, \alpha)=u_i(x, \theta)+\sum_{s_i \in \Theta_i}[u_i(x, \theta)-u_i(x, (\theta_{-i}, s_i))]\alpha_i(\theta_i | s_i)/P_i(\theta_i).$$

[사실] 대리인들의 타입들이 상호 독립적이고 화폐에 대하여 선형의 효용함수가 주어진 상태에서, 유인양립적인 기제 μ가 유인효율적인 기제가 되기 위한 필요충분조건은 다음과 같다.

"음이 아닌 라그랑주 승수들의 벡터 α가 존재하면서, 즉 $\alpha_i(s_i | \theta_i) \geq 0,\ \forall s_i,\ \forall \theta_i,\ \forall i$가 다음과 같은 상응하는 제약조건들과 함께 보조적 느슨함 조건(complementary slackness condition)을 만족해야 된다.

$$\alpha_i(s_i | \theta_i)[U_i(\mu | \theta_i)-\hat{U}_i(\mu, s_i)]=0,\ \forall s_i,\ \forall \theta_i,\ \forall i.$$

그리고 모든 대리인들의 모든 타입들에 상응하는 음이 아닌 가중치들 λ를 낳고, 즉

$$\lambda_i(\theta_i)=P_i(\theta_i)+\sum_{s_i\in\Theta_i}(\alpha_i(\theta_i \mid s_i)-\alpha_i(s_i \mid \theta_i))\geq 0,\ \forall\theta_i,\ \forall i.$$

결과적으로 기제 μ가 각각의 타입 프로필이 주어진 상태에서 대리인들의 가상의 효용을 극대화해야 한다. 즉,

$$\sum_{i\in I} v_i(\mu(\theta),\theta,\alpha)=\max_x \sum_{i\in I} v_i(x,\theta,\alpha),\ \forall\theta_i.$$

참고문헌

Akerlof, George, "The Market for Lemons: Quality Uncertainty and the Market Mechanism," *Quarterly Journal of Economics*, 84, 1970, pp. 488-500.

Cho, In-Koo and David M. Kreps, "Signaling Games and Stable Equilibria," *Quarterly Journal of Economics*, 102, 1987, pp. 179-221.

Harsanyi, "Games with Incomplete Information Played by Bayesian Players," *Management Science*, 14, 1967-1968, pp. 159-182, 320-334. 486-502.

Holmstrom, Bengt, "Moral Hazard and Observability," *Bell Journal of Economics*, 10, 1979, pp. 74-91.

Milgrom, Paul and John Roberts, "Limit Pricing and Entry under Incomplete Information: An Equilibrium Analysis," *Econometrica*, 50, 1982, pp. 443-460.

Mussa, Michael and Sherwin Rosen, "Monopoly and Product Quality," *Journal of Economic Theory*, 18, 1978, pp. 301-317.

Myerson, Roger B., unpublished lecture notes for "Economics of Information," Department of Economics, University of Chicago.

Myerson, Roger and Mark Satterthwaite, "Efficient Mechanisms for Bilateral Trading," *Journal of Economic Theory*, 29, 1983, pp. 265-281.

Rothschild, Michael and Joseph Stiglitz, "Equilibrium in Competitive Insurance Markets: An Essay in the Economics of Imperfect Information," *Quarterly Journal of Economics*, 90, 1976, pp. 629-649.

Spence, Michael, "Job Market Signaling," *Quarterly Journal of Economics*, 87, 1973, pp. 355-374.

김진옥, 『전략과 정보의 경제학』, 제주대학교 출판부, 2012.
김진옥, 『정보경제학』, 도서출판 해남, 2013.

연습문제

1. 본장의 제1절에서 각 경기자의 보고전략이 다음과 같이 주어져 있다. 이 전략 프로필이 내쉬 균형이 된다는 것을 보이고 이에 상응하는 직접현시기제를 도출하시오.

$$B_s(\theta=0)=0,\ B_s(\theta=80)=80,$$
$$B_b(\theta=20)=20,\ B_b(\theta=100)=20.$$

2. 본장의 제1절에서 두 교역당사자가 각각 타입이 주어진 상태에서 혼합전략을 쓸 경우도 베이스 내쉬 균형이 존재한다. 타입별 베이스 혼합전략 내쉬 균형 프로필을 찾아 내시오.

11

불완비계약이론

지금까지 우리는 모든 계약들이 완비되어(complete) 있다는 것을 가정하고 계약이론을 전개하였다. 제8장에서 소개되고 있는 도덕적 해이 모형에서 계약은 비즈니스의 성과에 상응하는 임금 수준을 명기한 것을 말한다. 또한 이러한 모형은 두 계약당사자가 계약의 내용을 숙지하고 있고 계약내용의 실행 여부를 양 당사자 모두 제3자(법원)에게 입증할 수 있다는 것을 전제하고 있다. 완비된 계약이란 체결된 계약내용의 실행 여부를 제3자에게 입증할 수 있는 계약을 말한다. 완비된 계약은 현실적으로 터무니없는 것이지만 이론의 정립에 있어 유용한 출발점(starting point)이 될 수 있다. 완비된 계획이 현실적으로 불가능한 이유는 무엇인가? 우리가 계약의 설계에서 놓치는 것은 무엇인가? 이것들에 관하여 많은 이야기들이 제기되었다. 하나의 가능성은 우리가 모든 가능한 우연한 사건들을 고려할 수 있지만 이것들을 모두 계약내용에 포함시키기에는 너무나 많은 비용이 수반된다는 것이다. 현실적으로 변호사를 고용해야 되는 비용이 만만치 않다. 따라서 문제가 되지 않는 일어나지 않을 것 같은 것들은 생략하고 문제가 되는 부분만을 계약서에 작성하는 것이다. 다른 하나의 가능성은 우리가 가능한 상황들을 모두 예측할 수 없다는 것이다. 즉, 우리가 완비된 계약을 쓰기를 원하고 그렇게 하는 데 비용이 들지 않는다고 하더라도 우리는 완비된 계약을 쓸 수 없다. 또 다른 제3의 가능성은 계약에 임하는 당사자들은 계약의 양상들을 완벽하게 관측할 수 있는 데 반하여 법정은 당사자들의 계약 실행 여부를 입증할 수도 없고 입증할 의지도 없다는 것이다. 따라서 우리가 일어날 수 있는 결과들을 계약에 명시할 수 있다고 하더라도 계약 위반이 발생한 상황에서 별로 도움이 되지 않는 다는 것이다.

본서에서 다루지 않았지만 동태적 역선택 또는 도덕적 해이 모형에서 재교섭(renegotiation)의 가능성은 문제를 보다 곤란하게 만들 수 있다. 주인은 대리인과의 계약을 이행할 수 있는 힘을 명백하게 갖고 싶어할 것이다. 하지만 주인과 대리인 사이의 재교섭의 가능성은 주인이 약속을 확실하게 실행할 수 있는 소산(outcome)의 집합을 제한하여 주인의 관점에서는 나쁜 소식이 된다. 반면에 불완비계약(incomplete contract)에서는 재교섭에 대한 새롭고 보다 긍정적인 동기(motive)가 있다. 우리가 상상하지 못하고 사전적으로 계약을 맺지 못한 상황이 발생한다고 하더라도 앞으로 전개될 유인의 문제를 교정시킬 수 있다. 이와 같이 완비된 계약에 관한 문헌과 달리, 불완비계약 하에서 재교섭은 계약적 결과에 해를 끼치기보다는 그것을 개선할 가능성을 갖고 있다.

이러한 문헌의 대부분은 로널드 코스(Ronald Coase)와 윌리엄슨(Williamson) 등에 의해서 묘사된 거래비용 경제학(transaction cost economics)의 통찰력(insight)을 담아 내기 위해 공식적인 모형을 구축하기 위한 시도를 나타낸다. 대부분의 공식적 모형의 중심 쐐기(key wedge)는 계약으로 표현할 수가 없는 관계특수적(relation-specific) 투자의 실재(presence)이다. 이것은 그 유명한 강탈의 문제(hold-up problem)를 야기한다. 이러한 이슈들에 대하여 반응하여 기업의 경계(boundary)와 재산권(property right)에 관한 주인의 결정은 많은 공식화한 모형들의 중심에 있다. 본장은 불완비계약이론의 성공적인 이야기들을 간결하게 소개하는 데 있다.

11-1 도덕적 해이와 불완비계약

위험중립적인 주인과 위험회피적인 대리인 사이에서 단순한 1기간 도덕적 해이 모형을 고려해 보자. 표준적인 모형과 달리 주인이 대리인의 행동을 완전하게 그리고 비용을 들이지 않고 관측할 수 있다고 하자. 주인이 대리인을 고용하여 수입을 창출한다고 하자. 주인의 수입 y는 대리인의 노력 수준 e에 달려 있고 n개의 값을 취하는 이산형 확률변수(discrete random variable)라고 하자. 즉, 주인의 수입 y는 대리인의 노력 수준 e에 의존하는 확률분포를 갖고 있다.

확률변수 y가 취하는 값	확률
y_1	$P(y_1\|e)$
⋮	⋮
y_n	$P(y_n\|e)$

주인은 전형적인 도덕적 해이 모형에서처럼 완전하게 계약을 준수할 수 있다고 하자. 대리인의 노력 수준 e는 관측이 가능하지만, 계약이 본질적으로 불완전하여 계약으로 맺을 수 없는 것이 된다. 따라서 이것은 계약 자체를 변화시킬 수 없다. 주인이 대리인에게 실현된 수입에 상응하는 임금 w 스케줄(schedule)이 다음과 같이 나타나 있다.

확률변수 y가 취하는 값	임금
y_1	$w(y_1)$
⋮	⋮
y_n	$w(y_n)$

대리인의 노력 수준 e에 상응하는 비효용을 $C(e)$라고 하자. 임금 스케줄 w와 노력 수준 e에 상응하는 대리인의 기대효용은 다음과 같다.[1)]

1) 대리인은 물론 임금 스케줄과 자기의 노력 수준에 의존하는 주인의 수입 분포를 알고 있기 때문에

$$U=\sum_{i=1}^{n} P(y_i \mid e)u(w(y_i))-C(e).$$

재교섭의 허용에 따른 효과를 고려해 보자. 대리인의 노력 수준 e가 관측이 가능하기 때문에 주인은 e를 관측한 후에 다음 관계식을 만족시키는 고정된 임금 $\bar{w}$를 지불하는 재교섭이 이루어진 임금 스케줄을 제안할 수 있다.

$$\sum_{i=1}^{n} P(y_i \mid e)u(w(y_i))=u(\bar{w}).$$

대리인은 원래의 계약상의 임금 스케줄과 재교섭이 이루어진 임금 스케줄 $\bar{w}$가 무차별하기 때문에 기꺼이 새로운 임금 스케줄 $\bar{w}$로 대체하는 것에 동의할 것이다. 하지만, 이 경우 대리인의 만족 수준은 불변이지만 주인의 후생은 증가하게 된다. 왜 그런가? 이것을 보기 위해서 다음 부등식을 상기해 보자.

$$\sum_{i=1}^{n} P(y_i \mid e)u(w(y_i)) \leq u(\sum_{I=1}^{N} P(y_i \mid e)w(y_i)).$$ [2)]

따라서 다음 부등식이 성립한다.

$$u(\bar{w}) \leq u(\sum_{I=1}^{N} P(y_i \mid e)w(y_i)).$$

주인이 대리인에게 발생시키는 효용을 실행하는 데 소요되는 비용은 효용함수의 역함수(inverse function) $h=u^{-1}$이다. 위에 주어진 부등식에 역함수 h

자기의 기대효용을 극대화할 수 있는 노력 수준 e를 선택할 것이다.

2) 이 부등식의 이유는 대리인이 위험회피적인, 즉 오목한(concave) 효용함수를 가지고 있기 때문이다. 즉, 기대임금이 가져오는 효용 수준이 임금 스케줄과 관련한 기대효용보다 높다.

를 적용하면 다음 부등식을 얻을 수 있다.

$$h(u(\bar{w})) \leq h\big(u\big(\sum_{I=1}^{N} P(y_i \mid e) w(y_i)\big)\big) \Rightarrow \bar{w} \leq \sum_{i=1}^{n} P(y_i \mid e) w(y_i).$$

이와 같이 노력 수준 e를 실행시키는 데 소요되는 주인의 비용이 재교섭으로 인해 하락함을 알 수 있다.

한 단계 뒤로 물러나서 생각해 보면, 재교섭 하에서 대리인의 노력 수준에 대한 주인의 최적 선택은 계약을 완전하게 준수했을 때의 노력 수준보다 높을 수 있고, 어떤 조건 하에서 주인은 최선의 계약(first-best contract)을 실행하기를 원할 수도 있다.[3)]

11-2 재산권: 단순모형

그로스만-하트(Grossman-Hart) 모형의 단순 버전(version)을 가지고 생각해 보자. 재화를 교역하고자 하는 두 명의 당사자로 판매자(seller)와 구매자(buyer)가 있다. 교역은 반드시 일어나고 제2기에 개선할 여지가 있을지 모른다고 하자. 기간 2에 개선된 재화에 대하여 판매자가 부담하는 부가적 비용(extra cost)을 c라고 하자. 하지만, 구매자는 제1기에 재화의 개량 가능성에 영향을 미치는 투자의 수준 x를 선택한다고 하자. 개량이 일어날 경우 재화의 가치를 v, 그렇지 않을 경우 재화의 가치를 0, 개량이 성공할 확률을 x라고 하자. v와 c의 값이 다음과 같은 영역 안에 있다고 가정하자.

$$0 < c < v < 1.$$

3) 이에 대한 자세한 논의는 Hermalin-Katz(1991)을 참조하기 바란다.

이 가정은 재화의 개량이 기능할 경우에만 재화의 생산이 가치가 있다는 것을 전제하고 있다. 투자의 비용은 $x^2/2$라고 하자.

두 교역당사자가 창출하는 사회적 잉여, 즉 사회적 후생함수 W는 다음과 같다.

$$W = x(v-c) - \frac{x^2}{2}.$$

따라서 사회적 후생함수를 극대화하기 위한 구매자의 최적 투자 수준의 선택 x^*는 $(v-c)$이다.

두 교역당사자가 전적으로 독립되어 있고 내쉬 교섭의 해(Nash bargaining solution)를 이용하여 사후적으로 그들의 잉여를 나누어 갖는 것을 교섭한다고 하자. 재화의 개량이 성공할 경우 구매자가 기대하는 효용은 다음과 같다.

$$U = x\left(\frac{v-c}{2}\right) - \frac{x^2}{2}.$$

구매자의 기대효용을 극대화하는 투자 수준 $x^D=(v-c)/2$이다. 이 투자 수준은 사회적 최적 투자 수준보다 낮다.

두 교역당사자들 중에서 판매자가 교역을 통제할 수 있다고 하자. 즉, 판매자가 모든 교섭력을 갖고 있다고 하자. 이 경우 판매자가 할 수 있는 모든 것은 재화를 개량하지 않겠다는 것이고 원래의 계약조건을 사용하는 것이다. 하지만, 물론 이러한 판매자의 위치는 교섭 대상이 될 수 있게 되어 상황은 두 교역당사자가 전적으로 독립적인 상황에 처하게 된다. 따라서 이 경우 투자 수준은 사회적 최적 투자 수준보다 낮은 x^D로 $(v-c)/2$가 된다.

두 교역당사자들 중에서 구매자가 교역을 통제할 수 있다고 하자. 즉,

구매자가 모든 교섭력을 갖고 있다고 하자. 그럼에도 불구하고 구매자는 재화의 개량을 고집할 수 있다. 물론 재화의 가치 v가 0일 때 판매자는 물론 재화를 개량하지 않기를 선호하고 그렇게 해야 되는 상황을 피하기 위해 교섭을 할 것이다. 이 경우 구매자의 기대효용 U는 다음과 같다.

$$U = xv + (1-x)\frac{c}{2} - \frac{x^2}{2}.$$

이 경우 구매자이 최적 투자 선택 x^B는 $v \quad (c/2)$가 된다. 이것은 사회적 최적 투자 수준보다 높은 것이 된다.

11-3 재산권

완비된 계약 하에서 재산권, 즉 교섭력의 배분은 교역의 잉여 분배에 영향을 미치지만 유인의 실현 가능성이라든지 효율성에는 영향을 미치지 못한다는 것을 상기하자. 이것은 순수한 로널드 코스의 견해(Coasian world)와 일관된다. 물론 재산권이 문제가 되지 않는다는 것은 터무니없는 주장이 된다. 만약에 재산권이 참으로 문제가 되지 않는다면, 우리가 흔히 산업에서 관측하고 있는, 사실상 모든 상향식 또는 하향식 통합(upstream or down-stream integration)은 완전한 시간낭비로 간주될 수 있다. 지금 우리는 불완비계약이 산업의 통합을 어떻게 유인하는지를 살펴볼 것이다.

1980년대 초에 인텔(Intel)과 아이비엠(IBM)이 386 칩(chip)에 대하여 협상했던 상황을 고려해 보자. 인텔은 산업의 후방 부문에서 v만큼 지불할 용의를 증가시키는 마이크로프로세서 혁신에 투자할 수 있다고 하자. 여기서 v는 확률변수로 취하는 값들의 집합은 {2, 4}라고 하자. 하지만 이러한 인텔의 혁신은 아이비엠으로 하여금 생산 과정을 변화시키도록 야기하고 비용을 c 만큼 증가시킨다. 여기서 비용 c는 확률변수로 취하는 값들의 집합은 $\{1, 3\}$ 이라고 하자. 인텔은 특정한 투자 x를 실행함으로써 혁신을 성공시킬 확률을 증가시킬 수 있다. 투자 x가 주어진 상태에서 v가 4일 확률은 다음과 같다.

$$\Pr(v=4 \mid x)=x.$$

이 투자는 인텔로 하여금 비용 x^2을 발생시킨다. 마찬가지로 아이비엠이 투자 y를 실행함으로써 비용이 1이 실현될 확률은 다음과 같다.

$$\Pr(c=1 \mid y)=y.$$

이 투자는 아이비엠으로 하여금 비용 y^2를 발생시킨다. 네 개의 변수들 (v, c, x, y)는 관측이 가능하지만 이 중 어느 것 하나도 입증이 불가능하다고 하자. 두 교역당사자 중 어느 누구도 사전에 계약에 서명할 수 없다는 것은 자명하다. 재산권의 변화가 어떻게 투자 결정에 영향을 미치는지를 살펴보자. 인텔을 산업의 상류(upstream)에 있는 당사자 U로 표현하고, 아이비엠을 산업의 하류(down-stream)에 있는 당사자 D로 나타내자. 두 교역당사자의 게임의 절차가 다음과 같다고 하자.

① U와 D는 x와 y를 선택한다.

② U와 D는 v와 c를 관측한다.

③ U와 D는 프로세서 혁신을 활용할 것인가를 재협상하고, 재협상을 할 경우 잉여를 어떻게 나눌지를 결정한다.

v가 c보다 크다면 프로세서의 혁신이 일어날 것이지만, 이 경우는 4가지 경우 중 3가지에 해당한다. 프로세서 혁신이 일어나지 않을 확률은 $(1-x)(1-y)$이다. 이와 같이 혁신으로 인한 잉여 $S(x, y)$는 다음과 같다.

$$\begin{aligned} S(x, y) &= E(\max(v-c, 0) \mid x, y) \\ &= 3xy + x(1-y) + y(1-x) \\ &= xy + x + y. \end{aligned}$$

따라서 두 교역당사자의 사회적 후생함수는 다음과 같다.

$$S(x, y) - x^2 - y^2.$$

사회적 후생함수를 극대화시킬 x와 y를 구하기 위한 1차 필요조건은 다음과 같다.

$$\begin{aligned} y + 1 - 2x &= 0, \\ x + 1 - 2y &= 0. \end{aligned}$$

따라서 $x=y=1$이다. 그러므로 두 교역자의 사회적 후생은 1이다.

U와 D가 독립적으로 분리된 경우를 살펴보자. 우리는 재교섭 국면에서 두 당사자의 사회적 잉여가 어떻게 나뉘어야 하는지를 가정해야 한다. 내쉬 교섭의 해가 이것을 결정한다고 하자. 이 경우 U의 이윤함수는 다음과 같다.

$$\frac{S(x, y)}{2} - x^2.$$

D의 선택변수 y가 주어진 것으로 간주한 상태에서 U의 선택은 자기의 이윤함수를 극대화하는 것이어야 한다. 따라서 U의 이윤함수를 극대화하기 위한 1차 필요조건은 다음과 같다.

$$\frac{y+1}{2}-2x=0 \Rightarrow x=\frac{y+1}{4}.$$

이것은 y가 주어진 상태에서 U의 반응함수를 나타낸다.

마찬가지로 D의 이윤함수는 다음과 같이 정의된다.

$$\frac{S(x, y)}{2}-y^2.$$

U의 선택변수 x가 주어진 상태에서 D의 선택은 자기의 이윤함수를 극대화하는 것이어야 한다. 따라서 D의 이윤함수를 극대화하기 위한 1차 필요조건은 다음과 같다.

$$\frac{x+1}{2}-2y=0 \Rightarrow y=\frac{x+1}{4}.$$

이것은 x가 주어진 상태에서 D의 반응함수를 나타낸다. 따라서 U와 D의 내쉬 균형 투자는 다음과 같다.

$$x=y=\frac{1}{3}.$$

이것을 두 교역당사자의 사회적 잉여함수에 대입하면 사회적 잉여의 값이 5/9라는 것을 알 수 있다. 즉,

$$S(x, y)-x^2-y^2=xy+x+y-x^2-y^2=\frac{5}{9}.$$

투자가 이루어진 후에 U가 D를 매입한다고 하자. 또한 이것을 두 당사자가 예상하고 있다고 하자. 이 경우 D는 잉여를 실현할 수 없기 때문에 투자를 전혀 고려하지 않을 것이다. D의 투자 수준 y는 0이다. 이러한 상황에서 U의 이윤함수는 다음과 같다.

$$S(x, y)-x^2=xy+x+y-x^2=x-x^2.$$

U는 이윤을 극대화하기 위하여 투자 수준을 선택한다. 이것을 위한 1차 필요조건은 다음과 같다.

$$1-2x=0 \Rightarrow x=\frac{1}{2}.$$

전체적인 후생 수준 W는 1/4이다.

두 기업이 통합되지 않은 경우와 비교해 볼 때 D는 투자를 덜하게 되는데 반하여 U는 과다투자를 하게 되면서 전체적인 후생을 감소시킨다. 통합한 것이 통합하지 않은 경우에 비하여 상황을 더 악화시킨 것이 된다. D가 U를 매입한 경우에는 역의 결과를 도출할 수 있다. 이것이 강탈의 문제(hold-up problem)의 아주 간단한 예이다. 관계특수적 투자(relation specific investment)와 결합된 계약의 불완비성이 하나의 당사자 또는 두 당사자의 저투자(underinvestment)를 일으킨다는 것에 유의하자.

11-4 강탈의 문제의 해

강탈의 문제를 해결하기 위한 여러 가지 해가 문헌에서 제기되었다. 이 문제의 핵심은 재교섭이 일어날 상황이 발생했을 때 아웃사이드 옵션(outside option)을 계약의 초기 단계에서 명기할 수 없다는 사실이다. 이에 대한 대안으로 현재의 상황을 애당초 계약에 명기할 수 있다는 것과 통상의 비대칭적 교섭능력을 가정하자. 이러한 가정 하에서 아그히온-데워트리폰트-레이(Aghion-Dewatripont-Rey)는 무임승차의 문제를 해결할 수 있다는 것을 보여 주었다. 그들의 모형을 살펴보자.

구매자 B와 판매자 S가 어떤 재화를 교역한다고 하자. 그들이 교환하는 재화의 양은 q이고 가격은 p이다. 구매자인 B는 재화 획득의 가치를 증가시킬 수 있는 관계특수적 투자 i를 한다고 하자. 마찬가지로 판매자 S도 재화의 공급비용을 감소시키는 관계특수적 투자 j를 한다고 하자. 구매자의 수입과 판매자의 비용에 영향을 미치는 확률적 교란항(random terms)들로 ε과 η가 있다고 하자. 구매자의 효용 U와 판매자의 이윤 V가 다음과 같이 주어진다.

$$U=s(q, i, \varepsilon)-p-\varphi(i),$$
$$V=p-c(q, j, \eta)-p-\varnothing(j).$$

여기서 s는 구매자의 수입이고 $\varphi(i)$는 구매자의 투자비용이다. $c(q, j, \eta)$는 판매자의 공급비용이고 $\varnothing(j)$는 판매자의 투자비용이다.

구매자의 수입함수는 오목하고 판매자의 공급비용함수는 볼록한 형태를 갖는다고 가정하자. 두 교역당사자들 각자의 투자 수준 i와 j, 그리고 확률적 교란항들 ε과 η가 실현된 후에 효율적인 교역량 q는 구매자의 효용과 판매자의 이윤의 합 $U+V$를 극대화한 교역량이 된다. 구매자의 효용과 판매

자의 이윤의 합 $U+V$를 극대화하기 위한 1차 필요조건은 다음과 같다.

$$\frac{\partial s(q, i, \varepsilon)}{\partial q}=\frac{\partial c(q, j, \eta)}{\partial q}.$$

이러한 1차 필요조건을 만족하는 교역량의 수준 q^*는 다음과 같이 주어진다.

$$q^*=q^*(i, j, \varepsilon, \eta).$$

물론 우리는 사전에 이러한 교역량 q^*를 교섭할 수 없다. 이렇게 하는 대신, 두 교역당사자들이 가격과 교역량을 (p_0, q_0)로 아주 자유롭게 계약한다고 하자. 재교섭 국면에서 판매자는 제안을 받아들이거나 거절하는 양자택일의 제안을 한다고 하자. 이러한 경우, 우리는 효율적인 교역을 할 수 있고, 가격은 다음과 같이 주어진다.

$$p-c(q^*, j, \eta)=p_0-c(q_0, j, \eta)+G.$$

여기서 G는 재교섭으로 인해 발생하는 이득으로 다음과 같이 주어진다.

$$G=s(q^*, i, \varepsilon)-c(q^*, j, \eta)-(s(q_0, i, \varepsilon)-c(q_0, j, \eta)).$$

구매자는 계약 (p_0, q_0)와 효율적인 가격과 교역량을 갖는 상황을 무차별하게 여긴다고 하자. 즉,

$$s(q^*, i, \varepsilon)-p=s(q_0, i, \varepsilon)-p_0 \text{ or}$$

$$p=(s(q^*, i, \varepsilon)-s(q_0, i, \varepsilon))+p_0.$$

그러므로 판매자의 이윤은 다음과 같이 주어진다.

$$\begin{aligned}V&=p_0-c(q_0, j, \eta)+s(q^*, i, \varepsilon)-c(q^*, j, \eta)-(s(q_0, i, \varepsilon)-c(q_0, j, \eta))-\emptyset(j)\\&=p_0+s(q^*, i, \varepsilon)-s(q_0, i, \varepsilon)-c(q^*, j, \eta)-\emptyset(j).\end{aligned}$$

사회적으로 최적의 투자 수준을 각각 i^*와 j^*라고 하자. 즉, i^*와 j^*는 $U+V$의 기댓값의 합을 극대화한 것이다. 이것을 수학적으로 표현하면 다음과 같다.

$$(i^*, j^*)\in \text{Argamx}_{i,j}\, E[s(q^*, i, \varepsilon)-c(q^*, j, \eta)-\emptyset(j)-\varphi(i)].$$

따라서 극대화를 위한 1차 필요조건은 다음과 같다.

$$E[\frac{\partial s(q^*, i^*, \varepsilon)}{\partial i}]=\varphi'(i^*) \text{ and}$$

$$E[\frac{-\partial c(q^*, j^*, \eta)}{\partial j}]=\emptyset'(j^*).$$

다음 관계식을 만족하는 q_0를 선택하자.

$$E[\frac{\partial s(q_0, i^*, \varepsilon)}{\partial i}]=\varphi'(i^*).$$

이 계약으로 우리는 최적 투자 수준(first-best investment)을 갖게 된다. 왜 그런가? 계약 (q_0, p_0)가 가져오는 다음과 같은 구매자의 기대효용함수 $E[U]$를

상기해 보자.

$$E[U]=E[s(q_0, i, \varepsilon)-p_0]-\varphi(i).$$

이미 구축된 q_0에 의해서 구매자는 최적 투자 수준 i^*를 선택하는 것보다 더 나은 선택을 할 수 없다. 판매자가 기대하는 수입 $E[V]$는 다음과 같다.

$$E[V]=E[p_0-s(q_0, i, \varepsilon)+s(q^*, i, \varepsilon)-c(q^*, j, \eta)-\emptyset(j)].$$

따라서 판매자는 투자 수준 j를 다음과 같이 선택한다.

$$E[\frac{-\partial s(q^*, i^*, \eta)}{\partial j}]=\emptyset'(j^*).$$

모형을 맺기 위해서 구매자의 참여 제약조건을 만족하는 p_0를 선택하자.

이와 같이 선택변수들인 i와 j와 더불어 충분한 수단 변수들 (p_0, q_0)를 고려함으로써 강탈의 문제를 해결할 수 있다.

제한된 합리성에 관한 기묘한 긴장이 문헌에 나와 있다. 한편으로는 계약의 당사자들이 그들의 계약과 관련한 모든 조건들을 예견할 수 없어 계약에 명기할 수 없다는 것이고, 다른 한편으로는 다양한 계약의 결과가 주어진 상태에서 사후적 재교섭이 어떻게 이루어질지에 완전한 견해로 인해 사전적 투자결정이 이루어질 수 있다는 것이다. 어떤 이유 때문에 재교섭이 불가능하다고 하자. 이 경우 완비된 계약의 결과 계약의 당사자들에게 발생하는 모든 보수(psyoffs)들은 복잡한 메시지 게임(message game)에 의해 실현될 수 있다면 외적인 입증(external verifiability)이 불필요하게 된다.

참고문헌

Aghion, Philippe, Mathias Dewatripont, and Patrick Rey, "Renegotiation Design with Unverifiable Information," *Econometrica*, Vol. 62, No. 2, Mar. 1994, pp. 257-282.

Coase, Ronald, "The Nature of the Firm," *Economica*, 4, 1937, pp. 386-405.

Hart, Oliver and John Moore, "Incomplete Contracts and Renegotiation," *Econometrica*, Vol. 56, No. 4, Jul. 1988, pp. 755-785.

Williamson, Oliver, *The Economic Institutions of Capitalism*, New York: Free Press, 1985.

제2장 기대효용과 위험의 회피

1. (a), (b) 생략. 제2장의 확률의 기초이론을 이용하면 쉽게 해답을 찾을 수 있다.

   (c) 첫 번째 단계에서 발생하는 비용에 대한 정보의 가치$=\sum_{x} P(X=x)$
   $\times \max\{E(Y|X=x)-257, 0\}-\max\{E(Y)-257, 0\}$.

   (d) 생략.

2. (a) $E(A)=E(A|B=0)P(B=0)+E(A|B=1)(1-P(B))$.

   (b) $\sum_{x} P(B=x) \times \max\{E(A|B=x)-5{,}000, 0\}-\max\{E(A)-5{,}000, 0\}$.

3. (a) $U(x)=-EXP(-x/\tau)$,

   $E(U(X))=-EXP(-2{,}000/6{,}000) \times 1/3-EXP(-6{,}000/6{,}000) \times 1/3$
   $-EXP(10{,}000/6{,}000)1/3$,

   $E(U(X))=U(CE)=-EXP(-CE/\tau)$

   $\Rightarrow CE=-\tau LN(-E(U(X)))$, $RP=EMV-CE$, $EMV=1/3(2{,}000+6{,}000+10{,}000)$.

   (b) 생략.

4. (a) 투자수입이 정규확률분포를 가질 때 확정동등치 $CE=\mu-(0.5/\tau)\sigma^2$ 이다.

   (b) 생략.

제3장 전략형 게임

1. 각 경기자의 최적반응함수를 구하고, 각각의 최적반응함수를 동시에 만족할 수 있는 연립방정식의 해를 구한다.
2. 경기자 i의 이윤함수는 다음과 같다.

$$\frac{1}{2f(x_i,\ x_j)}=x_{\mathrm{i}}^2.$$

   내쉬 균형을 찾기 위해서는 각 경기자의 최적반응함수를 구하고, 각각의 최적반응함수를 동시에 만족할 수 있는 연립방정식의 해를 구한다. 보다 나은 노력 수준의 프로필을 찾기 위해서는 공동의 이윤함수를 설정하고, 이를 극대화하기 위한 노력 수준의 프로필을 찾는 것이다.
3. 생략.
4. 생략.
5. 내쉬 균형 프로필들의 집합={(노력을 하지 않음, 노력을 하지 않음), (노력을 함, 노력을 함), [행 경기자의 혼합전략, {(1−c), c}, 열 경기자의 혼합전략, {(1−c, c)}]}, 여기서 $0<c<1$.
   c가 증가할 때 혼합전략 내쉬 균형 프로필의 집합은 축소(shrink)된다.
6. 경기자 1이 가위를 낼 수 없는 상황에서 경기자 1의 전략집합은 바위와 보이다. 반면에 경기자 2의 전략집합은 가위, 바위, 보이다. 게임의 규칙을 이용하여 영합(零合, zero-sum)게임 보수행렬을 구축하고 본 장에서 설명한 내쉬 균형을 찾는 절차에 따라 내쉬 균형을 찾는다.
7. 생략.
8. (a), (b) 경기자 2의 전략집합 $S_2=(l_a,\ l_b),\ (l_a,\ r_b),\ (r_a,\ l_b),\ (r_a,\ r_b)$이다. 경기자 1의 전략집합 $S_1=T,\ B$이다. 경기자 2의 타입에 관한 확률이 주어

진 상태에서 전략형 게임의 보수행렬을 찾아 낼 수 있다. 이것을 가지고 내쉬 균형을 찾아 내면 된다.

제4장 전개형 게임: 완전 정보 vs 불완전 정보

1-3. 생략.

4. $(v, w)=(2, 3)$인 경우, 경기자가 누구든 제시할 수 있는 최대가격은 3이다. 경기자 1이 최초에 의사결정을 하는 경우를 상정하여 게임의 규칙에 따라 완전 정보 전개형 나무를 구축해 보자. 역진귀납법을 사용하여 부분게임 완전균형 프로필을 구해 보자.

5. (a) 생략.

(b) 노동조합이 요구하는 임금 w를 기업이 수용할 경우 기업의 이윤함수는 다음과 같다.

$$\text{기업의 이윤함수}=L(100-L)-wL.$$

이윤을 극대화한 기업의 노동수요량 $L=50-(1/2)w$, 노동자들의 총임금 $wL=w(50-(1/2)w)$, 노동자들의 총임금을 극대화시키기 위한 임금 $w=50$이다. 이 경우 기업의 이윤은 625이다. 부분게임 완전균형 프로필은 $(w=50, L=25)$이다.

(c) (b)에서 기업의 이윤과 노동자들의 임금의 합은 1,250+625=1,875이다. 노동조합과 기업이 파트너십(partnership)을 구성하여 공동의 이윤을 극대화한다고 하자. 이 경우, 공동의 이윤함수는 다음과 같다.

$$\text{공동의 이윤함수: } L(100-L)-wL+wL=L(100-L).$$

공동의 이윤함수를 극대화시키기 위한 노동의 고용량 L은 50이고, 공동의 이윤은 2,500이 된다. 이 경우 공동이윤을 노동자와 기업 사이에 배분하는 방법은 무수히 많이 있을 수 있다.

(d) 노동조합이 임금 w를 $(100-L)$ 이상으로 요구하면 기업의 이윤은 음(negative)이거나 0이 된다. 이 경우 기업의 최적 전략은 거절이다. 이 경우 기업의 고용량은 0이 된다. 또한 동시에 노동자의 총임금도 0이 된다.

제5장 반복게임

1. $V_1(1)=\delta U(b_1, a_2)+(1-\delta)V_1(1) \Rightarrow V_1(1)=5.$

   $V_1(2)=\delta U_1(a_1, b_2)+(1-\delta)V_1(2) \Rightarrow V_1(2)=0.$

   $V_1(1) \geq \delta U(a_1, a_2)+(1-\delta)V_1(2) \Rightarrow \delta \leq 5/3. \quad \therefore \delta=1.$

2. (a) 각 경기자의 할인된 평균보수는 3이다. 다른 경기자가 a를 선택하는데 한 경기자가 b를 선택할 경우, b를 선택한 경기자의 금기의 보수는 5가 된다. 하지만 다음 기에서부터 영원히 발생하는 보수는 2이다. 따라서 지금 b를 선택한 경기자의 할인된 평균보수는 $5\delta+(1-\delta)2$가 된다. 두 경기자 모두 a를 영원히 선택하도록 하기 위해서는 다음 부등식이 성립해야 된다.

$$3>3 \geq 5\delta+(1-\delta)2 \Rightarrow \delta \leq \frac{1}{3}. \quad \therefore \delta=0.$$

(b) 경기자 1의 상태의존적인 전략은 경기자 2가 b를 선택할 경우, 다음 기에서부터 영원히 b를 선택하는 것이다. 마찬가지로 경기자 2의 상태의존적인 전략은 경기자 1이 b를 선택할 경우, 다음 기에서부터 영원히 b를 선택하는 것이다. 두 경기자는 상대방이 a를 선택하는 한 영원히 a를 선택한다.

3. 생략.

제6장 베이스 게임과 옥션

1. (a) 생략.

   (b) 제3장의 문 1과 같은 방법으로 전략형 게임의 보수행렬을 구축하여 내쉬 균형을 찾아 내면 된다.

2. (a), (b) 생략.

   (c) 경기자 1이 절단전략을 사용할 경우, 경기자 2는 경기자 1이 마치 혼합전략을 사용하는 것처럼 생각한다. $\hat{t}_1$이 1/3보다 클 경우 경기자 1은 싸움을 선택하고 작을 경우에는 싸우지 않는 것을 선택한다. 이 경우 경기자 2는 싸우든지 싸우지 않든지 기대보수는 0으로 동등하게 된다.

3. 각 경기자의 절단전략을 정의하자. 각 경기자는 상대방의 타입을 모르고 있지만 타입분포는 알고 있다. 따라서 각 경기자는 상대방의 절단전략을 알기 때문에 상대방이 취하는 전략들에 대한 확률을 계산할 수 있다. 각 경기자는 상대방이 순수전략을 구사하고 있지만 그가 마치 혼합전략을 구사는 것처럼 생각하여 그가 취한 전략들의 확률분포를 계산하는 것이다. 이와 같은 사실을 이용하여 각 경기자의 절

단전략을 구할 수 있다.

제7장 역선택과 교역계획, 그리고 시장의 균형

1. (a) 사적 타입을 가지고 있는 판매자를 위한 교역계획을 설계해 보자. 낮은 타입의 판매자를 위한 교역계획을 다음과 같이 설계하자.

$$q_l=1,\ x_l=190.$$

높은 타입의 판매자를 위한 가장 안전한 계획을 다음과 같이 설계하여 보자.

$$\text{Max}_{x_h,\ q_h}\, x_h-200q_h$$
$$\text{subject to } 220q_h-x_h \geq 0,\ x_h-100q_h \leq x_l-100q_l=190-100=90.$$

위 제약조건들 중에서 첫 번째 조건은 재화가치를 높게 평가하는 구매자의 안전 제약조건이다. 판매자가 이윤을 극대화시키기 위해서는 첫 번째 조건을 구속시켜야 한다. 두 번째 제약조건은 낮은 타입의 판매자의 유인양립 제약조건이다. 높은 타입의 판매자의 이윤을 극대화시키기 위해서는 두 번째 제약조건을 구속시켜야 한다. 따라서 $x_h=220\ q_h$, $q_h=9/22$.

사적 타입을 가지고 있는 판매자를 위한 최적의 유인양립적인 안전한 계획은 다음과 같다.

$(q_l=1,\ x_l=190),\ (x_h=220\ q_h,\ q_h=9/22).\ U_l=x_l-\theta_l q_l=190-100=90,$

$U_h=x_h-\theta_h q_h=220q_h-200q_h=20\times(9/22),\ V=0.$

(b) 구매자의 기대이윤을 0으로 하는 비분리 교역계획 $(\hat{x}, \hat{q})$을 다음과 같이 설정하자. $\hat{q}_l=\hat{q}_h=1,\ \hat{x}_l=\hat{x}_h=220p_h+190(1-p_h)=190+30p_h,\ p_h=0.9.$ 비분리 교역계획 $(\hat{x}, \hat{q})$과 1. (a)의 분리계획을 비교하면 된다. 각 교역계획이 판매자와 구매자에게 가져오는 보수를 계산하여 보자.

(c) 이 교역계획을 $(\bar{x}, \bar{q})$라고 하자. 이 교역계획은 1. (b)에 소개한 비분리계획에 비하여 높은 타입의 판매자의 기대효용은 증가시키고, 낮은 타입의 판매자의 기대효용은 감소시키고, 구매자의 기대이윤은 증가시켜야 한다. 이 조건을 충족하는 교역계획 $(\bar{x}, \bar{q})$를 찾아야 한다.

(d) 1. (a)에서 설계한 분리할 수 있는 교역계획이 1. (b)에서 설계한 비분리 교역계획보다 선호되기 위한 조건을 구하면 된다.

(e), (f) 생략.

3. (a) 기능공의 타입이 3일 때 (x, q)를 $(x(3), q(3))$이라고 하자. 기능공의 타입이 5일 때 (x, q)를 $(x(5), q(5))$라고 하자. 기능공의 타입별 참여 제약조건과 유인양립 제약조건은 다음과 같다.

$x(3)-3q(3)\geq 0$: 타입 3의 참여 제약조건
$x(5)-5q(5)\geq 0$: 타입 5의 참여 제약조건
$x(3)-3q(3)\geq x(5)-3q(5)$: 타입 3의 유인양립 제약조건
$x(5)-5x(5)\geq x(3)-5q(3)$: 타입 5의 유인양립 제약조건

주인의 기대이윤함수는 다음과 같다.

$$\frac{2}{3}[6q(3)^{1/2}-x(3)]+\frac{1}{3}[6q(5)^{1/2}-x(5)].$$

제약조건을 만족하면서 주인의 기대이윤을 극대화하기 위한 라그랑주 함수를 꾸미고, 이 함수를 극대화하는 $(x(3), q(3), x(5), q(5))$를 찾아내면 된다.

(b) 변화된 주인의 기대이윤함수는 다음과 같다.

$$\frac{2}{3}[6q(3)^{1/2}-x(3)]+\frac{1}{3}[A_H q(5)^{1/2}-x(5)].$$

제약조건 하에서 주인의 기대이윤을 극대화하기 위한 라그랑주 함수를 꾸미고, 이 함수를 극대화하는 $(x(3), q(3), x(5), q(5))$를 찾아 내고, 이 값들은 A_H의 함수로 표현되기 때문에 제약조건들에 대입하면 A_H의 경계를 구할 수 있다.

(c) 제7장 제3절의 도입 부분을 참조하기 바란다.

4-5. 생략.

제8장 도덕적 해이와 교역계획의 설계

1. 주인의 기대이윤함수$=P_h 50-[P_h W_s+(1-P_h)W_F]-20$.

제약조건:

$P_h W_s+(1-P_h)(W_F-z)\geq 0$: 대리인의 참여 제약조건

$P_h W_s+(1-P_h)(W_F-z) \geq P_l W_s+(1-P_l)(W_F-z)+8$: 대리인의 도덕적 해이 제약조건
$W_s \geq -C$, $W_F \geq -C$, $z \geq 0$.

여기서 W_s는 성공보수(프로젝트가 성공했을 때 대리인이 받는 임금), W_F는 실패보수(프로젝트가 실패했을 때 대리인이 받는 임금), z는 처벌 금액이다. 이러한 제약조건 하에서 주인의 기대이윤함수를 극대화하기 위한 성공 또는 실패보수와 처벌할 수 있는 금액 z를 선택하는 것이다. 이하 생략.

2. 생략.
3. 대리인의 순소득=$w(Y_1, Y_2)-C(\alpha_1, \alpha_2)=A+B_1 Y_1+B_2 Y_2-2(\alpha_1+\alpha_2)^2-(\alpha_1)^2-(\alpha_2)^2$
대리인의 순소득은 정규확률변수로 평균과 분산은 다음과 같다.

평균: $A+B_1\alpha_1+B_2\alpha_2-2(\alpha_1+\alpha_2)^2-(\alpha_1)^2-(\alpha_2)^2$,
분산: $(B_1^2+B_2^2)\sigma^2$.

대리인의 순소득이 가져오는 기대효용과 동일한 효용을 보장하는 확정동등치는 다음과 같다.

$$A+B_1\alpha_1+B_2\alpha_2-2(\alpha_1+\alpha_2)^2-(\alpha_1)^2-(\alpha_2)^2-\frac{0.5}{T}(B_1^2+B_2^2)\sigma^2.$$

대리인의 최적 행동들 (α_1, α_2)의 선택은 확정동등치를 극대화하기 위한 것이다.

$$\text{Max}_{\alpha_1, \alpha_2}\ A+B_1\alpha_1+B_2\alpha_2-2(\alpha_1+\alpha_2)^2-(\alpha_1)^2-(\alpha_2)^2-\frac{0.5}{T}(B_1^2+B_2^2)\sigma^2.$$

따라서 (α_1, α_2)는 (A, B_1, B_2)에 의존함을 알 수 있다. 이하 생략.
4. 생략.

찾아보기

ㄱ

ㄴ

ㄷ

ㄹ

ㅁ

ㅂ

ㅅ

ㅇ

ㅈ